MW01088643

Bernard Diederich

Le Prix du Sang

La résistance du peuple haïtien à la tyrannie

Tome 1: François Duvalier (1957-1971)

Nouvelle édition revue, corrigée et augmentée

Deuxième édition révisée, corrigée et augmentée

Traduction et adaptation de l´original en anglais
Jean-Claude Bajeux

Edition
Nathalie Lamaute-Brisson

Page de couverture
Jean-Bernard Diederich

Composition et mise en page
François Benoît

Dépôt légal : 05-10-594
ISBN : 99935-2-913-3

Achevé d´imprimer en mars 2016

Imprimerie Henri Deschamps

Port-au-Prince, Haïti

La présente édition est dédiée
à Jean-Claude Bajeux, défenseur infatigable des droits de la personne,
traducteur et préfacier de la première édition de *Le Prix du sang (tome 1)*.

PROLOGUE

La chute

Bernard Diederich, dans ce livre *Le Prix du sang, la résistance du peuple haïtien à la tyrannie*, entreprend de raconter les épisodes qui ont marqué, dans la deuxième moitié du vingtième siècle, trois périodes et trois modalités d'une entreprise totalitaire dont le peuple haïtien a fait les frais et contre laquelle il a lutté avec un entêtement héroïque : François Duvalier, de 1957 à 1971, Jean-Claude Duvalier, de 1971 à 1986 et Jean-Bertrand Aristide, de 1991 à 2004.

Dans un pays dominé par l'oralité où le passé récent se transforme en secret d'Etat, il n'est pas facile de faire le récit de ce qui s'est passé dans ces 47 dernières années. La mémoire, pour de multiples raisons, est chargée d'occulter et d'oublier. L'insolente impunité empêche aux bouches de s'ouvrir et aux langues de se délier. Comme l'a bien dit Elie Wiesel, prix Nobel de la Paix : *«Le bourreau frappe toujours deux fois, la seconde par le silence des victimes »*. Duvalier a systématiquement utilisé les disparitions et le silence sur les disparitions comme un instrument stratégique pour imposer une chape de terreur et de silence au peuple haïtien.

On a très peu de documents d'archives concernant ce qui s'est passé et même ce qui existe est éparpillé et non classé. Il aurait fallu dès le départ des Duvalier en 1986, rechercher des témoins et enregistrer leurs récits. D'autres urgences ont accaparé ceux qui auraient pu se dédier à ce voyage dans l'horreur, sans compter les raisons contradictoires qui portent la société haïtienne à pratiquer une omerta rigide s'appliquant à des dizaines de milliers d'assassinats, de cas de tortures, de traitements arbitraires et de brutalités où toute notion de droit et de légalité était oblitérée, ainsi que toute distinction, d'âge et de sexe, toute référence aux concepts d'innocence et de culpabilité. Dans une telle société, bouclée sur elle-même, ses silences, ses terreurs et ses misères, survivre demande d'oublier, jusqu'à ce qu'on se rende compte un jour que ce silence se paie par la permission de recommencer.

Quand arriva en 1956 la dernière année du mandat du Général-Président, Paul Eugène Magloire, le discours que celui-ci prononça au quai Colomb, à son retour d'un séjour aux Etats-Unis, ne manqua pas de jeter la confusion dans les esprits. Non seulement il n'eut aucune parole pour celui que l'opinion prenait pour son dauphin, Clément Jumelle, son Ministre des Finances, mais il se lança, évoquant « la question de couleur », dans une attaque violente contre le sénateur Louis Déjoie qui avait l'audace de se présenter comme candidat à la Présidence. Un facteur d'incertitude, tellement fatal dans la politique haïtienne, s'introduisait ainsi, aggravé par une querelle de casuistique constitutionnelle sur la date de la fin du mandat. Etait-ce le 6 décembre 1956 ou six mois plus tard ?

Personne ne pouvait se douter que ces manœuvres, qui illustraient bien la carence de projet démocratique des militaires haïtiens, ouvriraient une boîte de Pandore, une chaîne de malheurs qui, de 1956 à maintenant, en 2005, attaquerait les fondements les plus profonds de l'Etat haïtien et de la société haïtienne, les plongeant dans une dynamique de dégradation, d'humiliations et d'impuissance dont on ne voit plus la fin. La liturgie maladroite que Magloire et sa petite Junte inventèrent pour permettre au pouvoir militaire de se succéder à lui-même, fonctionna comme un pétard mouillé et déjà, en ce début de décembre 1956, des bombes éclataient en ville. On crut un instant qu'elles venaient du clan magloiriste. Erreur. C'étaient les terroristes de la bande à Duvalier qui annonçaient la couleur.

Les sept mois qui suivirent se révélèrent catastrophiques pour les rêves de plus d'un. L'armée, fêlée par l'argument épidermique ouvertement utilisé, se divisait. Un processus d'autodestruction se déclenchait qui l'enverrait, en l'an 1995, dans le néant de la galerie des pas perdus. En sept mois, cinq gouvernements se succédèrent. Un gouvernement collégial où trois partis se partagèrent les sièges ne dura pas deux mois. Le gouvernement populiste de Daniel Fignolé ne passa pas les 18 jours. Et finalement les militaires, sous la direction du général Antonio Th. Kébreau revinrent au pouvoir, organisèrent des élections en faveur du candidat qui leur paraissait le plus malléable. Le 22 septembre 1957, le Docteur François Duvalier inaugurait son mandat de six ans. Il allait installer au Palais une machine infernale qui règlerait leur compte à tous les figurants et transformerait la farce en une calamité nationale.

C'est ainsi que tous les indices concernant l'état des choses et des personnes dans la République d'Haïti, de 1957 à 2005, révèlent une cassure dans tous les secteurs de la vie économique et sociale. Les courbes s'inclinent inexorablement vers le bas, illustrant la tragédie d'un sous-développement qui s'impose à une population qui passe de trois millions et demi à huit millions sur les 27.000 kilomètres carrés de terrain ravagé par l'érosion. S'il y a eu des dictatures qui ont favorisé un certain développement, une mise en place d'infrastructures et d'entreprises, tel n'est pas le cas pour celle-là. Au contraire, la reproduction de la dictature en Haïti se caractérisait par une obstination dans la destruction, par l'incapacité d'amorcer le progrès et l'impossibilité d'attirer les investissements nécessaires. Elle n'a même pas permis de maintenir les ressources, les institutions, le patrimoine qui existaient. Pudiquement, on parle d'indice négatif de croissance. Les chiffres, les statistiques, les tableaux indiquent en rouge la réalité d'un désastre et d'une faillite. La reproduction de la dictature, de cette dictature-là, a été et est pour le peuple haïtien une descente en enfer, une chute suicidaire dans la dégradation.

Cet Etat débile, déficient et délinquant, habité par la corruption et le crime devint incapable de sonner l'appel à un sursaut, incapable d'investir, incapable de maintenir. La république devenue marécage n'en finit pas de gaspiller et de décourager les bonnes volontés. La planification est devenue un luxe impossible tandis que la misère crée ses propres réseaux de survie. Pour reprendre le chemin du développement cassé en 1957, il faudra chercher toujours plus loin en amont les ressorts et les valeurs pour une refondation, et cesser de recourir à des slogans usés, lambeaux d'idéologies qui ont perdu toute validité historique. Mais les deux millions d'Haïtiens qui ont quitté le pays sont bien partis pour de bon et les deux millions qui ont envahi l'espace métropolitain en ce dernier demi-siècle risquent d'être rejoints par trois ou quatre autres millions dans les années qui viennent. Tout ceci exige une vitesse de prévision et de décision que pour le moment ne possède pas un Etat paralysé, impuissant devant une anarchie qu'il a lui-même suscitée en armant des groupes qui prennent en otage la population. La renaissance de l'Etat haïtien est lourdement hypothéquée par la conduite des dirigeants eux-mêmes qui, pendant ces quarante-sept années, ont largement contribué à la destruction et à la paralysie des institutions comme si l'accès au pouvoir les libérait de toute obligation vis-à-vis des lois et des procédures tout en leur garantissant l'impunité.

Le livre de Bernard Diederich est la première tentative de bâtir un récit cohérent qui puisse, chronologiquement, encadrer l'histoire de la résistance du peuple haïtien à la tyrannie tout au long de ces quarante-sept années. Sur la base des documents qui lui avaient servi pour son « *Papa Doc et les Tontons Macoutes* » qui est un récit des 14 années de la présidence de François Duvalier, Diederich entreprend ici de refaire le même itinéraire, mais, cette fois-ci, du point de vue des acteurs, militants, résistants, victimes. Il a patiemment actualisé et complété, durant ces dernières années, sa documentation. Mais on se rend compte que nous n'avons ici que la pointe de l'iceberg. La monstruosité des pratiques infligées par les Duvalier au peuple haïtien est toujours enfouie dans les mémoires et les tiroirs et peut-être que ce premier récit en amènera d'autres et permettra de soulever le voile qui masque tant de tragédies. Il faut espérer que certains, victimes ou témoins, à lire l'hallucinant récit de Diederich, trouveront le courage d'ouvrir les serrures et cadenas qui bouclent leur mémoire. Il y aurait lieu alors d'espérer un changement dans le système de justice d'un Etat, qui jusqu'à maintenant se révèle incapable de sanctionner quarante-sept années de crimes, de détournements de fonds publics et de corruption. Car ils étaient le fait de responsables de cet Etat bâti sur l'absolu de la terreur, édictant ses propres lois en vue de soumettre ou d'exterminer tous ceux qui oseraient s'opposer.

On peut se demander comment un tel type de gouvernement ait pu exister et durer aussi longtemps, d'abord pendant quatorze ans jusqu'à la mort de François Duvalier, puis pendant quinze autres années, sous la présidence à vie d'un héritier de 19 ans d'âge. Et quand il fallut aux Duvalier quitter le pays le 7 février 1986, c'était pour être remplacés par une équipe composée majoritairement de militaires qui n'avaient pas ménagé leur collaboration et qui, dix-huit mois plus tard, seront responsables du sabotage sanglant des premières élections démocratiques du pays, le 29 novembre 1987. L'existence d'un tel régime, pendant 29 ans, à deux heures et demie d'avion de Miami, ne pouvait être possible sans une certaine tolérance pour ne pas dire complicité du gouvernement américain et des institutions internationales.

De fait, à part la courte période de la présidence de Kennedy, le support donné à l'établissement de la dictature de François Duvalier et à la présidence à vie, malgré les apparentes décisions de couper l'aide financière, ne s'est pas démenti. Qu'il suffise de citer l'aide apportée par la mission navale commandée par le Colonel Heinl, la présence sous la présidence Johnson d'intérêts liés à la banque Murchinson du Texas, l'action de l'ambassadeur Clinton Knox et la mise en application du remplacement de Duvalier par son fils, l'attitude ambiguë de l'Organisation des Etats Américains (OEA) et de la communauté internationale, l'investissement de plus d'un milliard de dollars qui devaient aider à démocratiser le pays dans les années 1980, l'un des échecs les plus retentissants de l'aide internationale, il y a là une histoire qui illustre bien les capacités d'acceptation de la « realpolitik ».

Le contexte de la guerre froide, l'obsession pour créer un rempart au castrisme cubain, explique en partie le caractère utile de ces dictatures. Duvalier, en se déclarant ennemi juré du communisme, allant jusqu'à promulguer une loi qui condamnait à mort tout possesseur ou lecteur d'un texte communiste, bénéficia d'une complicité qui dura vingt-neuf ans, au grand dam du peuple haïtien. Tout ceci d'ailleurs s'inscrivait dans une impériale incompréhension des problèmes du pays, sans parler d'une certaine touche de racisme faisant croire qu'un tel style de gouvernement était bien celui qui convenait au peuple haïtien. Ainsi a pu être assurée la pérennité du pouvoir totalitaire des Duvalier, en contradiction criante avec les principes et les accords qui sont supposés régir les peuples qui forment les Nations Unies et des organisations régionales comme l'OEA. La complicité avec le régime totalitaire des Duvalier est bien illustrée par cette photo, lors de la visite du vice-président américain en juillet 1969, montrant Duvalier et Nelson Rockefeller, quasi dans les bras l'un de l'autre, se pencher d'une fenêtre du Palais et saluer la foule et par l'ambassadeur Knox affichant sur sa veste, le jour des funérailles, un macaron à l'effigie du nouveau président âgé de 19 ans. Nous savons qu'une telle diplomatie fut appliquée sur une échelle hémisphérique. Les pays du cône sud, comme ceux d'Amérique Centrale, connaîtront les heures sombres des dictatures militaires où se retrouvent les mêmes techniques d'interrogatoire, de torture et d'application de la terreur par les disparitions. Mais il y aura finalement un Président Carter pour envoyer en mission l'ambassadeur Andrew Young et exiger la libération des prisonniers politiques. En 1977, pour la première fois, des prisonniers sortent vivants de la casemate de Fort-Dimanche. Qui ne reconnaîtrait ici le visage de Janus du pouvoir impérial ?

Or, malgré ces circonstances adverses, la résistance du peuple haïtien à l'oppression ne se démentit jamais, tout au long des quatorze années que dura le pouvoir du Dr. François Duvalier. Elle fut toujours présente. Elle fut toujours active. Le déchaînement de violence et de sadisme de la part du pouvoir s'attaqua systématiquement à tous les secteurs de la société civile, à toutes ses formes d'expression, à toutes les institutions, prenant tout le monde par surprise, pour réclamer de tout individu habitant l'espace national l'acquiescement à l'état de servitude. Cet acquiescement devait se manifester, surtout à partir de 1963, par des rites, des gestes, des actes de présence auxquels il était dangereux de se dérober. Tel par exemple, mettre un drapeau, à certaines dates, devant toutes les maisons ou sur toute voiture, ou encore l'usage obligatoire de l'expression « *Le Président à vie de la République* », formule qui consacrait l'existence d'un seul citoyen dans le pays, détenant à lui seul, de façon absolue, le monopole de la politique, le pouvoir sur les vies et les biens, et qui exigeait, à travers des rites qu'il ne cessait d'inventer, une réponse explicitant la soumission de tous et de chacun.

Face à l'extrême, selon l'expression de Todorov, l'espérance de la survie, au niveau collectif, même obtenue par des rites et des signes de soumission pouvant être qualifiés d'abjects et de sordides, mise sur le temps et proclame, à l'avance, la néantisation de l'oppresseur, lui aussi, soumis comme tout le monde, à l'horloge de la mort. Todorov voit dans cette victoire du temps une forme de résistance, la seule devenue possible dans l'univers des camps de concentration, quand la victime se trouve en état de dénuement le plus complet, sans défense devant les pratiques mortelles des bourreaux. Il faut donc durer pour survivre, car il faut survivre pour pouvoir témoigner. A travers cette survivance est rendue possible une victoire sur l'oppresseur, sur les bourreaux, la victoire de la mémoire à travers le récit, étape indispensable et signe avant-coureur d'une sanction édictée par les tribunaux, par la société comme telle, rétablissant officiellement la balance des paiements et surtout identifiant clairement le mal. A la découverte de l'horreur des squelettes, morts ou vifs d'Auschwitz, correspond la silhouette d'un Eichmann derrière sa cage de verre, comme à la foule amassée dans le stade de Santiago du Chili correspondra la silhouette du sénateur à vie Augusto Pinochet, vieillard interrogé par une cour anglaise, sur réquisition d'un avocat espagnol. Ainsi la vie collective des opprimés, la mémoire collective des victimes permet, dans l'échelle du temps, de vaincre les armes d'un pouvoir terroriste.

La reproduction de la dictature durant le demi-siècle qui vient de s'écouler a toujours trouvé en face d'elle des conduites de refus, d'insoumission et de révolte, malgré le fait que la société civile et politique avait les mains nues, ne disposant que de moyens précaires. Ce fut un rude réveil pour la société haïtienne nullement préparée au type de terreur systématique qu'allaient imposer ceux qui s'installèrent au Palais National le 22 septembre 1957. Dès ce jour-là, Clément Barbot, en complet noir, mitraillette sous le bras, s'était autoproclamé « *Chef de la police secrète* » et partait au combat avec sa cohorte d'hommes « *à tout faire* », des militaires et des civils.

Une épuration commençait parmi les sénateurs et les députés récalcitrants. Le choix était clair : fuir ou mourir. Les autres candidats, Déjoie, Jumelle et Fignolé (celui-ci déjà en exil) et leurs partisans étaient traqués. Les locaux des journaux d'opposition étaient incendiés et leurs responsables, s'ils n'avaient pas fui, arrêtés et tabassés. Le cas d'Yvonne Hakim Rimpel est un cas emblématique qui devait faire réfléchir tout le monde et servir de leçon. Cette société désarmée avait à se soumettre à des nouveaux gouvernants qui utilisaient sans état d'âme le monopole des armes détenu par l'Etat et l'armée. Le langage préélectoral et la liturgie des élections traversés par des références rituelles à la loi et la démocratie n'avaient donc été qu'un leurre qui avait servi d'écran à « l'humble docteur des pauvres », le Dr. François Duvalier, pour faire son chemin jusqu'au palais. A partir de ce moment-là, les références allaient ailleurs, à un concept du pouvoir appartenant à un autre monde, à une autre culture, à un autre pôle imaginaire où le pouvoir n'appartient qu'à un seul, maître et seigneur de la République. Comme dira Duvalier un jour, « le docteur que j'étais est devenu un être sauvage défendant son pouvoir les armes à la main ».

Effectivement, chaque pas exécuté par le docteur Duvalier pour se transformer en « Papa Doc » réclamait son dû de victimes. Même si elles sont totalement passives, même si elles seraient totalement apolitiques, même si elles ont l'air d'être accidentelles, elles sont victimes en tant qu'elles existent comme éléments encombrants par rapport au projet fondamental du dictateur. La victimisation des autres devient une nécessité pour que s'affirme l'avoir du pouvoir. En créant des victimes, elle crée des résistants, même si ce sont des nouveau-nés qui pour une raison ou une autre encombrent l'espace du tyran. Je torture, donc je suis. Je fusille, donc je fais. Ce n'est pas par hasard que Diederich commence son récit par la fin du temps duvaliérisé. C'est dans la lunette du 8 février 1991 que Diederich regarde le royaume du mal devenu terriblement banal, cette foule qui piétine les plaques de boue dans la cour de Fort Dimanche. Le dictateur sanguinaire n'est plus, le peuple haïtien est là. Dans ce regard que nous jetons sur ces murs lépreux et cette casemate de béton avec ses dix cellules où chacun mourait à petit feu, dans son urine et ses excréments, s'exprime l'inanité de ce sordide abattoir. Le dictateur aura beau tuer, c'est la matière humaine elle-même qui résiste à son projet d'équarrissage, en tant qu'elle surclasse la capacité de destruction du tyran.

Diederich, au rendez-vous de son livre, de cet initiatique voyage au goulag du docteur macabre, rapporte le récit, fait par un pompier qui avait été appelé sur les lieux, de l'atroce exécution de dix-neuf officiers qui avaient servi le dictateur pendant des années. Ce 8 juin 1967, Duvalier déguisé en officier, donne lui-même les ordres au peloton formé par des camarades des condamnés. Et, ultime détail dans le sadisme, Duvalier arrête dans sa gorge l'ultime commandement de faire feu, comme, quelques jours tard, il inventera un lugubre appel des absents-morts.

Il fallait dresser ce portique maléfique, champ d'action d'un Léviathan toujours prêt à réapparaître, pour comprendre dans quelle situation se trouvait une population désarmée, sommée secteur après secteur, de se soumettre. A travers le processus de victimisation qui s'enclenche, se développe, s'organise pour atteindre les coins les plus reculés du pays, c'est toute la population qui est sommée de se soumettre à un projet totalitaire qui ne supporte aucune objection. A cette oppression massive, toutes les formes de refus se sont opposées, de façon constante, du début à la fin de ces quatorze années de malheur. Et c'est vague après vague que meurent les révoltés, que sont massacrés des membres de leur entourage. On aura beau souligner le caractère pathétique de ces tentatives, complots, invasions, des illusions qu'elles révèlent en vertu surtout de la précarité poignante des moyens. L'entêtement à se battre, même si l'on part en guerre avec des armes qui s'enrayent, des bombes qui n'explosent pas, des bateaux qui coulent et sans que soit envisagée la possibilité de désengagement, transfigure ces récits marqués de sang et de mort en y imprimant le sceau de l'absolu, le refus de baisser les bras, l'obstination à dire non, dans la droite tradition de la revendication de liberté qui traverse l'histoire d'Haïti depuis Boukman.

A ce rendez-vous, du début à la fin de ces quatorze années, on voit défiler et offrir leur vie les meilleurs d'une nation, étudiants et syndicalistes des années 60, militaires, avocats, hommes politiques, professeurs, les treize de Jeune Haïti dans la Grande-Anse, les jeunes exilés et les paysans des Forces Armées Révolutionnaires Haïtiennes (FARH) à la Forêt des Pins, ceux du Parti Unifié des Communistes Haïtiens (PUCH) revenus clandestinement, les groupes d'exilés de Miami et des Bahamas, le meilleur de la nation disparaît dans cet offertoire. Jacques Stephen Alexis revient de Moscou et les frères Baptiste de Pékin pour être happés par la mort. Il y a quelque chose d'étonnant dans ces rendez-vous qui se répètent tout au long de ces quatorze ans, cet entêtement à lutter qui débouche sur une sorte d'immolation pour échapper à la honte de cette tyrannie et à l'humiliation de la non citoyenneté tandis que nous poursuivent la verticalité et le regard face au peloton d'exécution de Marcel Numa et de Louis Drouin nimbés d'une éternelle dignité.

La rupture de silence opérée par le livre de Diederich annonce peut-être ce temps où notre société sortira de son silence et acceptera enfin de faire mémoire de ses héros, retrouvant dans la liste des victimes un héritage qui n'a pas de prix, faisant mentir la thèse qu'ils seraient morts pour rien. Car cette litanie de victimes, la plupart complètement désarmées en face des terroristes officiels armés par l'Etat, dans leur nudité, leur impuissance, leur solitude et leur affrontement de la mort, délivre un seul et même

message, le refus de se soumettre à l'inacceptable, un NON entê-
té à la reproduction de la dictature.

Jean-Claude Bajeux

18 mai 2005

Note de l'auteur

Depuis la proclamation de l'indépendance d'Haïti, le 1er janvier 1804, une victoire historique sans précédent contre l'esclavage et le colonialisme, le peuple haïtien a connu pendant deux cents ans le joug de bien des régimes autoritaires et tyranniques. Aucun n'avait jamais atteint le niveau et l'ampleur de la sanglante dictature du docteur François Duvalier (1957-1971) et de son fils Jean-Claude Duvalier (1971-1986).

Il m'a fallu des années pour obtenir les détails de la répression sadique exercée par Duvalier, ses militaires et ses *tonton makout* et de la résistance héroïque d'un peuple et d'une jeunesse désarmés, même avec la documentation que j'avais pu recueillir comme directeur de *Haiti Sun* puis, après mon expulsion du pays le 27 avril 1963, comme correspondant du New York Times et de Times Magazine pour la zone des Caraïbes.

Déjà, dans les années soixante, je connaissais suffisamment bien Haiti pour savoir que l'écriture de l'histoire du pays sous le règne de Duvalier serait brouillée par les *zen* (rumeurs). J'ai brisé la censure au cours des années passées en Haïti pour faire connaître les faits. Publier les récits incombait aux éditeurs des journaux établis à l'étranger. Mais ceux que j'envoyais étaient souvent relégués au second plan par une autre crise.

En 1965, j'ai décidé d'écrire ce que je savais sur Papa Doc et l'ouvrage *Papa Doc et les Tontons Macoutes* a été finalement publié en 1968, après *Les Comédiens* de Graham Greene. Papa Doc était encore bien vivant et je n'ai laissé ni à mon éditeur ni à mon co-auteur la liberté d'exagérer afin de préserver le récit de l'histoire de Papa Doc dont j'ai été le témoin privilégié. Et je n'ai pas non plus mis la vie d'autrui en danger.

Je voulais parler, transmettre pendant que ma mémoire était encore bonne. Les universitaires ont critiqué le livre car il n´y avait ni notes de bas de page ni sources citées. Mais ils avaient oublié que Duvalier était bien vivant lorsque mon livre a été publié. Et certains n´ont pas vu Duvalier comme le diable qu´il était. Pour moi comme pour Graham Greene, il était impossible de rendre le règne sanglant de Papa Doc plus cauchemardesque qu´il ne l´était.

Dans la période qui a suivi la fuite des Duvalier survenue en 1986, les gens qui savaient, les gens qui avaient subi terreur, torture et prison, et survécu, les familles qui ignoraient encore quel sort avait frappé leurs proches, ont gardé le silence. La peur continuait et continue sans doute encore à garantir l'impunité pour les bourreaux par le silence des victimes, même si des pas ont été faits depuis le retour de Baby Doc en 2011, retour qui témoigne justement du fait que la société haïtienne n´est pas encore libérée des séquelles du terrorisme d'Etat.

Pourtant, certains ont accepté de répondre à mes questions, en surmontant des traumatismes lancinants. D´autres ont apporté récemment de nouveaux témoignages. Envers tous ceux-là, sans qui ce récit de la résistance du peuple haïtien, plus de quarante ans après les évènements, n'aurait pu exister, je reconnais la dette contractée et je leur rends hommage.

Aujourd´hui, ceux qui n´étaient pas nés sous la dictature, soit la moitié de la population, lui trouvent des prétextes fallacieux: "ils ont gardé les rues propres" ou "ils ont rendu les rues sûres" disent-ils. Ils ne s´interrogent pas sur la nécessité, pour Haïti, de retrouver sa boussole morale, peut-être pour n´avoir pas connu ces éducateurs brillants, ces sages, ces figures d´autorité qui auraient pu leur enseigner comment vivre avec intégrité. Les dommages de ces années perdues ne se comptent pas seulement en vies rompues, sacrifiées. Ils s´étendent au mal que la dictature a propagé. Le débat d´aujourd´hui est en-deçà des normes morales et il est sur-politisé. Les jeunes doivent donner du sens à leur vie et pour cela il leur serait utile d´examiner les erreurs des cinquante dernières années.

Je suis simplement heureux de partager ce que je sais et d´aider les autres, étudiants et nouveaux écrivains. Il n´y a pas de droits d´auteur sur l´histoire aussi longtemps qu´elle est fondée sur des sources. J´ai fait ce que j´ai pu pour découvrir la vérité. Ma récompense est d´être capable d´honorer ceux qui ont risqué ou offert leur vie en luttant contre la dictature et que nous soyons dignes de leur sacrifice.

Pour terminer, j´ai d´autres personnes à remercier à l´occasion de cette nouvelle édition de *Le Prix du sang*, dont François Benoît, le colonel Kern Delince, le capitaine Tony Pierrre, Albert Mangonès, des membres du Parti Populaire de Libération Nationale (PPLN), René Théodore du Parti Unifié des Communistes Haïtiens (PUCH), et bien d´autres encore dont des employés du bureau des télégrammes RCA, Louis Estiverne et Anne Fuller qui ont accepté de partager les résultats de leur recherche sur la répression à Grand Bois/Cornillon en 1969, Alix Multidor pour son témoignage sur l´assassinat du colonel Antoine Multidor, et Frankie Morone du site web pikliz.fotki.com pour les photos de Sanette Balmir, Saint-Ange Bontemps et Zacharie Delva. Enfin, je ne saurai jamais assez rendre hommage à mon éditrice.

Bernard Diederich.

2005, 2015-2016.

Note de l´éditrice

La première édition de *Le Prix du sang, La résistance du peuple haïtien à la tyrannie (Tome 1 : François Duvalier (1957-1971))* publiée en 2005 a été revue, corrigée et augmentée pour livrer la présente édition.

Initialement traduit de l´anglais et adapté, le texte de 2005 a fait l´objet de plusieurs relectures, dans un processus d´allers-retours entre les versions en anglais et les archives à portée de main, en particulier les journaux de l´époque. Les ouvrages *The Price of Blood. History of Repression and Rebellion in Haiti under Dr. François Duvalier, 1957-1961* et *The Murderers among Us. History of Repression and Rebellion in Haiti under Dr. François Duvalier, 1962-1971,* tous deux publiés par Markus Wiener Publishers en 2011, ont été consultés de même qu´une version anglaise inédite de référence.

Les formulations boiteuses ou erronées ont été revues autant que possible afin d´assurer l´intelligibilité et une certaine fluidité du propos. La trame du récit a été modifiée dans quelques chapitres. Les erreurs factuelles ont été corrigées ou supprimées toutes les fois qu´elles ont été repérées. Des témoignages complémentaires ont permis de préciser certains faits ou d´en rapporter de nouveaux longtemps gardés sous silence ou peu connus. De nouveaux témoignages ou de nouvelles données ont également été intégrés, dont ceux qui ont émergé à la faveur des récentes commémorations organisées par le *Comité de Commémoration du 26 avril 1963* devenu *Devoir de mémoire Haïti.*

Par ailleurs, de nouvelles photos ont été insérées, d´où une édition plus richement illustrée que la précédente. Les images, qui renvoient à une diversité d´acteurs, décideurs et bourreaux, résistants et victimes, ont été placées dans le corps du texte. La grande majorité des images sont de Bernard Diederich. Pour les autres, l´auteur est précisé ou la provenance est spécifiée.

Ce travail d´édition, sans doute perfectible, a été effectué sous l´oeil vif et vigilant et avec l´entière collaboration de Bernard Diederich. Je le remercie *de todo corazón* pour sa confiance, son impatiente patience – ô combien légitime – et son amitié. Mes plus vifs et affectueux remerciements vont aussi à François Benoît pour ses témoignages et sa contribution au travail de correction et d´édition.

Puisse cette nouvelle édition susciter et encourager des tentatives d´écriture de l´histoire contemporaine d´Haïti qui rendent justice aux vaincus et aux sacrifiés, aux engagements et aux pertes irrémédiables, et restituent la complexité des rapports entre mémoire et histoire.

Nathalie Lamaute-Brisson
Mai 2015, Janvier 2016.

Chapitre 1

Le goulag de Papa Doc

Fort Dimanche
26 avril 1986, 8 février 1991, 8 juin 1967

L e 8 février 1991 a peut-être été l'un des jours qui a soulevé le plus d'émotions dans l'histoire récente de ce pays torturé, Haïti. Des milliers de personnes, sous un soleil brûlant, piétinant des malodorantes piles de boue séchée, se frayaient un passage vers la façade fantomatique, couleur moutarde du Fort Dimanche, ce lieu sinistre source de terreur, situé à l'extrémité nord de Port-au-Prince, niché sur des terrains salés au bord de la mer.

Venus de tous les chemins de la vie, ils se tenaient là, observant la scène, quelques-uns portant des fleurs sans savoir où les déposer. Des curieux cherchaient en vain dans les recoins du vieux fort quelque indice, qui sait? Peut-être un bout de squelette d'une des innombrables victimes qui aurait trépassé, ici, là même. Dans la foule se trouvaient quelques rescapés de ce lieu sinistre qui avaient échappé à la mort. Ils avaient été les témoins de l'agonie de leurs camarades ou bien ils les avaient vus emmenés de leurs cellules pour être exécutés. Le terrible traumatisme subi par les survivants surgissait dans une crise silencieuse qui faisait couler des larmes sur leurs joues poussiéreuses devant le vestige symbolique du pouvoir dynastique des Duvalier qu'était Fort Dimanche.

Les familles des disparus étaient là dans cette fange avec les photos de leurs proches qui avaient péri dans ce lieu. Jamais elles ne pourraient savoir où les restes avaient été ensevelis, ni comment et quand ils étaient morts. Ils regardaient ce site sinistre et inhumain comme un lieu de repos métaphysique. Dans la foule se mêlaient des personnes de toutes origines sociales, paysans du Cul-de-Sac et de l'Artibonite, pauvres venus des bidonvilles voisins aussi bien que des membres de familles aisées ou de la classe moyenne.

Des quartiers pauvres avoisinant le fort étaient accourus en 1957 des partisans du Président Daniel Fignolé, armés seulement de pierres, pensant que Fignolé y avait été enfermé par les militaires qui l'avaient renversé. Ils avaient été accueillis par le tir des mitrailleuses.

Des étudiants qui poursuivaient leurs études universitaires en Europe étaient retournés clandestinement, à la fin des années 60, pour combattre la tyrannie de François Duvalier. Certains venaient des couches aisées de la population, décidés à combattre les injustices et abus de cette société où ils étaient des privilégiés. Sauf une poignée, ils allaient connaître la mort. Et dans la mort, ils restaient sans visage. Mais comme avait écrit l'écrivain marxiste Jacques Roumain (1907-1944) : « La vie elle-même, c'est un fil qui ne se casse pas, qui ne se perd pas et tu sais pourquoi ?...parce que chaque nègre pendant son existence y fait un nœud : c'est le travail qu'il a accompli... » (*Gouverneurs de la rosée*, p.183)

Jeunes et vieux, hommes et femmes, bébés ou personnes âgées, riches et pauvres, démocrates, communistes, parlementaires, écrivains, professeurs, professionnels, paysans, prêtres catholiques ou épiscopaliens, avaient été emprisonnés au Fort Dimanche. La plupart y sont morts, y compris une vedette du football haïtien, Joe Gaetjens, qui avait joué dans l'équipe des Etats-Unis dans un match de la Coupe du monde contre l'Angleterre et qui avait mis le seul but de la partie.

Et maintenant, les familles endeuillées et leurs proches se tenaient dans la chaleur, sanglotant silencieusement, échangeant des poignées de mains entendues. Peu parlaient.

Les mots n'étaient pas nécessaires. On voyait des photos de jeunes hommes dans des vêtements d'hiver, prises loin d'ici, en France ou en Allemagne, quand ils avaient quitté leurs études et étaient retournés en Haïti clandestinement pour combattre cette dictature.

Jean-Claude Bajeux, qui avait lutté pour obtenir la fermeture de Fort Dimanche, avait commenté en 1986 : « Si seulement nous pouvions savoir où ils ont été enterrés, on pourrait au moins semer des fleurs sur leurs tombes. »

Et maintenant, cinq ans plus tard, en février 1991, des fleurs dans la main, Bajeux se tenait dans cette foule, le regard lointain, ne sachant où placer ces bouquets en mémoire de sa mère, de ses deux sœurs et de ses deux frères exécutés au Fort Dimanche en août 1964. Sa femme, Sylvie, savait que Duvalier avait ordonné que l'on coupe la tête de son premier mari, Jacques Wadestrandt. La photographie de cette tête, avec d'autres, apparaissait dans un programme télévisé qui accompagnait l'exécution publique, le 12 novembre 1964, des deux membres du groupe dit des « 13 » qui avaient été faits prisonniers.

Robert (Bobby) Duval, qui avait survécu, avait fondé, avec d'autres survivants, la Ligue des Anciens Prisonniers Politiques Haïtiens (LAPPH) qui leur donnait une tribune pour s'exprimer dans la période de l'après Duvalier.

Depuis 1804, plusieurs forts avaient été construits autour de Port-au-Prince. Ils avaient été nommés en fonction des jours de la semaine. Fort Dimanche avait été, aussi loin que la mémoire collective puisse remonter, le Quartier Général du District de Port-au-Prince (Forces Armées d'Haïti). Bien avant Duvalier, il y avait un court de tennis et un terrain de football. Mais Fort Dimanche, de toute son existence, avait surtout servi comme champ de tir, à la formation des recrues de l'armée. Papa Doc en avait fait son goulag. Ici, sur le champ de tir qui s'étendait derrière le fort, jusqu'au site de la HASCO et au marécage au bord de la mer, des centaines de prisonniers avaient été exécutés, tandis que d'autres étaient entassés pour pourrir et mourir dans des cellules d'une section spéciale bâtie sous les ordres de Duvalier, un édifice rectangulaire en béton divisé en dix cellules.

Le fort avait pour unique voisin la vieille usine sucrière de la HASCO. Mais elle se trouvait suffisamment loin pour qu'on ne puisse entendre les cris des battus et des torturés. Même l'horrible puanteur venant de Fort Dimanche pouvait être attribuée à La Saline, le bidonville qui, sous Duvalier, s'était étendu entre le Fort et la ville. Finalement, cinq ans avaient passé depuis la fuite de Jean-Claude Duvalier pour l'exil, en février 1986. On avait finalement fermé Fort Dimanche, mais l'armée en gardait une partie, sous prétexte qu'il y avait peut-être des restes de munitions, donc des possibilités d'accidents. La façade patinée du Fort avait l'air d'un poste avancé de la Légion étrangère française dans le Sahara sorti droit du film Beau Geste. Ses vieux murs de maçonnerie étaient craquelés et couverts de moisissure. A l'intérieur il y avait une salle de garde où un soldat s'occupait du travail de secrétariat. Un escalier branlant conduisait à l'étage là où l'officier du jour interrogeait les prisonniers. Le vieux plancher de bois était tout usé et il était possible à travers les fentes de voir, dans son bureau, le garde qui écrivait lentement dans un registre.

C'est à cet étage que le chef de la police secrète, Clément Barbot, interrogeait ses victimes et c'est là aussi que lui-même allait être détenu en 1961-1962. La chaleur et l'humidité du fort, avec son cortège de moustiques et de mouches, le transformaient en un immense sauna. Les pluies n'y changeaient rien. Les prisonniers étaient entassés dans les cellules incroyablement bondées, causant un niveau de tourment humain à la hauteur des prisons de la Guyane française et de l'île du diable.

Le chanteur Manno Charlemagne tapait sur sa guitare juché sur la plate-forme d'un camion et chantait les souffrances du peuple haïtien depuis les temps de l'esclavage :

> *« Depuis ma naissance,*
> *Je te rencontre dans mon pays.*

A cause de cela, je subis tant de misères.
Rends mon cocotier !
Tu fais comme si tu m'aimais
 A l'extérieur tu agis comme si tu m'aimais
Pourtant c'est moi que tu viens voler
 Maudit soit le sexe de ta mère,
Blanc! »

A cette réunion de 1991, François Benoît, un ancien officier de l'armée et sa femme, Jacqueline Edeline, était présents, murés dans leur chagrin. Benoît et sa femme avaient perdu des membres de leurs deux familles, assassinés, de même que leur bébé. Le 26 avril 1963, des officiers de la garde du Palais et des *makout* avaient envahi leur maison, tué les parents et emporté le bébé après avoir incendié la maison. A leur retour au pays, après 23 années d'exil, deux mois après la fin de la dynastie Duvalier, un service funèbre avait été célébré à l'église du Sacré-Cœur, le 26 avril 1986, là où le père et la mère de Benoît allaient à la messe tous les jours.

De là, une marche qui, sur le boulevard de la Saline comprenait plusieurs dizaines de milliers de personnes, avait traversé toute la ville vers Fort Dimanche, sous le soleil de midi. Cela s'était terminé dans la violence. Benoît avait essayé de calmer cette foule qui marchait sur l'entrée du fort et qui voulait y pénétrer pour déposer leurs fleurs, leurs photos et souvenirs de ceux qui y étaient morts. Mais devant cette foule, le commandant du fort, le major Pognon, avait ordonné à ses hommes d'ouvrir le feu. Benoît avait sauvé la vie de deux personnes en les libérant d'un câble de haute tension qui, coupé par les balles des soldats, leur était tombé dessus. Il les ramena à la vie en pratiquant la respiration artificielle de bouche à bouche et un massage du cœur. Sur le boulevard étaient éparpillés des centaines de souliers abandonnés par la foule en fuite. Les militaires qui dominaient le Conseil National de Gouvernement (CNG), le gouvernement provisoire qui avait reçu le pouvoir de Jean-Claude Duvalier, avaient donc, entre les bourreaux et les victimes, choisi leur camp. L'une des premières campagnes organisées par le Père

Aristide, après le départ de Jean-Claude Duvalier, avait eu pour objectif la fermeture du Fort Dimanche. Il avait lancé une collecte de signatures à partir des bureaux de Radio Soleil. Treize mille signatures avaient été recueillies. Le général Namphy, le chef du gouvernement provisoire d'alors, s'était moqué de cette initiative « des gauchistes en soutane ». Mais le 6 février 1991, à la veille de prêter serment comme Président, le vieux Fort-La-Mort, (c'est ainsi que Patrick Lemoine avait renommé Fort Dimanche dans le titre de son livre), fut officiellement remis à la Mairie de Port-au-Prince pour être administré par une Commission dirigée par le maire de Port-au-Prince, Evans Paul.

Le lendemain de son investiture, le 8 février 1991, Aristide, devenu Président, arriva, sous les applaudissements de milliers de partisans, pour planter sur le terrain de la prison un palmier, symbole de liberté. Pour sortir de là, son aide, Robert (Bob) Manuel, dut le porter sur ses épaules et fendre la foule pour arriver à la voiture. Ce fut un moment doux et amer à la fois, triste et poignant.

Bernac Célestin ne pouvait détacher les yeux de la façade du poste. Comment avait-il pu survivre pendant dix ans dans ce coin d'enfer ? Cela dépassait sa compréhension. Son crime avait été de donner son propre passeport à Jacques Stephen Alexis pour lui permettre de se glisser hors du pays, en août 1960. Profitant du passage d'un bateau, Alexis s'était alors rendu à Moscou.

Un autre survivant était Patrick Lemoine qui faisait partie du groupe de prisonniers libérés en 1977, sous la pression d'Andrew Young, l'Ambassadeur du président James Carter aux Nations Unies. Cette libération était la condition de la visite de Carter en Haïti. Lemoine avait eu l'intention de visiter la cellule qu'il avait occupée, mais les murs des cellules avaient été abattus. Les souvenirs l'envahissaient pendant que les larmes lui couraient sur le visage. « Pourquoi donc ce monsieur est-il en train de pleurer ? » demanda un jeune homme en désignant Lemoine. « Je pensais que seulement des gens du peuple étaient morts ici.» Dans la poussière étaient éparpillées les pages d'un registre qui contenait le nombre de prisonniers libérés, transférés, morts. Nul ne s'était jamais évadé de cet enfer, à l'exception de Gérard J. Pierre, en août 1968. Plus de 44 catégories identifiaient les crimes : « Abus de confiance », « vagabondage », « pratiques superstitieuses »... Aucun crime politique n'y apparaissait sinon, peut-être, « sédition », « scandale public ».

Patrick Lemoine m'avait confié une copie, en anglais, d'un manuscrit où il racontait minutieusement son odyssée. On y trouve décrites les horreurs de la mort lente de prisonniers de Fort Dimanche. Dans le passage suivant, Lemoine décrit la mort d'un des prisonniers qui s'entassaient dans sa cellule. Il s'appelait Justin Bertrand. Il avait été un puissant chef *makout*. Il avait tué un autre chef *makout*, très proche de Duvalier. Bertrand était ce *makout* arrogant qui avait menacé de me tuer pendant la grève des étudiants, en 1960. Il m'avait arrêté et conduit au palais national.

Voici ce qu'écrit Lemoine : « Cela faisait huit mois que Bertrand ne s'était pas lavé, ni coupé les cheveux et les poux s'étaient tellement implantés dans son cuir chevelu qu'ils avaient creusé un trou dans sa tête. Au moment de mourir, il avait ramassé ses excréments et les avait passés sur sa figure ».

Se référant à la formule rituelle « cendres, vous êtes et cendres vous deviendrez », Lemoine paraphrasa « Merde il était, et merde il deviendra ». Cela se passait en juin 1975. Dans une autre cellule, le fils de Bertrand, salua la mort de son père comme le signe qu'il allait être libéré. Il se trompait. Il mourut quelques temps après.

L'élégante Madame Janine Liautaud, accompagnée de ses fils et de ses filles, avait entre les mains la photo de son fils aîné, qui, âgé de 22 ans, avait abandonné ses études d'ingénieur à Cologne, en Allemagne, était revenu clandestinement dans le pays comme militant du Parti d'Entente Populaire (PEP) devenu par la suite le Parti Unifié des Communistes Haïtiens (PUCH) suite à la fusion avec le Parti Populaire de Libération Nationale (PPLN). Les membres du PUCH avaient peu de chances de survivre : si les mauvais traitements, la faim et la maladie n'avaient pas eu raison

d'eux, ils étaient impitoyablement exécutés, comme ce fut le cas
de Joël Liautaud.

o—o—o—o

LETTRE DE JACQUES STEPHEN ALEXIS
À FRANÇOIS DUVALIER

Pétion Ville, le 2 juin 1960

À Son Excellence
Monsieur le Docteur François Duvalier
Président de la République
Palais national

Monsieur le Président,

*Dans quelque pays civilisé qu'il me plairait de vivre, je crois pouvoir
dire que je serais accueilli à bras ouverts : ce n'est un secret pour
personne. Mais mes morts dorment dans cette terre ; ce sol est rouge
du sang de générations d'hommes qui portent mon nom ; je descends
par deux fois, en lignée directe, de l'homme qui fonda cette patrie.
Aussi j'ai décidé de vivre ici et peut-être d'y mourir. Sur ma promotion
de vingt-deux médecins, dix-neuf vivent en terre étrangère. Moi, je
reste, en dépit des offres qui m'ont été et me sont faites. Dans bien des
pays bien plus agréables que celui-ci, dans bien des pays où je serais
plus estimé et honoré que je ne le suis en Haïti, il me serait fait un pont
d'or, si je consentais à y résider. Je reste néanmoins.*

*Ce n'est certainement pas par vaine forfanterie que je commence ma
lettre ainsi, Monsieur le Président, mais je tiens à savoir si je suis ou
non indésirable dans mon pays. Je n'ai jamais, Dieu merci, prêté attention aux petits inconvénients de la vie en Haïti, certaines filatures trop
ostensibles, maintes tracasseries, si ce n'est les dérisoires avanies qui
sont le fait des nouveaux messieurs de tous les pays sous-développés. Il
est néanmoins naturel que je veuille être fixé sur l'essentiel.*

*Bref, Monsieur le Président, je viens au fait. Le 31 mai, soit avant-hier
soir, au vu et au su de tout le monde, je déménageais de mon domicile*

de la ruelle Rivière, à Bourdon, pour aller m'installer à Pétion Ville. Quelle ne fut pas ma stupéfaction d'apprendre que le lendemain de mon départ, soit hier soir, mon ex-domicile avait été cerné par des policiers qui me réclamaient, à l'émoi du quartier. Je ne sache pas avoir des démêlés avec votre Police et de toute façon, j'en ai tranquillement attendu les mandataires à mon nouveau domicile. Je les attends encore après avoir d'ailleurs vaqué en ville à mes occupations ordinaires, toute la matinée de ce jourd'hui 2 juin.

Si les faits se révélaient exacts, je suis assez au courant des classiques méthodes policières pour savoir que cela s'appelle une manœuvre d'intimidation. En effet, j'habite à Pétion Ville, à proximité du domicile de Monsieur le Préfet Chauvet. On sait donc vraisemblablement où me trouver, si besoin réel en était. Aussi si cette manœuvre d'intimidation (j'ai coutume d'appeler un chat un chat) n'était que le fait de la Police subalterne, il n'est pas inutile que vous soyez informé de certains de ces procédés. Il est enseigné à l'Université Svorolovak dans les cours de technique anti-policière, que quand les Polices des pays bourgeois sont surchargées ou inquiètes, elles frappent au hasard, alors qu'en période ordinaire, elles choisissent les objectifs de leurs coups. Peut-être dans cette affaire ce principe classique s'applique-t-il, mais Police inquiète ou non, débordée ou non, je dois chercher à comprendre l'objectif réel de cette manœuvre d'intimidation.

Je me suis d'abord demandé si l'on ne visait pas à me faire quitter le pays en créant autour de moi une atmosphère d'insécurité. Je ne me suis pas arrêté à cette interprétation, car peut-être sait-on que je ne suis pas jusqu'ici accessible à ce sentiment qui s'appelle la peur, ayant sans sourciller plusieurs fois regardé la mort en face. Je n'ai pas non plus retenu l'hypothèse que le mobile de la manœuvre policière en question est de me porter à me mettre à couvert. J'ai en effet également appris dans quelles conditions prendre le maquis est une entreprise rentable pour celui qui le décide ou pour ceux qui le portent à le faire. Il ne restait plus à retenir comme explication que l'intimidation projetée visant à m'amener moi-même à restreindre ma liberté de mouvement. Dans ce cas encore, ce serait mal me connaître.

Tout le monde sait que pour qu'une plante produise à plein rendement, il lui faut les sèves de son terroir natif. Un romancier qui respecte son art ne peut être un homme de nulle part, une véritable création ne peut non plus se concevoir en cabinet, mais en plongeant dans les tréfonds de la vie de son peuple. L'écrivain authentique ne peut se passer du contact journalier des gens aux mains dures – les seuls qui valent d'ailleurs la peine qu'on se donne – c'est de cet univers que procède le grand œuvre, univers sordide peut-être mais tant lumineux et tellement humain que lui seul permet de transcender les humanités ordinaires. Cette connaissance intime des pulsations de la vie quotidienne de notre peuple ne peut s'acquérir sans la plongée directe dans les couches profondes des masses. C'est là la leçon première de la vie et de l'œuvre de Frédéric Marcelin, de Hibbert, de Lhérisson ou de Roumain. Chez eux, les gens simples avaient accès à toute heure comme des amis, de même que ces vrais mainteneurs de l'haïtianité étaient chez eux dans les moindres locatis des quartiers de la plèbe. Mes nombreux amis de par le vaste monde ont beau s'inquiéter des conditions de travail qui me sont faites en Haïti, je ne peux renoncer à ce terroir.

Egalement, en tant que médecin de la douleur, je ne peux pas renoncer à la clientèle populaire, celle des faubourgs et des campagnes, la seule payante au fait, dans ce pays qu'abandonnent presque tous nos bons spécialistes. Enfin, en tant qu'homme et en tant que citoyen, il m'est indispensable de sentir la marche inexorable de la terrible maladie, cette mort lente, qui chaque jour conduit notre peuple au cimetière des nations comme les pachydermes blessés à la nécropole des éléphants. Je connais mon devoir envers la jeunesse de mon pays et envers notre peuple travailleur. Là non plus, je n'abdiquerai pas. Goering disait une fois quand on cite devant lui le mot culture, il tire son révolver ; nous savons où cela a conduit l'Allemagne et l'exode mémorable de la masse des hommes de culture du pays des Niebelungen. Mais nous sommes dans la deuxième moitié du xxᵉ siècle qui sera quoiqu'on fasse le siècle du peuple roi. Je ne peux m'empêcher de rappeler cette parole fameuse du grand patriote qui s'appelle le Sultan Sidi Mohamer Ben Youssef, parole qui illumine les combats libérateurs de ce siècle des nationalités malheureuses. « Nous sommes les enfants de l'avenir ! », disait-il de retour de son exil en relevant son pitoyable ennemi, le Pa-

cha de Marrakech effondré à ses pieds. Je crois avoir prouvé que je suis un enfant de l'avenir.

La limitation de mes mouvements, de mes travaux, de mes occupations, de mes démarches ou de mes relations en ville ou à la campagne n'est pas pour moi une perspective acceptable. Je tenais à le dire. C'est ce qui vaut encore cette lettre. J'en ai pris mon parti, car la Police, si elle veut, peut très bien se rendre compte que la politique des candidats ne m'intéresse pas. La désolante et pitoyable vie politicienne qui maintient ce pays dans l'arriération et le conduit à la faillite depuis cent cinquante ans, n'est pas mon fait. J'en ai le plus profond dégoût, ainsi que je l'écrivais, il y a déjà près de trois ans.

D'aventure, si, comme en décembre dernier, la douane refuse de me livrer un colis – un appareil de projection d'art que m'envoyait l'Union des Ecrivais Chinois et qu'un des nouveaux messieurs a probablement accaparé pour son usage personnel –, j'en sourirai. Si je remarque le visage trop reconnaissable d'un ange gardien veillant à ma porte, j'en sourirai encore. Si un de ces nouveaux messieurs heurte ma voiture et que je doive l'en remercier, j'en sourirai derechef. Toutefois, Monsieur le Président, que je tiens à savoir si oui ou non on me refuse le droit de vivre dans mon pays, comme je l'entends. Je suis sûr qu'après cette lettre, j'aurai le moyen de m'en faire une idée. Dans ce cas, je prendrai beaucoup mieux les décisions qui s'imposent à moi à la fois en tant que créateur, que médecin, qu'homme et que citoyen.

Veuillez agréer, Monsieur le Président, l'expression de mes salutations patriotiques et de mes sentiments distingués.

Jacques Stephen ALEXIS

0–0–0–0

Des soldats sur les toits, leurs armes automatiques sur les avant-bras, regardaient la multitude. L'armée, après l'élection d'Aristide, était là avec ses pouvoirs. De fait, l'armée n'avait rendu qu'une partie du terrain et des édifices de Fort Dimanche, la partie la plus vieille qui tombait en ruines. L'autre partie était un édifice plus récent construit par le Colonel Franck Romain pour servir de dépôt de munitions.

Hubert Legros, un avocat emprisonné au Fort Dimanche avec un collègue déjà âgé, Me. Emmanuel Cauvin, avait raconté à un ami l'histoire des bottes qui manquaient. Cauvin avait été mis en prison parce qu'il avait provoqué la colère de Duvalier en émettant une opinion s'opposant à la violation de la Constitution en 1963. Legros avait remarqué que Me. Cauvin laissait toujours ses bottes devant la porte de sa cellule. Legros nota, un jour, que les bottes n'étaient plus là. Il demanda au garde « Où sont les bottes de Me. Cauvin ? » Le garde répondit : « Ils ont exécuté le vieux lascar la nuit dernière. Je ne sais pas qui a hérité des bottes ».

Au milieu de ces vestiges, me poursuivait le souvenir des deux frères Baptiste, Fred et Rénel, les rebelles de la Forêt des Pins (qui avaient choisi de se faire appeler *kamoken* du nom d'une pilule contre la malaria – camoquin – au goût très amer, reprenant à leur compte un terme initialement utilisé par les duvaliéristes pour désigner les rebelles mulâtres), dont, après tant de péripéties, de luttes et de voyages, la vie s'était achevée ici, dans ce mouroir, quelques mois avant l'épisode Carter-Andrew Young. Mais des *makout* et des soldats sont morts ici aussi. On pourrait parler de moments de justice poétique. Le même Major Sonny Borges qui avait pourchassé Fred Baptiste et ses *kamoken* dans les montagnes de la Forêt des Pins, fut exécuté en cet endroit par un peloton d'exécution commandé par Papa Doc lui-même. Ce jour-là, 19 officiers furent exécutés, dont certains étaient parmi les plus sadiques sicaires de Duvalier.

Il n'y avait pas beaucoup de témoins de cette scène bizarre qui se déroula le 8 juin 1967. Les assistants formaient un groupe restreint mais sélect. Les détails concernant ce qui s'était passé ce jour-là avaient fini par se répandre dans les rues comme l'eau des égouts du quartier de la Saline. Un soldat attaché au service des pompiers de Port-au-Prince me raconta, des années après, ce qu'il avait vu. Il m'avait fait promettre de ne pas divulguer son nom même après sa mort. Pour prouver son identité, il avait ressorti ses vieux papiers de service et de fin de service.

Il avait, me dit-il, reçu l'ordre d'accompagner un camion de transport d'eau au Fort Dimanche. « Nous nous doutions bien qu'on nous avait appelés pour un travail de lavage, mais personne ne pouvait imaginer de quel travail il s'agissait ». Le spectacle qu'il leur fut donné de voir, était inimaginable. « C'était, me répéta-il plusieurs fois, une scène incroyable, incroyable ! ».

« Attachés à des poteaux, à la place où normalement se trouvaient les cibles du champ de tir, se trouvaient les officiers de Duvalier les plus craints. Je pensais que c'était une plaisanterie, je pense que les condamnés eux-mêmes n'étaient pas loin de croire la même chose. Un garde me dit, à mon arrivée, qu'il y avait bien deux heures depuis que ces hommes avaient été attachés aux poteaux, attendant Papa Doc qui avait l'habitude d'être toujours en retard. »

« Il faisait horriblement chaud. L'uniforme des officiers était noir de sueur. Papa Doc arriva finalement habillé d'un uniforme kaki et portant une casquette d'officier, carabine à la main et à la ceinture un revolver. Lentement et avec un air concentré, il prit position au poste de commandement du peloton d'exécution. En regardant de plus près les hommes qui composaient ce peloton d'exécution, j'eus encore un choc. Ce n'étaient pas des soldats du rang mais des officiers parmi les plus proches de Duvalier et des membres de la garde présidentielle. Ils étaient là, alignés, armés de leurs fusils. »

Le soldat du service des pompiers poursuivit ainsi son récit :

« Papa Doc en personne mit en place le peloton de façon que chacun des bourreaux puisse avoir en face de lui un officier qui était son plus proche ami. Debout, derrière l'escouade, il y avait des membres de la milice de Fort Dimanche ainsi que des makout parmi les plus connus, tous lourdement armés, munis de mitraillettes Thompson et d'autres armes automatiques. Duvalier était à la fois le maître de cérémonie et le chef des opérations. »

8 juin 1967
COMPOSITION DU PELOTON D'EXÉCUTION
Tous membres du haut Etat-major des FADH

Liste manuscrite dressée par François Duvalier désignant les membres du Haut Etat-major de l'armée affectés au peloton d'exécution de 18 membres de l'institution
Duvalier a pris soin de noter la réaction de certains officiers à l'annonce de leur affectation

« J'étais suffisamment près pour entendre ce que Duvalier disait au premier condamné de la file, dit le pompier. Un peu plus loin, Duvalier approcha son visage tout près de celui d'un officier, le capitaine Josmard. Il lui dit « C'est moi qui ai fait ton père, c'est moi qui t'ai fait ». Je n'ai pas pu entendre ce qu'il a dit aux autres. Mais il dit quelques mots à chacun. Ils étaient 19. Ils eurent l'air de répondre quelque chose, mais je ne pouvais rien entendre. »

« Alors Duvalier, d'une façon très militaire, prit position à côté du peloton d'exécution. Tout le monde avait les yeux sur lui. Tous ses gestes étaient faits avec lenteur. Soudainement d'une voix forte, il aboya un ordre «Chargez». Après un assez long intervalle, il commanda « En joue! ». Les soldats levèrent leur fusils dirigés sur leur camarade d'en face. Les condamnés n'avaient pas les yeux bandés et l'on pouvait voir la terreur dans les yeux de plus d'un. Alors, au lieu de l'ordre suivant « Feu », Duvalier, d'une voix plus basse, dit « Reposez! Armes! ». »

Mais avant même que Duvalier eut donné cet ordre, la tête du Major Pierre Thomas s'était inclinée vers l'avant. Thomas avait été le chef de la Police d'Immigration. C'était lui qui m'avait accompagné de ma cellule au Pénitencier National jusqu'à l'aéroport, le 29 avril 1963, quand on m'avait expulsé d'Haïti. Thomas n'avait plus besoin du peloton : il était bien mort, à son poteau, frappé d'une attaque cardiaque.

Un autre prisonnier, le Major Sonny Borges, qui, alors qu'il poursuivait les *kamoken* dans la Forêt des Pins avait exécuté un certain nombre de paysans, crut que Duvalier voulait les épargner et que tout cela n'était qu'une mauvaise farce, impression partagée aussi par d'autres condamnés. Le soldat du service des pompiers était persuadé que tous pensaient que Duvalier allait les épargner. « Le major Borges, dit-il, fut le premier à réagir et cria de toute sa force : «Vive Duvalier ! Vive Duvalier! Vive le Président à vie !». Les autres se mirent à crier la même chose. Le soldat-pompier me mima la scène.

Mais soudain leurs cris furent couverts par un cri aigu de Papa Doc: «Escouade! En joue! Feu! » Papa Doc répétait le même ordre, criant : « Feu ! Feu ! » L'escouade n'attendait pas cet ordre qui la prit par surprise. Quand les membres de l'escouade eurent finalement entendu, ils obéirent. La décharge fut désordonnée mais effective. Chacune des victimes, même le Major

Thomas mort de crise cardiaque, reçut le coup de grâce administré par un officier. Papa Doc n´avait pris aucune chance.

Même longtemps après cet événement, le soldat-pompier refusa de donner le nom de l'officier qui donna le coup de grâce. Les pompiers reçurent l'ordre de nettoyer les lieux après un long moment de stupéfaction où tout le monde avait l'air paralysé. Puis les pompiers reçurent l'ordre de détacher les corps et de les jeter dans un camion qui les emmena à la fosse communale.

Le lendemain, Duvalier publia un communiqué dans lequel il annonçait les exécutions (sans dire que c'était lui qui avait commandé le peloton d'exécution). Il déclara que les officiers avaient comploté pour l'assassiner le 24 avril. Il avait émis un ordre d'arrestation le 3 juin et le lendemain, ils avaient été jugés par un tribunal militaire lors d´une séance secrète et ils avaient été exécutés quatre jours après.

Dix des officiers condamnés appartenaient à la garde Présidentielle. Parmi eux, il y avait des fidèles comme le capitaine Serge Hilaire, dont le frère était l'aumônier du palais, le Major Harry Tassy, commandant de la 33e Compagnie de la Garde du Palais et quatre frères de la famille Monestime.

Cependant, la mise en scène macabre de Duvalier n'était pas terminée. Le 22 juin, deux semaines après l'exécution, Duvalier célébrait le troisième anniversaire de la « présidence à vie ». Comme d'habitude, des camions avaient amené à la capitale des milliers de paysans pour être massés comme figurants sur la pelouse du palais. Comme d'habitude, cris et applaudissements accueillirent l'apparition du Président, puis le silence revint. Tous ceux, haïtiens comme étrangers, qui étaient présents ce jour-là devant le Palais, se rappelleront longtemps cette scène étrange.

« Duvalier va faire quelque chose ! » cria soudain Duvalier, parlant de lui-même à la troisième personne. La foule se mit à crier, agitant les bannières qu'on leur avait données qui proclamaient « Duvalier oui, communisme non ! ». Duvalier continua : « Il va faire l'appel. Je ne sais si vous allez être capables de répondre à l'appel de votre nom pour que je puisse vous défendre. Je commence l'appel. « Major Harry Tassy, où êtes-vous ? Venez trouver votre bienfaiteur »...(Silence) « Absent ! » De façon évidente, Duvalier tirait un plaisir tout spécial de cette diabolique performance. Il appela les noms de chacun des 19 officiers qui avaient été exécutés et chaque fois, à chaque nom, il répondait : « Absent ! » Et pendant qu'il complétait la liste des noms, un sourire sournois marquait son visage. Il déclara alors triomphalement à la foule : « Tous ont été exécutés ». Répondant aux signaux des animateurs éparpillés, la foule se répandit en acclamations.

Mais ce n'était pas fini. Il y avait encore une autre liste d'appel. C'était la liste des officiers qui avait fui en demandant l'asile dans les ambassades. « C'étaient des hommes de confiance », dit Duvalier. « Lieutenant-Colonel honoraire Jean Tassy, où êtes-vous? Venez donc ici. » Jean Tassy avait été le chef des forces de sécurité de Duvalier. Il était craint de tous et portait un pistolet orné de perles. Il avait défendu publiquement Duvalier. Il se trouvait à l'ambassade du Brésil avec d'autres officiers, avec leurs familles dans l'attente d'un sauf-conduit pour s'en aller.

Duvalier cita les noms de tous ceux qui s'étaient réfugiés dans les ambassades, et même un des chefs makout du Cap Haïtien. « Voici donc les noms de ceux qui ont pris la poudre d'escampette après avoir reçu les faveurs de César » dit Duvalier. « Ils ne sont plus haïtiens. Dès demain, la cour martiale recevra l'ordre de préparer leur jugement. Ils seront jugés selon les prescrits de la loi, car nous sommes des gens civilisés », conclut-t-il.

« Maintenant que nous avons terminé la liste des traîtres, nous allons maintenant nous adresser à la vaillante population des neuf départements géographiques. Je suis un bras en acier, je frappe inexorablement, je frappe inexorablement. Je frappe inexorablement. J'ai fait exécuter ces officiers pour protéger la révolution et ceux qui la servent. ... Je m'aligne sur les grands leaders de ce monde, comme Kamal Atatürk, Lénine, Kwame Nkrumah, Patrice Lumumba, Azikiwe et Mao Tse Toung.»

En fait, le 14 avril 1967, 60ᵉ anniversaire de la naissance de François Duvalier, une bombe, placée à l'intérieur d'un chariot de vente de glaces, avait explosé près du grillage du palais, tuant le vendeur. Puis une autre bombe avait explosé au Casino International. L'explosion de ces deux bombes était l'œuvre des jeunes militants du Parti d'Entente Populaire qui initiait une guérilla urbaine. Mais Duvalier décida que son beau-fils, le Colonel Max Dominique, mari de sa fille Marie-Denise, était responsable de cette double opération « bombes ».

En conséquence, le 24 avril, il ordonna le transfert en province des officiers de la garde présidentielle qu'il considérait comme des proches de Max Dominique. Ensuite, il ordonna qu'ils soient dégradés. Trois semaines après, il ordonna leur retour à la capitale. La femme de l'un de ces officiers dit qu'ils pensaient que tout ce branle-bas était une farce de Papa Doc et qu' ils seraient réinstallés à leur poste antérieur dès leur retour à la capitale. Au lieu de cela, les officiers furent désarmés et emprisonnés.

Pendant ce temps, une purge était exercée contre tous les amis de Dominique au Cap-Haïtien. Les maisons de ceux qui purent s'échapper furent pillées. Le fameux chef-espion de Trujillo, Johnny Abbes Garcia, fut fait prisonnier. Il s'était établi en Haïti, après l'assassinat de Trujillo, où il opérait comme consultant pour le gouvernement de Duvalier. Abbes, sa femme mexicaine, ses deux enfants et les serviteurs disparurent. Ils furent tous exécutés au Fort Dimanche. Johnny Abbes n'avait pas d'existence officielle en Haïti, sa disparition ne fit aucun bruit.

Il semblait que, sous le poids de tous les crimes commis, le goulag de Duvalier, Fort Dimanche, une fois abandonné, s'était enfoncé lentement dans la boue qui l'entourait. Son existence comme musée sous la juridiction de la municipalité fut brève. Quand les forces américaines débarquèrent en 1994 pour remettre au pouvoir le président Jean-Bertrand Aristide, une population de pauvres en manque de logement démolirent le vieux fort à mains nues, pierre après pierre, et démantelèrent la structure, pour construire leur propre village. Fiévreusement, comme

dans une ruée vers l'or, ils délimitèrent les espaces qu'ils réclamaient.

« Laissez donc au moins la façade! », leur dis-je. Le lendemain,
elle avait disparu. J'argumentai : « Comment pouvez-vous construire sur les os des victimes de Duvalier ? » Ils me répondirent
seulement par un rire. Un vieux me dit : « Nous avons l'habitude
de vivre avec des fantômes ». Les fragments de squelettes qu'ils
déterraient quand ils fouillaient les fondations de leurs cahutes
étaient rapidement enfouis. Une grande pancarte annonçait:
« Village Démocratie! Salon du peuple. Aristide. USA ».

Avant sa mort, l'architecte haïtien Albert Mangonès, connu
pour les travaux de restauration de la Citadelle Laferrière, avait
esquissé le projet d'un musée-souvenir qui relierait les souffrances des milliers de personnes qui avaient perdu la vie dans le
goulag de François Duvalier au drame historique de la Traite des
esclaves. En effet, en face de Fort Dimanche, de l'autre côté de
l'avenue, le nom de la Croix des Bossales a traversé le temps,
pour indiquer le cimetière où étaient enterrés les arrivants qui
n'avaient pas supporté le grand voyage à travers l'Atlantique,
depuis Gorée et d'autres ports négriers d'Afrique.

Les dessins de l'architecte sont restés dans les cartons.
L'endroit devint d'abord un dépotoir pour carcasses de voitures.
Puis le site de Fort Dimanche, envahi par les détritus et la boue
se transforma en bidonville, comme c'est arrivé pour tout le front
de mer de Port-au-Prince allant de la HASCO à Martissant-
Fontamara, cachant ou remplaçant dans leur misère, l'avenue et
les édifices éclatants de blancheur du Bicentenaire construit par
Dumarsais Estimé en 1950.

Chapitre 2

Les deux visages du mal : Doc et Papa Doc

*« Le pouvoir absolu est aussi enivrant que le génie… parce que
l'omnipotence du tyran est habituellement accompagnée d'une
extraordinaire stupidité et est, par nature, strictement maté-
rielle; son pauvre cerveau est continuellement à deux doigts de
tomber dans l'abîme.»*

Victor Hugo, *Post-Scriptum à ma vie.*

A partir du jour où il fut investi comme président pour un mandat de six ans, Papa Doc n´eut qu'un seul programme, qu'un seul objectif : le pouvoir absolu. Dans cette entreprise sans merci pour atteindre ce sommet, il a causé plus de révoltes, d'invasions et de complots que n'importe lequel de ses prédécesseurs au Palais National, qui, pour la plupart, avaient aussi le même but.

Ce livre a pour sujet l'histoire de ces martyrs, ces rebelles, ces *kamoken* qui sont morts en voulant libérer Haïti de la dictature. Et jusqu'à maintenant, le goût amer des années des Duvalier (1957-1986) n'a pas quitté la gorge de ceux qui ont connu la réalité de ce temps-là, comme cette odeur fétide des prisonniers nus de Fort Dimanche qui fit vomir dans les rues de Rio Piedras à Porto-Rico un étudiant haïtien qui passait à côté d'un tas de détritus.

La plupart de ceux qui se sont opposés à Duvalier sont morts dans leurs tentatives maladroites. Sur le modèle des ancêtres, ils avaient pris la décision de « vivre libres ou de mourir ».

On ne peut offrir aucune excuse pour tenter de justifier la dictature. Les apologistes du duvaliérisme et ceux qui ont saisi
l´opportunité de faire partie de l'espace de ce pouvoir ont dû
fermer les yeux sur l'horreur de ses méfaits. Ils disent parfois
que Duvalier ne faisait que se défendre. Quel danger représentaient alors femmes et enfants ? Pour prévenir les incursions
venant du pays voisin, la République Dominicaine, ou encore de
la Floride, Duvalier n'hésita pas à ordonner la mort de femmes et
d'enfants innocents dont le seul crime était d'appartenir à la famille d'opposants ou de supposés opposants.

Certains pensent que ces tueries monstrueuses étaient l'œuvre
de sociopathes sans contrôle, makout, miliciens ou soldats. Ils
ont tort pour l´essentiel. Duvalier était aux commandes. Il donnait les ordres, décidant qui devait mourir et qui pouvait vivre, y
compris sur la base d´informations erronées ou malveillantes
que, tout à sa paranoïa, il enté. Il pratiquait aussi la tactique
vieille comme le monde du *voye wòch kache men* (avancer mas-
qué). Il ne donnait aucune chance à la chance. Il était, selon la
terminologie moderne, un dictateur « qui mettait la main à la
pâte ». Et, s´il y a eu des actes qui ont échappé à son contrôle,
dans le fonctionnement au quotidien de la dictature, leurs auteurs
ont sévi et ont continué à sévir en toute impunité. Et dans les cas,
extrêmement rares, où Duvalier punit ses affidés, il le fit sur un
mode arbitraire puisqu´il détenait le pouvoir de vie et de mort sur
la population d´Haïti y compris sur ses propres partisans.

Il a ainsi imposé à son pays l'extrême de la violence sanguinaire et de la terreur au nom d'une soi-disant « mission sacro-
sainte ». Comme beaucoup de dictateurs mégalomanes, il pensait
qu'il était dans son droit. Cette prétendue mission condamna
Haïti à une suite d'horreurs indicibles, à la paralysie de son développement, et à la corruption. Il favorisa ainsi une multitude de
procédures et actions criminelles qui eurent des conséquences
fatales pour la nation haïtienne longtemps après qu'il eut disparu
et même après la fin du pouvoir dynastique qu'il avait transmis à
son fils et qui dura 15 ans après sa mort.

Le formidable appétit de François Duvalier pour le pouvoir absolu lui fit évidemment perdre de vue le fait que la dictature a été la principale source de la misère et de la pauvreté d'Haïti. L'histoire de Rome et de l'Amérique Latine aurait pu lui apprendre que le pouvoir absolu est une maladie dangereuse causant la dissolution des sociétés, la démoralisation de l'individu, et, éventuellement, fait du puissant un fléau pour son propre peuple.

Les tyrans sont tous les mêmes, quelle que soit leur origine. Ils diffèrent seulement par leur style. Duvalier qui se présentait comme un nationaliste fit revenir en Haïti les « Marine Corps » qui avaient occupé Haïti pendant 15 ans et qui jamais n'avaient pu se faire accepter par la nation. Duvalier fit venir les Marines pour entraîner l'armée et comme un signe du support des USA pour contrer l'opposition. Plus d'une fois, il offrit le territoire haïtien aux Etats-Unis pour l'installation d'une base de missiles ou d'une base navale. Il signa un accord avec Rafael Leonidas Trujillo, l'archi-ennemi d'Haïti. Par cet accord, chacun des pays s'engageait à rapatrier vers l'autre ceux qui tenteraient d'échapper aux autorités en traversant la frontière. Duvalier brandissait le drapeau du « noirisme » mais la masse de ses victimes et de ceux qui durent partir venaient de toutes les couches de la société. Cela incluait des citoyens droits et braves qui avaient cru dans la plateforme électorale de Duvalier et qui, au Parlement, s'opposèrent aux décisions anticonstitutionnelles, opposition qui leur coûta la vie, tels le sénateur Moreau et le député Séraphin ou les obligea à partir en exil, comme les sénateurs Jean Bélizaire, Thomas Désulmé et Jean David.

La plupart des leaders politiques haïtiens, une fois installés dans le fauteuil présidentiel, ont automatiquement cru qu'ils étaient les seuls à pouvoir diriger le pays et ont rarement cédé leur pouvoir volontairement. Ils continuaient leur danse dantesque arguant que quitter pourrait, entre autres conséquences, exposer leurs partisans à des poursuites. De toute façon, à qui Papa Doc Duvalier aurait-il pu céder le pouvoir ? Il avait détruit toute opposition et n'avait confiance en personne, même pas en ses propres partisans, sa famille et ses aides. Il transmit le pouvoir seulement sur son lit de mort, à son fils de 19 ans.

On entend souvent poser la question : «Le véritable Duvalier, qui était-il »? J´ai pu interviewer Duvalier en maintes circonstances. Il semble bien que la personnalité énigmatique de François Duvalier était une superposition complexe de deux personnes différentes. Une question qu'on entend poser est celle-ci : « Quelles sont les racines du mal dans la vie de Duvalier »? Il a été un enfant solitaire qui n'a jamais connu sa mère. Elle avait souffert de psychose post-partum après la naissance du garçon et elle avait été internée. L'enfant fut élevé par son grand-père. Nous devons donc tenir compte de ces éléments : une enfance vécue dans la pauvreté, sans la présence d'une mère, dans une société stratifiée et un contexte culturel qui entretient la conviction que la fin justifie les moyens.

Une fois au pouvoir, Duvalier apprit bien vite comment danser sur la musique de Washington la danse du vieux dictateur. L'administration républicaine dirigée par le Général Dwight Eisenhower utilisait l'excuse qui avait fait ses preuves : à cause de l'importance stratégique des approches du Canal de Panama, Haïti devait être aidée. Ce type de justification fut remplacé pendant l'administration de Lyndon B. Johnson par le slogan « Pas d'autres Cuba ! ». Sous la présidence de John F. Kennedy, les opposants à Duvalier reçurent, durant une brève période, un appui de Washington. Mais celui-ci cessa avec l´assassinat du président américain. Quand les Haïtiens dénoncent la part de responsabilité des Etats-Unis dans le renforcement du régime de Papa Doc et dans la continuation d'un pouvoir tyrannique, en deux fois, en 1971 et en 1986, ils savent de quoi ils parlent.

Duvalier
Un petit docteur tranquille, modeste et avenant

Jusqu'à sa montée au pouvoir, François Duvalier se présentait comme un personnage tranquille, courtois et sans prétention. Il ne manifestait aucune arrogance du fait d'être diplômé de la

Faculté de Médecine de l'Université d'Haïti. Ses manières semblaient aller plutôt dans le sens d'une certaine gentillesse. Il appelait les gens par leur prénom et semblait plein de compassion pour les souffrances et la pauvreté de la couche de la société haïtienne d'où il était lui-même issu.

Durant la première partie de sa vie, le docteur Duvalier projetait les apparences d'une personnalité modeste, connue seulement d'un petit groupe de ses collègues. Dépourvu du talent d'écrivain, il n´en déployait pas moins beaucoup d'énergie et de constance dans la fréquentation de collègues dotés de talents littéraires, en particulier d'un petit groupe d'intellectuels de convictions nationalistes appartenant au mouvement de la négritude, terme lancé dans les années quarante, depuis Paris, par des étudiants noirs, comme Aimé Césaire, Léopold Sédar Senghor, Léon-Gontran Damas et, en Haïti, Jean-Price Mars, qui recevra plus tard, lors du premier Congrès des Intellectuels noirs, à Paris, en 1956, le titre de « Père de la négritude ».

Les écrits de Duvalier avaient pour but de lui faire un nom parmi ce petit groupe de politiciens et d'intellectuels haïtiens. Il apporta sa propre contribution au mouvement « noiriste » et à la littérature nationaliste, dans des œuvres souvent co-signées avec d'autres, Lorimer Denis en particulier. Autrement, il n'avait aucun problème à utiliser des textes et des phrases des autres.

Il avait fait son chemin à l'école de médecine aidé par un illustre mentor, le Dr. Maurice Armand, membre d'une famille très connue de la bourgeoisie. Il épousa la fille, née hors mariage, d'un spécialiste de la linguistique créole, membre lui aussi de cette bourgeoisie, Jules Faine. Il reçut une bourse pour l'Université de Michigan pour une spécialisation en médecine publique. Il n'y resta qu'un semestre parce qu´il ne maîtrisait pas l´anglais. De retour en Haïti, il travailla avec la mission sanitaire américaine (M.S.A.) pour l'éradication de la malaria et du pian. Ses collègues américains appréciaient ses manières tranquilles, sa personnalité conciliante et de bonne compagnie.

Durant la campagne présidentielle de 1957, François Duvalier s'entoura d'une brillante équipe de conseillers qui avaient fait leurs armes autour du président Estimé. Duvalier diffusait une aura de compassion et de souci pour les problèmes suscités par « la pauvreté, l'ignorance et la superstition dans lesquelles se trouvait plongée la majorité de la population ».

Dans les entrevues qu'il m'accorda pendant la campagne, il réitérait la promesse qu'il « sortirait, s'il était élu, le peuple haïtien de sa misère ». Comme preuve de l'authenticité de ses dires, il se référait, avec quelque fierté, au serment d'Hippocrate auquel il avait souscrit comme médecin. Haïti était un patient gravement malade, me répétait-il. Le fait que 90% de la population ne savait ni lire ni écrire était consternant, disait-il.

Devenu président, Duvalier rendait visite à ses amis malades, avec les manières courtoises du docteur de famille. Trop pauvre pour posséder une maison, il avait enduré, ainsi que sa famille, des moments difficiles. Ils recevaient l'aide de voisins, dont la famille Jumelle. Bon père de famille (il avait eu un seul fils né hors mariage), Duvalier président dînait avec sa famille, au moins une fois par semaine. Bourreau de travail, il dormait peu, travaillant jusqu'à des heures avancées de la nuit et parfois jusqu'à l'aube. Il savait comment attirer la sympathie des autres, par sa politesse et sa modestie. C'était là son charisme.

Il eut à lutter contre sa propre santé. Diabétique, souffrant du cœur, il ne fumait pas, ne buvait pas d'alcool. Catholique par principe, il envoyait ses enfants dans les écoles catholiques et assistait à la messe. Comme les fondateurs de la nation, il était ambigu en ce qui concerne le vodou. Il ne l'encourageait pas. La religion populaire resta interdite par les lois. Politiquement, il se présentait comme le successeur du Président Estimé.

Durant la campagne électorale, Duvalier, modestement, courtisa l'armée et lui fit des promesses. L'opinion générale parmi ceux qui travaillaient dans son équipe de campagne, et parmi les militaires, était que le doux docteur était de ceux qu'on pouvait aisément manipuler. Ils étaient persuadés qu'avec Duvalier au pouvoir, ils seraient eux-mêmes au pouvoir.

Duvalier, le féroce dictateur (1957-1971)

Tout ce monde se trompait royalement, y compris les professionnels de la presse. La façade terne et modeste dissimulait un monde intérieur dominé par un appétit de pouvoir qui ne souffrait aucun obstacle. L'homme qui avait assumé la présidence du pays pour un mandat de six ans, le 22 octobre 1957, démontra immédiatement, dès le lendemain de son élection, qu'une autre personne était cachée derrière l'humble et doux docteur attentif aux besoins des autres.

Démontrant pour la vie humaine la froide insensibilité, implacable et volcanique, d'un tueur psychotique, François Duvalier se révélait comme un sociopathe qu'on aurait cru venir tout droit d'un film d'Hitchcock. En prêtant serment comme président, Duvalier fit rapidement comprendre à tout le monde qu'il se considérait comme le « Père de la nation » et qu'il avait l'intention de tester sa fibre morale jusqu'à son extrême limite. Le Docteur, qui avait promis de soigner et de guérir les maladies du pays, disparut comme la pluie d'été qui s'évapore. A sa place, se tenait un tyran qui avait pour nom « Papa Doc ».

Il commença par couper tout contact avec l'équipe qui avait mené tambour battant sa campagne électorale. Ils furent rapidement mis de côté et exilés. Irritable, revanchard, rusé, manipulateur, Papa Doc n'avait confiance en personne, même pas dans les membres de sa famille. Il se méfiait profondément des intellectuels. Il macérait des ressentiments aux origines lointaines et prenait un plaisir tout particulier à humilier ses partisans aussi bien que ses ennemis. Il n'avait aucun sens de culpabilité ou de remords. Il invoquait volontiers la férocité du leader de la guerre de l'indépendance, Jean-Jacques Dessalines, l'esclave qui était devenu père de la nation. Les cris d'angoisse des pauvres et des illettrés furent rapidement couverts par les tam-tams tonitruants du pouvoir. Avec sadisme, il renversait les rapports de l'échelle sociale. A un ministre en colère qui se plaignait d'avoir été rudoyé par un makout, Doc rétorqua qu'il préférait avoir avec lui un makout qui saurait le défendre (le makout en question était un redoutable tueur psychotique) qu'avoir à ses côtés un ministre sans épine dorsale.

La route de la tyrannie a toujours été jonchée de crimes monstrueux et d'abus sanglants. Le chemin pris par papa Doc ne faisait pas exception. Il avait étudié longtemps avec soin ses compatriotes, il devint un spécialiste dans le vieil art de «jeter des pierres en cachant la main». Il était d'un cynisme consommé. « La reconnaissance, ne cessait-il de déclarer, est une lâcheté. » Et ce qu'il prêchait là, il le pratiquait.

Les armes avaient pris la place du stéthoscope. Bientôt, un pistolet automatique apparut sur sa table de travail à côté d'un exemplaire de la Bible. Dans sa salle de bains, il avait une mitraillette Thompson juste à côté du siège de la toilette. C'est ce que me racontait William Macintosh, le directeur de l'aéroport de Port-au-Prince qui, un jour, ayant été appelé au palais par Duvalier, avait demandé le chemin des toilettes. Traversant la chambre, il vit une collection de fusils semi-automatiques. C'est un fait connu que Duvalier, le doux médecin de campagne, pour se distraire aussi bien que pour s'entraîner, passait des après-midi au champ de tir de Fort Dimanche et emmenait sa carabine favorite, made in USA. On dit aussi que Papa Doc rôdait la nuit, vêtu de son peignoir rouge et noir et quand il rencontrait une sentinelle qui ne dormait pas, il la récompensait avec un rouleau de gourdes.

Moins d'un an après son accession au pouvoir, le docteur, auparavant pauvre, avait atteint le haut de l'échelle sociale. L'une de ses premières acquisitions fut une grande villa à Pacot avec une vue extraordinaire de Port-au-Prince. Il avait aussi acquis une ferme assez étendue où il fit construire une maison de campagne style bungalow. Elle était proche de la route du Nord, près de la ville de l'Arcahaie, entourée d'un grand mur qui faisait le tour de la propriété tout entière. Une connection au système public d'adduction d'eau avait été installée pour l'arrosage du jardin. Deux des trois filles de Duvalier furent envoyées dans de coûteuses écoles de Suisse.

Cette subite prospérité était supposée dériver d'un salaire annuel de 25.000 dollars US. Presque par miracle, les Duvalier faisaient maintenant partie de la riche classe bourgeoise. La vérité est que le pays était devenu une colonie pénitentiaire à la Kafka et le Palais National une réserve privée, un *lakou* familial.

La presse indépendante fut rapidement jugulée, le pays fut débarrassé de l'opposition politique, répartie entre des cachettes, le cimetière ou l'exil. Duvalier étendit son contrôle sur toutes les institutions l'une après l'autre, en prenant soin de ne pas toucher à la banque centrale, chargée de la stabilité de la gourde. Il y avait la Régie du Tabac qui engrangeait des millions de gourdes de taxes sur le tabac et les allumettes et autres produits et qui était devenue la chasse gardée de Duvalier, sa caisse personnelle.

Après la défaite en 1958 d'une mini invasion, Duvalier devint militairement l'homme fort qu'il avait rêvé d'être, s'exhibant en photos avec un uniforme militaire, portant le casque de l'armée modèle américain, personnage armé, dangereux. Pour le petit peuple pauvre et analphabète, Papa Doc, en plus d´être indifférent à leurs problèmes réels, était un être terrifiant. Son personnage représentait bien l'Etat prédateur qui venait après Dieu dans l'existence du paysan haïtien. Duvalier, avec le temps, cultiva systématiquement l'image d'un être surnaturel, doté de pouvoirs mystiques. Après l'attaque cardiaque qui l'avait terrassé en 1959, son retour à la vie avait eu un aspect miraculeux. Il apparaissait comme le possesseur de forces miraculeuses au fur et à mesure qu'il écrasait toute tentative de le défier ou toute personne qu'il soupçonnait de vouloir le défier.

Son utilisation du vodou fut toujours très ingénieuse. Un officier de l'armée fut chargé de chercher, jusqu'aux endroits les plus éloignés, des *houngan* pour une audience au palais. Il amena un *houngan* qui raconta plus tard comment Duvalier l'avait investi d'un pouvoir spécial. « Papa Doc était assis là et moi j'étais assis là. Finalement, on me dit de m'en aller. Je retournai chez moi. Tout le monde savait que j'avais eu une rencontre secrète avec lui. Il m'avait transféré des pouvoirs spéciaux. On me permit d'avoir un revolver au côté. J'étais devenu un *makout-houngan*. » Un autre prêtre du vodou arrivé d'Aquin conta sa propre histoire. Il était un ami d'un employé d'*Haiti Sun*, le journal que je dirigeais. Il confia à son ami comment, dès son arrivée au palais, il fut pris de douleurs d'estomac et de diarrhée jusqu'à en salir ses vêtements. Il avoua que la peur de se trouver en face de Papa Doc en était la cause. Il est vrai que Doc ne laissait rien à la chance. Le 20 juillet 1958, il ordonna à sa police de liquider Ducasse Jumelle et son frère Charles qu'il avait déclarés « hors la loi ». Ducasse Jumelle, âgé de 60 ans, avocat, était le Vénérable Maître de la loge maçonnique. Il avait été Ministre de l'Intérieur et de la Défense nationale du gouvernement de Magloire. Ducasse avait non seulement protégé mais aussi aidé financièrement la famille de Duvalier quand celui-ci avait pris le maquis. Charles, l'aîné des Jumelle, était un vodouisant qui avait reçu l'initiation comme houngan. On les retrouva cachés dans une petite maison. Ils furent exécutés sur place.

Cet assassinat signifiait que, pour Duvalier, il n'y avait rien de sacré. Un troisième frère Jumelle, Clément, le candidat à la présidence qui avait travaillé avec Duvalier et qui avait boycotté les élections de 1957 sachant que l'armée s'était déjà décidée en faveur de Duvalier, fut poursuivi sans trêve. Il mourut l'année suivante d'une crise d'urémie alors qu'il était réfugié dans une ambassade. Antonio Vieux, écrivain et professeur de lettres, un ancien collègue de Duvalier au cabinet d'Estimé, excitait particulièrement la jalousie de Duvalier. Celui-ci le fit disparaître.

C'était le début d'une liste que ne cessera de s'allonger sans qu'on puisse en déterminer ni le nombre exact ni les circonstances.

Chapitre 3

Duvalier, l'homme à la bombe (1957)

L a stratégie électorale de François Duvalier introduisit un facteur nouveau dans le paysage politique du pays : le recours à l'arme redoutable du terrorisme. Certes, dans le passé, la politique haïtienne avait été souvent violente et sanglante, mais dans ce cas, il s'agissait d'un homme politique décidé à utiliser le terrorisme comme stratégie délibérée et planifiée pour accéder au pouvoir et pour y rester. Pour l'énigmatique docteur en médecine, la bataille politique dans laquelle il s'était engagé était une affaire de vie et de mort.

Par voie de conséquence, l'opposition, dans les années qui allaient suivre l'élection, ne pouvait trouver aucun espace pour exister et s'exprimer et n'allait avoir d'autre alternative que le recours aux armes pour libérer le pays. Ce fut un échec. Beaucoup perdront la vie dans la tentative d'en finir avec un régime qui s'affirmera bientôt comme la tyrannie la plus sanglante de l'histoire d'Haïti.

C'est l'histoire de cette lutte sanglante que nous tentons de faire ici. Histoire partielle, car beaucoup de détails étaient connus seulement de ceux qui sont morts. Les tentatives pour en finir avec le règne de Duvalier allaient se multiplier après que Duvalier, en avril 1963, eut refusé de reconnaître la fin de son mandat et ajouté subrepticement son nom sur les bulletins de vote des élections parlementaires, et surtout après que Duvalier se fut déclaré « Président à vie » en 1964.

Quand le Docteur François Duvalier apparut sur la scène politique en 1956, il représentait, pour la plupart des membres de la classe politique haïtienne, une énigme. Le personnage qu'il projetait publiquement ne révélait en rien celui qu'il dévoilera dès son accession au pouvoir : son mépris pour les règles constitutionnelles, son style et son mode de gouvernement, arbitraire, sanguinaire et autocratique. Il y avait seulement, dans l'air, de vagues avertissements de caractère personnel et partisan, venant de ses rivaux qui insinuaient que derrière l'image du docteur tranquille et sans prétention, le plus souvent impassible, se cachait la réalité d'une personnalité vindicative, sinistre et dangereuse.

Cet aspect de sa personnalité était bien caché sous des manières, ostensiblement démontrées, d'un médecin attentionné au chevet de ses malades. Derrière ses lunettes aux verres épais, et un sourire occasionnel, se cachait habilement un monde de violence, de même qu'il cachait soigneusement le pistolet qu'il portait. Projetant l'image d'un politicien courtois, pas très brillant, pouvant être aisément influencé et manipulé, Duvalier gagna le support de personnalités clé lors de la campagne électorale de 1957. Sitôt devenu président, il se dépêcha de les mettre à l'écart. Doué d'une mémoire peu commune, particulièrement concernant des détails épisodiques inventés ou réels, il n'était en aucune manière encombré de sentiments humanitaires. Il n'avait confiance en personne et parfois sa paranoïa versait dans une pure et massive insanité. Vu de l'extérieur, il semblait dépourvu d'émotion. Et il n'y avait aucun moyen de déceler s'il prenait plaisir à piéger ses adversaires pour ensuite les détruire et les exécuter.

La loyauté non plus ne faisait pas partie de son mode d'opération. Sa carrière politique débuta au sein du parti du charismatique Daniel Fignolé, le MOP (Mouvement Ouvrier Paysan). Duvalier s'opposa en 1946 à l'élection par le Parlement de Dumarsais Estimé. Il voulut même intervenir par des manifestations de rue, mais sa proposition ne fut pas suivie. Quand Estimé fut élu par le Parlement le 16 août 1946, Duvalier et Fignolé se mirent immédiatement à l'abri. Mais Duvalier devint ministre de la Santé Publique et du Travail sous Estimé. Dans un geste d'ouverture à ceux qui s'étaient opposés à son élection, Estimé offrit aussi au Dr Georges Rigaud et à Daniel Fignolé deux postes au cabinet, sachant très bien qu'ils n'y resteraient pas

longtemps. Georges Rigaud, un dentiste, était à la tête du Parti
Socialiste Populaire (PSP). Rigaud et Fignolé ne firent pas long
feu. Ils démissionnèrent après quelques mois, après qu'une dispute se fut développée entre eux. Duvalier, lui, demeura à son
poste. C'est ainsi que le « modeste médecin de campagne »
comme la presse étrangère aimait à le présenter, aplanissait son
chemin vers le pouvoir.

Pour ce qui est des principes de la démocratie, c'était le
moindre des soucis de Duvalier. Quand Estimé chercha à renou-
veler son mandat de président et dut affronter l'opposition de
l'armée, Duvalier essaya de défendre la tentative d'Estimé. Duvalier, l'ancien lieutenant de Fignolé, mobilisa une foule pour
appuyer Estimé. Celle-ci prit la rue et détruisit le local du Sénat.
En dernier ressort, Duvalier avait même dans ses plans le projet
de livrer Port-au-Prince aux flammes.

Estimé, ayant échoué dans la tentative de se faire réélire, partit
en exil pendant que Duvalier entrait dans la clandestinité tout en
réfléchissant sur son futur. Pendant cette période de vie clandestine, Duvalier mettait au point des tactiques terroristes qui lui
permettraient d'accéder au pouvoir et d'y rester. De fait, c'est
littéralement sur les cadavres de ses contemporains, amis d'un
moment ou ennemis de toujours, qu'il accéda au pouvoir et s'y
accrocha. Dans les décades qui suivirent sa mort, et, quinze ans
plus tard, le départ de son fils et successeur, Jean-Claude Duvalier, le pays allait payer chèrement ces vingt-neuf ans de dictature. Le premier acte connu de terrorisme attribué à l'équipe
clandestine de Doc Duvalier était soigneusement et sournoise-
ment planifié pour littéralement pousser le gouvernement de
Magloire par-dessus bord au moment où il allait atteindre la fin
de son mandat. L'opération, connue seulement du petit groupe
des partisans de Duvalier impliqués dans sa préparation, fut déclenchée le mercredi 5 décembre 1956. La capitale haïtienne
entra en état de choc quand plusieurs bombes éclatèrent dans
différents quartiers de Port-au-Prince. Une femme, vendeuse au
marché en fer, fut grièvement blessée quand une bombe à retar-
dement fit voler en éclats la table de béton où elle était assise.

Ailleurs, un homme qui, paraît-il, portait une boite de cireur de souliers, éclata en morceaux quand la bombe qu'il transportait explosa prématurément dans le quartier résidentiel du Bois-Verna. Des témoins arrivés sur la scène de l'explosion regardaient, horrifiés, les entrailles de l'homme accrochées à un amandier. Un autre engin explosif endommagea un réservoir d'eau potable à Bolosse. Le lendemain, le président Magloire, intentionnellement ou non, entra dans le jeu mis en place par Duvalier. Il allait simplement changer de chapeau et rester au pouvoir. L'aurait-il fait, même si les bombes n'avaient pas éclaté, est une question dont on peut encore débattre.

Magloire craignait que l'affaire des bombes mette la nation sens dessus dessous. Mais son initiative eut pour effet de réunir l'opinion contre lui. Pour le public haïtien, cette affaire était signée « Magloire » du début à la fin. Tout le monde pensait que Magloire était le responsable de l'affaire des bombes, un prétexte dont il avait besoin pour déclencher un auto coup d'Etat.

Dans une annonce faite à la radio le 6 décembre, Magloire fit savoir qu'il avait accepté la thèse de l'opposition selon laquelle son mandat se terminait ce jour-là, 6 décembre, mais il ajouta aussitôt, qu'après avoir reconnu la fin de son mandat de président, il avait assumé le titre de « chef du pouvoir exécutif » et commandant en chef de l'armée avec « pouvoirs extra-légaux ». A la radio, le général Antoine Levelt, le chef d'état–major de l'armée, s'évertua à expliquer le scénario suivi par Magloire. Quand le président avait accepté que son mandat ait pris fin, le président de la Cour de cassation avait refusé la prérogative constitutionnelle qui faisait de lui le successeur du président. Le pouvoir intérimaire avait alors été offert, toujours selon le général Levelt, au vice-président, puis au juge le plus âgé. Les deux refusèrent. Alors, le général Levelt, en tant que chef de l'armée, avait demandé à Magloire de rester au pouvoir. Une fois encore, selon Levelt, le général Magloire avait accepté de « se sacrifier pour la patrie ».

Ce coup d'Etat que Magloire se donnait à lui-même, avec l'aide de ses amis de l'armée, aurait eu un caractère comique s'il n'était assorti d'un décret qui ordonnait l'arrestation de leaders politiques. Louis Déjoie, candidat à la présidence, fut emprisonné au Pénitencier national en même temps que Duval Duvalier, le père de François Duvalier qui, une fois encore, avait pu se cacher à temps. Plusieurs députés et sénateurs furent aussi arrêtés. Tous étaient accusés d'activités subversives. Un communiqué publié le 7 décembre annonça la dissolution de la Chambre des députés et du Sénat. La réaction du pays ne se fit pas attendre. Indignés par cette farce que Magloire et les responsables de l'armée essayaient de monter pour garder le pouvoir, tous les secteurs de la société proclamèrent une grève générale. Le mouvement fit boule de neige avec une rapidité étonnante sur l'ensemble du territoire. Port-au-Prince prit l'allure d'une ville fantôme. Magasins et entreprises fermèrent leurs grilles de protection contre cyclones et émeutes. Leurs propriétaires, en majorité partisans de Déjoie, s'enfermèrent dans leurs résidences dans l'attente de la fin de la grève. Des tracts circulaient. Chacun, recevant un exemplaire tapé à la machine, en faisait des copies qu'il distribuait, produisant ainsi une chaîne sans fin. Les étudiants firent circuler leur propre manifeste utilisant leurs cahiers pour copier et faire passer un message anti-Magloire et annonçant leur décision de ne pas reprendre les classes tant que Magloire n'aurait pas quitté le pouvoir. D'autres demandèrent aux juges de la Cour de cassation de prendre leur responsabilité: « Le peuple est avec vous. » déclaraient-ils. Finalement, la capitulation tant attendue de Magloire eut lieu dans l'après-midi du mercredi 12 décembre 1956.

L'homme fort, qui avait reçu le surnom de *Kanson fè* (pantalon de fer), annonça dans un message lu à la radio qu'il se retirait. La grève générale avait réussi. Le Général annonça que l'armée avait accepté sa démission et que, en conformité avec la Constitution, le titre et la fonction de chef d'Etat avait été assumés par le président du Tribunal de cassation. Aussitôt après, on entendit la voix du vieux juge, Me Joseph-Nemours Pierre-Louis acceptant le poste de président provisoire. La première décision qu'il prit fut de faire libérer tous les prisonniers politiques. Le général

Levelt démissionna. Il fut remplacé par le général Léon Cantave, mis aux arrêts quelques jours auparavant, sous l'accusation de rébellion contre le gouvernement. Les fabricants et poseurs de bombes de Duvalier avaient donc bien travaillé, faisant croire à tout le monde que Magloire avait commis un dernier acte de folie. Machiavel n'aurait pu faire mieux.

Le pays entra alors dans une terrible période de neuf mois pendant laquelle tous les candidats à la présidence se battaient pour avoir le contrôle du gouvernement provisoire et du Palais national, Il y avait évidemment les incidents d'une campagne normale, bâtons, pierres et coups de feu, mais la tension accumulée conduisit à un jour de guerre civile ouverte le 25 mai 1957. Le juge Nemours Pierre-Louis avait été remplacé par un fringant mais obscur candidat présidentiel, l'avocat Franck Sylvain, mais celui-ci dut céder la place à un gouvernement collégial vite paralysé par le retrait des ministres sous l'obédience de Duvalier.

Dans la nuit du 1er avril 1957, à 8 heures du matin, dans la localité de Thor, sur la route du Sud menant à Carrefour, la tragédie que tout le monde attendait se produisit quand une bombe éclata dans un hangar appartenant à Daniel Francis, un partisan de Duvalier. L'armée ayant eu vent de l'existence d'une fabrique de bombes dans le quartier de Thor dépêcha sur les lieux deux jeunes officiers et un juge de paix. L'un des deux officiers saisit une boite de cigares qui lui éclata au visage. Le lieutenant Michel Comte et le sous-lieutenant Fréhel Andral Colon furent tous les deux écrabouillés par l'explosion. Ils moururent tous les deux quelques heures plus tard à l'Hôpital général, sous l'œil horrifié de plusieurs centaines de badauds contemplant les deux corps mutilés. Comte avait perdu les deux bras et les deux yeux, et Colon un bras et un œil. L'armée identifia les fabricants des bombes comme étant ceux qui avaient déjà frappé en décembre 1956, faisant croire que c'était une action de Magloire pour se donner une raison de rester au pouvoir. Il y eut plus d'une soixantaine d'arrestations.

L'armée offrit une récompense de mille dollars pour l'arrestation de chacun des fabricants ou poseurs de bombe en fuite et publia leurs photos en pleine page des journaux. Il s'agissait de Clément Barbot, Alphonse Lahens, Fritz Cinéas, Temistocles Fuentes Rivera que l'on voyait posant pour une photo. Fuentes était un citoyen cubain, qui avait été une fois président de la Fédération des étudiants cubains. Le président provisoire, Sylvain, d'après l'armée, était au courant du fait que ces hommes et leurs partisans avaient préparé « une nuit rouge » au cours de laquelle ils espéraient liquider Déjoie et Fignolé. Duvalier niait toute relation avec les suspects qui d'ailleurs disparurent de la scène. Mais la suspicion qui désignait Duvalier n´en demeurait pas moins.

On savait que les quatre suspects étaient très proches de Duvalier. Mais d'autres refusaient de croire que le « docteur tranquille» était le responsable de cette campagne de terrorisme. On conseilla à Duvalier de s'expliquer à la radio, étant donné la menace que ces accusations faisaient peser sur son avenir politique. A Radio Port-au-Prince, dont les studios se trouvaient au stade Sylvio-Cator, Duvalier chercha à provoquer la sympathie des auditeurs et donna une performance digne d'une médaille. A son arrivée à la station, il avait l'air de quelqu'un qui, abandonné de tous ses amis, n'avait plus qu'à se retirer de la campagne électorale. Il baissait la tête dans une attitude de tristesse et de désenchantement. Il nia avoir jamais rencontré ceux qu'on avait accusés d'être des terroristes. Il se dit blessé jusqu'au fond de l'âme des soupçons portés sur lui, un médecin qui avait toujours travaillé en faveur du peuple. Il affirma qu'il n'avait aucun lien avec des brigands, des terroristes ou autres ennemis du peuple haïtien.

Alors qu'il descendait de la station de radio, Duvalier tenait son chapeau à la main, chose inhabituelle chez lui, son chapeau étant toujours vissé sur sa tête même, disait-on, à l'intérieur de son domicile. Quatre de ses partisans seulement l'accompagnaient. L'un était le président provisoire, Sylvain. Quand je pris une photo au flash de Duvalier descendant l'escalier, ils eurent tous un air paniqué. En dépit des dénégations de Duvalier, le sentiment général, dans la ville, était hostile au « médecin de campagne ». Pendant ce temps, les conciliabules allaient bon train, un peu partout, concernant la création d'un troisième gouvernement provisoire.

La nouvelle formule proposée était un gouvernement collégial qui fut très vite dominé par Déjoie et ses partisans. Duvalier se retira et se lança immédiatement dans l'opposition, allié cette fois aux partisans de Jumelle. Les deux groupes s'emparèrent de la ville de Saint-Marc, contrôlant ainsi la route nationale Numéro 1, qui relie Port-au-Prince à la ville du Cap. Le 18 mai, anniversaire de la création du drapeau haïtien à l'Arcahaie, des coups de feu furent tirés pendant la grand-messe à la Cathédrale. L'assistance, paniquée, prit la fuite entraînant avec elle le corps diplomatique et les officiels du gouvernement.

Il y eut deux morts et quelques dizaines de blessés. Huit jours après, exactement le samedi 25 mai, le pays se trouva brusquement au bord de la guerre civile. La cause en était apparemment la nomination, quelques jours plus tôt, par le gouvernement collégial du colonel Pierre Armand, chef de la police, comme chef d'état-major de l'armée. Dans un premier temps, Armand refusa le poste, « pour le moment ». Mais, le samedi 25 mai, sous la pression du groupe déjoiste, il fit savoir qu'il acceptait finalement le poste auquel on l'avait nommé. Armand donna alors l'ordre à son prédécesseur, le général Cantave, de vider les lieux, c'est-à-dire les casernes Dessalines situées juste derrière la Palais présidentiel, en lui donnant une heure pour s'exécuter. Cantave ne bougea pas.

Des tracts circulaient affirmant qu´Armand avait le support de l'aviation, des gardes-côtes, de l'académie militaire et du corps d'artillerie, ainsi que de groupes de civils, et du camp de Déjoie.

Jusqu'à cette date, les élections amenaient bien sûr des disputes, avec leur folklore de jets de pierre et, occasionnellement, des coups de feu dirigés sur la maison d'un candidat ou contre son cortège, avec aussi des menaces à la bombe. Or, voici que maintenant, une guerre civile se déployait en plein Champ de Mars, avec des spectateurs installés dans la grande tribune métallique placée en face du cinéma Rex. Pendant ce temps, Fignolé avait fait appel à son « rouleau compresseur », une foule de gens descendant du Bel-Air, saccageant les bureaux des journaux et stations de radio qui avaient exprimé leur sympathie à la cause de Duvalier et de Jumelle. La maison de Duvalier fut cernée et arrosée de balles. Le docteur s'était déjà déplacé et ses partisans obligèrent les assaillants à se retirer sous des grêles de balles.

Il était presque midi quand des unités du corps d'artillerie se présentèrent, au coin sud-est du Champ de Mars, où se trouvent actuellement le consulat et l'ambassade de France, local occupé alors par l'ambassade américaine. Les canons furent pointés en direction des Casernes et ouvrirent le feu. Mais un groupe de soldats, dépêché depuis les Casernes, avait pu, utilisant un canal de drainage à ciel ouvert, prendre à revers le groupe des artilleurs, tuant trois des officiers qui dirigeaient le tir. Il s'agissait des lieutenants Hans Wolf, Michael Desravines et du lieutenant Donatien Dennery. Alors que les canons étaient réduits au silence, un avion DC-3, un modèle datant de la seconde guerre mondiale, laissait tomber une bombe qui n'explosa pas.

Sur le plan militaire, il n'y eut ni vaincus ni vainqueurs. Mais, entre-temps, Duvalier, Jumelle et Fignolé, réunis aux casernes Dessalines, s'étaient mis d'accord pour offrir la présidence provisoire à Daniel Fignolé. Le lendemain, qui était un dimanche, l'investiture du président Fignolé amena devant le Palais national la plus grande foule qu'on ait jamais vue, exultant de joie. On disait que, dans sa maison de la ruelle Roy, Duvalier manifestait sa bonne humeur devant tout le monde, tandis que Déjoie, par précaution, abandonna sa résidence pour se réfugier chez des amis.

En acceptant la présidence, Fignolé avait épargné au pays la terrible épreuve d'une guerre civile. Mais, très vite, le Palais national allait se transformer pour le professeur devenu Président en un énorme piège à rats.

Après un seul jour de bataille plus de dix-sept morts s'entassaient à la morgue de l'Hôpital général. La crise avait laissé au sein de l'armée de profondes blessures. Les officiers qui avaient soutenu Déjoie se retrouvaient en mauvaise posture. Techniquement, ils avaient perdu la bataille. Le colonel Armand avait donné l'accolade au général Cantave le dimanche de l'investiture présidentielle et tous les deux avaient dû démissionner de l'armée. Armand prit refuge à l'ambassade d'Espagne pendant que le général Cantave se rendait à Washington sous le prétexte d'un examen de la vue.

Mais moins de trois semaines après, le 14 juin 1957, on comprendrait la raison de la bonne humeur de Duvalier. Selon un scénario élaboré sous la direction du nouveau chef d'état-major, le général Antonio Th. Kébreau, les soldats des Casernes s'étaient vu offrir une séance de cinéma pendant qu'un groupe d'officiers, à onze heures dans la nuit, leur mitraillette Thompson en mains, faisaient irruption, sous la direction de lieutenant John Beauvoir, dans la salle où se tenait un conseil des ministres et mettaient fin à la présidence de Fignolé qui avait ainsi duré dix-neuf jours. Le coup avait été accompli sans un coup de feu. Sans perdre de temps, une junte militaire présidée par Kébreau prit le pouvoir et rituellement déclara l'état de siège et un couvre-feu de 8 heures du soir à 5 heures du matin.

La population était abasourdie. Mais le samedi suivant, dans les quartiers populaires, au Bel-Air et à La Saline, un charivari étourdissant commença que rien ne semblait pouvoir arrêter.

Hurlements, frappements de poteaux électriques, de casseroles ou de tout objet métallique : c'était la réédition du rite des « *tenèb*» du Vendredi saint. Les ampoules de lampadaires éclataient sous des jets de pierres. Sur une rumeur prétendant que Fignolé était enfermé au Fort Dimanche, une foule se rua dans cette direction et fut accueillie par des tirs de mitrailleuses pendant que les patrouilles de l'armée passèrent la nuit arrosant de balles les cahutes des corridors du Bel Air et de la Saline. Personne n'a pu faire le décompte des morts. Les chiffres avancés varient d'une douzaine à plusieurs centaines.

C'est bien là une constante de l'histoire d'Haïti, de l'Indépendance à nos jours : les morts ne sont ni identifiés ni comptés. Le silence a recouvert, depuis lors, l'anonymat des « fignolistes » à qui l'armée d'Haïti et le général Kébreau se sont vantés d'avoir donné une leçon inoubliable dans la nuit du samedi au dimanche 18 juin 1957. La bataille politique continua jusqu'au 22 septembre 1957, jour des élections. Duvalier l'emporta sur Déjoie dans une élection évidemment « supervisée » par l'armée. Il avait fait campagne en se posant comme l'héritier politique de Dumarsais Estimé, aidé en cela par la veuve du président en personne.

Parmi ceux qui célébraient la victoire du « modeste docteur », il y avait les quatre accusés de l'affaire des bombes. Aucune charge criminelle ne pesait sur eux et ils émergeaient, victorieux. Trois d'entre eux obtiendront des postes élevés dans l'administration Duvalier. Seul disparut de la scène Temistocles Fuentes, le Cubain, toujours bien habillé, l'expert en fabrication de bombes: il avait été déclaré *persona non grata*.

Une partie du monde politique pensait qu'il fallait donner une chance au nouveau président, malgré son esprit tortueux et son tempérament de calculateur froid. D'autres, qui le connaissaient bien, se préparèrent au pire. La suite des événements leur donna raison.

Chapitre 4

Les cagoulards de Clément Barbot

Les trente jours séparant l'élection de François Duvalier, le 22 septembre 1957, de son entrée en fonction, le 22 octobre 1957 allaient donner au nombre « 22 » une importance magique pour Duvalier. Ce fut une période d'attente angoissante. Le pays était épuisé et démoralisé après ces neuf mois de gestation politique qui avaient donné naissance à ce nouveau pouvoir. Des rumeurs circulaient selon lesquelles il n'arriverait pas au bout de ces trente jours. Et s'il y parvenait sans être catapulté en exil ou pire encore, l'opinion générale était qu'il ne pouvait durer au pouvoir plus de quelques semaines.

Le pays se trouvait face à un problème récurrent : en Haïti le perdant ne reconnaît jamais qu'il a vraiment perdu. Quatre jours après les élections, alors même que les résultats officiels n´étaient pas encore annoncés – ils le seraient le 6 octobre – les partisans de Louis Déjoie décidèrent d'organiser une grève générale. En fait, le cœur n'y était pas. Cette tentative suscita une riposte féroce des partisans de Duvalier et de l'armée qui obligèrent les magasins qui avaient fermé à rouvrir en faisant appel aux pompiers pour découper à la torche à acétylène les rideaux en fer. Les propriétaires de magasins furent tellement impressionnés par cette réponse de Duvalier qu'aucun commerçant, durant les années subséquentes, n'osa même parler de grève. La junte militaire passa de l'état de siège décrété le 6 juin à la loi martiale avec un couvre-feu de 10 heures du soir à 4 heures du matin. Quiconque surpris dans les rues à ces heures risquait de se faire tirer dessus.

Déjoie affirmait à qui voulait l'entendre que la grève n'avait pas été une idée à lui, et que, dans ce contexte, il ne contrôlait plus ses partisans. Cependant, il affirmait que les élections avaient été manipulées contre lui et qu'il avait l'intention de contester les résultats auprès du Parlement et du tribunal électoral qui surveillait le décompte des bulletins.

Le 28 septembre, près d'un mois après les élections, quatre soldats perdirent la vie lors d'une attaque contre le poste de police de Kenscoff. Un survivant déclara que les assaillants étaient trois jeunes, partisans de Déjoie, qui, après leur coup étaient redescendus de la montagne pour se cacher à Port-au-Prince. La sauvagerie de cet acte terroriste déclencha une vague de colère dans les rangs de l'armée, des dizaines d'officiers et de soldats se succédèrent au poste de Kenscoff pendant toute la journée pour contempler le tragique tableau. Trois des soldats avaient été tués dans leur lit. La junte militaire sortit un décret pour renforcer la loi martiale, déclarant que tout citoyen, civil ou militaire, pourrait arrêter ou tuer, n'importe où, n'importe quand, toute personne déclarée hors-la-loi.

Une terrible coïncidence survenue dans la nuit qui avait suivi la mort des soldats de Kenscoff allait provoquer une crise dans les relations entre les Etats-Unis et Haïti. Elle concernait Shibley Talamas, 29 ans, un Libanais né en Haïti, de nationalité américaine, personnalité populaire qui avait été le roi du carnaval de 1953. Moins de trois heures après la mort des quatre soldats de Kenscoff, Talamas avait été arrêté à un barrage de police à 2h30 du matin alors qu'il allait chercher un médecin pour assister sa femme, américaine elle aussi, en train d'accoucher à l'hôpital du Canapé-Vert. La police avait finalement relâché Talamas qui se précipita au chevet de sa femme qui venait de donner naissance à une fille. Pendant qu'il se trouvait à l'hôpital, des amis avertirent Talamas que la police venait de perquisitionner son domicile et qu'il ferait bien, en tant que citoyen américain, de prendre contact avec l'ambassadeur américain, Gérald Drew.

Pendant ce temps, la police avait appris que les tueurs de Kenscoff avaient utilisé une explication similaire pour entrer au poste de police. Des témoins, un prisonnier et un caporal, avaient entendu les trois terroristes déclarer qu'ils avaient besoin d'un laissez-passer pour aller aider une dame qui allait accoucher. Deux heures et demie après, Talamas avait utilisé la même raison pour expliquer son déplacement en pleine nuit.

La police ne croyait pas aux coïncidences. L'armée non plus. Une perquisition au domicile de Talamas fit découvrir des munitions pour un fusil que l'armée avait confisqué le 25 mai 1957, lors de la bataille d'une journée entre les différentes factions. Les militaires déclarèrent avoir aussi découvert un pistolet Luger, un fusil de chasse, une baïonnette pour fusil M1 et des munitions pour calibre .22 similaires à celles utilisées pour tuer les quatre soldats de Kenscoff.

L'ambassadeur Drew confia l'affaire au nouveau consul américain Thomas Davis et au vice-consul Jay Long. Le dimanche après-midi, les deux officiers consulaires escortèrent Talamas qui se trouvait à la résidence de l'ambassadeur au bureau central de la police, laissant Talamas en garde à vue, après avoir reçu des assurances qu'il ne serait pas maltraité. L'ambassadeur et les deux consuls démontrèrent en cette circonstance un degré de naïveté fatale. Le lendemain lundi, un communiqué du colonel Louis Romain déclarait que Shibley Talamas était mort d'une attaque cardiaque au cours d'une lutte où il essayait de se saisir d'une arme. L'autopsie révéla des traces de coups sur tout le corps, une lésion ancienne du cœur et s'en tint à la version officielle.

A la nouvelle de la mort de Talamas, l'ambassadeur Drew se rendit au Palais national pour protester auprès du général Antonio Kébreau mais celui-ci resta injoignable. Trois docteurs venant des Etats-Unis examinèrent le corps et conclurent que Talamas était mort des coups qu'il avait reçus. Dans la suite, Duvalier autorisa le paiement d'une indemnité de 100.000 dollars à Madame Talamas.

Cette affaire avait passablement affecté l'image de l'armée et du président élu dans l'opinion publique. Il était essentiel pour Duvalier de consolider son pouvoir. Le monde des affaires était hostile. L'ambassade américaine était sceptique. L'homme qui avait, au temps de la clandestinité, bâti au prix d'efforts obstinés un réseau d'action terroriste sous le gouvernement Magloire était le fringant Clément Barbot, âgé de 49 ans. La veille de l'entrée en fonction du président élu, j'aperçus Barbot dont le nom figurait toujours sur la liste provisoire des hommes recherchés par la police émise par la junte militaire.

Il se tenait devant le fameux magasin La Belle Créole. Il parlait à deux hommes d'affaires du Moyen-Orient. Complet noir impeccable, chemise blanche, cravate, il avait un air sombre à peine contrasté par des yeux perçants.

Je le reconnus pour avoir publié dans mon journal *Haiti Sun* l'avis de recherche de la police. On ne pouvait pas ne pas remarquer ses larges oreilles. Après son départ, ses deux interlocuteurs me montrèrent sa carte de visite qui l'identifiait comme « Chef de la police secrète, Palais national ». Il s'était déjà installé dans son bureau au Palais national. Il voulait qu'on le sache, qu'on soit homme d'affaires libano-syrien ou partisan ambitieux de Duvalier à la recherche de poste. Il voulait faire savoir à tous que le poste de chef de sécurité du Palais était déjà pris. Né aux Gonaïves, fils d'un juge, Barbot avait étudié l'agronomie mais se dédia d'abord à vendre des machines à coudre. Il enseignait aussi dans plusieurs écoles. Sous le gouvernement d'Estimé, il travaillait à Damien, au ministère de l'Agriculture comme « contrôleur de la production agricole ». Il fit ensuite partie de l'équipe de Duvalier dans la campagne contre la malaria, puis Duvalier l'aida à trouver un poste à la Mission sanitaire américaine comme contrôleur de transport. Lors de la période de clandestinité sous Magloire, Barbot qui avait comme nom de code « Marcel » se cachait chez le Dr Roger Rousseau alors directeur général de la Santé publique, un colosse avec une famille de huit enfants. Durant la campagne électorale, il était recherché par l'armée avec une récompense de 1000 dollars attachée à sa capture, pour sa participation à la fabrication des bombes qui avaient tué deux officiers. Duvalier jurait alors tous ses grands dieux qu'il n'avait jamais rencontré ce monsieur de sa vie.

Chef de la police secrète, Barbot se baladait dans une jeep de marque allemande DKW couleur kaki. Il avait toujours à ses côtés sa mitraillette qu'il portait adroitement et bien en vue, comme une espèce de canne qu'il avait à ses côtés pendant les cérémonies officielles. Cette arme avec ses reflets métalliques noirs s'alliait bien avec ses costumes stricts, son chapeau de feutre noir et ses lunettes noires. Enlevant ses lunettes pour exhiber un éclat sinistre dans le regard, Barbot disait à ceux à qui il s'adressait que, pendant toute sa période de clandestinité, Duvalier avait eu pour lecture de chevet *le Prince* de Machiavel. Il citait avec délice le passage qui disait que les hommes devaient être « ou bien caressés ou bien exterminés », laissant entendre que Duvalier pouvait bien utiliser les deux méthodes à la fois.

Finalement, François Duvalier entra en fonction le 22 octobre 1957. Il fut rejoint au Palais national par une cohorte de jeunes officiers venant principalement de la police qui gonflèrent les rangs de la Maison militaire du président et dont le zèle n'avait pas de limites. Le visage couvert d'une cagoule, ils s'occupaient la nuit des opposants au régime. L'une des premières victimes fut Mme Yvonne Hakim-Rimpel.

En janvier 1958, Yvonne Hakim-Rimpel est âgée de cinquante ans et mère de huit enfants. Membre de la Ligue féminine d'Action sociale (LFAS), mouvement féministe fondé en 1934, elle avait participé, en 1946 et en 1950, aux débats auprès du Parlement et aux manifestations des femmes pour l'obtention de leurs droits politiques, en particulier le droit de vote. Dès 1935, journaliste à la *Voix des Femmes*, organe de la LFAS, elle crée en 1951 son propre journal, *L'Escale*, un bi-hebdomadaire.

Aux élections de 1957, elle appuie la candidature de Louis Déjoie et dans son journal, elle ne tarde pas à critiquer le nouveau gouvernement. Le 6 janvier 1958, à 11 h 30 du soir, des hommes armés dont des officiers de la Maison militaire, Jacques Gracia, Frank Romain, José Borges, des civils, Clément Barbot, Luc Désyr, l'enlèvent à son domicile après avoir battu et violenté sous ses yeux ses deux filles Gladys et Rose-Marie. Conduite à Delmas, Yvonne Hakim-Rimpel est violée par le groupe et battue à coups de crosse. Les doigts brisés, elle est laissée pour morte dans un fossé. Une note de protestation de la Ligue féminine d'Action sociale (LFAS) fut publiée le 9 janvier 1958 dans trois journaux, *Le Matin*, *Le Nouvelliste* et *Indépendance*. Une lettre de la LFAS adressée au ministère de l'Intérieur, fut également rendue publique dans *La Phalange* le 11 janvier 1958. Mais ce crime odieux resta impuni.

Yvonne Hakim-Rimpel se souvint qu'un de ses attaquants, un lieutenant, bégayait d'une façon très prononcée. Cette équipe d'hommes de main fut bientôt connue comme « les cagoulards de Barbot ». L'attaque contre Madame Hakim-Rimpel avait une valeur hautement symbolique, et son message ne pouvait être plus clair, puisqu'elle visait en sa personne la bourgeoisie, le parti de Déjoie, l'opposition, la presse et le mouvement féministe en utilisant le viol comme arme de répression.

Chapitre 5

La mise en place d'une tyrannie

Le général Antonio Th. Kébreau, président du Conseil de Gouvernement militaire, était clairement en train d'accumuler des erreurs. Kébreau pensait que Duvalier lui devait son élection. Mais il ne savait pas que la reconnaissance ne faisait pas partie du vocabulaire du nouveau président. Kébreau n'était pas duvaliériste mais sa femme l'était. Les officiers de l'état-major étaient anti-déjoistes s'ils n'étaient duvaliéristes. Tout ce monde s'arrangea pour mener l'affaire des élections sans anicroche en faveur de Duvalier.

C'est alors qu'intervient sur la scène le généralissime Rafael Léonidas Trujillo y Molina, « Bienfaiteur de la Patrie », l'homme qui, en 1937, avait ordonné le massacre des Haïtiens vivant le long de la frontière, génocide qui avait fait au moins 20.000 victimes. Le général dictateur avait envoyé une délégation conduite par le ministre des Affaires étrangères, Porfirio Herrera Baez, incluant le major général Arturo R. Espaillat, chef des services d'espionnage, secrétaire d'Etat à la Sécurité pour décorer Kébreau de la Grand-Croix de Duarte, Sanchez et Mella. La cérémonie eut lieu dans la salle jaune du Palais national.

Il faut dire que Trujillo n'était pas très enchanté de l'élection de Duvalier. Il savait que celui-ci avait été aidé financièrement par l'ancien président de Cuba, Carlos Prio Socarras. De son exil à Miami, Prio Socarras avait envoyé en 1956 un technicien pour aider Duvalier en la personne du fabricant de bombes Temistocles Fuentes. Il espérait obtenir en contrepartie, une fois Duvalier au pouvoir, une base d'opérations pour les rebelles cubains qui cherchaient à renverser le dictateur Fulgencio Batista. Trujillo avait publiquement qualifié les rebelles cubains, dont Fidel Castro, de « communistes ». Duvalier n'hésita donc pas à changer de camp. Il déclara Fuentes *persona non grata*.

Un mois après son entrée en fonction, Duvalier dépêcha une mission de haut niveau à La Havane pour discuter du sort d'un compte qui se trouvait au Banco de Colones de Cuba appartenant à des coupeurs de canne haïtiens non identifiés. Le gouvernement cubain annonça qu'il avait consenti au gouvernement haïtien un prêt de quatre millions de dollars garanti par la somme de sept millions en dépôt. Les intermédiaires cubains ayant réclamé un million de dollars pour courtage, le gouvernement de Duvalier reçut un montant de 3 millions de dollars contre la garantie qu'il n'y aurait pas de base de rebelles cubains en Haïti. Et il n´y en eut aucune.

Après son installation au Palais, Duvalier s'était dépêché de récompenser Kébreau pour ses bons services. Il l'avait nommé chef de l'état-major de l'armée pour une période de six ans, au lieu des trois ans réglementaires. Le mois suivant, Kébreau, à la tête d'une délégation de quinze personnes se rendit à Ciudad Trujillo (Santo Domingo). Il remit la plus haute décoration officielle haïtienne à Trujillo et à son frère Hector qui occupait alors, officiellement, la fonction de président.

Le 12 mars 1958, Kébreau, qui se trouvait dans sa voiture sur la route de Pétion-Ville, entendit une salve de treize coups de canon provenant du Fort National. Kébreau demanda tout de suite à son chauffeur la raison de ce salut. La radio annonça aussitôt l'installation au Palais national d'un nouveau chef d'état-major en la personne du général Maurice Flambert. Kébreau se fit immédiatement déposer au domicile de l'ambassadeur dominicain à qui il demanda l'asile politique. Finalement, Duvalier l'envoya comme ambassadeur au Vatican, rappelant le fait que Kébreau dans sa jeunesse avait été séminariste. Kébreau devait mourir mystérieusement après une réception au Palais national alors qu'il était revenu en congé de son poste d'ambassadeur au Vatican.

En apparence, Trujillo encaissa philosophiquement la mise au rancart de Kébreau. Ayant appelé l'ambassadeur haïtien, il lui déclara, sans sourciller, qu'il était ravi que Kébreau ait été remplacé. Duvalier qui était au courant de tout ce qui se passait, et pouvait rivaliser en cynisme avec *El jefe*, répliqua qu'il était heureux aussi d'en avoir fini avec ces complots et qu'il remerciait Trujillo pour ses souhaits. De fait Duvalier était décidé à ne plus permettre qu'un chef d'état-major puisse avoir les coudées libres pour agir. Mais Trujillo mobilisa la *Voz Dominicana* pour des attaques quotidiennes en créole contre Duvalier, arguant que les communistes dominaient le gouvernement, signalant en particulier le beau-frère de Duvalier, Lucien Daumec, comme un ancien membre du Parti Communiste Haïtien (PCH).

Trois mois après avoir assumé le pouvoir, Duvalier fit transporter toutes les armes et munitions qui se trouvaient en dépôt aux casernes Dessalines dans un sous-sol du Palais national. La bataille du 25 mai 1957 lui avait appris que moins il y avait d'armes à l'extérieur du Palais, moins de possibilités il y aurait d'organiser quelque chose contre lui. Toutes les armes automatiques devaient être rangées au Palais. Pour les besoins d'entraînement de l'Académie militaire, il fallait venir les chercher chaque jour. Le 30 avril 1958, une explosion éventra une cahute de paysan, vieille et abandonnée, aux parois de boue et de lattes tressées. Dans les ruines, la police trouva une collection de vieilles bouteilles de rhum baignant dans une concoction d'huile et d'essence. Cette fabrique de bombes se trouvait à Mahotières, à six kilomètres au sud de la capitale, un quartier de résidences secondaires paisibles bâties au bord d'une petite rivière. Un groupe de volontaires ramena un jeune homme du nom d'Anthony Heaviside, qui avait été blessé dans l'explosion. Pour la police, il s'agissait clairement d'une fabrique de bombes artisanales qu'un groupe de déjoistes préparait pour le jour de la fête du 1er mai.

Frédéric Duvignaud, ministre de l'Intérieur et de la Défense, déclara hors-la-loi Louis Déjoie et promit une récompense de 5.000 dollars pour qui fournirait un renseignement permettant de l'arrêter. Il impliqua même comme complices Clément Jumelle et son frère Ducasse, leur donnant 48 heures pour se rendre. Déjoie se mit à couvert, entra à l'ambassade de Mexique et partit pour l'exil. Il mourut en 1967 à l'âge de 71 ans, allant de La Havane à Caracas et Santo Domingo, dans des complots successifs pour renverser Duvalier. Après l'explosion de Mahotières, la police avait arrêté un commerçant, Yves Bajeux, ainsi que Holberg Christophe, un ex-candidat déjoiste à la députation, Marcel Surin et un ancien gardien de la maison de Déjoie, Mérion Noël. Il s'ensuivit un long procès mené par les militaires qui se termina par des condamnations à mort et des peines d'emprisonnement. Une amnistie fut accordée ensuite, par décret de Duvalier, au début de janvier 1959, coïncidant avec l'entrée de Fidel Castro à la Havane.

Duvalier s'attaqua aussi aux derniers vestiges de l'opposition à la Chambre des députés et dans la presse. Le député Frank J. Séraphin s'opposa à une demande du ministre de l'Intérieur réclamant l'état de siège et la suspension des garanties constitutionnelles, incluant l'immunité parlementaire. Une foule de duvaliéristes, convoquée pour la circonstance, prit à partie Séraphin qui fut houspillé et expulsé de la Chambre, conduit par la police en prison où il mourut. La presse ne fut pas épargnée. Albert Occénad, éditeur de *Haïti-Miroir*, pro-déjoiste, était en prison à cause d'un éditorial où il dénonçait un pot-de-vin de 400.000 dollars payé par un homme d'affaires français pour obtenir un contrat. Les bureaux et ateliers de *Haïti-Miroir* et de *l'Indépendant* furent mis à sac, Georges Petit se retrouvait en prison pour la dix-septième fois. Il devait lui aussi disparaître. En plein midi, le local du journal bi-hebdomadaire *Le Patriote* sis à la rue du Centre reçut deux grenades qui firent deux blessés dont l'un perdit la vue. Le directeur, un jumelliste, Antoine G. Petit, fils de l'intraitable Georges Petit, fut de suite arrêté par la police.

En mai 1958, les duvaliéristes s'étaient eux-mêmes persuadés que leur pouvoir était menacé. Le maire de Port-au-Prince, Windsor K. Laferrière, fit un appel pour la mobilisation générale, faisant des menaces violentes contre les ennemis du pouvoir, ce qui suscita une protestation de l'ambassade américaine. Quelques heures après, Duvalier révoqua le maire. Des civils, partisans de Duvalier, armés de tout un assortiment de vieux fusils se mirent à patrouiller les rues la nuit, établissant des barrages et vérifiant l'identité et les papiers des passagers.

Maintenant personne n'avait plus besoin de masques ou de cagoules. Il s'agissait de civils parlant haut et fort, menaçants et arrogants, organisés en équipes quasi-autonomes sous le commandement d'officiels du gouvernement ou de l'état-major duvaliériste. Très vite, on leur donna le surnom de *tonton makout*, les mangeurs d'enfants des contes folkloriques. Mais eux ils étaient bien réels, leur arrogance n'avait pas de limites. Ils portaient leurs lunettes noires, même la nuit, tiraient des salves contre les résidences des personnes soupçonnées d'être des opposants. Des rafales furent même tirées contre la résidence de l'ambassadeur Drew alors que celui-ci, sa femme et deux de leurs petits-fils étaient à table.

Duvignaud convoqua en vitesse une conférence de presse et promit à l'ambassade protection totale tout en faisant remarquer que les tirs venaient d'assaillants inconnus. Le ministre assura qu'Haïti était prête à offrir aux Etats-Unis toute facilité pour des missiles guidés, des bases pour tests ou des stations de repérage. Duvignaud ne manqua pas de souligner le caractère anticommuniste du régime Duvalier et rappelant que des gauchistes connus avaient appuyé la campagne de Déjoie, comme les journalistes Daniel Arty et Occénad ainsi que l'écrivain Jacques Stephen Alexis.

Le 18 mai 1958, une équipe de huit soldats des fusiliers marins américains (*US Marine Corps*) débarqua sous le commandement du major James P. Risley qui parlait couramment le créole car il avait commandé pendant six ans le district de Pétion-Ville pendant l'occupation américaine. Au moment de son élection, Duvalier avait fait connaître son désir qu'une unité du corps des *marines* puisse aider à l'entraînement les soldats de l'armée d'Haïti. Duvalier voyait dans cette initiative un moyen de consolider sa position politique et de neutraliser les tentatives de résistance à l'intérieur du pays comme à l'extérieur, quels que soient les mauvais souvenirs laissés par l'occupation américaine (1915-1934).

Le désir d'avoir l'appui des Américains le portait également à offrir une base pour guider les fusées, de même qu'il écrivit au président Eisenhower pour manifester sa réaction contre le traitement « honteux » que le vice-président Nixon venait de recevoir en Amérique latine lors de sa récente tournée. Il en profita pour souligner que tout envoyé d'Eisenhower serait le bienvenu en Haïti. Eisenhower dans une lettre du 26 mai félicitait Duvalier en tant qu'il respectait et faisait avancer la cause de la liberté dans ce monde troublé. Duvalier avait écrit sa lettre alors que le pays était en plein état de siège, avec couvre-feu et censure et que le maire de Port-au-Prince venait de menacer de massacrer l'opposition si elle ne s'alignait pas.

La même semaine de l'arrivée de l'équipe des *marines* américains, l'ex-lieutenant Raymond Chassagne, originaire de Jérémie passa devant une cour martiale aux casernes Dessalines. Accusation : trahison. Il était accusé d'être le contact entre l'ex-capitaine Alix (Sonson) Pasquet à Miami et Arthur Payne, un Américain qui avait fait plusieurs séjours en Haïti pour engager ses amis à aider au renversement de Duvalier. Pasquet et son beau-frère, le lieutenant Philippe (Phito) Dominique avaient participé à la bataille du 25 mai 1957. Pasquet, qui avait commandé une compagnie aux casernes Dessalines, était le commandant de Pétion-Ville. Dans la bataille, il avait pris le parti du colonel Pierre Armand, et s'était donc placé du côté des déjoistes.

Dans une entrevue accordée au journal le *Miami Herald*, Duvalier déclara qu'il avait l'assurance d'un support américain substantiel. Il disait par ailleurs : « Nous avons rétabli la stabilité politique. Nous avons la situation bien en mains. »

Pendant ce temps, à Miami, Pasquet rétorquait : « Haïti voit dans l'avenir proche encore plus de morts, encore plus de gens en prison, et encore plus de pauvreté. » L'entrevue de Pasquet fut citée au cours de ces dix-huit jours du jugement de Chassagne aux casernes Dessalines. L'accusateur militaire, le capitaine Jacques Laroche, faisant le lien entre trahison et crimes contre la sécurité de l'Etat, réclama la peine de mort. L'avocat de la défense, Alix Mathon, mit en cause le droit de juger Chassagne étant donné qu'il était accusé d'un crime politique et que la Constitution dans son article 175 stipulait que « Les forces armées sont en dehors de la politique » et qu'une cour militaire était incompétente pour juger une personne accusée d'un crime politique. Jean Brierre, poète et avocat, rappela que lui aussi, vingt-cinq ans auparavant, avait affronté une cour militaire sous l'accusation de complot contre les forces de sécurité.

Le capitaine Laroche insistait sur l'application du code militaire, hérité des occupants américains pendant que la défense s'arc-boutait sur le Code napoléonien. Duvalier utilisait l'armée pour éliminer son opposition. Même des journalistes étaient jugés dans une salle des casernes par une cour militaire; Chassagne était supposé avoir rencontré Arthur Payne envoyé en Haïti par Pasquet pour le recruter, avec d'autres, dans un complot pour renverser Duvalier. Le 3 juin, la cour militaire trouva Chassagne coupable de complot contre la sécurité de l'Etat, mais laissa tomber l'accusation de trahison. La sentence : une année de prison.

L'apparition du cadavre d'un substitut du Commissaire du Gouvernement, Odnell David, portait la signature des *tonton makout*. Le cadavre portant de nombreuses marques fut découvert sur le trottoir du Palais de Justice. Selon le rapport officiel, il se serait suicidé à cause d'un programme de radio venant de la République Dominicaine l'accusant, entre autres choses, d'être un communiste. David, un juriste et spécialiste du créole âgé de 45 ans, avait été professeur de sciences sociales au lycée Pétion. Un mois avant son prétendu suicide – il aurait sauté d'une fenêtre du second étage de la Cour d'appel - David avait publié une note dans les journaux niant qu'il soit communiste.

Dans la soirée du 29 juin 1958, une explosion secoua Pétion-Ville qui fêtait le patron de la paroisse, saint Pierre. Duvalier était supposé assister à la messe le dimanche suivant. La police arrêta un ferronnier nommé Kelly Thompson qui avait été blessé dans l'explosion. Thompson aurait avoué qu'il avait été financé par l'homme d'affaires Jean Desquiron et sa femme Ghislaine. Tous les deux furent arrêtés. Mme Desquiron était enceinte. Elle fut amenée dans la nuit du dimanche au Pénitencier national. Le ministre de l'intérieur Duvignaud insinua que Thomson, dont on n'entendra plus jamais parler, avait cité le nom d'un certain nombre de partisans de Déjoie. La liste incluait l'homme d'affaires Yves Moraille, l'ingénieur Raoul Liautaud, le docteur Lucien Pierre-Noël, Dacius Benoit, président du syndicat des ouvriers du port, ainsi que les deux frères Dussek. Tout ce monde fut arrêté. Ghislaine Desquiron passa quatre mois en prison, fut transférée à l'hôpital général puis à l'hôpital Saint-François de Sales et sera finalement mise en résidence surveillée chez ses parents sur la route de Frères où elle accoucha d'une fille en décembre 1958.

Chapitre 6

L'invasion Pasquet, Dominique, Perpignand

29 juillet 1958

Seuls les sourds, dans l'obscurité qui précéda l'aube à Port-au-Prince ce mardi 29 juillet 1958, ne furent pas brutalement réveillés par la fusillade. Le fracas des coups de feu fut bientôt rattrapé par le glapissement des sirènes dans la ville. Les rues désertées et l'absence de sentinelles aux grilles laissées ouvertes du Palais provoquaient une impression étrange et inquiétante. On pouvait entendre le staccato sporadique de rafales d'armes automatiques.

Au quartier général de la police, l'officier de garde, dans un état d'agitation visible, déclara qu'au moins deux cents hommes s'étaient emparés des casernes Dessalines. L'édifice avait l'air d'une morgue. Toutes les installations militaires et policières semblaient paralysées. De ce côté, on pouvait palper un manque total d'enthousiasme pour se joindre à la bataille. Certains officiers paraissaient être littéralement assis sur leurs mains attendant de voir de quel côté pencherait la balance. Dans l'obscurité, on vit sortir à toute vitesse de la barrière latérale du palais une voiture noire sans qu'on puisse identifier ses passagers. Les coups de feu continuaient.

Finalement, à la faveur de l'aube, on vit arriver un petit groupe de partisans de Duvalier qui se réfugièrent près de la grille latérale du palais, en face du Palais des ministères. Le jour qui se levait semblait leur avoir redonné du courage. Chaque fois qu'ils avaient rassemblé assez de forces pour courir vers le Palais national, une brusque fusillade les faisait reculer comme s'ils étaient aspirés en sens contraire par une furieuse lame de fond. Les sirènes des voitures de police rugissaient et la radio répétait le même appel : « Aidez votre Président »! Le speaker annonçait en hurlant : « Des magloiristes ont envahi les casernes Dessalines. Il y a des étrangers parmi eux, des Dominicains !» C'était là un amalgame destiné à attiser le patriotisme même des anti-duvaliéristes.

Cependant, peu semblèrent tenir compte de l'appel. Bien au contraire, en ville, un flot constant de vendeurs, de marchandes et d'employés de magasins, se préparaient, comme à l'accoutumée, à commencer leur journée de travail, affectant d'ignorer ce qui était l'évidence même. Ils ne cédèrent même pas à leur curiosité instinctive pour tout ce qui ce passe d'inhabituel dans les rues. Certaines scènes vous restent en mémoire toute votre vie. Une de celles que j'ai gardées concerne la façon dont les marchandes avec leurs paniers chargés de légumes, alors que pointait le jour, déambulaient fièrement devant le Palais national sans même jeter un regard sur les deux officiers à plat ventre sur le trottoir serrant leurs fusils dans leurs bras, comme pour dire : « Cela ne me concerne pas. »

Dans les quartiers populaires, peu de gens aimaient Duvalier. Le Bel-Air était en majorité fignoliste. De plus, les bulldozers de Duvalier avaient récemment rasé, du côté de La Saline, la plupart des maisonnettes qui abritaient plus de 5.000 personnes en promettant qu'ils pourraient s'installer bientôt dans un ensemble de logements style casernes. Cet ensemble, en construction dans une zone marécageuse située au nord de la ville, devait être baptisé *Cité Simone Duvalier* en hommage à la première dame de la République. La cité devint au fil des années le plus grand « bidonville » du pays aujourd'hui dénommé *Cité Soleil*. Une pancarte à l'entrée de La Saline portait l'inscription *Ici Bientôt* annonçant la construction d'un nouveau centre d'achat moderne, pancarte qui fut pendant longtemps objet de la risée publique, qui tournait en ridicule les autorités municipales et le gouvernement, jusqu'à ce qu'elle pourrisse et tombe en morceaux des années plus tard.

Dans la confusion qui régnait en ce matin de juillet 1958, un officiel des Travaux publics alourdi par une ceinture de balles portée en bandoulière, affirma que 300 hommes avaient attaqué les Casernes et menaçaient le Palais. Le nouveau ministre des Travaux publics, Transports et Communications, se précipitait à ses côtés en grande tenue de combat avec casque, fusil et pistolet prêts à tirer. Un sénateur duvaliériste haranguait un petit groupe d'individus devant le Bureau des Contributions en brandissant en l'air son fusil automatique et retenait de sa main libre, pour l'empêcher de glisser, son pantalon lourd des chargeurs et munitions qu'il portait à la ceinture.

Aucune tentative d'invasion n'a jamais réussi en Haïti. Les Français et les Anglais avaient échoué lors de la guerre de l'Indépendance, de même que des exilés tels que le leader des libéraux haïtiens Boyer Bazelais. En 1883, Bazelais débarqua à Miragôane avec quatre-vingt-dix-huit hommes en vue de renverser le président Lysius Félicité Salomon. Pendant dix mois, les hommes de Bazelais tinrent bon pour perdre finalement et le prix à payer par le groupe qu'il représentait fut énorme. Bazelais lui-même mourut de dysenterie. Pourtant ces échecs historiques n'ont jamais empêché de nouvelles tentatives.

L'histoire qui explique la mission suicide du 29 juillet 1958 aurait pu sortir des pages d'un roman de Graham Greene. Trois officiers haïtiens en exil, chassés de l'armée haïtienne, le capitaine Alix Pasquet, les lieutenants Philippe Dominique et Henri Perpignand souffraient de ce mal familier qui affectait de nombreux exilés : le mal du pays qui se greffait, de plus, sur une ambition dévorante qui occultait toute réalité. De leur base d'exil, au sud de la Floride, ils ne rêvaient que de leur retour au pays afin de renverser le tyran Duvalier. Il leur importait peu d'avoir été trois officiers proches de Magloire, membres d'un groupe si influent qu'il avait été surnommé « la petite junte », et, par surcroît, d'être accompagnés de cinq mercenaires américains blancs, espérant s'emparer d'une république des Caraïbes d'un peu plus de trois millions de Noirs où la couleur foncée de la peau était devenue, avec Duvalier, un atout pour l'accès au pouvoir. Même si les rebelles parvenaient à capturer, tuer Duvalier ou le forcer à partir, ils auraient à faire face à une armée qui dans sa grande majorité, leur serait hostile.

Dans une correspondance secrète en provenance de Miami datée du 17 avril 1958 et qui se lisait comme un manifeste, Pasquet mit ses compagnons d'armes et compatriotes en garde contre les dangers qu'ils couraient, en particulier la création d'une milice civile. Il les prévint qu'il était temps de faire l'ultime sacrifice en vue d'arrêter la chute catastrophique d'Haïti. S'ils décidaient, malgré son appel, de « garder les bras croisés », « pour notre part, écrivait-il, nous, en exil, nous continuons à nous préparer au sacrifice sur l'autel de la mère patrie. »

Pasquet fit ses adieux à son épouse et ses deux jeunes fils dans leur résidence de Hialeah en Floride, en leur disant qu'il se rendait à New York pour une entrevue de travail. Tout comme de nombreux officiers de l'armée haïtienne, il avait étudié le droit pendant qu'il était dans l'armée. Il était tellement confiant dans le succès de l'invasion qu'il avait envoyé sa montre à un ami en Haïti pour être réparée en lui disant qu'il la récupérerait lui-même dans deux semaines. Il comptait sur un réseau de « vieux copains » composé de fanatiques enthousiastes de football. Et même après la dernière visite de Payne à Port-au-Prince, Pasquet appela constamment Haïti au téléphone pour obtenir le support de ses amis à son projet d'attaquer le palais. Mais leur réticence, ainsi que je l'ai appris plus tard, et le refus définitif de certains d'entre eux d'accepter même ses appels téléphoniques venant de Miami, ne dissuadèrent pas l'officier en exil. Entre-temps, les autres participants à la mini-invasion de Pasquet annoncèrent à leurs épouses qu'ils partaient dans les Caraïbes participer à une expédition concernant « l'élevage des langoustes».

Le *Mollie C.*, une vedette de 55 pieds de long, partit des Florida Keys avec aux commandes son propriétaire et capitaine américain, un certain Joseph D. J. Walker. Le pont, malgré son exiguïté, était presque entièrement occupé par des barils de fuel (1.173 gallons en tout) et la cabine était remplie d'armes et de munitions. A bord, trois Haïtiens, ex-officiers de l'armée, Pasquet, Dominique et Perpignand. A la chute de Magloire, Perpignand avait quitté Haïti laissant dans sa maison une petite boîte métallique contenant les noms des espions du gouvernement à qui il versait la somme de 120 dollars US par mois. Les autres à bord du *Mollie C*. étaient, comme le capitaine Walker, des Américains blancs : Arthur Payne, 34 ans, et Dany Jones, 30 ans, un shérif adjoint du comté de Dade (aujourd'hui comté de Miami-Dade), les aventuriers Robert F. Hickey et Levant Kersten.

Leur première escale fut Nassau dans les Bahamas où ils dînèrent dans un des meilleurs restaurants, invités en fait par Clément Benoît, nouveau consul de Duvalier, autrefois arbitre de football et ami de Pasquet. Les Haïtiens passèrent la nuit à évoquer des souvenirs sur le football de jadis, à l'époque où Pasquet jouait comme avant-centre dans l'équipe nationale haïtienne et dans le club Violette de Port-au-Prince. Les huit aventuriers prétendirent faire partie d'une expédition d'étude sur les langoustes, gardant secret le but réel de leur mission. Autant qu'on sache, Benoît ne suspecta jamais rien ; au moins il n'alerta pas Port-au-Prince.

Le groupe attendit la pleine lune pour parcourir les 600 miles des Bahamas jusqu'au nord de Cuba qu'il contourna en direction des côtes d'Haïti jusqu'à la baie de la Gonâve. Payne, que le groupe avait apparemment choisi comme photographe, prit des photos de Dominique accroupi sur le pont occupé à des tâches domestiques. Bien que marié et père de trois enfants, Philippe Dominique avait une réputation bien méritée de playboy et eut souvent des aventures amoureuses avec des jeunes femmes, particulièrement au centre équestre de l'Académie militaire qui avait été sous son commandement. Henri Perpignand, qui avait passé presque toute sa carrière d'officier derrière un bureau, était photographié chargeant des ceintures de balles. Ils essayèrent leurs armes utilisant la mer comme champ de tir.

Dans l'après-midi du lundi 28 juillet 1958, la proue allongée du *Mollie C*. s'engagea enfin mais prudemment dans la baie de Délugé, près de 40 miles au nord de Port-au-Prince. Des champs de bananes et de canne à sucre séparaient la route principale de la plage, avec son petit embarcadère près du bungalow de vacances du riche homme d'affaires haïtien Robert Nadal. Malgré l'étouffante chaleur de l'été, les trois Haïtiens décidèrent de rester à l'abri des regards à l'intérieur de la cabine du bateau, pendant qu'Arthur Payne, vêtu uniquement de son maillot de bain, gagnait le rivage avec Dany Jones dans le canot pneumatique, alors que les autres Américains nettoyaient le bateau.

Se faisant passer pour un vrai touriste, Payne acheta plusieurs chapeaux de paille. Dany Jones le photographia avec les chapeaux empilés sur sa tête.

Par gestes, Payne expliqua à un groupe de paysans de la région qui avaient l'habitude de vendre des noix de coco et des articles tissés à la main, que ses compagnons et lui cherchaient un moyen de transport pour aller à la capitale, leur bateau étant tombé en panne. Les paysans promirent de leur en trouver un et s'en allèrent. Cependant, un officier de la police rurale avait été averti de la présence des *blan* (étrangers) et alerta le poste militaire de Saint-Marc le plus proche.

Après la tombée de la nuit, vers dix heures du soir, Walker approcha le *Mollie C.* à quelques brasses de la plage. Tandis qu'ils débarquaient leurs armes, une patrouille de l'armée composée de trois hommes arriva en jeep pour voir ce que faisaient les *blan* et se trouva tout à coup sous le feu des attaquants. Un échange de tirs nourris s'ensuivit. Payne fut atteint à la jambe mais les trois soldats furent tués et leur jeep solutionna le problème de transport de Pasquet. Les huit parvinrent à traverser à toute vitesse la ville de Montrouis et passèrent devant le poste militaire de cette ville sans être repérés.

Toutefois, près de l'Arcahaie, non loin d'un autre poste militaire, la jeep tomba en panne. Par chance, ils purent louer un *taptap* bleu pâle portant à l'avant l'inscription suivante en guise d'avertissement : «*Malgré tout Dieu seul maître*». Sur le côté du *taptap* étaient peints les mots : « *Ma douce Clairemène*». Le propriétaire du *taptap* ne manqua pas d'observer les va-et-vient du transbordement des armes pendant que se concluait l'affaire.

Dominique s'installa au volant avec Pasquet à ses côtés tandis que les autres se mettaient à l'arrière sur les deux bancs pour passagers aidant Payne dont la blessure à la jambe était retenue par un garrot. Ils partirent à toute vitesse vers la capitale, passant sans problème deux autres postes militaires. Ils avaient changé de vêtements et portaient l'uniforme usuel kaki de l'armée d'Haïti. Dominique passa devant son ancien poste de commandement, le centre équestre de l'armée, avec ses chevaux anglo-arabes pur-sang. (Dominique était diplômé non seulement de l'Académie militaire française de Saint-Cyr, mais aussi de l'Ecole de Cavalerie française de Saumur). Il conduisit le *taptap* à toute vitesse dans l'obscurité de la capitale et se dirigea directement vers l'entrée principale des casernes Dessalines, derrière le Palais national où Pasquet avait été commandant de compagnie.

Pasquet aboya un ordre à la sentinelle, annonçant qu'ils amenaient des prisonniers et fit un vague salut tandis que, dans un vrombissement, le véhicule passait la barrière. Dominique fit brusquement pivoter le *taptap* sur lui-même et freina devant l'escalier menant aux bureaux de l'administration des Casernes. Les insurgés se précipitèrent en coup de vent, excepté Payne, blessé, qui suivit plus lentement, et montèrent les quatre marches jusqu'à la véranda et l'administration. L'officier de service, le lieutenant Champagne Constant, surpris, essaya de saisir son arme et fut abattu. Le capitaine Pierre Holly, fut surpris en tournée d'inspection, mais parvint à se sauver grâce à la rapidité de ses pas, mais, par contre, son aide, un sergent, fut tué sur le coup. Les insurgés manquèrent de peu de capturer le général Maurice Flambert qui, quelques minutes auparavant, avait emprunté le chemin qui joignait le terrain de parade au palais.

En quelques minutes, les assaillants réussirent à mettre en déroute les soldats endormis et à prendre possession des casernes. Les troupes de la garnison se trouvèrent enfermées en sous-vêtements à l'intérieur des casernes et obligées de s'asseoir avec les mains sur la tête. Pasquet s'attaqua au téléphone, ce qui n'était pas une tâche facile en Haïti à l'époque où le premier système à tonalité installé par les *marines* américains était limité et où peu de téléphones fonctionnaient réellement. Pasquet essaya de rallier ses compagnons d'armes, mais découvrit que rares étaient ceux qui étaient disposés à courir ce risque.

Une des lignes qui fonctionnaient se trouvait au Palais national. Dans ses mémoires, Duvalier raconte qu'il fut réveillé par des coups de feu, qu'il enfila un uniforme de soldat et tenta d'appeler le commandant des casernes Dessalines mais ce fut Pasquet qui répondit : « Je suis Alix Pasquet ». « il me sommait, écrit Duvalier, avec arrogance de décliner mes nom, titre et qualité». Je lui répondis : « Président de la République et chef suprême des forces armées». « Suite à quoi, le petit déséquilibré osa ordonner au chef de l'Etat de déposer ses armes et de se présenter au portail des casernes Dessalines avec un drapeau blanc. Je raccrochai le téléphone, pris mon fusil et mon casque. Entouré de fidèles alliés duvaliéristes, hommes et femmes, d'officiers loyaux et d'hommes de ma police secrète, je patientai jusqu'à l'aube pour donner l'assaut».

Jean-Claude Duvalier confirma la version originale sinon fantaisiste de son père déclarant que ce n'est pas ce dernier qui initia l'appel, mais Pasquet. Duvalier père répondit la deuxième fois que le téléphone sonna. « La première fois, ce ne fut pas mon père qui répondit. Ce fut Henri Namphy, capitaine à l'époque. Et il raccrocha. La deuxième fois que Pasquet appela, Padre répondit et lui dit : "Si vous êtes un homme, sortez et affrontez-moi à l'entrée des Casernes".»

Telle une bande enregistrée, Pasquet demanda plusieurs fois de l'aide à ses anciens compagnons d'armes. « Je suis Pasquet, votre bon ami » dit-il, invitant son interlocuteur à participer au renversement. Ses exhortations ne trouvèrent pas d'écho. Il téléphona également au commandant de la prison, le major Gérard Constant et lui ordonna de relaxer le lieutenant Raymond Chassagne. Constant attendit, perplexe, tandis que d'autres prisonniers poussaient des cris de joie en entendant les coups de feu.

A l'intérieur des bureaux de l'administration des Casernes, Pasquet regardait constamment la montre qu'il avait empruntée, attendant l'arrivée des renforts pour s'emparer du Palais.

L'attente se révéla funeste. Perpignand, gros fumeur, mourait d'envie de fumer et envoya Marcel, un des prisonniers, qui se trouva être le chauffeur de Mme Duvalier, lui acheter dans la rue d'un vendeur ambulant une pochette de *Splendid*, cigarettes fabriquées en Haïti. Des duvaliéristes qui surveillaient les Casernes l'interceptèrent et l'amenèrent à Lucien Chauvet, sous-secrétaire d'Etat de l'Intérieur et de la Défense nationale. Appartenant à une ancienne famille de la bourgeoisie, Chauvet était un type irritable, brutal, sadique, paraissant heureux seulement quand il avait son doigt sur la détente. Ce matin-là, je l'ai trouvé, pour des raisons connues de lui seul, avec une carabine en train de tirer des rafales de la fenêtre du troisième étage de la salle de spectacles des casernes.

Chauvet interrogea immédiatement Marcel et apprit que les envahisseurs n'étaient pas au nombre de 200, comme annoncé, mais seulement huit. Il y eut un moment d'incrédulité, mais ce chiffre fut confirmé plus tard lorsque le colonel Louis Roumain, qui avait été fait prisonnier par les assaillants, se balança en arrière sur sa chaise et réussit à s'échapper par une fenêtre alors que les forces loyalistes ouvraient le feu sur les Casernes avec une mitrailleuse de calibre 50. Un médecin de l'armée, également prisonnier, n'eut pas la même chance et fut tué par le feu allié.

Les choses s'aggravèrent progressivement pour les envahisseurs. Non seulement les supports qu'ils espéraient ne répondirent jamais à leur appel, mais le capitaine Daniel Beauvoir, ancien camarade de Pasquet, que ce dernier espérait avoir de son côté ou tout au plus en dehors du combat, arriva avec des troupes de Pétion-Ville et se mit en position de tir à l'hôpital militaire en face des Casernes. Pasquet réalisa alors que, bien qu'ils aient assiégé les Casernes, ils ne s'étaient pas emparés de l'arsenal. Duvalier le rusé avait transféré munitions et armes automatiques au palais.

Les quatre cents mètres qui séparaient le Palais national des bureaux de l'administration des casernes Dessalines n'étaient plus sous le feu des balles à présent. A un moment donné, alors que je faisais mon possible pour entrer au palais, je fus entraîné hors de l'entrée pavée par un groupe de gamins des rues qui fuyaient une brusque rafale de mitraillette tirée depuis les Casernes. Une distribution générale de pistolets à des volontaires se faisait à la grille latérale du palais. A plusieurs reprises, des duvaliéristes zélés tentèrent de l'autre côté de la barrière de me mettre une arme dans les mains; je refusai poliment, tandis que d'autres prirent les pistolets et jetèrent ce qui leur servait de bâton.

L'assaut final contre les rebelles provint du palais avec une mitrailleuse de calibre .50 provoquant un vacarme terrible, tandis que les rebelles ripostaient avec des mitrailleuses de calibre .30. On entendit des explosions de grenades. On pouvait entendre des cris de joie jusqu'au quartier général de la police provoqués par l'évasion des Casernes de cinquante soldats, le signal que tout était fini pour les assaillants. Et en effet, les fusils s'étaient tus. Dans les moments qui suivirent, un duvaliériste fabricant de meubles sortit en hurlant des Casernes jusqu'à la cour du palais, à moitié fou, brandissant un tissu ensanglanté. Il contenait, d'après ce qu'il disait, la cervelle du leader de l'invasion, Alix Pasquet.

J'accompagnai le chef de la police, le colonel Pierre Merceron, à l'intérieur des Casernes. Dans le bureau du commandant, Pasquet gisait sur le dos les yeux ouverts comme s'il fixait le sourire cynique de Duvalier dans un portrait officiel accroché au mur et transpercé d'une balle. Son crâne était fracassé, apparemment soit par une grenade, soit par balles et sa cervelle se répandait par terre. Arthur Payne, le shérif adjoint du comté de Miami-Dade mourut le dernier. Quand les forces du palais se ruèrent à l'intérieur des Casernes, ils trouvèrent l'Américain enveloppé dans un matelas, maintenu debout et suppliant de lui laisser la vie sauve, criant, en anglais, « Journaliste, Journaliste ! ». Il fut abattu. Il était blanc comme un linge pour avoir perdu beaucoup de sang lorsqu'il fut blessé la nuit de leur arrivée dans la petite ville côtière de Délugé. Dans la chambre de l'officier en chef des Casernes, le corps troué de balles de Philippe (Phito) Dominique était appuyé dans un coin près de la porte, au milieu d'un amas de cartouches vides provenant d'une demi-douzaine de mitrailleuses de calibre .30 qu'il avait utilisées pour se défendre contre les duvaliéristes quand ils s'approchèrent pour la mise à mort.

Alors que les autres et moi jetions un regard autour de la chambre des horreurs, le corps de Dominique glissa jusqu'à terre et un soldat armé d'une mitraillette Thompson fut sur le point de tirer sur lui persuadé que le rebelle était encore en vie, quand le chef de la police l'arrêta d'un geste. A côté de Dominique gisait le corps d'un homme d'âge mûr possédant une masse de cheveux blonds et qui avait été atteint à l'oreille droite. Une poche de cigarettes Lucky Strike vide était en équilibre sur son cou. Ses bras tatoués étaient grands ouverts. C'était le capitaine Joseph Walker du *Mollie C*. Coincé derrière un bureau dans le coin le plus reculé de la pièce se trouvait Dany Jones, shérif adjoint du Comté de Dade, le troisième des cinq flibustiers américains de la bande des rebelles, basané, les cheveux coupés en brosse, à demi-assis, un petit trou au milieu de son front.

Il était 9 heures du matin. L'invasion était terminée. Alors que d'autres partisans de Duvalier entraient aux Casernes pour voir et scruter les cadavres, le fabricant de meubles était toujours en train de hurler dans la rue, « Regardez la cervelle de Pasquet le fou ! »

Légèrement blessés, deux autres rebelles, Henri Perpignand et Robert Hickey étaient parvenus à battre en retraite de l'autre côté de la rue et dans la cour de l'hôpital militaire et à enjamber la clôture arrière. Armé d'une mitraillette Thompson, Hickey fut repéré par un soldat qui le tua avec son fusil d'une balle à la tête. Perpignand se réfugia dans la cour d'une maison et força le garçon de maison à le cacher dans le poulailler. Cependant, lorsque le garçon entendit la foule à l'extérieur, il prit peur et tenta de s'enfuir. Perpignand tira une rafale avec sa mitraillette Thompson qui blessa le jeune homme et révéla du même coup sa cachette. La foule se rapprocha. Perpignand fut abattu et poignardé à mort, ses vêtements arrachés et son corps traîné dans la rue jusqu'au palais devant Duvalier dans l'appartement présidentiel, laissant des traces de sang sur le sol et l'escalier en marbre, ces mêmes appartements que Perpignand avait si bien connus pour avoir été conseiller du président Magloire.

A l'extérieur de la salle de garde du palais, le présentateur de radio, le duvaliériste Antoine Hérard, qui était loin d'être un ami de Perpignand, cria « Arrêtez ! » en s'adressant aux hommes qui tiraient le corps de ce dernier, au moment où ils s'apprêtaient à lui découper les parties génitales avec un couteau. Je restai cloué au sol avec ma caméra et décidai que c'était là une photo que je ne prendrais pas. Les hommes obéirent à Hérard et traînèrent le corps ensanglanté de Perpignand jusqu'aux Casernes. Levant Kersten avait également pu s'enfuir des Casernes mais la foule le rattrapa lui aussi dans la rue et le frappa à mort à coups de machette. Le corps de celui qui n'avait été marin qu'une fois dans sa vie fut promené à travers les rues jusqu'à ce qu'un officiel donne l'ordre de le transporter à la morgue afin de répertorier le nombre exact des assaillants.

Alors que je retournais aux Casernes ce matin-là, empruntant le chemin utilisé pour les parades, des troupes installèrent une mitrailleuse de calibre .50, dans l'expectative, disaient-ils, d'une attaque aérienne. Cette attaque aérienne ne vint jamais. Ce matin-là, à Miami, des agents fédéraux américains arraisonnèrent un avion-cargo transportant seize individus (trois Américains et tous les autres des Dominicains), des armes et des munitions. Tous ceux qui furent arrêtés clamèrent que leur destination était la République Dominicaine et non pas Haïti. A bord du *Mollie C.* qui avait été remorqué jusqu'à la station des gardes-côtes haïtiens à Bizoton, se trouvaient des pellicules, non développées, de photos prises par les flibustiers lors de leur voyage funeste vers Haïti.

Pasquet et ses hommes étaient parvenus à prendre le contrôle des grosses pièces d'artillerie des Casernes et auraient pu faire sauter le palais, mais ils n'avaient pas de munitions. Jean-Claude Duvalier et sa sœur Simone furent emmenés discrètement du palais pour se réfugier chez Pierre Merceron, dans la voiture noire que j'avais vu sortir en trombe du palais et que pour un moment j'avais cru qu'elle emmenait le président. Les enfants furent confiés à Mme Clément Barbot qui se trouvait en compagnie de Mme Maurice Flambert dans une maison du Pont-Morin appartenant à des cousins de celle-ci. Un peu plus tard dans la journée, les deux enfants purent regarder passer le cortège victorieux des duvaliéristes défiler en liesse dans les rues. Des civils armés, coriaces et vantards, grisés par leur «victoire» sur les assaillants, faisaient le tour du palais. D'autres civils arborant un casque métallique et de vieux fusils et qui avaient parcouru victorieusement les rues avec Duvalier dans la matinée, se trouvaient maintenant au palais pour le protéger contre d'autres attaques. Ils se vantèrent ouvertement et exagérèrent le rôle qu'ils prétendaient avoir joué dans l'extermination des *blan* et des *militè*.

En effet, lorsqu'en ce matin du 29 juillet 1958 le président Duvalier revêtit l'uniforme kaki des soldats de l'armée haïtienne avec casque de combat et deux pistolets à sa ceinture, il rejoignait les rangs de ses prédécesseurs qui pour la plupart ont été des militaires. Les dix-sept têtes en bronze de la Salle des bustes du Palais national, de Dessalines à Salnave, sont celles de généraux de l'armée haïtienne. Et si les quatre présidents d'Haïti sous l'occupation américaine étaient des civils, ils avaient le support des baïonnettes du corps des *marines* des Etats-Unis.

L'insurgé Alix Pasquet avait souscrit une police d'assurance vie. Les trois autres ex-officiers de l'armée haïtienne n'envisagèrent nullement qu'ils partaient en mission suicide. Ils avaient un sentiment de supériorité morale et politique tel qu'il occulta leur formation militaire. Et, au lieu de renverser Doc Duvalier, ils sous-estimèrent cet ennemi maudit qui résidait au palais et contribuèrent à le rendre plus puissant.

Dans son livre *Genèse d'une République héréditaire*, le major Maurepas Auguste écrit, en relatant les événements du 25 mai 1957 auxquels il avait participé, que Pasquet était supposé être du même bord que lui mais qu'il ne suivait pas les ordres. Selon le major Auguste, Pasquet se déplaçait continuellement d'un endroit à l'autre, au lieu de rester avec ses troupes. Quelque temps après, le major Auguste confronta Pasquet dans la résidence de l'ambassadeur français où ils s'étaient tous deux réfugiés, lui demandant : « De quel bord étiez-vous donc ?». Pasquet aurait répondu: «Je n'appartenais à aucun camp. J'étais un médiateur ». Auguste en tira la conclusion, partagée par de nombreux officiers et camarades de Pasquet, que celui-ci était dévoré par l'ambition et que n'importe qui souffrant de cette maladie se croit toujours plus intelligent que les autres.

Après la fin des hostilités, le major Gérard Constant, commandant du Pénitencier national ordonna à Yves Bajeux, accusé de participer à la fabrication de bombes à Mahotière, de sortir de sa cellule. Les autres prisonniers regardèrent avec horreur le violent passage à tabac que l'on fit subir à Bajeux. Un sergent épargna au lieutenant Raymond Chassagne d'être lui aussi battu en le plaçant en isolement. Quant aux prisonniers politiques, dont l'entrepreneur Jean Desquiron, ils purent à peine dissimuler leur désappointement. Après avoir entendu la première rafale de mitraillette, ils s'étaient habillés et s'étaient mis à attendre. Pour aggraver davantage les choses, quand tout fut terminé, le major Constant ordonna aux prisonniers de crier : « Vive l'armée ! ». Et il donna l'ordre de suspendre toute ration de nourriture pendant trois jours.

Duvalier souriait victorieusement sur l'une des photos prises après la bataille, le montrant en tenue militaire, coiffé d'un casque d'acier et portant deux pistolets à la ceinture. Il avait à ses côtés le commandant en chef de l'Armée, le général Maurice Flambert, légèrement blessé, le chef de la police, le colonel Pierre Merceron, son garde du corps, le lieutenant Gracia Jacques, son filleul, le capitaine Claude Raymond, ainsi que le ministre de l'Intérieur et de la Défense nationale, Frédéric Duvignaud.

Par la suite, Duvalier, à nouveau en civil, lut une déclaration enregistrée au Palais national en présence des média, prenant bonne note que l'Ambassade américaine avait fait pression antérieurement pour obtenir la libération du rebelle Payne détenu par la police en mars ; il imputa l'invasion à l'ex-président Paul Magloire et à Louis Déjoie et exigea leur extradition des Etats-Unis d'Amérique. Il fit remarquer que les insurgés s'étaient embarqués des Etats-Unis et qu'ils comptaient parmi eux des citoyens américains et même des officiers de l'ordre public. Cependant, Duvalier ajouta : « Malgré les faits, cette conspiration internationale n'affectera pas nos relations avec les Etats-Unis d'Amérique. »

Duvalier tenait l'ambassade américaine là où il la voulait. Une manifestation fut organisée pour protester devant les locaux de l'ambassade au Champ de Mars. Les manifestants demandaient l'extradition de Déjoie et de Magloire en scandant : « *Mache pran yo Duvalier* » (Vas-y Duvalier, attrape-les!). L'ambassade refusa de répondre aux accusations de Duvalier « pour éviter d'aggraver davantage les relations haïtiano-américaines. »

A New York où il s'était rendu à la recherche d'une aide financière pour le gouvernement de Duvalier, le ministre sans portefeuille Jules Blanchet, accompagné de l'arnaqueur de Brooklyn Herbert *Ti-Bab* Morrison déclara à la presse que le gouvernement haïtien demandait à Washington de rappeler l'ambassadeur Gérald Drew. Entre-temps eurent lieu les funérailles des huit officiers et des hommes tués par les envahisseurs. Les corps des insurgés restèrent à la morgue.

Une enquête menée à Miami révéla que les Américains qui participèrent à la mini invasion devaient recevoir deux mille dollars américains chacun. Lorsque les préparatifs furent achevés, quelques-uns des mercenaires blancs avaient dû utiliser leur propre argent pour appareiller. Alors que les autorités américaines et haïtiennes soupçonnaient qu'une invasion pour renverser Duvalier était imminente, elles furent toutes prises au dépourvu le 29 juillet. A cette époque, un flot constant d'armes et de munitions partait clandestinement de la Floride en direction des rebelles qui combattaient la dictature de Batista à Cuba. Il se passait beaucoup de choses cet été 1958 aux Antilles.

Ce funeste mardi 29 juillet 1958, l'armée haïtienne, en tant qu'institution, perdit ce qui lui restait d'indépendance. Le général Maurice Flambert fut promu général de division, grade le plus élevé jamais conféré à un officier de l'rrmée d'Haïti dotée d'un seul général. L'armée d'Haïti devint alors les Forces Armées d'Haïti (FAD´H). Cette subtile modification sémantique correspondait à un changement de taille. Tous les corps armés, y compris l'Armée de l'air et les gardes-côtes, étaient maintenant regroupés en une seule et même force plus facilement contrôlable par Duvalier. Il avait des raisons de douter de la fiabilité et donc de la loyauté de l'armée.

Lors de l'invasion, bien que les rangs de l'Armée eussent été nettoyés de presque tous les officiers, principalement mulâtres, qui auraient pu être contre Duvalier, de nombreux officiers s'étaient fait remarquer par leur inaction. Ils attendirent l´issue du combat. Méfiant vis-à-vis des hauts gradés de l'armée, Duvalier avait, pendant la bataille, donné l'ordre à l´un de ses hommes de confiance de surveiller et d'abattre si nécessaire le colonel André Fareau, cadre dirigeant de l'armée qui avait mené l'opération défense contre Pasquet, son ancien condisciple d'Académie. De plus, selon Jean-Claude Duvalier, son père s'était rendu compte que ses partisans en civil l'avaient mieux défendu que la plupart des officiers de l'armée. C'est ainsi que ce jour-là naquit au combat ce qui allait devenir la milice de Duvalier. Elle se développa au cours des mois qui suivirent et devint formellement, par arrêté du 13 novembre 1962, le corps des Volontaires de la Sécurité Nationale (VSN). Graduellement, Duvalier érigea sa milice civile en une force qui devait dépasser l´armée en nombre et la contrebalancer. Les VSN ne devaient connaître qu'un seul chef, Duvalier, « suprême gardien des intérêts matériels et moraux de la nation » stipule l´arrêté en question. Une femme, Madame Max Adolphe, née Rosalie Bosquet, sera le superviseur général de cette milice civile.

Par ce stratagème, le contrôle de Duvalier sur le palais se resserra plus que jamais. Des barrières furent dressées pour empêcher l'accès à la rue qui séparait les casernes Dessalines et l'hôpital militaire. De puissants projecteurs furent installés autour du palais. Non content de monter sa propre milice, Duvalier convertit également le personnel militaire du palais présidentiel en une garde prétorienne puissante et autonome qu'il baptisa Garde Présidentielle et la cantonna sur les lieux mêmes du palais sous le commandement de son filleul, le capitaine Claude Raymond.

Un couvre-feu qui dura vingt-sept jours fut décrété dans le pays et le code pénal amendé par l'Assemblée nationale de manière à y inclure la peine de mort pour quiconque attaquerait le président ou des membres de son gouvernement. Des peines de prison furent imposées pour quiconque ferait circuler des rumeurs, et une censure stricte appliquée sur toute communication par câble ou téléphone vers l'extérieur. Trois journalistes locaux déjà emprisonnés furent condamnés à cinq ans de prison pour un article publié dans le journal *Haïti Miroir* intitulé « Le masque tombe ». Pour l'armée, cet article était diffamatoire à son égard. Un timbre de la défense nationale fut voté. Ironie du sort, parmi les officiers chargés des poursuites lors des procès des anti-duvaliéristes à l'été 1958, nombreux furent ceux qui, dans les années suivantes ont été ou bien éliminés de l'armée ou sont devenus eux-mêmes des conspirateurs. (Et pourtant, certaines circonstances permettent de qualifier la société haïtienne d'« incestueuse». En effet, un quart de siècle plus tard, deux des petits-enfants de Papa Doc devinrent le demi-frère et la demi-sœur des petits-enfants d'Alix Pasquet. Le fils du Doc, Jean-Claude épousa en effet la belle-fille de Pasquet. Et, bien que marié, il eut plus tard une liaison avec la fille du rebelle Dominique, mariée elle-aussi à cette époque.

De plus, le gouvernement de Duvalier mit en œuvre une politique d'expulsion des étrangers. Dans un court laps de temps, le régime expulsa un restaurateur américain, un homme d'affaires libanais et un couple américain qui tenait le restaurant *Savoy*, ainsi qu'un prêtre français, le révérend père Maurice Balade (de l'ordre des spiritains) qui était dans l'enseignement en Haïti depuis vingt-neuf ans. Aucune explication ne fut donnée à ces actes. Paradoxalement, après les vacances mouvementées de ses enfants cet été 1958, Duvalier transféra son fils Jean-Claude à

Saint-Louis de Gonzague, considérée comme l'une des meilleures écoles catholiques.

Il y aura d'autres tentatives d'invasion, infructueuses, de complots d'assassinat et même une mutinerie de la Marine haïtienne (ci-devant les Gardes-côtes). Mais personne ne s'approchera aussi près du but que Pasquet lors de sa folle aventure. Cependant, la mort des huit envahisseurs rebelles et de huit militaires tués lors de l'attaque n'aura rien enseigné aux autres exilés. Ils ne retinrent qu'une chose, que Pasquet avait, à un cheveu presque, failli débarrasser le pays de Duvalier et ils tentèrent maintes fois leur chance. En réalité, dans cette action contre Duvalier, Pasquet aura rendu service au nouveau dictateur. En écrasant cette première invasion, une aura d'invincibilité commença, pour de nombreux haïtiens, à entourer Duvalier. Avec l'échec de cette invasion, Duvalier s'autorisa, dix mois seulement après son entrée en fonction, à prendre des mesures énergiques. Et il fit même appel au public pour l'achat d'armes en Italie. Toujours pour financer l'achat de ces armes, il retint un mois de salaire des soldats et employés de bureaux et collecta des fonds auprès des hommes d'affaires. Le peuple se vit donc ainsi accorder le privilège de financer la dictature qui allait l'opprimer pendant vingt-neuf ans.

Chapitre 7

Une invasion cubaine aux Irois

12-22 août 1959

Le 12 août 1959, dans la demi-obscurité de l'aube, un bateau à moteur avait abordé un vieux rafiot de cabotage en bois, à quelques kilomètres de la côte sud-ouest d'Haïti. Un contingent d'hommes armés et en uniforme était monté à bord du voilier et le chef apparent du groupe, qui parlait créole, avait ordonné de faire cap sur le rivage.

Ils avaient débarqué aux Irois, une bande de terre solitaire juchée sur le bord de la péninsule sud-ouest, dans la matinée du 12 août 1959, et avaient occupé le petit poste militaire dont les trois occupants s'étaient enfuis. Le groupe arriva ensuite à Anse d'Hainault. Le commandant du sous-district du poste militaire envoya à Port-au-Prince le message annonçant l'invasion de la péninsule par un groupe armé.

Quand le général Pierre Merceron reçut la nouvelle du débarquement, il appela à une réunion des officiers haut gradés au quartier général dans la matinée du 13 août. Le colonel Robert Debs Heinl, commandant de la Mission du corps de *marines* en Haïti fut aussi invité. Merceron ordonna aux gardes-côtes de lever l'ancre en direction du lieu de débarquement, ne sachant si d'autres bateaux allaient suivre.

Heinl affirme, dans son livre *Written in blood*, paru en 1978, que la première réaction à Port-au-Prince fut la panique. Cependant, suivant le conseil des officiers de la Mission navale, des mesures immédiates furent prises pour organiser des reconnaissances par air et par mer pour « trouver, contenir et arrêter les envahisseurs ». De son côté, Clément Barbot interrogeait les trois soldats qui s'étaient échappés des Irois et des paysans témoins du débarquement. Le réseau des *makout* fut mobilisé et une récompense de cinq cents gourdes (cent dollars) fut promise pour chaque envahisseur capturé ou tué. Toute personne collaborant avec eux risquait la mort.

Le gouvernement et l'armée restaient muets. Mais déjà à la fin de la matinée, une euphorie causée par la rumeur de l'invasion envahit la capitale. Les *makout*, craignant le pire, se montraient moins arrogants. La route du sud fut interdite à tout véhicule, sauf évidemment ceux de l'armée et des *makout*. Aux casernes Dessalines, l'avalanche des rumeurs était neutralisée par la fiévreuse mobilisation du bataillon tactique à laquelle participaient les entraîneurs du corps de *marines*. Mais ces derniers n'eurent pas l'autorisation d'accompagner les troupes haïtiennes. L'ambassadeur l'avait formellement interdit, soulignant que les militaires haïtiens devaient affronter cette situation eux-mêmes et avec leurs propres moyens.

Les envahisseurs avaient libéré quelques prisonniers qui se trouvaient aux Irois. Ils avaient aussi recruté des guides, et leur avaient donné un insigne les identifiant comme membres de « l'armée révolutionnaire haïtienne ». Les nouvelles recrues portaient le matériel et les réserves, les envahisseurs, de bonne humeur, pénétraient dans les collines de Tiburon, apparemment en direction du pic Macaya, distribuant allègrement cigares et cigarettes.

Le major René Léon, qui commandait sur le terrain le bataillon mobile tactique et qui fut plus tard décoré par Duvalier, me déclara que ce furent les soldats ordinaires de l'armée qui finalement rencontrèrent les envahisseurs et qui littéralement les liquidèrent « comme des pintades », selon son expression. Les jeunes Cubains étaient en effet totalement désorientés dans leur recherche d'alliés supposés et de recrues. Les troupes haïtiennes les surprirent alors qu'ils mangeaient un cabri boucané, les pieds dans l'eau d'un ruisseau, de vrais canards d'appât. Ils se firent tuer jusqu'au dernier sous le feu des armes automatiques des soldats. Un autre groupe qui déjeunait dans une cahute de paysan fut littéralement pulvérisé en même temps que la malheureuse famille paysanne qui les recevait.

Ce fut Castro qui révéla l'identité des envahisseurs aux longs cheveux. Alors que Duvalier commençait à envoyer en prison ses ennemis politiques, tout Port-au-Prince se demandait nerveusement d'où étaient venus les hommes qui se trouvaient dans la montagne et où ils allaient apparaître. Castro, interrompant un de ses discours à la télévision, avait révélé que vingt-cinq à trente-neuf Cubains sous la direction d'un mercenaire d'origine algérienne, avait pris un bateau dans l'Oriente du Nord. Ils voulaient que cette invasion coïncide avec la Conférence des ministres des Affaires étrangères à Santiago du Chili.

Le chef de la force d'invasion fut parmi les derniers à mourir. Il s'était réfugié dans un trou de la montagne et se battit jusqu'à son dernier souffle. Il s'agissait du major Henri Fuentes, alias Henri d'Anton. C'était un pied-noir, un Français d'Algérie, qui avait vécu en Haïti et avait épousé une cousine du sénateur Louis Déjoie. En 1958, il était parti prendre part à la révolution cubaine, s'intégrant au Second Front National de l'Escambray sous le commandement du major Eloy Gutierrez Menoyo. En se présentant, d'Anton avait déclaré que s'il sortait vivant de cette guerre, il se dédierait ensuite à la libération d'Haïti. *El Argelino* (l'Algérien), ne cessait d'affirmer, tout au long des combats, son objectif final : libérer Haïti de Duvalier. Après le triomphe de la rébellion cubaine, Fuentes reçut de Menoyo le titre de *comandante*. Le major Gutierrez Menoyo, des années après, évoqua pour moi, la luxuriante barbe noire de l'Algérien et son obsession de libérer Haïti.

Le major Henri Fuentes rencontra Louis Déjoie à La Havane en janvier 1959 et lui présenta un plan d'opération. Déjoie s'y opposa. Mais Fuentes avait déjà établi un camp d'entraînement clandestin près d'une usine sucrière du côté de Holguin. Il avait recruté deux vétérans de la guerre contre Batista, les capitaines Ringal Guerrero et Carlos Chidichimo, ainsi qu'un journaliste cubain. Les autres recrues étaient des jeunes de vingt ans. On leur fit croire que des milliers de partisans les attendaient qui se soulèveraient dès leur arrivée. Vingt-quatre d'entre eux allaient mourir de cette illusion, huit jours après leur débarquement

Tôt, le matin du 22 août 1959, une foule de près de deux mille partisans de Duvalier se pressait à l'aéroport de Port-au-Prince. Le gouvernement avait bruyamment annoncé partout en ville l'arrivée de prisonniers venant de la zone de combats. Les *makout* triomphaient et s'apprêtaient à leur faire un sort. Le menuisier qui avait fait le cercueil de Pasquet se trouvait là. Barbot était là aussi, impassible, avec ses lunettes noires et sa mitraillette plaquée contre son costume noir. Ce jour de victoire allait être aussi pour cette foule un jour de lynchage et comme des loups, la foule attendait sa proie.

Quand la porte de l'avion s'ouvrit et quand les prisonniers commencèrent à descendre l'échelle de fer, un silence mortel se fit. La foule stupéfaite vit descendre quatre jeunes gens imberbes, pieds nus, pitoyables dans leur uniforme sale. On entendit seulement une phrase: « Mais ce sont des enfants» ! Estomaquée, la foule silencieuse regarda les soldats faisant monter les prisonniers dans une voiture de police qui prit la direction de la prison.

C'est là que je les rencontrai dans la semaine qui suivit. Un cinquième leur avait été adjoint, un *straggler* (retardataire) qui avait été trouvé dans le sud et amené à Port-au-Prince le 29 août. Ils étaient assis sur un banc dans la cour intérieure du Pénitencier national, le lieutenant Manuel Rodriguez, les caporaux Santiago Torres et Antonio Panseca.

Encore une fois, une tentative d'invasion n'avait fait que renforcer le docteur dictateur, comme l'avait fait l'année précédente l'aventure Pasquet. Les exilés de Cuba devaient taire leurs menaces. Duvalier en profita pour se débarrasser de l'ambassadeur de Cuba, Antonio Rodriguez, qui fut déclaré *persona non grata* et les relations diplomatiques avec Cuba furent rompues.

Chapitre 8

La chute de Clément Barbot

14 juillet 1960

C'était le matin du 15 juillet 1960. J'avais assisté à l'envoi du drapeau du Palais national, debout à côté de la voiture selon le règlement en vigueur. Le sergent de garde à l'entrée du Palais me lança un « o-o-o-oui…» ?

«Je voudrais voir Clément Barbot». L'édition espagnole de Life m'avait demandé une citation de Duvalier. J'ai tout de suite pensé que seul Barbot pouvait me l'obtenir ou… la fabriquer.

– Vous avez un rendez-vous ?

– Oui, il m'a dit d'être là à cette heure-ci.

– Et quelle est la nature de votre rendez-vous ? »

Je voyais les autres sentinelles tendre l'oreille pour capter ce dialogue. Et je commençais à m'énerver. A ce moment-là, je vis un groupe d'officiers, lourdement armés, passer par la porte et s'engager à l'intérieur du rez-de-chaussée du palais. Quelque chose se passait. Avec mon air le plus naturel, je demandai à un des officiers ce qui se passait.

– On vient d'avoir Barbot. »

Je retournai au bureau du sergent, je lui demandai ma carte d'identité et je lui dis: « Oubliez le rendez-vous. Ce n'est pas grave. Merci. Adieu». Je partis non sans avoir entendu le sergent émettre des gloussements moqueurs. J'allai remplir immédiatement une dépêche concernant l'arrestation de Barbot. Effectivement, après avoir assisté à la réception du 14-Juillet à l'ambassade de France, Barbot et sa femme avaient été cernés par un groupe d'officiers à leur arrivée à leur résidence dans le quartier de « Tonton Lyle », à Pacot. Barbot fut désarmé et enfermé dans sa propre maison. Mais après une tentative de fuite, il fut envoyé, sur ordre de Duvalier, au Fort Dimanche. C'était la fin d'une belle amitié.

Avec Barbot, furent arrêtées plus de dix-huit personnes, soit des membres de son gang, soit des hommes d'affaires, comme par exemple le bijoutier libano-haïtien Fosy Laham, Edmond Khouri et Félix Francis. La résidence de Barbot fut bouclée. Il avait un fils souffrant d'une déficience mentale. Il n'eut pas droit à la visite d'un médecin. Tout le quartier dut supporter ses cris et hurlements. Des rumeurs circulaient, qui se révélèrent infondées, affirmant que Barbot avait été maltraité et torturé. En réalité, il occupait une chambre à l'étage des bureaux de Fort Dimanche.

Ainsi commença la chute de l'homme le plus puissant de l'entourage de Duvalier. Un de ses familiers, « Ti-Bab » Morrison, personnage folklorique ineffable, que l'on voyait partout et qui se disait journaliste, artiste et écrivain, arrivant de voyage, se dépêcha de repartir par la frontière dominicaine en emportant tout ce qu'il pouvait de ses meubles et possessions.

En ville, on discutait âprement sur les raisons de la disgrâce du bras droit du dictateur. On disait qu'en son absence, lors d'un voyage en Allemagne pour secourir son fils malade, ses ennemis n'avaient cessé de critiquer le pouvoir que Barbot s'était adjugé et de signaler le danger qu'il représentait pour le président lui-même. On commentait son influence sur certaines ambassades. On se posait des questions sur l'argent et les affaires qu'il manipulait. Dans sa maison, une somme de 28.000 dollars avait été découverte. Ses relations avec les autorités dominicaines concernant les travailleurs de la canne à sucre et ses rapports avec un homme trouble comme Johnny Abbès étaient mises en question, ainsi que la revente qu'il venait de réaliser de la licence du casino de Port-au-Prince accordée à deux Américains, Paul Wesner de New York et un magnat du pétrole de l'Oklahoma, Charles L. Mac Mahon. Il se disait que Barbot et son groupe s'étaient adju-

gé tous les bénéfices de l'opération oubliant d'y faire participer
le président. On parlait même de complot, à partir d'une conversation que Barbot aurait eue dans les jardins de l'ambassade
américaine avec le lieutenant-colonel Tighe, le 4 juillet, lors de
la réception célébrant la fête nationale des Etats-Unis. Barbot
aurait, selon un mémorandum de Tighe au colonel Heinl, transmis une information selon laquelle « quelque chose » se préparait contre Duvalier durant le mois de juillet. Duvalier n'en
sortirait pas vivant et que, dans ce cas, lui, Barbot, prendrait sa
place.

En tout cas, l'enquête sur « l'affaire Barbot » continuait aux
casernes Dessalines, mené par les responsables du Département
des Recherches criminelles de la police, le major John Beauvoir,
le capitaine Joseph Lamarre et des officiers de la garde présidentielle supervisés par le Capitaine Henri Namphy. L'associé de
Barbot, Fosy Laham, passa sept mois dans une cellule du Fort
Dimanche. Il fut jugé par un tribunal militaire qui le condamna à
vingt ans de travaux forcés sous l'accusation de tentative de renversement du gouvernement. Cependant, il fut relâché le
7 février 1961. Le chef de la police lui-même, le colonel Daniel
Beauvoir le ramena chez lui.

L'ineffable Ti Bab Morrison, entre-temps, avait changé son fusil d'épaule, révisé ses opinions sur le régime Duvalier et pendant des années allait raconter les histoires les plus
rocambolesques sur le nouveau Dracula qui habitait le Palais
national, un nouveau Frankenstein qui torturait ses ennemis en
les enfermant dans un cercueil bardé de clous. Morrison insinuait
que Duvalier n'avait plus été le même après son attaque du cœur
de 1959. « Depuis lors, il avait commencé à se désintégrer sous
mes yeux. Il devenait fou » dit-il. Jusqu'à sa mort en juin 1986,
Morrison continua à écrire des récits où son obsession concernant le sadisme de Duvalier se mêlait à des évocations bizarres et
fantaisistes de rites, croyances et coutumes prétendument tirés du
vodou.

Le major Jean Tassy fut choisi par Duvalier pour remplacer
Barbot, mais avec des pouvoirs plus limités. Luc Désyr, le tor-

tionnaire lecteur de la Bible, le boulanger devenu chef makout, se chargeait des séances de tortures-interrogatoires et des exécutions. Papa Doc par ailleurs entretenait son propre réseau d'informateurs *makout* qui venaient directement lui faire leur rapport et qui portaient comme nom : Ti-Bobo, Boss Pent, Milice Midi, Pierre Novembre.

Autrement dit, Duvalier avait réparti les tâches de sécurité entre les *makout*, l'armée, et certains membres du personnel politique. Tous relevaient de lui et aucune branche n'avait suffisamment de force pour agir seule. Duvalier avait mis en prison le chef de la police politique, celui qui l'avait fondée et organisée. Il avait décapité l'armée. Il avait divisé les *makout* eux-mêmes, distinguant ceux qui étaient en civil de ceux qui portaient l'uniforme. C'est ainsi que, le 29 juillet 1960, la milice des Volontaires de la Sécurité Nationale (VSN) fit son apparition : huit cents hommes et femmes habillés en chemise bleue et pantalon noir, portant chapeau cow-boy et arborant sur l'épaule droite l'image de la pintade plaquée sur fond rouge et noir.

Tout ce monde évolua sur le gazon du palais devant le président ainsi que tout son Cabinet assis sur des chaises fournies par l'armée et placées sur l'escalier du palais. En tête venaient des pelotons d'honneur des volontaires du Fort Dimanche et du Palais lui-même. Le milicien Léostène Nicoleau, commandant du second peloton du Palais national, fut l'orateur du jour. Rappelant l'attaque des Casernes le 29 juillet 1958, il exhorta le président et la foule à veiller pour que les armes ne soient pas utilisées par les ennemis du peuple pour répéter le même genre d'aventure. Le jeune Jean-Claude Bordes, commandant des volontaires de la milice de Port-au-Prince, rendit hommage aux officiers et soldats qui les avaient entraînés et demanda que cet entraînement soit encore plus poussé pour les rendre capables d'utiliser des armes modernes. Dans la soirée, Duvalier présida une réception organisée dans le nouveau local destiné à la garde présidentielle et donna comme consigne au contingent de la milice rassemblé dans la salle : « *Gardez les yeux ouverts, regardez en arrière et réfléchissez sur le passé.* »

Chapitre 9
La mise au pas de l'Eglise, des étudiants et des syndicats

1959-1961

Des partisans proches de Duvalier ont émis l'opinion que l'attaque cardiaque qui l'avait frappé en 1959 l'avait transformé et ouvert pour lui les chemins de la folie. En fait Duvalier émergea de cette crise, consolidé dans son appétit pour le pouvoir, certes avec le cœur affaibli et son diabète chronique qui exigeait des prises quotidiennes d'insuline, mais plus que jamais décidé à en découdre avec tous ses ennemis, anciens et nouveaux, réels ou soupçonnés.

Déterminé à poursuivre sa « sacro-sainte mission », il avait décidé à la mi-août 1959 d'accélérer la répression. Il semblait oublieux du fait que, traditionnellement, pour tout autocrate de l'hémisphère occidental, la combinaison des oppositions de l'église catholique romaine, des étudiants, du secteur des affaires et de l'ambassade américaine pouvaient être fatales. Mais, l'ambassade craignant que le pays ne sombre dans le chaos en cas d'effondrement du régime de Duvalier laissa tomber l'option de la combinaison de forces opposées au régime. Le contexte était difficile. Alors que certains duvaliéristes ne pensaient qu'à leur enrichissement personnel et à leur statut social, d'autres croyaient en la promesse d'une révolution sociale qui changerait finalement Haïti, qui bénéficierait aux pauvres et à la classe moyenne, qui distribuerait des droits égaux, la justice et qui libérerait de la misère. Mais, fin 1959, la stagnation économique prévalait en raison de la baisse de la production du café (250 000 sacs de 120 livres contre le record de 565 000 sacs en 1957-1958), de la baisse attendue des recettes du tourisme (5 millions de dollars contre sept millions en 1956), et des drastiques mesures de restriction du crédit prises par la Banque nationale. Duvalier espérait que le gouvernement américain le renflouerait.

De toutes les forces d'opposition, l'église catholique et les étudiants étaient les plus puissants. A la tête de l'archidiocèse de Port-au-Prince, le suave et onctueux Joseph Le Gouaze avait été remplacé, en 1955, par François Poirier, 52 ans, un Breton à la mine sévère, peu disposé à plaisanter avec les règles du droit canon et donc considéré comme une menace par Duvalier.

Celui-ci avait toujours développé des critiques concernant la mainmise de l'église catholique sur l'enseignement avec sa majorité de prêtres de nationalité française et devant allégeance à la France. Le cercle intellectuel nationaliste que fréquentait Duvalier accusait aussi l'église catholique de favoriser l'élite mulâtre riche au détriment des racines africaines de la culture haïtienne, incluant rites et croyances propres au vodou auquel s'opposait le Vatican de manière véhémente. Pendant la campagne électorale de 1957, l'équipe des conseillers de Duvalier avait réussi à mettre une sourdine à ces critiques acerbes et à soigner ses relations avec le clergé catholique. A la ruelle Roy, il avait comme voisin le père Jean-Baptiste Georges qui dirigeait le Cercle des Etudiants où Luckner Cambronne occupa un certain temps la charge de trésorier. Le R.P. Georges avait aidé Duvalier durant sa période clandestine. Il sera ministre de l'Education nationale dans le premier cabinet de Duvalier. Bien qu'il fut davantage concerné par l'éducation que par la politique, son successeur, le R.P. Hubert Papailler se révéla un défenseur strident du duvaliérisme.

L'attaque contre l'église catholique romaine prit corps en août 1959 à travers l'offensive que Duvalier déclencha contre le mouvement des enseignants. Duvalier prit pour cible l'Union Nationale des Maîtres de l'Enseignement Secondaire (UNMES) qui rassemblait l'ensemble des professeurs des lycées et de l'enseignement privé.

Le 12 août 1959, après le bras de fer engagé avec l'UNMES en février 1959 suite à une pétition de vingt-six professeurs du Lycée du Tri-cinquantenaire dénonçant la révocation illégale de la directrice du lycée et les intrusions inconsidérées et répréhensibles de la police et de personnes armées dans l'établissement, Duvalier signe l'arrêté de dissolution de l'UNMES. Deux motifs sont invoqués : l'infiltration de l'idéologie communiste et la « connexion directe établie par enquête de Police entre les auteurs des actes de terrorisme enregistrés et des membres de l'Association dénommée Union Nationale des Membres de l'Enseignement Secondaire (UNMES) ». Les dirigeants de l'UNMES durent se mettre à couvert.

Quatre jours plus tard, le gouvernement ordonna l'expulsion du père Grienenberger, supérieur des pères spiritains. Celui-ci avait accepté, avec l'aval de l'évêque de son diocèse, de mettre les locaux du Petit Séminaire Collège Saint-Martial à disposition de l'UNMES qui avait trouvé toutes portes closes, sur ordre du gouvernement, pour tenir son deuxième congrès annuel. Le Ministre de l'éducation signifia à la direction de l'UNMES l'opposition du gouvernement au choix de ce lieu et lui offrit le local de la Faculté de Droit où se tiendra effectivement le congrès le 13 juillet 1959.

Doté d'une étrange mémoire, Duvalier n'avait pas non plus oublié que le père Grienenberger avait donné les derniers sacrements à Clément Jumelle, son rival politique et un ancien élève du Petit Séminaire Collège Saint Martial. Il n'avait pas non plus oublié l'audace du père Grienenberger qui avait diffusé le testament politique de Jumelle. Pour faire bonne mesure, l'ordre d'expulsion s'étendait au père Joseph Marrec, curé de Saint-Marc, contre lequel le père Papailler nourrissait une ancienne et vive rancune.

L'archevêque Poirier et l'ambassadeur français, Lucien Félix, demandèrent vainement des explications quant aux griefs du gouvernement contre les prêtres expulsés. Puis, huit jours après, eut lieu un événement que personne n'aurait pu prévoir ou imaginer. Dans l'après-midi du 18 août 1959, une réunion de prières silencieuses, qui rassemblait prêtres, religieuses et laïcs haïtiens et étrangers à la cathédrale de Port-au-Prince pour protester contre l'expulsion des deux prêtres, fut assaillie par une cohorte de *makout*, matraques (*coco macaques*) en mains, sous le commandement du chef de la police secrète, Clément Barbot, en tenue de combat militaire, mitraillette sous le bras, avec des policiers portant des casques d'acier. Les religieux, les laïcs et les fidèles furent poursuivis dans tous les recoins de la cathédrale sous une pluie de coups de bâtons.

Lorsque j'arrivai sur les lieux pour le reportage sur la réunion de prières, je me retrouvai devant un tableau sauvage et effrayant. La rue était jonchée de chaussures perdues ou laissées par les protestaires qui s'étaient enfuis, pleins de panique. Les religieuses et les prêtres en robe s'étaient réfugiés dans le local de l'archidiocèse voisin. Plusieurs hommes qui avaient refusé de s'enfuir avaient été sévèrement battus alors qu'ils se blottissaient sur les bancs de la cathédrale. Plus de quarante personnes furent traînées sous les coups et emmenées à la police. Le lendemain, la ville était en état de choc. Le Dr Louis Mars, ministre des Affaires étrangères et des cultes défendit cette réponse du gouvernement, lors d'une entrevue qu'il nous accorda une semaine plus tard, à Homer Bigart du *New York Times* et à moi-même, comme la réponse adéquate à un acte délibéré et bien conçu de subversion anti-gouvernementale. Mars alla jusqu'à dire, doucement, que « Jésus Christ lui-même avait pris le fouet pour conduire son peuple hors du temple ».

Dès le mercredi 19 août 1959, Mgr Poirier fit publier, dans le quotidien catholique *La Phalange,* une lettre pastorale, adressée à tous les prêtes du pays, dénonçant l'ordre d'expulsion des deux prêtres comme contraire à l'esprit du Concordat de 1860. Paul Blanchet, ministre de l'Information – et ancien membre du Parti Communiste Haïtien (PCH) - répondit sur ordre de Duvalier que l'expulsion avait été décidée parce que les deux prêtres avaient donné un apport moral et matériel aux ennemis du gouvernement. L'expulsion avait pour objectif de « sauvegarder l'unité spirituelle de la nation». Le décret d'expulsion fut immédiatement publié dans *Le Moniteur.* Il y était stipulé que cette décision avait été prise pour sauvegarder « la sécurité de l'Etat » et défendre « la paix du Continent ».

Max C. Duplessis, commissaire du gouvernement, fut instruit par Papa Doc de lancer un mandat d'amener, qui sera immédiatement suivi d'un ordre d'arrestation contre l'archevêque pour « crimes contre l'Etat ». L'archevêque répondit aux officiers de police qu'il ne ferait pas un pas sans consulter le nonce apostolique qui lui-même répondit que le Vatican avait enjoint à l'archevêque de ne pas répondre au mandat d'arrêt. D´abord décontenancés par le refus obstiné du prélat, les policiers s´en allèrent. Ils revinrent cependant le même jour et rencontrèrent l´envoyé du Vatican qui les informa que la nonciature avait refusé de laisser l´archevêque répondre aux sommations. L´archevêché fut placé sous la garde de la police.

Le même jour, Clément Barbot se présenta au Petit Séminaire Collège Saint-Martial et accompagna les deux prêtres à l'aéroport. Deux jours après, ils étaient reçus à New York par le cardinal Francis Spellman, archevêque de New York. L'ordre d'arrestation fut suspendu par Max C. Duplessis, tandis que l'archevêque se déclarait « prisonnier » à l'archevêché. Le *New York Times* opina que Duvalier n'avait aucun intérêt à se mettre à dos l'église catholique et que cette querelle pourrait déboucher sur une situation chaotique. La polémique entre le gouvernement, les évêques et les prêtres continua de plus belle. Barbot lui-même y mit son grain de sel, affirmant que ses services travaillaient à fournir des preuves que l'archevêque complotait contre le gouvernement qui demanderait au Vatican de le retirer de la scène.

Comme si ses démêlés avec l'église catholique ne suffisaient pas, Duvalier entra en guerre contre le Parlement. Le 19 septembre, Duvalier demanda le vote d'une résolution lui accordant « les pleins pouvoirs » pour un mois. Six sénateurs s'abstinrent. Ils furent démis de leur fonction. Deux d'entre eux quittèrent précipitamment le pays pendant que trois autres, dont le sénateur Jean Bélizaire, demandaient l'asile à l'ambassade du Mexique. Seul le sénateur Yvon Moreau, prêtre épiscopalien, déclara qu'il n'avait rien à se reprocher et qu'il continuerait à mener une vie normale. Le sénateur Moreau devint une carte marquée : il disparaîtra par la suite, comme disparaîtra le député Séraphin. Graham Greene exprimera, dans la préface de son roman « Les Comédiens », son admiration pour ces deux hommes qui payèrent de leur vie leur courage solitaire.

Après avoir attaqué l'église catholique, Duvalier prit pour cible le mouvement étudiant et les syndicats. Dans l'espoir de s'assurer une aide financière des Etats-Unis, il jouait à fond la carte de l'anticommunisme, présentant le mouvement étudiant comme un mouvement pro-castriste et alertant Washington sur le danger que cela représentait pour un hémisphère qui basculait déjà dans l'effervescence politique. En novembre 1960, il avait donc décidé qu'il était temps de prendre le contrôle du monde étudiant, espérant ainsi une récompense monétaire de Washington.

D'un autre côté, le Palais ne voyait pas d'un trop bon œil l'investiture du président élu John F. Kennedy prévue pour le le 20 janvier 1961. L'administration Eisenhower avait été trop préoccupée par l'orientation de Fidel Castro et de Cuba vers l'Union soviétique et la Chine pour prendre au sérieux les manœuvres de Duvalier et ses hystéries. Anticipant que son régime allait subir un examen plus attentif de la part de l'équipe de Kennedy, Duvalier augmenta le niveau de répression contre les étudiants et les syndicats et intensifia sa propagande habituelle contre le « communisme ».

Le 15 novembre 1960, un éditorial rédigé par Hubert Carré, parut dans le journal pro-gouvernemental *Le Jour* sous le titre : « La vigilance est le prix à payer pour la liberté ».

« Il est clair, disait *Le Jour*, que des émissaires de Moscou jouent secrètement avec l'ardeur des jeunes toujours prêts à céder au romantisme des complots. Mots de passe, slogans qui viennent de loin, de derrière les rideaux de fer et de bambou, submergent notre continent dans une vaste manœuvre pour miner la structure même de notre Civilisation occidentale. Le venin du marxisme est distillé dans l'âme de notre jeunesse. (...) le raz-de-marée du communisme est en train de submerger notre jeunesse, et le communisme, après avoir séduit l'esprit de notre jeunesse, veut maintenant contrôler le pouvoir politique ».

Faisant allusion aux menaces de grève, *Le Jour* voit dans le gouvernement «le bouclier, le rempart des valeurs qui s'appellent ordre, paix et sécurité !» Il affirme, en guise d'avertissement que « la force appelle la force, la violence appelle la violence. Aucun gouvernement responsable ne peut se croiser des bras face à l'insubordination, aux menaces et attaques contre la sécurité de l'Etat.» L'éditorial conclut en conviant les étudiants à la sagesse pour ne pas tomber dans les tentacules de l'ogre rouge « qui menace notre terre vierge dans son projet de domination universelle ».

En fait, la gauche haïtienne, ou ce qu'on en connaissait, pouvait difficilement être perçue comme un « ogre rouge ». La nouvelle gauche, le Parti d'Entente Populaire (PEP) et le Parti Populaire de Libération Nationale (PPLN), était encore dans l'enfance et la répression de Papa Doc pouvait éventuellement faire grossir ses rangs. Le mouvement étudiant était plutôt un mouvement populaire suscité par une vague de colère qui rassemblait des éléments venus de tous les horizons. Il s'agissait d'une jeunesse frustrée et mécontente qui avait décidé qu'il était temps de faire face à cette dictature impitoyable de type fasciste. Même des jeunes écoliers, adolescents ou pré-adolescents, distribuaient des « tracts » selon le vocabulaire du régime qui se référait ainsi aux dépliants, pamphlets ou brochures diffusés par l'opposition. Il devenait évident que Duvalier avait bien l'intention de rester au pouvoir, intensifiant la répression et augmentant les taxes. Le vieux bâtiment en bois du Quartier général de la Police fut remplacé par un édifice flambant neuf tandis que de l'autre côté de la rue s'élevait la tour de la Direction générale des Impôts.

Novembre 1960. L'Union Nationale des Etudiants Haïtiens (UNEH) réclame, dans son organe *Tribune des Etudiants*, la libération des étudiants et lycéens arrêtés entre septembre et novembre 1960 et emprisonnés. Ils étaient au nombre d'une vingtaine, dont le trésorier de l'organisation, Joseph Roney. Admettant finalement l'existence de ces prisonniers, le gouvernement répliqua que Roney avait été trouvé en possession d'une littérature subversive d'obédience communiste, et qu'une enquête était en cours concernant un mouvement de subversion communiste.

L'attitude du gouvernement perçue en particulier à travers l'éditorial du *Jour* ne fit qu'enflammer davantage les étudiants. Une profonde inquiétude régnait : l'on craignait que les vingt étudiants et lycéens aient été exécutés. Le lundi 21 novembre 1960, l'UNEH lança une grève générale, faute d'alternative selon ses leaders, pour obtenir la libération des vingt étudiants et lycéens emprisonnés depuis près de trois mois, en violation de leurs droits humains les plus élémentaires.

Guy Lominy et Yves François Flavien, respectivement président et secrétaire général de l'UNEH, notifièrent au Recteur de l'Université la décision de grève. Ils rendirent publique une lettre adressée au sénateur John F. Kennedy, président élu des Etats-Unis, soulignant son opposition bien connue aux régimes de dictature qui contrastait avec l'appui donné par l'administration Eisenhower à des gouvernements dictatoriaux. A cause de cette lettre, toute la direction de l'UNEH dut se mettre à couvert.

L'atmosphère existant dans le pays commençait à ressembler à celle de 1946 quand les étudiants se révoltèrent contre le régime du président Elie Lescot animés par les discours de René Dépestre, Jacques Stephen Alexis et Théodore Baker dans le fameux journal *La Ruche*. Ces trois jeunes avaient formé le *Parti Démocratique Populaire de la Jeunesse Haïtienne*. A quatorze ans de distance revenaient les mêmes slogans : « Vive la Liberté! A bas la Dictature! Vive la démocratie! » Mais les journaux n'existaient plus et il fallait se contenter de tracts circulant sous le manteau. Les aînés n'étaient plus là : Alexis était à l'étranger, Depestre était parti pour Cuba et Baker avait abandonné la politique.

Le 22 novembre 1960, le Dr Aurèle Joseph, ministre de l'Intérieur, instaure la loi martiale et dissout toute association de jeunes, quelle qu'elle soit et interdit toute réunion, donnant un délai de douze heures pour que la grève soit suspendue et que les étudiants retournent à leurs cours sous peine d'expulsion. Joseph D. Baguidy, ministre des Affaires étrangères est nommé, en l'absence du P. Hubert Papailler en voyage, secrétaire d´Etat de l'Education nationale par interim.

De son côté, le ministre de la Justice, Luc François, écrivit au Commissaire du gouvernement et lui donna l'ordre de prendre toutes les mesures, dans le cadre de la loi martiale, pour neutraliser et rendre inoffensifs les étudiants «et leur faire comprendre leur mauvaise conduite». En fait, toutes les organisations étudiantes, de toutes tendances, de tout niveau, secondaire et universitaire et de toute obédience, des établissements d´enseignement privés ou publics participaient à ce mouvement qui en arriva à réclamer ouvertement le départ de Duvalier.

Une atmosphère d'attente et d'angoisse s'était établie. La radio du gouvernement ne cessait de passer la chanson : *Dife lan kay la*. Le feu est dans la maison ! De quoi exciter les bandes de *makout* qui, comme des prédateurs, circulaient partout, armés et menaçants, qui arrêtaient les voitures au hasard et fouillaient les occupants. Une bombe explosait ou une détonation fusait quelque part sans que l´on sache si elle venait du gouvernement ou des étudiants. L'armée et la police aidées par les *tonton makout* perquisitionnaient les maisons, l'une après l'autre. Des blocs entiers du bas de la ville étaient bouclés au cours de ces opérations. *La Phalange*, le quotidien catholique, reçut l'ordre de ne publier aucune information concernant la situation politique. Seulement les communiqués. Il était bruit que la police cherchait activement l'écrivain bien connu, le Dr Jacques Stephen Alexis qui avait pu partir à l´étranger sous un faux nom.

Le 23 novembre 1960 fut une journée très occupée pour Duvalier. Accompagné du général Pierre Merceron et du chef de la police, Daniel Beauvoir, Duvalier dirigeait en personne les groupes de soldats qui allaient d'école en école, de faculté à faculté pour fermer tous les centres d'enseignement et les mettre sous bonne garde. Même la Faculté d'Agriculture de Damien, à dix kilomètres au nord de la capitale fut fermée. Un communiqué annonça alors le plus sérieusement du monde que les vacances avaient été avancées d'un mois et que toutes les écoles, dans le pays tout entier, devaient fermer leurs portes, mesure qui fut confirmée par un communiqué formel du P. Hubert Papailler, ministre de l'Education, à son retour de voyage.

Sur ordres précis de Duvalier, des arrestations furent effectuées, dont certaines allaient gonfler la liste de ces disparitions couvertes d'un voile épais de silence. Ainsi disparut le Dr Georges Rigaud, un dentiste qui, en 1946, avait joué un grand rôle dans la chute d'Elie Lescot et plus récemment dans l'organisation de la grève qui avait emporté Paul Magloire. Il faisait partie du groupe qui avait formé le Parti Socialiste Populaire (PSP). Dans son cercle, il exerçait une influence politique considérable. La famille Rigaud ne devait jamais plus le revoir. Sa femme mit, durant des années, son couvert sur la table de famille. Dans le même cas se trouvait Rossini Pierre-Louis, d'une famille très connue de Bainet, et ancien membre du PSP. Il avait partagé, sous Magloire, la même cellule que Duval Duvalier, le père de François Duvalier. Duval Duvalier était tombé malade. Rossini l'avait soigné. La femme de Rossini, Thérèse Hudicourt, était la sœur de Max Hudicourt, du PSP aussi, qui fut sénateur. Elle dirigeait l'hôtel Plaza, au Champ de Mars. Quand ils furent relaxés, Rossini conduisit personnellement Duval Duvalier chez lui. Arrêté fin 1960, Rossini disparut sans laisser de traces, ainsi que Henri Rigaud, propriétaire d'un supermarché à Pétion-Ville. On dit que Lucien Chauvet l'aurait plongé dans une latrine pour le tuer. Un garagiste, Sonson Habib, disparut aussi.

L´absence de réaction de Washington aurait encouragé la détermination de Duvalier à éliminer toutes sortes de critique et d´opposition, réelles ou imaginaires. Le jeudi 24 novembre 1960, un décret fut émis qui déclarait l'archevêque de Port-au-Prince, Mgr François Poirier, expulsé d´Haïti. Celui-ci fut saisi dans son bureau par les soldats, emmené à l'aéroport et embarqué dans l´avion se rendant à Miami. Le nonce apostolique Giovanni Ferofino eut à peine le temps de se précipiter à l'aéroport pour le saluer. Le gouvernement déclara que l'archevêque Poirier avait financé la grève des étudiants communistes par un don de sept mille dollars américains pour un complot visant à renverser Duvalier. Arrivé à New York, l'archevêque, qui était bien connu pour être un anti-communiste patenté, émit un démenti formel à ce propos.

Ce même jeudi 24 novembre 1960, tous les magasins avaient dû fermer à midi, sur ordre de Duvalier. La ville fut bientôt déserte. Et c'est alors que la radio du gouvernement annonça que l'archevêque avait été expulsé. Tout l'après-midi et toute la soirée la même accusation contre l'archevêque fut répétée. Duvalier convoqua la foule sur la pelouse du Palais national pour qu'elle manifeste son soutien. Sur les écriteaux se lisaient : «Duvalier ou la mort», « Duvalier l'ultime recours » « Protecteur des démunis » «A bas le Communisme ! ». Du sommet des marches du Palais, Duvalier s'adressa à la foule dans un discours musclé. Il remercia pour le support reçu qui signifiait que sa mission, sa mission sacrée, « ne faisait que commencer ! »

« Le pouvoir que j'ai reçu de vous, et uniquement de vous, aucun pouvoir dans le monde ne peut me l'enlever, ne peut m'empêcher d'accomplir ma mission. (…) Les lézards de toujours, les mêmes lézards qui avaient provoqué l'occupation américaine, qui avaient organisé le 10 mai, utilisent maintenant la jeunesse comme couverture pour renverser le gouvernement. Chers amis, ces lézards, je sais qui ils sont, où ils sont et où ils se cachent. Ils font partie de ceux-là, de ces arriérés qui seulement pensent à détruire. » Et le président Duvalier poursuivit en disant « (…) Le pouvoir dynamique qui caractérise votre leader, ce même pouvoir que vous avez toujours connu chez moi, vous qui m'avez suivi, est toujours prêt à écraser n'importe quel obstacle. » (« President´s Impromptu Speech, *Haiti Sun*, 27 novembre 1960).

Duvalier ne fit aucune mention de l'expulsion de l'archevêque dans ce discours.

Le 25 novembre 1960, le ministre des Cultes, Joseph Baguidy, sans revenir sur l'argent prétendument versé par Mgr Poirier, déclara que le gouvernement avait des preuves palpables que le mouvement de grève était un mouvement communiste et qu'il était appuyé par les organisations catholiques de l'université qui dépendaient de l'archevêque.

Le 26 novembre 1960, l'Union Intersyndicale d'Haïti (UIH) présenta au ministre du Travail, Frédéric Desvarieux, six suggestions pour résoudre la crise : annuler le décret établissant la loi martiale, libérer Rodolphe Moïse, un des dirigeants syndicaux en prison depuis 183 jours, libérer les étudiants et prisonniers politiques en prison, rouvrir l'Université et les écoles, restaurer la liberté syndicale. Henri Merceron, le frère du chef d'état-major, président du syndicat des chauffeurs guides, dut se mettre à couvert après la publication de ce document et partit pour l'exil le 17 janvier 1961.

Une nouvelle fois, Duvalier opéra un nettoyage des cadres de l'armée. Quinze (15) officiers haut-gradés furent mis à la retraite dont trois lieutenants colonels de l'état-major. Trente-six (36) officiers furent transférés, la plupart en province. Parmi les officiers mis à la retraite, se trouvaient le colonel Paul Laraque, poète, connu pour ses opinions de gauche, beau-frère du général Pierre Merceron, et le colonel Ernest Biamby dont le nom se retrouvera dans des complots ultérieurs.

Les implications de l'expulsion de Mgr Poirier n'avaient pas l'air d'affecter Duvalier. Après avoir cité les propos du Saint-Père, le pape Jean XXIII, qui exprimait « ses plus profonds regrets et sa protestation », le journal du Vatican, *l'Osservatore Romano*, rappela que quiconque viole « le caractère sacré et la liberté des évêques est automatiquement excommunié ». Les articles 23 et 24 du Droit Canon prévoient en effet une peine d'excommunication pour toute personne qui empêche un évêque d'exercer son ministère. Autrement dit, tous les officiels catholiques qui avaient participé à l'expulsion de Mgr Poirier étaient excommuniés. Les commentaires allaient bon train à ce sujet mais Duvalier ignora royalement l'excommunication. Le nonce apostolique, Mgr Giovanni Ferrofino, me confia en privé qu´il s´agissait de la première excommunication d´un chef d´Etat en Amérique latine depuis celle de Juan Péron en Argentine en 1955 après l´incendie d´églises catholiques par les foules péronistes.

Le 29 novembre 1960, le ministère de la Justice rappela à tout un chacun par voie de presse les sanctions prévues au Code pénal pour les activités subversives contre le gouvernement, en particulier la peine de mort pour les attentats visant à détruire ou à changer le gouvernement, « à exciter les citoyens ou habitants à s´armer contre l´autorité du chef de l´Etat ». De même, ce ministère rappela le décret loi du 19 novembre 1936 qui mettait hors-la-loi le communisme et prévoyait des peines d´emprisonnement de six mois à quatre ans et des amendes pour la profession de foi communiste, la propagation des doctrines communistes ou anarchistes, la correspondance avec des organisations communistes, le financement direct ou indirect des activités communistes.

La *Voix de la République* fit passer à quatre le nombre de diffusions de l´émission radiophonique quotidienne exaltant les vertus du « leader spirituel de la nation ». Roney et les dix-neuf étudiants et lycéens incarcérés furent relâchés le 30 novembre 1960. Auparavant, le préfet de Port-au-Prince, Lucien Chauvet, avait requis, selon le Service de Coordination et d´Information, du père et des frères de Joseph Roney qu´ils signent une déclaration notariée, rédigée par la Préfecture, selon laquelle les politiciens avaient manipulé les étudiants au-delà de leurs intentions initiales. Ceci ne fit que convaincre les pairs des étudiants et lycéens libérés de poursuivre la grève. Ils étaient, semble-t-il, encouragés en ce sens par les syndicats de travailleurs.

C'est alors que fut annoncé, le 8 décembre 1960, un don de onze millions cinq cent soixante mille dollars des Etats-Unis en vue de fournir une assistance économique spéciale (neuf millions cinq cent mille dollars), incluant un appui budgétaire direct (5 millions de dollars), et une assistance technique (2,06 millions de dollars). Papa Doc n´avait pas obtenu la grosse récompense (150 millions de dollars) qu´il espérait mais l´octroi du don ne manqua pas d'avoir un effet dévastateur sur l'opposition. Certains étudiants gardaient l´espoir que les choses changeraient après l´entrée de Kennedy à la Maison blanche. Ils croyaient que le nouveau président américain saurait se soustraire au chantage des sombres mises en garde de Papa Doc au sujet d´une mainmise communiste sur Haïti. D´autres en revanche mettaient l´accent sur le fait que Duvalier avait reçu une cuillerée de ressources monétaires, des armes des Etats-Unis et des *marines* américains et qu´il disposait aussi de Fidel Castro, à quelques 50 milles du passage du Vent, comme un atout (un épouvantail) en réserve.

Huit jours plus tard, le 16 décembre 1960, un décret qui se référait entre autres aux lois du 19 novembre 1936 et du 20 février 1946 interdisant les activités communistes transformait l'Université d´Haïti en Université d'Etat d´Haïti. Ce stratagème sémantique renvoyait à la conversion de l´Université en une institution duvaliériste. Entre autres choses, le décret statuait que pour entrer à l'université tout étudiant devait obtenir un certificat de police attestant qu'il n'appartenait pas à un groupe communiste ou toute association considérée suspecte par l'Etat. Tout étudiant devait obtenir un certificat de bonne conduite du Doyen du Tribunal civil et avoir une carte d'identité ainsi qu'un carnet avec photographie exhibant les notes obtenues.

Cette série d'exigences fit monter le ton et le niveau des revendications pendant que Jean Montès Lefranc, nouveau directeur de l'Education nationale rendait les parents, ainsi que les directeurs et professeurs, responsables de la présence des élèves en classe à partir du 9 janvier 1961 sous peine de prison ou d'expulsion immédiate du pays. En fait, Duvalier avait réussi à convertir à sa cause des leaders du mouvement étudiant, en particulier un certain Roger Lafontant, étudiant à l'école de Médecine qui commençait ainsi une longue carrière comme l'un des principaux *makout* au service de Duvalier. Sa carrière prendra fin avec sa condamnation à une peine de prison à vie, après son coup d'Etat manqué le 7 janvier 1991 puis par son assassinat, en prison, le 30 septembre de la même année.

Chapitre 10

La disparition de La Phalange

10 janvier 1961

Dans le silence nocturne d'une capitale nerveuse, la sirène du Palais se mit à rugir, dans la nuit du lundi 9 janvier 1961. Soldats et *makout* se précipitèrent pour répondre à cet appel. Accompagné de sa femme Simone, Duvalier harangua la foule qui venait de se rassembler sur le côté sud du Palais. Duvalier exhorta à la vigilance, étant donné, disait-il, que la « Révolution » était menacée. Il annonça un couvre-feu de 10.30 p.m. à 4.00 a.m, dans le cadre de l'application de la loi martiale à compter du 9 janvier 1961.

Au milieu de la nuit, une équipe conduite par le major John Beauvoir fit irruption dans la chambre de Mgr Augustin à l'archevêché qui dut s'habiller en vitesse pour être amené au Fort Dimanche. Dans la matinée du mardi 10 janvier 1961, il fut rejoint par les Pères Jean-Baptiste Bettembourg, supérieur de Saint-Martial, spiritain, François le Nir, secrétaire de l'archidiocèse, Paul Bellec, et Emile Callec, tous trois Pères de Saint-Jacques et objet d'un arrêté d'expulsion daté du même jour. A 17 heures, Mgr Augustin et les prêtres furent embarqués dans un avion de la Pan Am à destination de Porto Rico.

Pendant ce temps, le chef de la police, le colonel Daniel Beauvoir rappelait que la loi martiale serait appliquée dans toute sa rigueur, ainsi que le couvre-feu dont les violateurs s'exposaient à être exécutés sur le champ. Le secrétaire d'Etat de l'Intérieur et de la Défense nationale pour sa part, Dr Aurèle Joseph, rappela que tout agitateur anti-gouvernemental s'exposait à la peine de mort. La censure fut établie sur les câbles partant vers l'étranger.

A midi, je sus que quelque chose se passait au local de *La Phalange*, le quotidien catholique. La police accompagnée d'un juge de paix (Me Pierre Laventure, selon ce que rapporte *Le Nouvelliste* du 19 janvier 1961) mettait les scellés sur le local à la Rue Pavée. L'édition matinale, qui contenait la dernière lettre de Mgr Augustin, avait été saisie. Le journal avait duré à ce jour parce qu´il appartenait à l'église catholique. Malgré le titre qui rappelait le régime de Franco en Espagne, le journal, qui avait duré 22 ans, était bien présenté, contenait des reportages d'un bon niveau professionnel, en particulier concernant le Parlement et les procès de l'année 1958.

Mercredi 11 janvier 1961, des pétards éclatèrent dans deux lycées. A 14 heures 30, une bombe explosa au lycée Louverture et une demi-heure après, une autre au lycée Pétion. Le clergé était en plein désarroi. C'était la deuxième fois que l'archidiocèse voyait son chef expulsé. Le secrétaire d´Etat de la Justice, Luc F. François, rappela que les prêtres faisant de la politique s'exposaient à diverses peines de prison selon les dispositions du Code pénal. Ce rappel ne manquait pas de sel puisque, avec les tensions entre clergé breton et clergé haïtien, le gouvernement avait ses propres partisans dans le clergé haïtien. Puis brusquement, la tactique du gouvernement changea. Le Dr Aurèle Joseph, secrétaire d´Etat de l´Intérieur, rapporta la loi martiale et le chef de la police, le colonel Daniel M. Beauvoir, le couvre-feu le samedi 14 janvier 1961. Le lundi suivant, jour de la rentrée académique, le gouvernement décida d'ignorer la grève des étudiants. S'absenterait qui voudrait. Mais les cours reprenaient. Baguidy, ministre des Affaires étrangères et des Cultes, fit, dans une entrevue au *New York Times* le 18 janvier 1961, quelques commentaires sur l'immixtion de « quelques prêtres bretons » dans la politique haïtienne « afin de maintenir, dit-il, la colonisation spirituelle » d´Haïti.

Des bombes continuèrent à exploser dans la capitale pendant la fin du mois de janvier, déclenchant, évidemment, chaque fois, un « *kouri* », une évacuation désordonnée de l'endroit affecté. Il y avait l'habituelle fermeture des magasins et les habituelles patrouilles des *makout*, avec leurs jeeps et leurs sirènes. Duvalier, renouvelant une coutume historique haïtienne, fit rentrer à Port-au-Prince des camions bondés de paysans armés, qui, comme les cacos d'autrefois, se baladaient dans la capitale avec leur chapeau de toile bleue et leurs foulards rouges. Les nouveaux cacos patrouillaient les magasins du bas de la ville, le « *bòdmè* », intimidant la population par leur agressivité et leur penchant à manipuler maladroitement leurs armes.

Tout était en place pour assurer l'empire de la peur. Toutes les institutions de la société civile et politique étaient domestiquées. Toutes les tentatives pour desserrer l'étau seront broyées dans le sang, les unes après les autres.

Chapitre 11

La terreur au quotidien

1961, 1962, 1963

Ce n'est que de manière épisodique et souvent par accident que des récits, soit dans des conversations privées, soit dans certains programmes de radio, viennent illustrer ce que fut l'ambiance de peur et de mutisme qui a marqué la vie quotidienne sous les Duvalier. Poser des questions était devenu un risque, même quand il s'agissait de la disparition de proches parents.

Le silence des victimes a toujours été la grande victoire des tyrans. Et même après 1986, cette *omerta* recouvrait de sa chape de plomb tous les secteurs de la société. Peut-être qu'il faudrait chercher dans les archives du Service d'Immigration des Etats-Unis les dizaines de milliers de témoignages qui relatent, à tous les niveaux de la vie quotidienne, le vécu du peuple haïtien pendant toute la seconde moitié du vingtième siècle.

Je relate ici trois épisodes dont j'ai été témoin ou qui m'ont été rapportés de sources fiables, sans avoir la prétention d'embrasser l'immense éventail de cette terreur appliquée pendant 29 ans à l'ensemble de la nation.

Assassinat de l'ex-colonel Antoine Multidor

26 janvier 1961

L e jeudi 26 janvier 1961, des bombes avaient encore une fois jeté la panique dans le quartier commercial au bas de la ville. Bernier St-Jean, l'employé de *Haïti Sun* chargé de la distribution et des recouvrements, avait entendu l'écho d'une fusillade du côté de la Croix des Bossales. En vitesse, nous nous rendîmes sur les lieux.

A la Croix-des-Bossales, à l'angle de la rue du Quai et de la rue Tiremasse, un milicien faisant partie des escouades venues de province avait tué un ancien officier de l'armée. Des miliciens aux yeux exorbités, nous menaçant avec leurs fusils, nous enjoignirent de circuler. Mais finalement nous réussîmes à pénétrer sur les lieux du crime.

Prenant mille précautions, un boutiquier du coin nous raconta qu'un milicien avait abattu l'ex-colonel Antoine Multidor en lui tirant à bout portant deux balles de son fusil Springfield. Nous connaissions Multidor ; c'était un ancien officier, retraité, un homme paisible. Ce n'était pas un opposant. Il semble qu'il avait demandé au milicien de tirer en l'air et non pas dans la foule. Le milicien enragé avait abattu de deux balles l'ancien officier et blessé un travailleur qui courait pour aller s'abriter.

Mais les autorités de l'époque ont, selon ce que rapporte *Le Nouvelliste* du jeudi 26 janvier 1961, donné une toute autre version des faits. L'ex-colonel Multidor se serait porté au secours d'un individu arrêté pour avoir lancé des « cris séditieux » et aurait tenté de désarmer le milicien responsable de l'arrestation. L'ex-colonel aurait alors reçu, dans le corps-à-corps avec le milicien, un coup de crosse et deux balles.

Alix Multidor, fils d'Antoine Multidor, a accepté de nous livrer la version transmise par la mémoire familiale. Le 26 janvier 1961, au matin, le milicien Servius Durand, qui sera formellement reconnu coupable du meurtre de l'ex-colonel Antoine Multidor par la justice haïtienne après la chute de Duvalier, avait pris pour cible l´intérieur du magasin tenu par Multidor. Celui-ci l´interpella pour lui signaler le danger que représentait ses tirs pour les clients.

« *Ey ! Misye, ou pa kab tire andedan magazen an. Ou pa wè tout moun ki la ?*

– *An ? W ap anpeche m fè travay mwen*, rétorqua le milicien.

– *Mwen pa ka anpeche w fè travay ou. Mwen se yon ansyen militè*, répondit Multidor.

– *E byen, sòti vin idantifye w !* » vociféra Servius Durand.

Malgré les supplications de son épouse, Josette Derenoncourt Multidor, et des employés, Multidor sortit du magasin pour montrer sa carte d´officier retraité au milicien qui lui demanda, après examen, de regagner son magasin. Aussitôt qu´il eut le dos tourné, Servius Durand l´abattit d´une balle au dos. Son épouse se porta à son secours au pas de la porte. Il mourut dans ses bras quelques minutes plus tard, à 51 ans. Il était né au Cap-Haïtien le 29 décembre 1909.

Une autre personne trouva également la mort ce jour-là, à proximité de la boutique qui se trouvait en face du magasin de Multidor. Il s´agissait d´un mécanicien qui habitait à la ruelle Chrétien, non loin de la résidence des Multidor. Soupçonné de transporter une bombe – il tenait à la main un sachet contenant les pièces de voiture qu´il venait d´acquérir –, il fut abattu sans autre forme de procès.

Photographier l´horrible scène du crime était une corvée que je devais endurer seul, malgré la présence de Bernier St-Jean à mes côtés. C´était un jour sans soleil. Le ciel était gris, ce qui était plutôt inhabituel pour cette époque de l´année. On aurait dit que l´ionosphère proposait sa propre métaphore pour évoquer les lourds nuages qui assombrissaient moralement le paysage haïtien. Il n´y avait aucun journaliste étranger dans le pays et les médias locaux dédaignaient ce genre de corvée.

Essayant de me montrer le plus discret possible, faisant comme si nous suivions les miliciens dans la rue, Bernier et moi nous cherchions un endroit surélevé pour pouvoir faire des photos. Bernier resta dans la jeep pendant que je me rendais à l'angle de la Grand-Rue et de la rue Bonne Foi et fis plusieurs clichés de l'avenue principale, lugubre et totalement désertée, sauf par les miliciens. Retournant sur mes pas, je remarquai un milicien menaçant au visage rond que je connaissais depuis des années et qui était un sociopathe avec qui j'avais eu quelques difficultés. Je le vis faire un signe à quatre *makout* en uniforme vert olive et me montrer du doigt en faisant le geste de me trancher la gorge.

Trois d'entre eux me coincèrent sur le trottoir utilisant leurs mitraillettes Thompson comme matraques. L'un d'eux essaya de confisquer ma caméra Leica. Je refusai de lâcher prise. La pointe d'un Thompson s'enfonça dans mes côtes que je détournai pour protéger ma caméra. Leur chef, un homme brutal et coléreux que je ne connaissais pas, donna l'ordre d'« amener ici cette ordure de blanc ». Ils me firent monter de force à l'arrière de la vieille Land Rover et quelques secondes plus tard, Bernier s'asseyait à côté de moi ainsi que deux des *makout* avec leurs Thompson braqués sur nous. Je croisai son regard et lui fis signe de ne pas parler. Tout ce que nous pourrions dire ne ferait qu'attiser la colère des *makout*.

Leur chef prit le volant et conduisit à travers les rues de la ville. A voix haute, ils se mirent à discuter du sort qui nous attendait. Quelqu'un fit la suggestion de nous emmener au quartier de Bolosse. D'après ce qu'ils disaient, ils possédaient une sorte de prison privée près du cimetière de Bolosse. Toutefois, leur chef pensa qu'il valait mieux, vu que « le *blan* était une ordure », de ne nous emmener ni au Fort Dimanche ni à Bolosse. Il était logique, disait-il, d'emmener ce « chien de blanc sans mère (il ne pouvait parler sans utiliser les expressions les plus vulgaires de la langue créole) au Palais». Il arrêta de tourner en rond dans les rues du centre-ville et prit la direction du Palais national. Je ne détournai jamais mes yeux des vieux Thompson toujours braqués sur nous. Ces vieux fusils *Tommy* dataient de la seconde guerre

mondiale et les *makout* les maniaient visiblement avec moins
d'expérience que moi (j'avais appris à les utiliser lors d'un entraînement pendant cette guerre-là). Leurs Thompson étaient
imprudemment armés et prêts à faire feu.

J'éprouvais un sentiment de colère non seulement envers ces
voyous de *makout* avec leur doigt sur la détente, mais aussi envers celui qui a été en grande partie responsable d'avoir placé
ces fusils dans ces mains inexpérimentées, le colonel Robert
Debs Heinl, du Corps des marines américains. Commandant la
mission navale des Etats-Unis chargée d'entraîner l'armée de
Duvalier, le colonel Heinl s'était battu sans relâche pour le réar-
mement de l'armée haïtienne. Washington avait fini par accepter
mais stipula dans le marché sur les armes conclu avec Duvalier
que les « équipements et matériels devaient servir exclusivement
à l'auto-défense d'Haïti, à assurer sa sécurité intérieure ou con-
tribuer à défendre la région à laquelle le pays appartient ou à
prendre part aux mesures collectives de sécurité des Nations
unies.»

Cependant, dès que l'institution militaire reçut le nouvel armement fourni par les Etats-Unis, toutes les vieilles armes
qu'elle possédait servirent à équiper la milice et les *makout* sans
formation de Papa Doc. Voilà que maintenant mon assistant et
moi étions menacés par des mitraillettes Thompson armées et
prêtes à tirer, sans verrou de protection. N'importe quel choc
dans cette rue pleine d'ornières pouvait déboîter la culasse et
provoquer une rafale qui nous enverrait au paradis.

Le palais était étouffant et empestait de duvaliéristes affolés qui
encombraient les couloirs. Les odeurs *sui generis* étaient pesti-
lentielles et aucune dose de lotion de Brocq, le puissant déodo-
rant fabriqué localement par la pharmacie Séjourné, n'aurait pu
éliminer la puanteur qui émanait de ce rassemblement. Ils faisaient un étalage bruyant de leur fausse bravoure tout en essayant
de se rassurer les uns les autres qu'il n'existait plus de danger,
que personne ne pouvait braver Duvalier. Certains d'entre eux
étaient venus par loyauté, d'autres parce qu'ils craignaient pour
leur sécurité dans les rues. Le Palais et les bureaux présidentiels,

qui dans le passé avaient été si élégants et parfaitement bien entretenus, s'étaient incroyablement transformés en un repaire délabré ressemblant à une maison de fous.

Ce fut à ce moment-là que j'appris le nom du chef de mes ravisseurs. C'était un puissant *makout*, que plusieurs personnes, dans la foule bruyante du Palais, accueillirent en l'appelant « Justin ». Il sembla enfler littéralement et s'avança avec arrogance utilisant sa Thomson pour nous guider à travers la foule, mon compagnon et moi. Dans la bousculade, personne ne remarqua le Thompson dans mon dos. Plusieurs nous saluèrent même. Costaud et fort, Justin visiblement imposait le respect qu'inspire la terreur. Un Haïtien d'origine syrienne criait haut et fort ses dénonciations d'étudiants communistes. Il sourit à Justin et leva son poing fermé en signe de victoire.

Nous nous arrêtâmes devant le bureau du major Claude Raymond, filleul de Papa Doc, un des favoris du palais, commandant de la garde présidentielle du Doc et chargé également de la milice civile encore sans dénomination. Justin fit signe à ses hommes de me retenir à la porte. Il entra lui-même dans le bureau du major Raymond qui ressemblait à un poste militaire. Le frère du major, le docteur Adrien Raymond, une ancienne connaissance qui venait de quitter son poste de diplomate à Mexico City pour celui de ministre des Affaires étrangères, sortit du bureau et me salua. « Vous cherchez quelqu'un ?» me demanda-t-il en français. Je lui répondis en créole : « Personne. Ces messieurs m'ont arrêté parce que je prenais des photos. » Je lui fis un signe de la tête en direction des hommes de Justin. Adrien comprit rapidement la situation. Remarquant les armes braquées sur moi, il marqua quelques instants d'hésitation et dit : « Vous savez que vous ne devriez pas faire de photos. ». Puis il poursuivit son chemin.

Dès que Justin sortit du bureau, un des *makout* lui murmura quelque chose à l'oreille. Justin me regarda. Je compris que son second lui avait annoncé non seulement que je parlais créole, mais aussi que j'étais un ami du frère du major. Justin qui quelques instants auparavant avait proclamé qu'il m'avait appré hendé alors que je faisais des photos, changea immédiatement ses accusations déclarant à la foule : « Nous soupçonnons le *blan* d'avoir fait exploser les bombes ». Il y eut un silence parmi ceux qui étaient tout près de nous. La nouvelle courut que j'avais été arrêté.

« Allons-y! » Justin commanda à ses hommes. Alors que nous traversions péniblement la foule en direction d'une autre aile du Palais, celle-ci se fit menaçante. Nous étions tout à coup l'ennemi. Si nous n'avions pas été sous la garde des *makout*, nous aurions pu être brutalisés ou même lynchés. « Je savais que cette "saloperie" n'était pas un duvaliériste ! » injuria un homme que je connaissais et qui travaillait au bureau des contributions. Un autre invectiva : « *Fout krazé grenn blan an !* » (Ecrabouillez les couilles du blanc !) D'autres épithètes aussi déplaisantes nous furent lancées au visage. Justin, souriant, nous conduisit au bureau du capitaine Jean Tassy. Il s'adressa au soldat de service et tourna les talons, nous ignorant totalement.

Ce bureau avait été le fief du fameux Clément Barbot, aujourd'hui emprisonné au Fort Dimanche. Le sadique Jean Tassy remplissait maintenant le rôle d'indicateur du Doc avec deux civils, Luc Désyr, pasteur et boulanger, et Elois Maître. Tassy ne me portait pas dans son cœur pour avoir publié dans *Haïti Sun* un article sur ses récentes techniques de torture, tabassant l'homme d'affaires Roger Denis jusqu'à réduire ses fesses en bouillie. Le soldat de service nous fit asseoir sur un sofa. Fort heureusement, Tassy n'était pas à son bureau. Cependant, en faisant le mouvement de m'asseoir, je me rendis compte que j'avais dans mes poches les communiqués des étudiants anti-duvaliéristes. Je me demandai si j'allais parvenir à manger ces feuilles miméographiées sans me faire remarquer. Elles étaient retenues par des agrafes. Et manger du métal ne m'attirait guère.

Un incident détourna bientôt notre attention de notre propre mésaventure. Deux policiers en civil appartenant à la police secrète, petits et violents, pénétrèrent dans le bureau avec un ancien sergent de l'armée, d'assez grande taille, pour l'interroger. Nous étions en première loge. Ils commencèrent à lui taper dessus. Ils l'accusèrent d'avoir mis des bombes au marché en fer. Ils ne parvenaient pas à l'atteindre à la tête, vu sa grande taille. L'un d'eux, tout à coup, se mit à le frapper aux genoux avec un bâton *coco macaque* en bois dur véritablement indestructible. Il tomba sur le sol. Alors ils s'acharnèrent sur son visage. Il les supplia et leur dit : « Je n'ai jamais été un officier de l'armée ». Ils lui dirent que Daniel Fignolé l'avait promu officier lorsqu'il était président provisoire en 1957. Tournant son regard vers moi, l'homme m'implora : « *Blan*, dites-leur qui je suis, que je ne suis pas un officier ». Je l'avais connu quand il était un motard bien aimable escortant Mme Magloire à l'époque où son mari était un président puissant.

Avant même que je pus répondre, un des deux agents de la police secrète me menaça du regard et avertit que si l'un de nous, Bernier ou moi-même, tentait, ne serait-ce qu'une fois, d'ouvrir la bouche pour parler, ce serait la dernière. Et ils emmenèrent avec eux l'ancien policier. Je ne devais jamais le revoir. Bien plus tard, un officier de l'armée portant insigne et cordon présidentiels autour de ses épaules, entra et me réclama mon rouleau de pellicules que j'avais déjà exposé à la lumière pour détruire tout ce qui aurait pu m'incriminer. L'officier se pencha sur le soldat de service et lui donna l'ordre de « *Pa bat Blan an* » (Ne frappez pas le *blan*). Le soldat me regarda avec respect. C'était visiblement un ordre que l'on ne donnait que rarement. Après une heure de temps, ce qui suffisait largement pour développer les photos, l'officier revint et m'annonça que je pouvais partir. Après l'avoir remercié, je me tournai vers Bernier et lui dis : « Partons ! » L'officier déclara qu'il avait reçu l'ordre de ne laisser partir que moi. « Dans ces conditions, lui demandai-je, voudrait-il bien avoir l'obligeance d'obtenir l'autorisation pour mon chauffeur de partir en même temps que moi ? » Je savais qu'il était impératif que Bernier parte avec moi s'il devait s'en sortir vivant. Nous obtînmes finalement l'autorisation et, étant donné le grade de l'officier, ce fut probablement Duvalier lui-même qui en donna l'ordre.

Devant le bureau et aussi à l'extérieur se trouvaient plusieurs jeunes hommes détenus attendant manifestement d'être interrogés ou brutalisés. Le procédé était toujours le même. Le soldat à l'entrée sembla content de nous voir en liberté. « Ils sont fous aujourd'hui. », commenta-t-il. Il donna l'ordre à un autre soldat de nous escorter hors du Palais. Notre escorte, un enrôlé plutôt aimable, nous proposa de nous faire sortir par une porte latérale. Je refusai. Je sentais qu'il nous fallait passer par l'entrée principale pour montrer à la foule massée dans le vestibule qui réclamait notre tête que nous étions libres. Pendant que nous traversions cette même foule, je bavardais avec le soldat comme s'il ne s'était rien passé. La foule nous aperçut. Le changement d'attitude à notre endroit fut immédiat. Un des plus féroces agitateurs me tapa amicalement dans le dos. Pour eux, le fait pour nous de partir libres voulait dire que nous avions un certain pouvoir. Ils ne croyaient pas en la chance. Le pouvoir était la seule force qu'ils comprenaient.

Je conseillai à Bernier de se mettre à couvert pendant quelques jours, pour calmer un peu les esprits. Mais il ne voulut rien entendre. Le jour suivant, il faillit tomber entre les mains de la police. Roulant sur sa motocyclette en sens inverse dans une rue de la ville, il força le chauffeur du chef de la police, le colonel Frédéric Arty, à quitter la chaussée et se sauva à toute vitesse. Cet irresponsable de Bernier arriva au journal en riant de l'avoir échappé belle. Quant à moi, j'étais encore furieux contre le colonel Heinl et contre tous les Américains qui avaient appuyé les expéditions d'armes à Duvalier. Je m'étais toutefois finalement résigné à l'idée que la politique des Etats-Unis vis-à-vis de Papa Doc tenterait toujours de s'accommoder à l'idéologie de girouette capricieuse de ce dernier.

Le chef *makout* qui m'avait séquestré n'était autre que le fameux Justin Bertrand, un contremaître du ministère des Travaux publics, grossier personnage plus ou moins instruit, autoproclamé dur, qui croyait qu'il serait un jour récompensé par Duvalier en devenant ministre des Travaux publics. Pour Justin Bertrand, si Clémard Joseph Charles ne s'était pas fourré dans la politique, celui-ci aurait gardé son influence, et lui, Bertrand, aurait été ministre des Travaux publics. « *Redingòt mwen te deja achte* » déclara Justin Bertrand alors qu'il était au Fort Dimanche rapporte Patrick Lemoine dans son ouvrage *Fort-Dimanche, Fort-la-mort* paru en 1996 aux Editions Regain puis republié par *Fordi9* en 2011 (p. 123). Le rêve de Justin Bertrand ne se réalisa jamais et il finit ses jours au Fort Dimanche suite à l'accusation d'avoir tendu une embuscade à un des *makout* favoris de Papa Doc et de l'avoir abattu.

Voici ce qu'écrit Patrick Lemoine à propos de Justin Bertrand ans son ouvrage *Fort-Dimanche, Fort-la-Mort*: « Justin Bertrand ne tarda pas à me souligner qu'il n'était pas en prison pour des raisons politiques. Avec fierté, il m'apprit qu'il était incarcéré pour avoir assassiné Pierre Novembre, lors d'une dispute avec ce proche collaborateur de François Duvalier. Ce Novembre, d'après les rumeurs, goûtait à tous les plats préparés pour son maître. Je fus donc étonné que Justin Bertrand fût encore en vie. Tous les membres de sa famille avaient été emprisonnés pendant un certain temps, et j'appris que son fils Rénel se trouvait à la cellule 2. » (p. 105).

La dispute en question aurait été, selon un témoin oculaire (qui a requis l'anonymat), un affrontement entre les familles respectives de Justin Bertrand et de Pierre Novembre à Carrefour-Feuille (Port-au-Prince). A l'origine, un incident où l'une des filles de Justin Bertrand est frappée et blessée par l'un des fils de Pierre Novembre, puis une altercation entre Ronel Bertrand en défense de sa soeur et des membres de la famille Novembre. Par la suite, la famille Novembre se rendit, au grand complet semble-t-il, entassée dans sa petite Volkswagen, au domicile de Justin Bertrand. S'engagea alors une bataille entre les deux familles, en l'absence de Justin Bertrand qui, à son retour, trouva l'un de ses fils avec une main quasiment tranchée suite à un coup de machette et l'une de ses filles blessée, par balles, à la jambe. Bertrand s'empara d'une mitraillette (*tommy machine gun*) que lui remit une de ses filles, tira sur Pierre Novembre et le tua puis poursuivit la famille de celui-ci alors qu´elle s´enfuyait.

Bertrand et Novembre avaient été proches au point que le premier avait invité le second à venir habiter Carrefour-Feuille, non loin de chez lui. Mais les rivalités politiques liées à leurs rapports respectifs avec Duvalier avaient miné leur amitié. Justin Bertrand, qui avait travaillé pour Duvalier depuis l´époque où celui-ci était ministre de la Santé Publique et du Travail vers la fin des années 40, avait vu sa relation avec Papa Doc se distendre car il était proche de Barbot qui avait trahi Duvalier et en raison de divers incidents. Duvalier le considérait comme gênant. Pierre Novembre était, pour sa part, apprécié de Duvalier qui craignait particulièrement l´empoisonnement pour les risques qu´il prenait comme « goûteur du roi ». Mais Novembre fut licencié par Marie-Denise Duvalier à son retour d´exil, fin 1968.

On ne sait si l´incident initial est l´expression des tensions entre les deux hommes ou du désarroi probable de Pierre Novembre évincé de la sphère du pouvoir central. En tout cas, Justin Bertrand échappa à la mise à mort sur place qu´aurait ordonnée François Duvalier dans un premier temps aux militaires envoyés sur les lieux de l´affrontement. Il sera écroué avec ses enfants au Fort Dimanche où il mourut, en juin 1975, dans d´horribles conditions selon le témoignage de Patrick Lemoine. Après le décès de François Duvalier, Mme Simone Ovide-Duvalier aurait ordonné la libération de tous les enfants de Justin Bertrand. Mais, selon ce qu´a rapporté un militaire à la famille Bertrand, suite à une erreur d´interprétation de l´instruction recue, seules les filles ont été mises en liberté. Quant à Pierre Novembre, Duvalier fit organiser ses funérailles.

Le jour même où Bernier et moi fûmes arrêtés par Justin Bertrand, celui-ci avait eu une confrontation avec un médecin haïtien d'origine syrienne qui se trouvait être un membre du cabinet de Papa Doc. Menacé par Bertrand, il finit par s'identifier, mais le makout aurait rugi : « Je me fous de qui vous êtes, pour moi vous êtes de la merde. » Le ministre frôla la mort, tandis que d'autres personnes présentes parvenaient à calmer Bertrand.

Je devais apprendre plus tard que plusieurs personnes, y compris l'attaché militaire des Etats-Unis, avaient observé mon arrestation de la fenêtre de la librairie « La Caravelle ». Au journal *Haïti Sun*, respectant néanmoins la règle fondamentale de mon métier de journaliste, qui est d'éviter de parler de moi dans mes articles, nous n'avons rien publié de cet épisode. Cette expérience m'aura toutefois permis d'avoir un aperçu de première main du *modus operandi* des *makout*.

Quant à Justin Bertrand, il connut une triste fin. Lemoine décrit sa mort au Fort Dimanche le 26 août 1975 en ces termes :

« Recroquevillé dans son coin, le corps souillé de merde, Justin Bertrand se grattait souvent furieusement. Un jour je m'approchai de lui. Une multitude de poux noirs et de *karang* semblait lui ronger le cuir chevelu. J'eus l'impression qu'ils allaient lui percer le crâne... Le 26 août 1975, Justin Bertrand, la terreur de Carrefour-Feuilles, se barbouilla le visage et le corps de ses excréments et rendit le dernier soupir ... » (pp. 161-162).

Arrestation de Michel Heinl (12 ans) par les makout

23 mai 1962

Après avoir prorogé son mandat, François Duvalier décréta que le 22 mai serait désormais le « Jour de la Souveraineté nationale ». La parade organisée pour le 22 mai 1962 dépassa en extravagance toutes les fêtes célébrées jusque-là. Camions, autobus, véhicules de tout genre furent réquisitionnés pour amener, de la vallée de l'Artibonite, des milliers de paysans et de membres de la milice civile. Sous le commandement de Duroc Pierre-Louis et du « coordonnateur » Zacharie Delva, ils défilèrent devant Duvalier, dans leur uniforme bleu et le foulard rouge des Cacos, avec les fusils dont ils avaient été pourvus pour la circonstance.

Le lendemain de cette colossale parade, Michael Heinl, âgé de 12 ans, fils du commandant de la Mission navale américaine, le colonel Robert Debs Heinl, monta dans une camionnette faisant le trajet Pétion-Ville – Port-au-Prince pour se rendre à la cathédrale épiscopalienne Sainte-Trinité. Michael, qui parlait créole couramment, se mit à faire des commentaires à une copine haïtienne sur la fête de la veille, en particulier les accidents qui avaient eu lieu et les gens qui s'étaient cachés pour ne pas y participer. Il fut arrêté par des *makout* qui avaient entendu la conversation, emmené au poste de police « Cafeteria » et ensuite au Palais national, soumis à des menaces et à un long interrogatoire et finalement libéré sur l'intervention de Jean-Claude Duvalier, de deux ans plus jeune que lui, à qui il avait crié de venir le sauver.

Le VSN responsable d'avoir mené avec entêtement et sadisme cette démonstration de force passa trois ans en prison.

La disparition d'Yvon Piverger, 17 ans

19 février 1963

Ils n'étaient pas armés. Ils n'avaient ni armes ni bombes. Juste trois étudiants distribuant des tracts qui dénonçaient la violation de la Constitution dont était coupable leur gouvernement. Fiers et jeunes, ils avaient foi dans leur pays et voulaient avant tout qu'il reprenne son rang dans la société des nations. Malgré les risques auxquels ils s'exposaient, ils voulaient poser un acte de protestation et pour cela, ils n'avaient qu'un seul moyen de le faire, sous la dictature de François Duvalier, les tracts. Ils avaient décidé que la date du 16 février ne pouvait passer sans qu'il y ait une réaction au niveau de l'opinion publique, sans quoi le gouvernement pourrait se flatter d'avoir réussi son opération sans coup férir. Déjà la répression tous azimuts exercée par Duvalier transformait la société haïtienne en une nation de survivants conformistes. Il fallait donc prouver qu'il y avait des exceptions. Ces trois jeunes gens, appartenant à la classe moyenne, avaient donc mis de côté leurs tâches scolaires et ils s'étaient engagés dans les rues sans éclairage de la capitale avec leurs paquets de tracts à distribuer. Ils le faisaient dans la nuit du 10 février, date fixée par la Constitution de 1957 pour les élections présidentielles. N'ayant aucun moyen d'utiliser une presse libre, journaux ou radio, privés du droit de réunion, les trois étudiants avaient à peine commencé de distribuer les tracts qui dénonçaient la violation de la Constitution quand Duvalier, en 1961, avait fait subrepticement inscrire une rallonge à la durée de son mandat, qu'ils furent surpris et arrêtés.

Ce simple acte de protestation et ces quelques feuilles de papier débouchèrent sur une séance de torture et sur la mort d'un des trois jeunes gens. Et ce n'était pas un cas isolé. Les sadiques hommes de mains de Duvalier Papa Doc réagissaient comme des dogues sauvages contre des proies sans défense. Les trois garçons étaient des élèves du Centre d'Etudes Secondaires et faisaient partie d'un petit groupe à tendance de gauche né des circonstances du moment. Le Centre d'Etudes Secondaires réunissait une brillante équipe de professeurs revenus de leurs études à Paris qui comprenait, entre autres les professeurs Max Chancy, Marie-Lucie Chancy Manigat, Leslie Manigat, Pierre Riché, Pradel Pompilus, Jean Claude.

Tout ce que l'on put savoir, c'est que Yvon Piverger, mince, âgé de 17 ans, élève brillant, avait été surpris distribuant un tract estimé « subversif » par le pouvoir. Il fut torturé jusqu'à ce que mort s'ensuive. L'identité des responsables de ce forfait n'a jamais pu être connue. Un code strict de silence parmi les tueurs les protégeait. Pour un simple acte de désaccord, un jeune et brillant étudiant perdit la vie. Ni sa famille ni ses condisciples ne pouvaient savoir ou évoquer le souvenir de son martyre. Les deux autres compagnons de Piverger, Jean-Camille Calvin et son frère Serge Calvin, n'ont jamais révélé les détails du drame, ni les responsables. C'est dire l'atmosphère de peur dans laquelle vivait le pays pendant ces années-là.

Le drame ne s'arrêta pas là. Un parent de chacun des étudiants arrêtés fut appréhendé et battu aux casernes François-Duvalier, le quartier-général de la police, bien qu'il ignorât complètement les activités de leur fils. Le capitaine Jean Tassy battit si sauvagement la mère de Frantz Bernard, Félicienne Dupré (Madame Antoine Bernard), qu´il lui fendit le crâne avec son « coco macaque ». Elle mourut sur-le-champ, dans la salle de torture ensanglantée. Frantz, parti en exil pour la France, a porté toute sa vie le fardeau du décès tragique de sa mère. Le reste de la population n´a pas eu connaissance de ces drames du 19 février 1963 ni de ses victimes.

La date du 10 février a généré d´autres tensions et avec elles des répressions. L´ethnologue Lamartinière Honorat, qui fut le premier chef de cabinet de Duvalier, retrace l´humeur du pays dans un article d´opinion qu´il publia dans le Nouvelliste sous le titre « La psychose de la peur ». Il s´agissait d´une critique voilée de la terreur provoquée par le régime. Honorat y appela les cioyens haïtiens à ne pas se laisser paralyser par cette peur. Mais la terreur et la peur avaient atteint de nouveaux sommets cette année-là.

Une nuit, un transformateur du Palais explosa jetant les lieux dans l'obscurité. Ceci déclencha tout autour du palais un feu d'artifice des patrouilles de *makout*, tirant dans le noir sur un ennemi invisible et inexistant. Une enquête révéla par la suite que le transformateur avait été atteint par une balle. Et quand le général Antonio Kébreau, en vacances de son poste d'ambassadeur près du Vatican, mourut subitement une nuit de janvier 1963 après une réception au palais, les histoires d'empoisonnement firent le tour de la ville. Duvalier prit un décret pour qualifier de « Mois de la reconnaissance nationale » la période s'étendant du 22 avril au 22 mai, la raison étant, bien sûr, sa continuation au pouvoir. « *Nou pran l, nou pran l nèt !* » (Le pouvoir que nous avons pris, nous l'avons pris pour toujours !)

Histoire d'un VSN en deux lettres et une photo

1961, 1963

Du côté du pouvoir, comment s'organise la terreur au quotidien ?

La correspondance adressée par le Président François Duvalier, chef d'Etat, à un membre du corps des Volontaires de la Sécurité nationale (VSN), Louis Herman Bovery, du Cap-Haïtien, arpenteur de son état, est éloquente.

Herman Bovery

En effet, les deux lettres reproduites ici illustrent le fonctionnement de la police secrète de Papa Doc dont Clément Barbot s'est proclamé le chef, dès le 22 septembre 1957. Elles rendent compte de la gestion effectuée par Duvalier lui-même, de cette police secrète.

Lettre du président François Duvalier à Herman Bovery (1961)

Fac simile

L' Président
de la
République

Palais National Port-au-Prince, 23 Mars 1961

Mr. Louis H. Bovery
V.S.N. - Cap Haïtien

Je suis satisfait du grand Travail que vous avez réalisé dans le Nord. Je vous autorise à prendres toutes les dispositions pour mettre tous ces étudiants professeurs ou autres individus qui conspirent contre mon gouvernement, hors d'état de nuire. Deux hommes de ma haute police secrète vous contacteront bientôt pour la liquidation de leurs complices.

J'ai donné ordre au Leader Zacharie Delva de vous fournir argent et moyens de transport pour organiser le transport des masses paysannes et urbaines du département du Nord qui manifestent le désir de venir fêter dans la capitale avec le chef suprême de la Nation sa réélection, le trente avril prochain.

Président DUVALIER

Lettre du président François Duvalier à Herman Bovery (1961)

Palais National

23 mars 1961

Le Président
de la
République

Mr. Louis H. Bovery
V.S.N. – Cap-Haïtien

Je suis satisfait du grand travail que vous avez réalisé dans le Nord. Je vous autorise à prendre toutes les dispositions pour mettre tous ces étudiants professeurs ou autres individus qui conspirent contre mon gouvernement, hors d´état de nuire. Deux hommes de ma haute police secrète vous contacteront bientôt pour la liquidation de leurs complices.

J´ai donné ordre au Leader Zacharie Delva de vous fournir argent et moyens de transport pour organiser le transport des masses paysannes et urbaines du département du Nord qui manifestent le désir de venir fêter dans la capitale avec le chef suprême de la Nation sa réélection le trente avril prochain.

(s) François Duvalier, Président DUVALIER.

Lettre du président François Duvalier à Herman Bovery (1963)

Fac simile

Palais National. Port au Prince, 3 Octobre. 1963

Le Président de la République

Mr. Louis H Bovery
Arpenteur
V.S.N. - Cap

Je vous choisis comme membre de ma police secrète. Dès réception de ce message, veuillez vous présenter à maître Luc Désyr au Palais National pour recevoir les instructions nécessaires. Je vous exhorte à ne jamais démériter de ma confiance en vous dans l'exécution des missions qui vous seront confiées.

Président DUVALIER

Lettre du président François Duvalier à Herman Bovery (1963)

Palais National

3 Octobre 1963

Le Président
de la
République

Mr. Louis H. Bovery
Arpenteur
V.S.N. - Cap

Je vous choisis comme membre de ma police secrète. Dès réception de ce message, veuillez vous présenter à maître Luc Désyr au Palais National pour recevoir les instructions nécessaires. Je vous exhorte à ne jamais démériter de ma confiance en vous dans l'exécution des missions qui vous seront confiées.

(s) François Duvalier, Président DUVALIER.

Chapitre 12

Coup double

Expulsion de Mgr Paul Robert
3 février 1961-novembre 1962

Neutralisation du mouvement étudiant
4 février 1961

Le jeudi 31 janvier 1961, la radio du gouvernement « La *Voix de la République* » interrompit brusquement ses tirades quotidiennes contre l'église catholique. Les auditeurs de la radio étaient interloqués par le brusque changement du contenu du programme. En effet, sur un fond de musique religieuse solennelle, la radio officielle annonça sur un ton de satisfaction que le Saint-Siège avait nommé le Père Claudius Angénor, curé de Plaisance, un Haïtien de 41 ans, comme administrateur de l'Archidiocèse de Port-au-Prince.

Le RP. Claudius Angénor, tout en restant curé de Plaisance en titre, fut officiellement installé administrateur de l'archidiocèse par Mgr Giovanni Ferofino, nonce apostolique. Mgr Ferrofino fit savoir, de façon officieuse, que le choix de Mgr Angénor avait été une initiative du gouvernement. Le Père Jean-Baptiste Georges, qui avait été le ministre de l'Education du premier cabinet, était nommé vicaire général du diocèse. L'annonce soulignait le fait que le Père Georges, un ancien étudiant de l'Université Laval, détenait un doctorat en droit canon.

Trois jours après l'annonce de la nomination de Mgr Angénor, le nonce vit apparaître un réfugié, en la personne de Paul Robert, l'évêque de Gonaïves, à la porte de la nonciature. Robert, âgé de soixante-cinq ans, venait de célébrer ses vingt-cinq années de service comme évêque des Gonaïves. Il dut laisser la ville pour se réfugier à la Nonciature. Pour l'obliger de partir de Gonaïves, une bande de près de cinquante personnes s'était rassemblée devant sa résidence lançant des slogans hostiles et des menaces : « A bas l'évêque blanc ! Fous le camp de notre pays »! Des pancartes demandaient son départ immédiat. En principe, le pays se trouvait sous le régime de l'état de siège et nulle manifestation ne pouvait avoir lieu sans autorisation gouvernementale. Cependant, malgré la proximité de la caserne de la police et de l'armée, personne n'essaya de disperser les manifestants.

L'opération avait été préparée depuis la veille. Mgr Robert en avait été informé et avait fermé à clef la grille d'entrée. Mais les manifestants purent entrer en utilisant des barres de fer. Ils pillèrent le dépôt du bureau diocésain de Caritas, emportant plus de 1000 feuilles de tôle, un générateur de 500 watts, et du lait en poudre, de la farine, et le vin destiné aux célébrations de la messe. Les matériaux de construction venaient d'un programme de construction d'écoles rurales financé par le Vatican. Les produits alimentaires servaient à la distribution quotidienne de nourriture pour les pauvres. Emportant leur butin, les manifestants, à l'image des bandes de carnaval, rentrèrent en ville en dansant, et passèrent devant les casernes de l'armée et de la police.

Le major Lionel Honorat, commandant militaire du district, accompagné du préfet, se rendit auprès de Mgr Robert pour lui signifier que l'armée ne pouvait plus garantir sa sécurité, et qu'il devait quitter la ville car sa présence incitait la population à des manifestations de violence. L'évêque dut acquiescer et après un regard sur les lieux où il avait habité pendant vingt-cinq ans, il demanda aux officiels de placer des scellés sur toutes les portes et s'engouffra dans la voiture du major Honorat qui lui avait proposé de l'emmener à Port-au-Prince.

Réfugié à la Nonciature apostolique, Mgr Robert reçut l'injonction du gouvernement de ne se rendre, sous aucun prétexte, aux Gonaïves. Il avait pris logement à Pétion-Ville où il devait rester jusqu'à son expulsion du pays en novembre 1962. Pendant ce temps, les prêtres et les religieuses non haïtiens du diocèse des Gonaïves étaient expulsés l'un après l'autre jusqu'à ce qu'il n'en reste plus. Un jeune vicaire fraîchement débarqué n'eut même pas le temps de dire sa première messe dans sa paroisse.

Le gouvernement allégua plus tard que l'expulsion de Mgr Robert se devait au fait qu'il avait ordonné à l'un des prêtres du diocèse d'omettre, à la fin de la messe, la prière qui, selon le concordat, devait être dite pour le président. De fait, si l'on admettait que Duvalier était excommunié à cause des violences exercées contre prêtres et évêques, on pouvait effectivement se demander s'il fallait réciter cette prière.

Ainsi se terminait une longue histoire – de vingt-cinq ans – d'opposition entre l'évêque et le docteur François Duvalier. Il s'agissait bien d'un règlement de comptes concernant la guerre que menait l'évêque des Gonaïves contre le vodou depuis 1941. Mgr Robert était un breton à la tête dure qui n'avait jamais mis des gants pour qualifier le vodou de pratique démoniaque et pour exclure des sacrements tout fidèle qui admettait suivre les rites et les pratiques de cette religion pourtant imbriquée dans le catholicisme. Il avait été un ardent protagoniste de la campagne antisuperstitieuse visant à l'élimination physique du vodou. Cette campagne, aux allures d'Inquisition, dut être arrêtée après que des hommes de mains, le 22 février 1942, eurent tiré des salves d'armes à feu au cours d'une messe présidée par le Père Rémy Augustin (devenu plus tard évêque auxiliaire et qui sera expulsé).

Duvalier, pour sa part, appartenait à un groupe d'intellectuels haïtiens qui s'étaient frottés à l'éthnologie et qui, sur le plan politique, étaient en majorité violemment « noiristes » dans leurs publications dans la revue « Les Griots ». Ils voyaient dans le vodou « l'expression transcendante de la conscience raciale nègre face aux énigmes de ce monde ». A cette aversion réciproque caractérisée autour du vaudou entre les deux hommes, il faut ajouter le fait que Mgr Robert avait expulsé du diocèse le

Père Hubert Papailler, actuel ministre de l'Education nationale, pour avoir célébré dans sa paroisse les funérailles d'un franc-maçon.

Pour faire bonne mesure, Duvalier confia au chef des *makout* des Gonaïves, Zacharie Delva, la tâche de mobiliser la population contre l'évêque. A titre de revanche, Zacharie organisa une cérémonie vodou sur l'esplanade de la cathédrale des Gonaïves. Il avait pensé l'organiser initialement dans la cathédrale elle-même. Mais il estima finalement que l'esplanade serait mieux appropriée pour frapper l'esprit de la population. Un cochon noir fut sacrifié. Quelques jours plus tard, Zacharie Delva, en complet noir et cravate, accueillait l'ambassadeur des USA, Robert Newbegin, l'administrateur de l'agence de coopération américaine dénommée *Point IV* (qui deviendra l'Agence américaine de coopération pour le développement international, communément appelée USAID de nos jours), Earl O. Finnie et Hervé Boyer, ministre des Finances, venus inspecter le projet « Organisation du Développement de la Vallée de l'Artibonite » (ODVA).

Sur un autre front, Duvalier prenait l'initiative pour finalement terminer, en sa faveur, la longue confrontation avec le milieu étudiant. Après le gant de fer, il fallait utiliser, du moins en apparence, le gant de velours. Il reçut au Palais national une douzaine d'étudiants qui rendirent hommage au « patriotisme de Son Excellence » au fondement des mesures sévères que le président avait prises contre l'Université et contre les étudiants. Ils avaient compris ses motivations hautement patriotiques. C'est la raison pour laquelle ils n'avaient pas hésité à faire « un appel public à la radio pour demander à tous les étudiants de reprendre les cours réguliers ».

En réalité, Duvalier parvenait au bout d'une longue opération visant à soumettre au moins l'administration de l'Université, voire les étudiants. Il réussit à retourner des responsables du mouvement étudiant. Certains opportunistes sautèrent sur l'occasion. L'un des plus remarquables sera l'étudiant en médecine Roger Lafontant, qui allait faire de la Faculté de Médecine, un bastion du « macoutisme ». De petite taille et bâti en force,

Roger Lafontant avait un discours fluide, au débit rapide. Il avait été un partisan de Daniel Fignolé mais le vent soufflait dans une autre direction. Il devint donc un ardent supporteur de Duvalier, commençant ainsi une longue carrière politique qui l'amènerait à occuper le poste de ministre de l'Intérieur et, à son retour en Haïti en 1990, à organiser un coup d'Etat de quelques heures contre le président nouvellement élu, Jean-Bertrand Aristide, le 7 janvier 1991. Jugé de façon expéditive et condamné à la prison à vie, Roger Lafontant sera assassiné dans sa cellule du Pénitencier national dans la nuit du 30 septembre 1991.

Le 5 février 1961, un fac-similé d´une étrange lettre attribuée à deux dirigeants communistes supposés, le Dr Joseph Verna et Fritz Hyppolite, alors incarcérés, fut publié dans le journal *Le Nouvelliste*.

Datée du 4 février 1961, la lettre disait ceci:

« Je, soussigné, Dr Joseph Verna, médecin résident à Grand Bois, certifie avoir sollicité de plein gré et sans contrainte, en pleine lucidité d´esprit, de l´autorité supérieure l´autorisation de faire la déclaration suivante comme Secrétaire général, principal responsable du mouvement par suite de l´absence de Jacques Stephen Alexis dont je suis nanti du mandat approuvé par tous ses collaborateurs.

Le Parti d'Entente Populaire (PEP) est organisé comme suit :

1. *Président : Dr Jacques Stephen Alexis qui a voyagé sous le nom de Bernard (sic) Célestin le 12 août 1960 à destination de Pékin (Chine populaire) et Moscou (Union Soviétique)*

2. *Secrétaires: Monsieur Gérard Pierre-Charles qui se trouve au Mexique. Dr. Joseph Verna actuellement responsable d´emblée du mouvement*

3. *Responsable à l'Organisation: Fritz Hyppolite.*

4. *Responsable des Finances: Mlle Rosette Bastien*

5. *Responsable à l'Information: Michel Durant*

6. *Responsable à la Jeunesse: Guy Mayer, Yves Médar (sic) et Jean Faure*

Mot d´ordre du 4 février 1961

Le Secrétaire du Parti d'Entente Populaire demande à tous les camarades de se conformer aux décisions prises par le Pouvoir Exécutif et de faire cause commune avec la politique de justice sociale que préconise le Gouvernement de son Excellence le Docteur François Duvalier, président de la République pour le plus grand bien de la Classe et de la Patrie.

Ce mot d´ordre a été lancé après de mûres réflexions sur les activités subversives et anti-nationales de l'opposition dominée par le secteur Déjoiste ayant à sa tête Dr. Georges Rigaud, Rossini Pierre-Louis, le clergé breton, le Père Adrien et les autres prêtres du Petit Séminaire qui ne peuvent (sic) et ne travaillent que pour l´anéantissement de la classe moyenne dont le Docteur François Duvalier est un authentique représentant, et des masses.

En conséquence, il vous invite :

1. A laisser le maquis

2. A regagner vos salles de classe

3. A cesser toutes activités subversives de l'ordre publique (sic) dans lesquelles voudrait vous entraîner tout autre Parti de l'opposition. C´est une garantie pour votre avenir.

Joseph Verna
Docteur en Médecine, Responsable du mouvement
Fritz Hyppolite
Pour le Comité d´organisation ».

La répression exercée par Duvalier pour casser la grève des étudiants aura aussi l'effet contraire: radicaliser un certain nombre d'étudiants. Des jeunes passèrent en effet de l´activisme catholique au marxisme, représenté sur le terrain par le PEP et par le PPLN. « C'est là, disait l'un d'entre eux, que nous pouvions trouver les outils pour combattre Duvalier ». Cependant, savoir si et comment cette attraction envisageait, dans le long terme, l'installation en Haïti du marxisme est une question ouverte à débat. A l´époque, l'ensemble de la société se courbait sous un régime de terreur et l'on ne parlait guère qu'en murmurant.

Duvalier récompensa généreusement ceux qui l'avaient aidé à casser la grève. Apprenant que Roger Lafontant s'était marié, il lui donna une voiture et paya à l'hôtel Ibo-Lélé un week-end de lune de miel pour les jeunes mariés. Il s'arrangea pour que soient connus les bénéficiaires de sa générosité. Lafontant devint le commandant de la milice makout de l'Université. Personne n'entrait à la Faculté de Médecine sans son assentiment, et, encore étudiant, il fut nommé chef du département d'anatomie. Les étudiants qui entraient à la milice s'entraînaient au Fort Lamentin. Trois fois par semaine, un autobus diesel de couleur verte amenait les volontaires au Lamentin, et Lafontant s'arrangeait pour que les étudiants « duvaliéristes » reçoivent une allocation de cent dollars par mois du ministère de l'Intérieur. A un groupe de jeunes qui voulaient s'inscrire à l'Université, Lafontant un jour répliqua : « Ici, il n'y a pas de place pour les étudiants de la petite bourgeoisie... Nous voulons seulement des militants ! »

Cette situation provoqua un exode massif des cadres du pays. Un des problèmes, précisément, de l´après-Duvalier est la perte, pour Haïti, d'une partie majoritaire de son intelligentsia. De nombreux, les meilleurs dans bien des cas, professeurs, avocats, ingénieurs, ouvriers spécialisés, écrivains, juges, médecins, gestionnaires iront gonfler les lieux de l´exil, perdus pour le pays.

Les familles, beaucoup de familles, connaîtront le drame des disparitions. Toute question étant taboue et compromettante, c'est une chape de silence, sans fissure, qui s'établit sur les arrestations, les disparitions et les exécutions. Des soldats, des *makout*, mais aussi des civils, faisaient un commerce de prétendues nouvelles et entretiendront, chez certaines familles, et pendant des années, l'espoir d'un retour des personnes disparues alors que celles-ci étaient décédées depuis longtemps. Ce n'est pas l'un des moindres aspects de la mer de souffrance vécue par des dizaines de milliers de personnes, et ceci, même après le départ de Jean-Claude Duvalier en 1986. Les disparus serviront à Duvalier et aux *makout* d'épouvantail pour terroriser et paralyser le reste de la population, chacun essayant de négocier la survie, dans l'attente de la libération.

Chapitre 13

Le retour de Camarade Soleil

Jacques Stephen Alexis
17 avril 1961

> *« Le nègre ne meurt jamais avant son heure*
> *et personne ne peut échapper à son destin.*
> *Quand on arrive au pays des borgnes, il faut fermer un œil. »*
> *Josaphat*
> Jacques Stephen Alexis, *Compère Général Soleil*

Quand l'écrivain et romancier Jacques Stephen Alexis s'embarqua sur un bateau cubain pour rentrer clandestinement dans son pays, Haïti, aux alentours du 17 avril 1961, il eut à essuyer les assauts d'une mer démontée. Mais les soixante kilomètres de mer balayés par le vent qui séparent Cuba du rivage haïtien, la presqu'île du Nord-Ouest, n'étaient pas son unique souci. Ce bout de mer rempli de requins était aussi surveillé par les bateaux de guerre de la flotte atlantique américaine. Le compte à rebours avait commencé pour l'invasion, si longtemps attendue et pas si secrète que cela, de Cuba par les exilés cubains aidés par la CIA. L'équipage du bateau que le parti communiste cubain avait prêté à Alexis avait hâte d'en finir avec cette mission et de retourner chez eux. Car la bataille sur les plages et marécages de *Playa Girón* (« La baie des Cochons ») durait depuis trois jours. Elle s'achèvera par la défaite des exilés cubains le 19 avril 1961. L'épisode de la Baie des cochons a non seulement modifié la géographie politique de la Caraïbe mais a aussi persuadé des dictateurs comme François Duvalier que les puissants USA pouvaient subir un revers à l´heure de forcer un changement de régime.

Alexis, accompagné de quatre compatriotes, avait quitté Cuba à bord d'une vedette cubaine rapide juste au moment où un groupe d'exilés cubains était supposé débarquer près de la ville de Baracoa, dans la partie est de l'île. Mais, au dernier moment, le bateau *Santa Ana* qui devait arriver de la Nouvelle Orléans renonça à cette aventure.

Alexis voulait qu'on le débarque tout près de sa ville natale, Gonaïves. Il pensait pouvoir se glisser clandestinement dans le pays et réorganiser son parti qui avait été la principale cible de la répression déclenchée vis-à-vis de la grève des étudiants. Mais l'équipage du bateau cubain était tellement pressé qu´il largua Alexis et ses quatre compagnons dans un canot de caoutchouc gonflable, après avoir traversé le Canal du Vent, au nord de la baie du Môle Saint-Nicolas. Loin, bien loin de la destination prévue. La baie du Môle, est un bassin d'eau profonde au bord de la péninsule nord-ouest d'Haïti. Entourée de montagnes rocheuses, c'était l´une des zones les plus sensibles, inhospitalières et militarisées du pays. Elle était aussi l´une des plus enclavées. L'unique route qui la reliait à Bombardopolis, en direction de Gonaïves, était une piste creusée le long du roc, au bord de l'océan. La garnison de vingt-cinq soldats stationnant au Môle était ravitaillée par les Gardes-Côtes depuis Port-au-Prince.

Toujours, au moment où on s´y attendait le moins, le propriétaire, ou un chef de section ou bien un de ses aides, un lieutenant ou quelqu´autre animal de proie, surgissait.

Jacques Stephen Alexis, *Les arbres musiciens*

Complètement désorientés, Alexis et ses compagnons offrirent des dollars à un paysan qui devait les guider. Celui-ci informa le chef de section qui arrêta le groupe et le remit au poste militaire du Môle.

Vêtus de jeans et de chemises neufs, Alexis et ses compagnons détonnaient dans cet environnement paysan. Offrir des dollars par dessus le marché était une deuxième et grossière erreur. Ainsi, le destin frappait l'un des romanciers haïtiens qui avait écrit avec beaucoup de sensibilité sur le monde paysan et aurait dû en savoir plus.

Au bord de la baie du Môle Saint-Nicolas, un petit détachement d'artillerie de l'armée haïtienne campait à côté d'un canon Howitzer de calibre .75 pointé vers la mer en direction de Cuba. Ce dispositif était chétif, mais Duvalier pouvait toujours compter sur le renfort par les *makout* et les paysans de la côte. Cultivateurs et pêcheurs n'avaient d'autre alternative que d'informer le chef de section ou le chef des *tonton makout* si quelque chose d'inhabituel se passait. En décider autrement équivalait à s'exposer à la prison ou pire. Par ailleurs, tout bateau était suspect après l'invasion menée par Alix Pasquet en juillet 1958 et l'invasion, l'année suivante, des trente Cubains qui, emmenés par l'aventurier algérien, le major Henry Fuentes, avaient débarqué aux Irois. En avril 1961, l'armée avait été avertie de la possible arrivée de trois vedettes transportant cinquante-six marins qui avaient fui Cuba depuis le port de Baracoa. La vigilance était la consigne de l'heure.

Le 20 avril 1961, je me trouvais au bureau des câbles de la RCA au centre-ville de Port-au-Prince, achevant une dépêche adressée à *l'Associated Press* concernant la réaction, non officielle, des Haïtiens à l'annonce de l'invasion de la Baie des Cochons. Interrogés, des gens du gouvernement déclarèrent, sous condition d'anonymat, qu'ils pensaient que le régime de Castro ne pourrait pas résister à une invasion ayant l'appui des Etats-Unis. Les événements allaient prouver qu'ils se trompaient.

Le colonel Jacques Laroche, qui allait prendre le commandement des gardes-côtes, entra dans le bureau de la RCA. Il se pencha sur le comptoir et me fit signe de me rapprocher. A voix basse, il m'annonça : « *Yo pran Jacques Stephen Alexis !*». (Jacques Stephen Alexis a été capturé !). Que l'homme le plus recherché par la police du dictateur eut été arrêté fut un choc.

Alexis était un écrivain puissant et le plus important leader de gauche d´Haïti. Ce n´était un secret pour personne qu´il était parti pour l´étranger. Mais le *Camarade Soleil*, comme on l´appelait dans son parti, était-il revenu ? Laroche, un fidèle de Duvalier, s'assura que personne aux alentours ne l'écoutait et m'avertit : « *Ceci est pour vous et personne d'autre. C'est compris ?* » Laroche avait lu les œuvres d'Alexis et, visiblement, la nouvelle l'avait affecté. Tout ce qu'il savait, c'est qu´Alexis avait été capturé venant de Cuba, après avoir débarqué, avec quatre autres Haïtiens, dans les environs du Môle Saint-Nicolas. Laroche ajouta qu'il ignorait la suite des événements, mais il déclara qu'une unité des Gardes-côtes avait été aussitôt dépêchée au Môle.

Ainsi commença un mystère déroutant. Le gouvernement refusa fermement de confirmer ou d´infirmer le retour clandestin d´Alexis en Haïti. En théorie, un éminent écrivain d´un pays ne saurait disparaître sans laisser de traces. Mais en Haïti, c´était possible et ce fut ainsi.

Jacques Stephen Alexis était né aux Gonaïves le 22 avril 1922. Son arrière-grand-mère du côté paternel, Rosanna Jean Philippe Daud était une descendante directe de Jean-Jacques Dessalines, libérateur et fondateur de la nation haïtienne. Le père de Jacques, Stephen Alexis, était un journaliste connu, écrivain, historien et diplomate. Jacques étudia au collège Stanislas, à Paris, durant les quatre ans où son père était ambassadeur d'Haïti en France (1926-1930). A son retour en Haïti, Jacques fréquenta le Collège Saint-Louis de Gonzague et ensuite l'Ecole de Médecine où il organisa la première association des étudiants en médecine. En 1946, il participa au mouvement qui mit fin à la présidence d'Elie Lescot le 11 janvier en tant que membre du journal *La Ruche*. Fondateur et Secrétaire général du Parti d'Entente Populaire (PEP), Alexis était considéré comme l'adversaire le plus dangereux du régime par les occupants du palais. Duvalier avait accusé le Parti d´Entente Populaire (PEP) d'être l'organisateur principal de la grève des étudiants. Sa fin a toujours été entourée de doute et de mystère. Depuis 54 ans, il fait partie de ces « disparus » du régime de François Duvalier. Les disparus n´ont pas de tombe. Aucun certificat de décès n´a été émis car le régime a refusé de reconnaître l´existence même de ses victimes.

Une semaine après avoir eu vent du retour d'Alexis, j'appris que le ministre des Affaires Etrangères, Joseph Baguidy, avait, en revenant d´un voyage en Afrique, informé l'ambassadeur américain, Robert Newbegin, non sans une touche de fierté, que le gouvernement avait arrêté cinq personnes venues de Cuba qui avaient débarqué près du Môle Saint-Nicolas. Baguidy voulait prouver par-là que le gouvernement s'en prenait à de vrais communistes, que le danger communiste n´était pas imaginaire, surtout qu'il s'agissait dans ce cas-là du chef du PEP, Jacques Stephen Alexis, qui avait avec lui un pistolet, une somme importante en dollars et des documents communistes, toujours selon la version livrée à l´ambassadeur américain à Port-au-Prince.

Le silence maintenu par le gouvernement sur les prisonniers n'augurait rien de bon sur le sort qu'on leur destinait. Impossible d'aller au Môle Saint-Nicolas que l'armée avait déclaré zone sous contrôle, hors d´atteinte pour les journalistes. Quelques semaines auparavant, au début d'avril 1961, Duvalier avait offert le Môle Saint-Nicolas aux Etats-Unis pour servir de base navale et comme station de repérage de satellites. L'offre avait été faite par l'intermédiaire de Victor L. Anfuso, originaire de Brooklyn, démocrate, membre du Congrès pour l'Etat de New York. Anfuso était également membre du Comité du Congrès pour la Science et l'Aéronautique et président du sous-comité sur la coopération internationale et la sécurité. Il était un sympathisant du gouvernement de Duvalier. L'administration Kennedy ne tint aucun compte de l'offre qu'il avait transmise.

Le 30 avril 1961, *Haiti Sun* publiait la nouvelle en première page sous le titre « Retour mystérieux de 5 personnes en provenance de Cuba ».

«L'apparition soudaine au Môle Saint-Nicolas de cinq Haïtiens, le week-end dernier, est un fait qui reste enveloppé de mystère, au moment où la tentative d'invasion de Cuba par des forces anti-castristes se solde par l'échec. A ce qu´on dit, au moins trois de ces hommes ont été identifiés comme membres du groupe qui avait détourné, en avril 1959, un DC3 de la COHATA (armée haïtienne), tuant le pilote, le major Eberlé Guilbaud, le populaire « Cowboy » ». Pour mémoire, le DC3 avait atterri à Santiago de Cuba avec trente-deux personnes à bord. Les pirates de l´air portaient des brassards avec les initiales RHI du mouvement Révolution Haïtienne de l'Intérieur (RHI).

Il peut paraître paradoxal que le marxiste Jacques Stephen Alexis eut été accompagné dans cette expédition par trois partisans de Louis Déjoie, l´industriel qui avait fondé le Parti Agricole Industriel National (PAIN) : Carl Béliard, Hubert Dupuis-Nouillé et Max Monroe. Un tel fait est peut-être en cohérence avec le Manifeste du Parti d´Entente Populaire (PEP) qui prône l´alliance des classes populaires (paysannerie et prolétariat) avec la bourgeoisie nationale. Toujours est-il qu´il semblerait que Monroe avait essayé, avec un camarade haïtien, de retourner en Haïti en 1959 avec un certain nombre d'armes. Intercepté par les Cubains, il avait été ramené à son point de départ. Le cinquième membre de l´expédition, Charles Adrien Georges, était, quant à lui un militant de gauche depuis 1956. Il animait une association culturelle dénommée « Groupe Jeune Culture » et faisait du théâtre radiophonique. Il avait contribué à la constitution de plusieurs syndicats. Il était membre fondateur du PEP et membre du Comité central.

Après le débarquement d'avril 1961, des rumeurs commencèrent à courir dans la région du Môle. On disait que les pêcheurs avaient raconté que cinq étrangers avaient été capturés et enfermés dans une cellule près du Fort Saint-Georges, dans les ruines du rempart construit par les Anglais pour défendre le Môle quand ils occupèrent plusieurs régions de Saint-Domingue (le Môle, Port-au-Prince, Jérémie et d´autres zones côtières) entre 1793 et 1798. Des pêcheurs de langoustes de la zone ont en effet confirmé l´arrivée de bateaux de gardes-côtes transportant des officiers à bord. On disait que les cinq prisonniers avaient été emmenés dans la savane face au village du Môle Saint-Nicolas et lapidés par les paysans. Probablement diffusée par le régime, cette rumeur précisait même qu'Alexis avait eu un œil arraché. Il semble que Papa Doc voulait que l´on sache qu´Alexis avait été tué par des paysans, par ceux dont il défendait la cause.

Mais selon d'autres récits, Alexis aurait été emmené à Port-au-Prince, interrogé aux casernes Dessalines et au Palais national et enfermé ensuite pendant une nuit au Fort Dimanche avant d'être exécuté. Bernac Célestin, un membre du Parti d´Entente Populaire (PEP), dont Alexis avait utilisé le passeport, m´a raconté, en 2002, qu´au début de son séjour au Fort Dimanche (où il passera six ans) on avait amené un prisonnier dans la cellule voisine. Il s'était arrangé pour grimper au haut du mur de la cellule et avait aperçu le visage d'un individu qui avait l'air d'avoir été battu. Puis, Bernac a murmuré « *Soleil* », le pseudonyme attribué à Alexis. L´individu fit un mouvement comme s´il reconnaissait son surnom. « Il a tourné légèrement sa tête malmenée et je reste persuadé, jusqu´à ce jour, qu´il s´agissait d´Alexis ».

Deux documents attestent de la présence de Jacques Stephen Alexis au bureau des Recherches Criminelles de la Police, sis à Port-au-Prince. Ils sont été remis, après la chute de la dynastie Duvalier, à la deuxième femme d'Alexis, Andrée Roumer Alexis.

Le premier de ces documents, vraisemblablement écrit par Alexis dont on reconnaît l'écriture ferme et claire et la signature, est une liste de ce qu'il avait sur lui au moment de son arrestation. C'est, en toute probabilité, le dernier texte écrit par Alexis.

Déclaration de Jacques Stephen Alexis aux Recherches Criminelles (Police de Port-au-Prince) indiquant le montant de ses avoirs monétaires. 1961. Collection Andrée Roumer.

« *Je soussigné Jacques Stephen Alexis, dit Joseph Thévenot, docteur en médecine, écrivain, certifie avoir eu sur moi au moment de ma détention la somme de treize mille dollars américains et cinquante-trois gourdes en billets haïtiens ($13.000) et (53 Gourdes) valeur représentant le montant de droits d'auteurs sur mes livres perçus dans divers pays étrangers.*

En foi de quoi je signe le présent document pour valoir ce que de droit aux autorités civiles et militaires intéressées. »

(S) Jacques S. Alexis
dit Joseph Thevenot

Un second document daté du 23 avril 1961 porte la signature du sous-lieutenant Edouard Guilliod, membre du Bureau de Recherches Criminelles de la Police de Port-au-Prince, qui y a laissé une réputation de férocité particulière.

Accusé de réception établi par le sous-lieutenant Edouard Guilliod du bureau des Recherches Criminelles (Police de Port-au-Prince) décrivant les avoirs monétaires et les effets personnels de Jacques Stephen Alexis et de ses compagnons. 1961. Collection Andrée Roumer.

« *Je certifie avoir reçu du Comsoudis Jn. Rabel une valeur de ($13.000) treize mille dollars en billets de 20 et de dix et de cent dollars et les effets personnels des prévenus : 1 pistolet colt cal .38 et 3 chargeurs; 4 montres, 1 camera, 1 jumelle de campagne, 1 pince, 2, 1 pardessus, 2 porte rasoirs, 1 pioche, et les papiers importants (Documents), 1 portefeuille contenant soixante-cinq gourdes (65 gourdes)* »

Le 23 Avril 1961

(S) Edouard Guilliod S/Lt. FAd'H.

En 2003, revenant sur le mystère du destin de Jacques Stephen Alexis, je me demandais s'il avait été exécuté sur le lieu du débarquement, avec ses quatre compagnons, ou s´il avait été amené à Port-au-Prince pour être interrogé par Duvalier et, ensuite, exécuté. Je me mis à la recherche du lieutenant Guilliod. Il avait laissé Haïti, via l'ambassade d'Equateur, vers la fin du règne de François Duvalier. Reconnu au cours d'un match de football à Brooklyn par des compatriotes exilés en colère, il disparut de la circulation. Il s'était établi en Floride. Marié à une Equatorienne, il parlait couramment l'espagnol et l'anglais. Agé à l´époque de 72 ans, Guilliod vivait dans un appartement moderne en Floride du Sud. Son numéro de téléphone n'était pas dans l'annuaire.

Quand je me présentai à la porte de l'appartement, personne ne répondit. Je laissai une note sur sa porte avec mon numéro de téléphone. Le même jour, évidemment curieux de savoir pourquoi un journaliste recherchait un ancien officier de police de Duvalier, il daigna m´appeler et me parler par téléphone. Il paraissait extrêmement contrarié, bourru, décidé à ne pas coopérer. Il me demanda, en créole, comment j'avais pu trouver son adresse. Je lui répondis *« Je suis un journaliste »*. Ensuite, il recourut rapidement aux questions du genre *« Qui ? Moi ? »* selon la bonne habitude des hommes de main de Duvalier.

« Je ne sais de quoi vous parlez. C'est qui, Jacques Stephen Alexis ? Qui ? En quoi cela me concerne-t-il ? » aboya-t-il, bredouillant ses dénégations après avoir juré n´avoir jamais été au Môle Saint-Nicolas ou à Jean-Rabel. « Est-ce que Jacques Stephen Alexis a été envoyé à Port-au-Prince ? Est-ce que vous l'avez interrogé ? » En colère, il ignora à chaque fois cette question. Déclarant qu´il était en exil depuis 35 ans, qu'il avait quitté le pays en 1968 parce qu'il avait été mêlé à un complot contre Duvalier, et que, lui aussi, avait eu sa part de souffrances. « Qu'ils aillent au diable, ces duvaliéristes ! » dit-il sèchement.

Quand je lui fis savoir que je possédais un document listant tout ce que Jacques Stephen Alexis portait sur lui et portant sa signature, Guilliod continua à balbutier : « Je ne sais pas de quoi vous parlez ». Et il mit fin à l'appel téléphonique en déclarant :

« Ce n'est pas un sujet dont on peut parler au téléphone. » Il promit de me rappeler une fois qu'il aurait consulté son emploi du temps. Il n´a jamais rappelé. Dans les jours, semaines et mois qui suivirent cet échange téléphonique, l'ex-lieutenant Guilliod refusa obstinément de prendre mes appels. Il est mort en Floride en 2012.

Le tragique voyage d'Alexis avait commencé en novembre 1960. Les entrées et sorties des citoyens haïtiens étaient strictement surveillées. Il fallait obtenir un visa de sortie du Palais national et un visa d'un consulat pour revenir au pays. Alexis devait conduire une délégation de trois représentants du PEP au Congrès des 81 partis communistes et organisations ouvrières à Moscou.

Il put quitter clandestinement Port-au-Prince utilisant le passeport d'un militant de 23 ans, Bernac Célestin qui avait la même taille que lui. Bernac passa les formalités de sortie. Alexis qui attendait dans une voiture se glissa au dernier moment dans la file des passagers et « passa comme une fleur » selon ce que racontèrent à Mme Alexis les membres du parti. Il fallait passer par Kingston, en Jamaïque, pour éviter le territoire américain. C'est un journal parisien qui annonça à Duvalier la fuite de son archi-ennemi. Trois autres membres du parti, dont Yves Médard, dit Rassoul Labuchin, avaient précédé Alexis, passant par Kingston et Prague.

A Moscou, la délégation du PEP rencontra celle de l'autre parti marxiste haïtien, le Parti Populaire de Libération Nationale (PPLN). Alexis fit un discours qui fut particulièrement remarqué. Il signa la « *Déclaration des 81* » ainsi qu´un pacte de collaboration avec le parti communiste dominicain. Ensuite, accompagné de trois militants de son part, Jean-Paul Destouches, Yves Médard et David Lainé, il se rendit à Pékin. Mao Tsé-Toung aurait déclaré, après la traditionnelle photo, qu'Alexis était le « Noir le plus intelligent qu'il ait jamais rencontré ».

A Paris, sur la route du retour par la Jamaïque, Alexis fit un saut chez Gallimard, l'éditeur de ses quatre romans, acheta des cadeaux pour sa femme et leur fils de 17 mois, Jean-Jacques. A

la Jamaïque, il se sépara de Destouches qui se chargea des cadeaux et de la correspondance. De là, Alexis prit le vol de la
ligne cubaine pour La Havane où couraient des rumeurs
d'invasion des exilés cubains. D'Haïti, les nouvelles n'étaient
pas encourageantes : la grève des étudiants semblait au bord de
l'échec et les dirigeants du PEP étaient en prison. Pendant les
deux mois qui suivirent, Alexis rencontra Max Monroe, cet
Haïtien qui avait, deux ans auparavant, tenté de s'infiltrer en
Haïti. Il rencontra aussi les trois autres qui allaient faire avec lui
le fatidique voyage.

On peut spéculer sur la jalousie et la fureur qu'Alexis ait pu
susciter chez Duvalier. La carrière littéraire de Jacques Stephen
Alexis ne faisait que commencer et déjà sa notoriété était mondiale. Raison de plus pour que Duvalier maintienne un secret
absolu sur son destin. Des appels venaient de tous les horizons,
de la Russie, de France, de Cuba, de la République Dominicaine.
Journaux et revues de France et de Cuba dédiaient à l'homme et
à l'œuvre des articles ou des suppléments. Duvalier répondit
toujours par un silence têtu. Avant son expédition d'avril 1961,
Alexis menait de front la finition de plusieurs manuscrits : deux
romans, *L'Eglantine* et *Dans le blanc des yeux*, et deux essais, *Le
réalisme merveilleux des Haïtiens* et *Chine Miraculeuse*. Qui sait
si ces « papiers importants » cités dans la liste de Guilliod et
classés comme « propagande communiste » n'avaient pas à voir
avec ces manuscrits ?

En juin 1961, Andrée Roumer, la femme d'Alexis fut arrêtée
sous l'inculpation d'essayer de quitter le pays avec un faux passeport. Il s'agissait en réalité du passeport qui portait son nom de
jeune fille. Lucien Chauvet se vanta auprès de moi qu'il lui avait
flanqué une « kalòt marasa » (gifle double), en la frappant des
deux mains sur les deux oreilles d'un seul coup. Chauvet, un
membre de la bourgeoisie rallié au duvaliérisme, était connu
pour ses actes de violence perverse contre les femmes, spécialement contre celles qu'il accusait de rejeter ses avances.

Aux casernes Dessalines, Mme Alexis fut interrogée par Eloïs
Maître, le lieutenant Jean Tassy et Lucien Chauvet. Quand on lui

montra une photo de son mari portant le costume qu'il avait à son départ d'Haïti, elle eut la preuve qu'il avait été capturé et probablement tué. C'était une photo prise en Europe qu'il portait sur lui au moment de sa capture. Des casernes Dessalines, Madame Alexis fut envoyée au Fort Dimanche où elle fut placée dans le « Ti bout », une espèce de structure verticale de la taille d'un cercueil où l'on pouvait à peine se mouvoir (selon le Dr. Georges Michel, le vocable *ti bout* serait une déformation d'une expression créole ancienne, de l'époque de l'occupation américaine, *to bout* qui signifierait que l'on est fini, ou que l'on se trouve dans la dernière tranchée où lon livre son dernier combat). Madame Alexis fut relâchée au bout de sept jours, peut-être grâce à l'intervention du poète Emile Roumer, son oncle, et de l'écrivain Carl Brouard. Pendant des mois, elle souffrit de « la fièvre de Fort Dimanche », une sorte de grippe qui affectait beaucoup de ceux qui avaient fait la prison.

Ce n'est que longtemps après la mort d'Alexis qu'il me fut possible d'obtenir des informations additionnelles sur les circonstances de sa disparition. Durant l'été 2003, je pus avoir une entrevue avec Claude Larreur, qui fut quarante ans plus tôt lieutenant des Gardes-côtes d'Haïti. Il avait fait l'Académie navale italienne. Il lui coûtait de faire ce retour en arrière. C'est avec réticence qu'il répondit à mes questions par téléphone depuis sa résidence dans l'Etat du Maryland. Son père avait disparu le 26 avril 1963. Quant à lui, il était de ceux que Duvalier avait révoqués de l'armée et était recherché par la police. Larreur put se réfugier à l'ambassade d'Argentine mais on n'entendit plus jamais parler de son père. A ce sujet, il fit cette pénible confidence : « Mon père avait l'habitude, dans le temps, d'aller à la chasse avec Lucien Chauvet. Ils étaient amis mais il est possible que Chauvet ait tué son vieil ami.»

Concernant Jacques Stephen Alexis, voici ce que me raconta Larreur.

Un matin d'avril 1961, Larreur reçut l'ordre de se présenter à ses supérieurs au siège des Gardes-côtes situé à Bizoton. Quand il arriva, la vedette la *Crête-à-Pierro*t était prête à partir. Parmi les officiers présents à bord, il y avait un officier des recherches criminelles que tout le monde connaissait sous le nom de *Ti Boule*. Larreur prit le commandement du bateau avec le Môle Saint-Nicolas pour destination. Ses hommes identifièrent aussi parmi la demi-douzaine d´hommes bien armés qui se trouvaient sur le pont un makout du palais nommé Ti-Bobo, réputé pour sa méthode de torture, les « *kalòt marasa* » qui rendaient sourd. Le voyage dura six heures. Le groupe d´hommes armés débarqua et revint au bout d'une heure avec cinq prisonniers menottés. Ils avaient l´air d´avoir été malmenés mais n´étaient pas en mauvais état.

Larreur ajouta « On mit les prisonniers sur le pont et nous fîmes le voyage du retour. On donna du jus d'orange et de l´eau aux prisonniers et à leurs gardiens. Au retour, à Bizoton, vers 7 heures du soir, un fourgon de police qui attendait emmena les prisonniers je ne sais où. J´étais le chauffeur (le pilote du bateau) et le seul prisonnier que je reconnus était Max Monroe qui avait vécu dans mon quartier quand nous étions jeunes. »

En fait, le lieutenant Guilliod était au courant des circonstances qui entouraient les derniers moments de la vie de Jacques Stephen Alexis. Il avait reçu les prisonniers à leur arrivée à Port-au-Prince et accompli les formalités administratives correspondantes. D'où le document signé par Alexis. Il avait reçu l'ordre de ne pas administrer aux prisonniers la bastonnade traditionnelle au Quartier général de la Police car il s'agissait de prisonniers « spéciaux » qui étaient attendus au Palais national. Duvalier avait mis au point son propre protocole sadique pour recevoir au Palais ce type de prisonniers. Il prenait plaisir à ces face à face avec ceux qui avaient osé désirer sa mort. C'est ainsi qu´il avait ordonné que les prisonniers du Môle ne soient pas maltraités et soient amenés à Port-au-Prince.

Un face à face entre Papa Doc et Alexis peut être imaginé comme un grand moment pour le président. Alexis a peut-être nourri quelque illusion, pensant qu'il échapperait au nœud coulant ou à la mort par torture. Mais la présence glaciale de Papa Doc, emplissant la salle où ils se trouvaient ne pouvait que lui rappeler *Le Procès* de Franz Kafka, et alors il aura compris que son destin et celui de ses quatre compagnons étaient déjà tragiquement scellé.

Ils étaient tous deux médecins. Ils étaient tous deux écrivains. L'un était reconnu comme l'un des romanciers les plus importants du pays, tandis que l'autre n'était acclamé que par ses flagorneurs, et ses pairs savaient qu'il n'avait aucun talent d'écrivain, voire qu'il ne savait pas écrire. Duvalier éprouvait une haine viscérale envers les écrivains, excepté ceux qui chantaient ses louanges. Pour Duvalier, le crime de son prisonnier n'était pas tant qu'il eut cherché à renverser son régime pour établir, en tant que leader du Parti d´Entente Populaire, un gouvernement révolutionnaire marxiste. Sa querelle était d'un ordre plus personnel. Il avait devant lui cet homme qui s'était moqué de son petit cercle littéraire favori connu sous le nom de « *Les Griots* » et les avait qualifiés de « *folkloristes bêlants* ». Alexis avait osé critiquer et dénoncer la « négritude », la doctrine à laquelle s'identifiait François Duvalier. C'était pour celui-ci le crime capital le plus impardonnable. De toute façon, papa Doc devait assouvir sa haine pathologique des écrivains haïtiens. Et celui-ci, particulièrement, représentait ce que Duvalier ne pourrait jamais être. L'entrevue était terminée. L´entrevue se sera achevée sur un geste du président, à la manière d´un empereur romain, ordonnant de jeter Alexis et ses compagnons aux lions. Ceux-ci étaient de sadiques tortionnaires qui prenaient plaisir à casser les os aux ennemis du régime. Il restait à Alexis un dernier souffle de vie quand on le jeta dans une cellule du Fort Dimanche pour la nuit. A l'aube, le lendemain, il fut inhumé avec ses compagnons. Depuis lors, son parti, le PEP renoncera à infiltrer des militants par la voie maritime préférant utiliser le pacte de solidarité signé avec le Parti Communiste Dominicain pour utiliser la voie de la frontière. Comme épitaphe, le parti d'Entente Populaire choisit cette citation des *Arbres musiciens* : « *Les arbres tombent de temps à autre, mais la voix de la forêt ne perd jamais sa force. La vie commence.*»

Chapitre 14

Complots et embuscades

Eric Brierre, André Rivière, colonel Ernest Biamby
Avril 1961-février 1962

Dans la foulée des événements dramatiques d'avril 1961, François Duvalier se dépêcha de monter une opération qui laissa tout le monde pantois et des duvaliéristes allèrent même jusqu'à la considérer comme une insulte à l'intelligence du peuple haïtien. Le 7 avril, en effet, un décret présidentiel fut publié qui dissolvait la Chambre des députés en dépit du fait que le mandat des députés ne devait prendre fin que dans deux ans, en mai 1963. Le décret supprimait le Sénat et appelait à de nouvelles élections, fixées au 30 avril 1961, pour pourvoir cinquante-huit sièges de députés.

Tous les candidats étaient supposés être duvaliéristes. Mais lors d'une réunion au Palais national où tous les candidats avaient été invités, ils furent séparés en deux groupes par les jeunes officiers de la garde présidentielle. L'un des deux groupes fut introduit auprès de Duvalier tandis que les autres étaient priés manu militari de rentrer chez eux et, évidemment, d'oublier leur candidature.

Le 30 avril 1961 fut un dimanche paisible. Le nombre des bureaux de vote avait été considérablement réduit. D'ailleurs, seuls les employés de l'administration publique allèrent voter, condition requise pour garder leur emploi. A la surprise générale, on annonça officiellement durant la semaine que le président Duvalier avait reçu un nouveau mandat de six ans se terminant en 1967, alors qu'il lui restait encore deux ans du précédent. Des flagorneurs firent merveille pour expliquer ce tour d'acrobatie pseudo-légale.

Le commissaire du gouvernement Max Duplessis expliqua que tous les bulletins pour *« élire »* les cinquante-huit députés portaient, au bas du papier, le nom du Président. C'est ainsi que le peuple « souverain » avait choisi et élu, à l'unanimité, son leader bien-aimé. Malgré la rareté de votants aux bureaux de vote, 1.320.748 personnes avaient dit oui au nom de François Duvalier et il n'y avait pas un seul non. Avec tout son sérieux habituel, Duvalier déclara : « J'accepte la volonté du peuple, parce qu'en tant que révolutionnaire, je n'ai pas le droit de ne pas entendre la voix du peuple.» Dans un éditorial, le *New York Times* faisait remarquer que, « de mémoire d'humain, l'Amérique latine n'avait jamais connu des élections aussi outrageusement truquées que celles qui venaient d'avoir lieu en Haïti ».

Le gouvernement décréta le 22 mai, le jour où Duvalier irait prêter serment devant la Chambre pour l'inauguration de ce second mandat, jour officiel de « Reconnaissance nationale ». Les Etats-Unis rappelèrent leur ambassadeur, Robert NewBegin, et refusèrent de reconnaître les élections, mais le colonel Robert Debs Heinl assistait à la cérémonie en grand uniforme. D'autre part, Duvalier, par l'entremise de Victor Anfuso avait proposé le Môle Saint-Nicolas pour l'établissement d'une base navale américaine et d'une station de repérage de satellites. L'administration Kennedy n'y donna aucune suite.

L'Eglise Catholique, avec deux diocèses sur cinq sans évêques et les expulsions, toujours en cours, des prêtres de nationalité française, maintenait malgré tout un réseau de militants, à travers les organisations de l'Action catholique. Le retour au pays d'un certain nombre de prêtres haïtiens appartenant à des congrégations religieuses se fera sentir dans des initiatives comme la « Bibliothèque des Jeunes » qui publia pendant trois ans une revue culturelle très remarquée, *Rond-Point,* ou encore la production, dans la foulée du concile Vatican II, de textes en français et en créole et de chants liturgiques inspirés de la tradition musicale haïtienne pour remplacer la traditionnelle liturgie en latin (comme les créations musicales du Père Joseph Augustin connues sous le nom de Tamboula).

Malgré les coups portés contre le Parti d'Entente Populaire (PEP) de Jacques Stephen Alexis et la mort de celui-ci, d'autres groupes liés au marxisme continueront à former des militants, par exemple à travers des groupes musicaux comme « Caraco bleu » entraîné par Jean-Claude Garoute dit Tiga et Vaccine et des groupes d'études. Le PEP survivra jusqu'à la redéfinition des orientations stratégiques en 1967, de même que le Parti Populaire de Libération Nationale (PPLN) fortement touché en 1965. Ces formations ou leurs membres se retrouveront dans l'action des années 66-69 à laquelle participeront des groupes et des militants venus de l'action catholique universitaire et ouvrière et même des prêtres de la nouvelle génération « post Vatican II ».

De 1959 à ces années-là, la vie politique haïtienne sera conditionnée, rythmée par une chaîne d'événements majeurs: l'entrée de Fidel Castro à La Havane en Janvier 1959, l'élection de John F. Kennedy suivie, ultérieurement, de son assassinat à Dallas le 22 novembre 1963, l'assassinat de Rafael Leonidas Trujillo sur la route de San Cristobal le 30 mai 1961 suivi du renversement de Juan Bosch en septembre 1963 et, enfin, en avril 1965, l'invasion américaine de la République Dominicaine avec un effectif de plus de 27.000 soldats.

C'est dans ce contexte qu'il faut insérer la maléfique existence de la dictature archaïque de François Papa Doc Duvalier et la résistance, à première vue suicidaire, de personnes et de groupes issus de toutes les strates de la société haïtienne. Tous ces événements, et surtout la tolérance et l'appui reçus par la dictature duvaliériste, sans oublier l'étonnant avatar des 15 ans de la « présidence à vie» d'un jeune homme de 19 ans, ne peuvent se comprendre sans ce contexte, la division du monde en deux camps, la guerre froide, la doctrine de la sécurité nationale, l'apparition des dictatures militaires en Amérique latine, la nécessité de faire barrage au castrisme, bref la phobie et l'obsession du communisme.

L'échec de la grève des étudiants, la mise sous contrôle des évêques et des prêtres catholiques, la destruction de toute presse indépendante, la persécution contre les éléments connus appartenant au Parti d'Entente Populaire vont de pair avec la destruction des noyaux restants des partisans de Daniel Fignolé, Clément Jumelle, Louis Déjoie. Le départ des survivants pour l'exil fera apparaître, tout autour du pays, des groupes d'opposants plus ou moins actifs liés ou se référant à l'un ou l'autre de ces leaders. Santo Domingo, La Havane, Caracas, Mexico, San Juan (Porto Rico), Miami, New York, Washington, Montréal, Paris sont les capitales de cette opposition atomisée en noyaux qui ne fera que grandir surtout quand viendront les vagues successives de *boat people*, ceux qui auront pu traverser la mer sur des embarcations de fortune.

Des petits groupes, s'ignorant les uns les autres, concoctaient des plans, des traquenards, des embuscades visant à débarrasser le pays du psychopathe tapi au cœur de son palais tout blanc. Voici un résumé du récit que fait l'un des protagonistes d'une tentative de ce genre.

Nous sommes en mai-juin 1958. Revenant de Ciudad Trujillo, Raymond Cassagnol apprend par plusieurs sources que Duvalier connaissait une *manbo* qui habitait dans la zone de Maïs Gâté sur la route de la Croix des Bouquets. Une cérémonie devait avoir lieu, le 29 juin 1958, à l'occasion de la fête de Saint-Pierre, patron de la paroisse de Pétion-Ville. Cassagnol prend des dispositions pour monter une embuscade sur le chemin conduisant au lieu de la cérémonie comme il le rapporte dans son ouvrage *Mémoires d'un révolutionnaire* publié en 2003.

« Selon les deux sources, le rendez-vous (avec la *manbo*) était fixé pour 10 heures ce soir-là. (…) Les participants prévenus se réunirent chez moi pour bien mettre les choses au point. J'avais les trois Thompson bien huilés avec trois chargeurs pour chacun et trois colts .45, également avec trois chargeurs. Avrius, Monexi et un autre dont j'ai oublié le nom, avec machettes bien affilées (sic). Le rendez-vous fut fixé à 8 heures du soir. J'avais repéré l'endroit et comme il y avait des rangées de « candélabres » (une sorte de cactus), on dominerait le chemin qui menait à une petite clairière où se tenaient les séances. Il y avait comme bonus un léger clair de lune. Ce soir-là, c'était la Saint-Pierre à Pétion-Ville. Tout semblait mis en place pour une réussite complète de l'action. (...)

Pour les Thompson, il y avait Ti Paul, Yves Morailles (sic) et moi.

Tout le monde occupait la place qui lui avait été assignée. La nuit était calme. On entendait seulement le bruit de quelques voitures et camions qui passaient sur la route de Cazeau. (...) Vers 9 heures 45, il y eut le bruit d'une forte explosion, venant de la direction de Pétion-Ville. Nous nous demandions quelle en était la cause. Nous attendions comme sœur Anne. A minuit on décida de renvoyer le projet à une date ultérieure.

Comme Duvalier était à Pétion-Ville au moment de l'explosion, il rentra directement au palais. Le sort avait été en sa faveur et aucune autre occasion ne devait se présenter à l'avenir. Je donnai ma jeep à Ti Paul pour ramener Yves chez lui et moi je me rendis chez ma belle-mère pour ramener les enfants.

Le dimanche après la messe, je pus savoir que l'explosion avait eu lieu chez quelqu'un qui fabriquait des bombes et qui poursuivait le même but que nous. Par accident la bombe avait explosé. Bien longtemps après, je rencontrai le type. C'était Kelly Thompson qui avait travaillé avec moi à Lamiel comme infirmier. » (pp. 148-149).

Pendant l'été qui suivit le 30 mai 1961, jour de l'assassinat de Rafael Léonidas Trujillo, deux Français débarquèrent à l'aéroport de Port-au-Prince, *Bowen Field*. Ils venaient de Caracas. Ils avaient fait la guerre d'Indochine, le premier, André Rivière comme lieutenant, le second, Claude Martin, comme caporal de la Légion étrangère. A Caracas, ils avaient longuement rencontré Louis Déjoie, entouré, comme toujours, d'un fervent cercle de sympathisants.

A Port-au-Prince, André Rivière et Claude Martin se mirent à étudier les allées et venues du dictateur, après avoir pris contact avec le groupe qui les attendait et échangé les mots de passe convenus. Pour faire entrer les armes, ils les avaient fixées à l'intérieur d'une bouteille de gaz apparemment destinée à la plongée sous-marine : trois mitraillettes, et un stock d'explosifs. Ils avaient loué une maison à l'avenue du Chili.

Parmi leurs voisins, il y avait l'ex-colonel Ernest Biamby, récemment révoqué des cadres de l'armée. André et Claude voyaient dans ce personnage un acteur idéal pour planifier une embuscade et ensuite rallier ses collègues militaires pour la formation d'un gouvernement.

Un soir, ils reçurent un signal indiquant que Duvalier allait quitter le palais pour se rendre à sa splendide résidence au haut de Pacot (maison qui lui avait été cédée par le propriétaire d'une galerie d'art haïtien, Roger Monnin). Un des conspirateurs posté non loin de la barrière du palais devait faire un signal avec une lampe de poche pour confirmer la sortie de Duvalier et indiquer par là même que celui-ci était dans la ligne de mire des tireurs. Mais le détenteur de la lampe de poche électrique était tellement anxieux qu'il eut une crise nerveuse et la voiture de Duvalier passa sans encombre les deux escouades de tireurs qui l'attendaient en feu croisé.

Je rencontrai André Rivière à Santo Domingo en 1965 peu avant qu'une balle tirée de l'autre côté du fleuve par un des snipers de l'armée américaine installés sur les toits de la minoterie de « *Molinos Dominicanos* », l'atteignit en pleine tête durant la guerre civile dominicaine. Pendant qu'il luttait aux côtés du colonel Monte Arache et ses hommes contre la 82ème division aéroportée américaine, il me dit que les camarades haïtiens qu'ils avaient formés, Claude Martin et lui, étaient toujours impatients d'utiliser leurs armes, et étaient donc incapables d'attendre le moment propice.

Eric Brièrre, âgé de 29 ans, était bien connu à Port-au-Prince comme un spécialiste dans le montage, le démontage et la réparation de machines à écrire. Il travaillait à l'atelier de la firme Olivetti appartenant à Gérard Chancy. Son père avait travaillé presque toute sa vie au Bureau des Contributions. Au moment de fermer l'atelier, Eric reçut une information selon laquelle Duvalier serait en train de se promener dans sa voiture, avenue du Bicentenaire, le long de la mer. Rejoint par Roland Rigaud, un des quatre fils du Dr Georges Rigaud disparu depuis des mois, Eric se mit à la recherche de la voiture de Duvalier. Leurs allées et venues et les questions qu'ils posaient éveillèrent l'attention. Duvalier, dès le lendemain, reçut des rapports de la police secrète concernant cette voiture transportant deux jeunes gens qui s'étaient fait remarquer la veille. Trois jours après, la police arrêta un certain Justin Napoléon, décrit comme un expert en explosifs, qui vivait dans la clandestinité depuis 1957. Sous la torture, Napoléon révéla le nom d'Eric Brièrre. La police arrêta le père d'Eric, puis quand Eric arriva pour savoir si la rumeur de l'arrestation était vraie, il fut saisi par la police et emmené au Fort Dimanche.

On ne put rien tirer d'Eric Brièrre soumis à une torture sans merci. Il mourut, le corps réduit à une bouillie sanglante. Le général Pierre Merceron et le chef de la Police Daniel Beauvoir arrivèrent sur les lieux, tous les deux épouvantés devant le cadavre méconnaissable du jeune homme qu'ils connaissaient très bien. A respirer l'odeur âcre de sang qui remplissait la salle le général Merceron, décomposé, sortit pour vomir; détail qui fut dûment rapporté à Duvalier. Le père d'Eric se trouvait au rez-de-chaussée du Fort Dimanche quand on avait amené Eric. On lui avait interdit de lui adresser la parole et il fut obligé de tourner son visage contre le mur, pendant qu'il entendait les coups et les cris qui venaient du premier étage, où l'on battait son fils à mort.

Dans son livre *Mémoire d'un révolutionnaire* (Educa-Vision, Miami, 2003), Raymond Cassagnol, un des membres d'un groupe lui aussi en liaison avec André Rivière écrit qu'« (Eric) est mort en brave soldat et malgré les plus horribles tortures, il n'a jamais rien révélé, ni de ses compagnons, ni de leurs activités. J´aurais probablement été la seconde victime, s´il n´avait pas gardé le secret. » (p. 181).

Le jeune frère d'Eric, Gérald (Geto) fut l'un des leaders du groupe « Jeune Haïti » et mourut au combat avec les treize qui débarquèrent à Dame-Marie, dans la Grande-Anse, en août 1964. Dans une lettre publiée par Raymond Cassagnol dans son ouvrage précité et datée du 7 mars 1964, donc six mois avant de mourir, Geto écrivait à Raymond Cassagnol alors à Santo Domingo : « *Tu me parles, dans ta lettre, d'une possibilité « unique » qui existerait pour l'accomplissement d'une action sérieuse et décisive (…) j'aimerais en savoir plus long.* »

Après la mort d´Eric Brierre, un officier avertit les conspirateurs qu´ils étaient en danger. Les deux Français, André Rivière et Claude Martin, quittèrent alors immédiatement le pays pour Santo Domingo.

Dans la nuit du 26 août 1961, le chef de la police, Daniel Beauvoir, débarqua, en vêtements civils, à la maison des Biamby à l'avenue du Chili et annonça à l´ex-colonel Biamby que le général Merceron désirait lui parler. Biamby faisait partie de la promotion qui entra à l'Académie un an après Merceron. Ils avaient été toujours de bons amis. Biamby, avec 25 ans dans l'armée avait été sommairement mis à pied en janvier 1961. Madame Biamby, qui était au courant de la visite à son mari des Français, s'étonna qu'il n'eût pas essayé de se sauver à l'arrivée du colonel Beauvoir. Il le suivit au contraire et tous les deux quittèrent la maison. Un peu plus tard, un caporal vient aviser Mme Biamby de faire un paquet de ses affaires pour le colonel car il serait expédié hors du pays dans la soirée. L'ex-capitaine Chenon Michel, ancien instructeur à l´Académie militaire (1939-1941), arriva au Quartier général protestant qu'il était totalement étranger à cette affaire et qu'il n'avait aucune raison de fuir.

Deux jours après, à 5 heures du matin, un camion de soldats débarqua chez les Biamby. Mme Biamby fut arrêtée ainsi que son fils aîné, Jean, âgé de seize ans. Le capitaine Jean-Claude Guillaume se tourna vers un autre officier pendant qu'ils fouillaient la maison, et désigna le fils de douze ans, Roger, « Lui aussi » dit-il. Mais l'officier ignora l'ordre. C'est ainsi que Roger resta à la maison avec les autres enfants priant pour leurs parents. Un peu plus tard, Mme Biamby fut relâchée, mais son fils Jean passa 10 jours en prison.

Aux casernes Dessalines, le colonel Biamby fut battu, souffrit d'une commotion cérébrale. Il passa neuf mois en prison. Ce fut un temps difficile pour la famille Biamby avec ses huit enfants, devenue « carte marquée ». Beaucoup évitaient de prendre contact avec eux. Les enfants ne pouvaient aller à l'école. Les amis avaient peur. Ils mirent une vieille station-wagon Ford à faire le taxi sur la route de Pétion-Ville, ce qui rapportait cinq dollars par jour.

Le procès en cour martiale de Biamby et Michel eut lieu, à huis clos, en janvier 1962. L'accusation présenta comme preuves matérielles des explosifs, des Thomson et autres mitraillettes importées clandestinement du Venezuela ainsi que des lettres de l'ex-ministre Luc Fouché et de Louis Déjoie adressées à Biamby. Chenon Michel, qui avait quitté l'armée six ans auparavant et qui possédait en ville deux boulangeries, était accusé de s'être rendu aux Etats-Unis pour acheter des armes. Le 13 février 1962, la Cour militaire siégeant aux casernes Dessalines déclara le colonel Ernest Biamby et l'ex capitaine Chenon Michel coupables de conspiration en vue de renverser le gouvernement et d'assassiner le chef de l'Etat. Les deux furent condamnés à mort. Les condamnés, dont l'avocat était Emmanuel Cauvin, firent appel devant la Cour de Cassation. La sentence ne fut pas exécutée. Biamby et Michel furent relâchés.

Chenon Michel disparut le 26 avril 1963. Le sort de l'ex-colonel Biamby fut tout autre. Un jour, en février 1963, Sœur Georges, du couvent de l'avenue du Chili, avertit les Biamby que l'ordre avait été donné de les arrêter. Ils ramassèrent leurs affaires et le lendemain ils prirent refuge à la résidence de l'ambassadeur dominicain à Pétion-Ville. Le colonel Biamby, pour sa part, avait pris refuge à l'ambassade vénézuelienne peu de temps après sa remise en liberté. Le 10 mai 1963, la famille entière put se rendre à Santo Domingo où elle résida à l'hôtel Europa. En janvier 1964, deux ans et demi après l'arrestation de Biamby, toute la famille prit l'avion pour New York où ils vécurent, pendant un certain temps, dans le sous-sol de l'appartement du colonel Pierre Armand.

En dépit de l'échec du complot, Roland Rigaud ne renonça pas. Durant tout un mois, il circula à la recherche de Duvalier. Ayant appris que Duvalier emmenait sa famille au cinéma en plein air de Delmas incognito, il se mit à surveiller les voitures qui entraient dans l'enceinte du cinéma. Mais l'information était fausse. La liste des personnes arrêtées s'allongeait : le capitaine Daniel Bouchereau, beau-frère du chef de la police Daniel Beauvoir, le pharmacien Frédérick Bouchereau, Gérard Lafontant, l'opérateur chargé des appareils de projection du Paramount et du stade, Didier Maisonneuve et Roger Coriolan.

Par la suite, Beauvoir perdit sa place de chef de police. Le général Pierre Merceron, chef de l'état-major, fut mis à la retraite et nommé ambassadeur à Paris. Depuis longtemps, Merceron et Lucien Chauvet ne pouvaient se supporter. Selon ce que rapporte le colonel Charles T. Williamson dans son ouvrage *The U.S. Naval Mission to Haiti, 1959-1963,* Merceron avait conseillé au colonel Heinl, chef de la mission navale américaine (1959-1963) du Corps des *marines*, d'éviter Chauvet, l'un des hommes les plus dangereux et violents d'Haïti, un psychopathe sadique à l'humeur imprévisible. Duvalier garda Lucien Chauvet à son poste comme sous-secrétaire d'Etat au ministère de l'Intérieur et exila à Paris Merceron qui avait eu la faiblesse de vomir après avoir vu le corps méconnaissable de son ami Eric Brièrre, baignant dans son sang.

Chapitre 15

L´omelette d´Honorat

Janvier-avril 1963

Au début du mois de janvier 1963, certains signes au Quartier général de l'armée en face du Palais national, indiquaient qu'un complot pour le renversement de Duvalier était en marche. Les officiers de l'armée d'Haïti dissimulaient avec peine leur mécontentement et leur frustration causés par l'existence d'une force armée parallèle, cette milice civile populacière, hétéroclite et sans formation professionnelle. La chaîne de commandement de l'armée se trouvait sérieusement érodée par le traitement préférentiel que Duvalier accordait à ceux qu'il appelait *pitit mwen* (mes enfants). Duvalier voyait en eux un rempart de protection vis-à-vis de l'armée en qui il n'avait aucune confiance, même après six ans où il n'avait cessé d'opérer des coupes drastiques dans ses rangs.

De plus, au sein même de l'armée, la discipline était remise en question puisqu´un petit groupe d´officiers subalternes d'allégeance duvaliériste exerçaient plus de pouvoir que leurs supérieurs hiérarchiques. A l'instar des *makout*, ils avaient un accès direct à Duvalier. La relation spéciale du président avec les *makout*, généralement des individus venant d'un monde interlope d'asociaux, de délinquants, de voyous, de malfaiteurs, révélait des pulsions venant de recoins sombres et secrets de la personnalité de Papa Doc.

A première vue, le lieutenant-colonel Lionel Honorat correspondait mal au profil d'un conspirateur. Sa famille était proche de celle de Duvalier. La sœur d´Honorat s'était mariée à Victor Nevers Constant au Palais national. Son frère, Lamartinière Honorat, avait été le premier chef de cabinet de Duvalier. Cependant, au début de l'année 1963, Lamartinière avait publié un éditorial prophétique où il s'en prenait subtilement aux Haïtiens qui, selon ses propres termes, « étaient paralysés par la peur ». Cet article était aussi une critique voilée du terrorisme d'Etat.

En 1963, le colonel Honorat était commandant du département de l'Ouest. Ses bureaux se trouvaient derrière les casernes Dessalines dans les baraquements qui avaient abrité autrefois l'Académie militaire. Cependant Honorat était un procrastinateur : il avait tendance à remettre les choses à faire au lendemain. Il semble que depuis 1960, il était mêlé à des complots qui ne s'étaient jamais matérialisés. Il semblait aussi obsédé par la nécessité de posséder un armement capable de lui donner une marge de supériorité pendant et après l'action envisagée. Cette obsession allait le perdre.

Depuis 1960, Honorat avait des relations suivies avec le capitaine George Crist, du Corps des *marines*, qui travaillait comme instructeur auprès de l'armée haïtienne. Cette année-là, Honorat contacta Crist, demandant de l'aide. Crist mit le colonel Williamson au courant de cette démarche, disant qu'il avait reçu un message pressant d'Honorat, qui voulait le voir cette nuit pour traiter un sujet confidentiel et qu'une voiture avec chauffeur viendrait le chercher pour l'emmener au rendez-vous. En effet, cette nuit-là un officier vint chercher Crist et le conduisit jusqu'à une maison située en dehors de la ville. Quand Crist entra, il vit Honorat avec plusieurs officiers qu'il ne connaissait pas. Ils étaient tous en uniforme et Honorat était le plus haut gradé. Sans présenter les autres officiers, Honorat informa Crist que les officiers de l'armée étaient insatisfaits de Duvalier et de la situation qui régnait dans le pays. Ils voulaient donc renverser Duvalier, organiser un triumvirat militaire et des élections. Ils demandaient seulement que les USA reconnaissent le gouvernement provisoire. Le colonel Charles T. Williamson raconte, dans son *Histoire de la mission navale en Haïti*, que Crist fit son rapport sur la réunion au colonel Heinl le jour suivant. Surpris, Heinl lui conseilla de s´adresser au chef de station de la CIA dont la réaction était un mélange de mépris et d´incrédulité (puisqu´aucune de ses sources ne l´avait informé d´une quelconque conspiration). La requête d'Honorat fut donc rejetée.

Quelques jours plus tard, raconte Williamson, Crist reçut un autre message d'Honorat. A cette seconde réunion nocturne, Crist leur fit part de ce qui avait été décidé. L'ambassade ne marchait pas. Les USA n'aideraient pas. Honorat était manifestement désappointé mais il affirma qu´ils agiraient de leur propre chef. Williamson suppose, dans son livre, que « la politique américaine à l´égard d´Haïti était de s´accomoder du régime de Duvalier tant qu'il n'y aurait pas d'alternative acceptable ». Les Etats-Unis ne voulaient pas qu'il y ait un vide de pouvoir que les castro-communistes pourraient exploiter. De leur côté, Honorat et son groupe avaient l'impression que le chef de station de la CIA avait, par inadvertance, éveillé les soupçons de Duvalier en cherchant, supposément de manière discrète, à savoir s´il y avait effectivement un complot en cours dans l´armée. Ils décidèrent donc de ne pas bouger et de mettre l'affaire sous cloche.

En janvier 1963, un regain d´activité se fit sentir. Le lieutenant-colonel Kern Delince, chef du Bureau d'Inspection situé dans les annexes du Quartier général de l´armée fut contacté par Honorat. Delince avait travaillé durant plusieurs mois avec Honorat comme Inspecteur du Département de l´Ouest et donna son accord à une version remaniée du complot. Honorat avait déjà recruté plus d'une douzaine d'officiers, dont le major Tony Pierre qui, ne pouvant supporter l'existence des *makout*, s´était porté volontaire. D'autres officiers ne s´engagèrent pas mais ne s'opposaient pas, dont Daniel Arty, le chef de la Police. Quant au colonel Octave Cayard, commandant des casernes Dessalines, il savait que quelque chose se tramait mais décida de l´ignorer.

Les plans se succédaient. Attaquer Duvalier lors de la parade militaire pour son cinquante-sixième anniversaire de naissance, le 14 avril 1963. Mais Duvalier avait invité les femmes des officiers. Attaquer le Palais national avec un commando, avec l´appui en armes de l´ambassade américaine. Investir le Palais avec un groupe d'officiers dont l´un aurait une arme attachée à la cheville. Une fois Duvalier prisonnier, ils feraient ouvrir le dépôt d'armes et se prépareraient à la bataille avec la milice ou tout groupe qui s'opposerait. La reconnaissance diplomatique des Américains viendrait après pensaient les conspirateurs.

Honorat avait dit à Delince qu'un hélicoptère viendrait livrer les armes américaines sur une plage près de Léogane. Au cours d'une réunion tenue le 3 avril, Honorat annonça que les Américains ne livreraient pas les armes promises, sans donner d'explications. C'était la seconde fois qu'ils faisaient faux bond. L'accès aux armes était un problème, d'autant que Duvalier tenait un compte serré des armes et des munitions, y compris celles assignées à l'entraînement. .

Un jour, Nasser Hasboun, un homme d'affaires d'origine libanaise, demanda au major Tony Pierre : « Tony, est-ce que tu es au courant que Honorat prépare un coup contre Duvalier ? ». Selon l'entrevue qu'il m'accorda en 2003 dans sa maison de Floride, Tony répliqua à Hasboun : « Vous êtes un civil, comment pouvez-vous le savoir alors que moi je n'en sais rien ? ». Et Tony de me rapporter qu'il était allé voir Honorat à son bureau. « Il était occupé. J'attendis. Après l'avoir salué, je lui dis tout de go : " Colonel, j'entends que vous préparez un coup, je voudrais y participer ". La mâchoire d'Honorat en tomba de surprise et il se mit à transpirer d'abondance. Je pouvais voir des perles de sueur sur son front. " Colonel, lui dis-je, si ce n'est pas vrai, vous pouvez appeler le Palais et me dénoncer et je serai exécuté". C'est ainsi que j'entrai dans le groupe ».

« A partir de ce moment, j'allais régulièrement voir Honorat les mardis, poursuit Tony Pierre, pour m'enquérir des progrès que nous faisions. Je lui suggérai qu'on pouvait attraper Duvalier quand il allait inspecter les travaux de l'aéroport de Maïs Gâté avec Eloïs Maître. " Ou bien, proposai-je, on pourrait kidnapper Marie-Denise, la fille préférée de Duvalier. Tous les jours, elle va rendre visite à un jeune Syrien qui a son magasin à la place Geffrard. "

– Tony, me dit Honorat, vous êtes trop violent !

– Mon cher Honorat, on ne peut pas faire d'omelette sans casser les œufs ! ».

Tony Pierre, un officier de la promotion 1954 de l'Académie militaire, était devenu complètement désenchanté de Duvalier et de ses *makout*. Alors qu'il était chef de police au Cap-Haïtien, il avait arrêté quelques *makout*. Appelé au palais pour s'en expliquer, Duvalier lui demanda quel problème il avait avec ses enfants (*pitit mwen*). « Je les ai fait arrêter pour vol, Excellence », répondit-il. Et l'affaire s'arrêta là. Plus tard, Duvalier le nomma commandant du district de Port-au-Prince dont les bureaux se trouvaient dans la section militaire de Fort Dimanche.

Un jour que l'armée avait été mise en condition « C », c'est-à-dire que la troupe était confinée dans ses quartiers prête à toute éventualité, Tony Pierre rassembla ses troupes. Mme Max Adolphe, qui commandait la prison de Fort Dimanche, avait elle aussi rassemblé ses *makout* et faisait l'appel. Et Tony Pierre de me raconter : « Je n'ai pas hésité une seconde. J'ai ordonné de mettre baïonnettes au canon et d'avancer dans la direction des makout qui s'éparpillèrent dans toutes les directions. » Il fut appelé au Palais. Et Duvalier lui demanda : « Qu'avez-vous fait à cette pauvre Rosalie ? (Mme Adolphe) » « Excellence, nous étions en condition « C ». Je voulais tester à quel niveau de préparation se trouvait la troupe destinée à défendre votre Gouvernement ».

La décision de joindre le groupe Honorat dans leur entreprise fut déclenchée par un fait qui, quarante-trois ans plus tard, le faisait trembler devant moi tandis que sa femme à ses côtés prenait une longue respiration et se mettait à prier. « J'avais une vieille Opel. Voulant y installer une radio, je m'adresse à un monsieur de teint clair qui tenait un petit atelier au bas de la ville. Non seulement il installa la radio mais il refusa tout paiement. Quelque temps après, sa femme vint me voir. On avait arrêté son mari et elle ne savait où le chercher. Une nuit, pas longtemps après, au début de 1963, ma femme et moi, nous sommes allés faire une promenade après dîner et sur le chemin du retour, je décidai de jeter un dernier coup d'œil au Fort Dimanche. Après avoir garé ma voiture, je remarque des lumières de phares dans la zone d'exercices au tir de fusil, dans un endroit appelé « *Bòt la* » (la butte de terre destinée à absorber les impacts des projectiles tirés sur les cibles). Interrogée, la sentinelle m'apprit qu'il s'agissait de deux voitures conduites par Eloïs Maître et Luc Désyr, les remplaçants de Clément Barbot comme responsable de la police secrète.

Tony Pierre laissa sa femme dans la voiture et traversa le terrain de tir pour rencontrer les deux hommes. « Je leur parlai du cas de l'installateur de radio, expliquant que sa femme était venue me demander de demander si je pouvais l'aider à le retrouver. Eloïs Maître leva sa main droite et pointa son pouce sur le côté « *men nèg ou a* ». Voilà votre homme. Je n'avais pas remarqué un homme sur le côté tenu par un *makout*. Il était ligoté et sa bouche était attachée avec une corde serrée. Au même moment le *makout* qui tenait en main un gros pistolet contre la tête de l'homme pressa la détente. C'était la première fois de ma vie que je voyais exécuter quelqu'un. L'homme m'avait reconnu et je pouvais voir dans ses yeux qu'il me suppliait d'intervenir en sa faveur ». La femme de Tony continua le récit : Tony est revenu à la voiture « secoué comme jamais je ne l'avais vu secoué de cette manière. C'est un homme solide mais cette scène l'avait brisé », conclut-elle baissant la tête pour continuer à prier.

Honorat décida finalement de passer à l'action le 10 avril 1963 à 18 heures. On dit que le commandant de l'armée, Gérard Constant, informé du complot, avait avisé Honorat que le matin serait un meilleur moment pour déclencher l'opération. Le major Tony Pierre avait réussi à se procurer 12 fusils M-1 pour les soldats du district militaire de Port-au-Prince cantonnés au Fort Dimanche.

« Tous les jeudis je prenais contact avec Honorat. Le 10 avril vers 11 heures et demie du matin, j'étais du côté de la plaine du Cul-de-Sac quand on me fit savoir qu'Honorat avait appelé par radio mon bureau plusieurs fois, que c'était urgent. J'allai le voir et il me dit : "Ca y est. Il faut amener vos fusils à 4 h.pm." J'avertis ma femme et embarquai les fusils dans l'Opel. Je me dirigeai vers la maison d'Honorat au Canapé Vert. Honorat était absent. En revanche, il y avait là deux colonels de l'armée Max Alexis et Edner Nelson, très agités, et déboussolés. "Qu'est-ce que vous faites là ?" me demanda Alexis. Je leur racontai que mon chauffeur avait eu une altercation avec le chauffeur de Honorat et que je venais régler cette affaire. "Tony, Honorat est impliqué dans un complot. *Jete kò w* (disparais !) " me dit Nelson. Je suivis son conseil. Je retournai à la maison et mis ma femme au courant. Je me rendis au Fort Dimanche pour remettre les fusils en place. Sur la route, j'aperçus Zacharie Delva et Dodo Nassar qui étaient en pleine conversation. Comme ils m'avaient vu, je m'arrêtai et leur parlai comme si de rien n'était. Puis je pris la route et j'allai déposer les fusils. »

Le major Tony Pierre, cette même nuit, reçut un ordre de transfert pour Ouanaminthe, sur la frontière dominicaine. « Mon impression, me raconta-t-il, est que Duvalier était au courant de mes sentiments *anti-makout* et qu'il m'envoyait sur la frontière pour voir si j'allais traverser. »

Avec les armes qu'il avait, Honorat estima que les chances de succès étaient minces. Non sans hésitation, il avait décidé d'approcher le lieutenant Jean Valmé qui détenait les clés du dépôt d'armes du Palais. Valmé fit part de cette requête à son frère, qui, à son tour, en fit part à Mme Max Adolphe, le commandant *makout* du Fort Dimanche. Elle avisa immédiatement Duvalier qui donna l'ordre que tous les officiers de l'armée au rang de colonel se présentassent immédiatement au palais. Certains d'entre eux assistaient à un match de football au stade Sylvio-Cator et entendirent la convocation diffusée par les haut-parleurs.

Honorat se réfugia immédiatement avec sa famille à l'ambassade du Brésil. Le lieutenant Ilkeen Chenet fut l'un des premiers arrêtés. On l'arracha littéralement de sa petite Volkswagen verte. Il avait engagé dans le complot plusieurs camarades de sa promotion mais il mourut sans révéler aucun nom. Sachant que Chenet n'avait pas parlé, plusieurs des conspirateurs restèrent en place. Le lieutenant Prosper Avril, qui était sorti en tête de sa promotion, la classe 1960-1962, était en poste aux casernes Dessalines. Il avertit plusieurs de ses camarades avant qu'il ne soit trop tard.

Le colonel Kern Delince se trouvait à son poste le matin du 7 avril. Il se trouvait à son bureau quand un ami des *marines*, le major Bruce Magruder, apparut et lui annonça que la radio avait mentionné un complot des militaires pour renverser le gouvernement. Delince se rendit immédiatement chez lui, emmena sa femme chez ses parents avec leur fils de deux ans et leur fille de six mois. Le major Magruder conduisit la famille à l'ambassade brésilienne. Le bébé avait été confié aux grands-parents et ne devait rejoindre le reste de la famille que cinq ans après.

Le colonel Charles Turnier était l'une des têtes du complot. Cet officier, beau garçon, populaire, avec un dossier militaire excellent, avait la réputation de ne pas s'occuper de politique. Turnier resta en place, pensant qu'il pourrait neutraliser toute accusation. Plusieurs autres suivirent son exemple. Turnier joua le rôle de l'innocent, d'autant qu'un ami très proche, le Dr Beaulieu l'avait informé qu'il n'avait rien à craindre : il tenait cela de Duvalier lui-même. Turnier décida de ne pas rejoindre les deux autres colonels, Honorat et Delince, réfugiés à l'ambassade du Brésil.

Turnier portait rarement un revolver mais à force d'entendre citer son nom en ville, il se munit d'un .45, tout en continuant à travailler au Quartier général de l'Armée, au G3 (Entraînement et Planification) où travaillait aussi le lieutenant François Benoît. Cinq jours plus tard, un groupe d'officiers conduits par le colonel Octave Cayard, commandant des casernes Dessalines, se présenta au bureau de Turnier et l'invita à les suivre aux Casernes.

A son arrivée, le colonel Jacques Laroche lui demanda son pistolet avec son étui. Une commission d'enquête avait été formée et commença à le questionner. Des années après, Cayard se rappelait comment Turnier avait répondu avec un sang-froid tout militaire. Mais la commission ne s'estima pas satisfaite et on fit passer Turnier dans une salle spéciale réservée à la torture. Cayard avoua plus tard qu'il n'avait pu supporter le spectacle de la torture infligée à un camarade et qu'il avait quitté la salle d'interrogatoire maculée de sang.

Le 19 avril 1963, au petit matin, des crépitements de balles, de fusils et de mitrailleuses retentirent, en provenance de l'arrière du Palais et des casernes Dessalines. Alors en route pour mon bureau, il me semblait bien qu'un coup d'Etat était en marche. Le hurlement familier de la sirène couvrit la ville provoquant la panique. Les files de voitures descendant les collines de Port-au-Prince rebroussèrent chemin. Les « *machann* » ramassèrent leurs paniers et disparurent. On eut droit à plusieurs versions des événements. Voici le récit que me fit le colonel Octave Cayard, en 1986, vingt-trois ans plus tard.

Ce 19 avril 1963, autour de 7 heures du matin, un sergent et un officier amenèrent à Turnier son petit déjeuner dans sa cellule. Celui-ci était armé et en alerte. Le sergent fut tué tandis que l'officier parvint à s'échapper. Bondissant de sa cellule en direction du bureau du commandant, Turnier tira plusieurs coups de feu en direction du Palais et des soldats qui prenaient la fuite. Immédiatement, la garde présidentielle et les *makout* du Palais ouvrirent le feu sur les Casernes, pensant qu'une attaque était en cours. Tous les soldats des Casernes se réfugièrent de l'autre côté de la rue.

Cayard sortit de son bureau par une fenêtre et se mit à rassembler la troupe. Personne ne comprenait ce qui arrivait, pourquoi le Palais tirait sur les Casernes. Finalement, Cayard put avoir Duvalier au téléphone qui lui demanda pourquoi les Casernes tiraient sur le Palais. « Excellence, répondit Cayard, je vous assure que ce sont les troupes du Palais qui tirent sur les Casernes. Je vous en prie, ordonnez-leur de cesser le feu. » Quand Cayard retourna aux Casernes, il trouva Turnier mort, un revolver à la main. L'on identifia officiellement le revolver comme appartenant à Turnier. Par la suite, Cayard obtint de Duvalier son transfert pour les gardes-côtes. Duvalier en vint à réaliser, bien après, que l'arme que Turnier avait utilisée pour s'échapper de sa cellule ne pouvait provenir que de Cayard lui-même, son ami et compagnon de promotion.

De son côté, le major Tony Pierre ignorait totalement ce qui se passait à Port-au-Prince. Il décida de se rendre au Cap pour parler au colonel Roger Saint-Albin mais celui-ci, en route pour l'aéroport, lui dit rapidement qu'il ne pouvait parler et qu'il se rendait à Port-au-Prince pour siéger dans une cour martiale. Tony Pierre retourna à Ouanaminthe où il reçut l'ordre de passer le commandement au capitaine Paul Edouard. Lourdement armé, il se rendit à Port-au-Prince rencontrant sur le chemin des bandes de *makout* et de miliciens. A Port-au-Prince, il reçut plusieurs avis lui conseillant de ne pas se présenter au rapport, en particulier un ami, l'avocat Edouard Archer qui travaillait à la Curaçao Trading et qui vint spécialement le voir pour lui passer un message du général Constant disant qu'on allait l'arrêter et qu'il devait *kraze rak*, littéralement se jeter dans les buissons.

Tony Pierre alla donc chercher sa femme à la clinique près de la cathédrale où elle travaillait. Elle, avec les quatre enfants dans une voiture, et lui, avec son père, son beau-frère et un ami ingénieur dans une autre, prirent la route de Bourdon pour l'ambassade du Brésil. Les deux voitures forcèrent l'entrée où s'aggloméraient deux douzaines de *makout*. Le moteur de la voiture de Tony s'éteignit sur la pente. Tony braqua sa mitraillette Thompson sur les *makout* : « Le premier salaud qui bouge, je l'étripe » et c'est sous cette protection que sa femme, elle aussi armée d'un revolver, et les enfants entrèrent en courant dans l'ambassade. Ils apprirent plus tard, qu'au même moment qu'un groupe de *makout*, transportés dans un camion, était en train de piller leur maison. C'était le 23 avril 1963.

Le lendemain, le lieutenant-colonel Jean Bernier, commandant du Plateau Central et le capitaine Lionel Alerte, commandant de Hinche, prirent aussi asile à l'ambassade du Brésil. C'était donc une brochette de neuf officiers supérieurs qui campait dans les dépendances de l'ambassade, pendant que les femmes et les enfants occupaient la résidence. L'atmosphère n'était pas spécialement joyeuse et beaucoup de questions restaient sans réponse. Bernier était ouvertement en colère.

Certainement, la débandade Honorat fut une grande déception pour l'opposition à la dictature féroce et inepte de François Duvalier. Les frustrations étaient grandes. Mais du côté du pouvoir aussi, la préoccupation était grande. Pour la première fois, en effet, la résistance et la révolte venaient de gens qui avaient été proches du gouvernement et qui venaient d'un groupe social sur lequel le régime prenait appui. Il s'agissait de ceux que Duvalier avait dénommés « les classes moyennes », qui avaient vécu dans les mêmes quartiers, fréquenté les mêmes écoles et qui partageaient les mêmes aspirations à gravir l'échelle sociale. Duvalier ne pouvait pas se rendre compte de façon certaine de l'extension du complot. Les gens arrêtés étaient morts sans avoir parlé. Dans sa peur d'un syndrome de trahison dans l'armée, Papa Doc marqua d'un trait soixante-et-un noms, un tiers du corps des officiers de l'armée, les révoquant sans autre forme de procès ; la plus grande purge de l'histoire de l'armée d'Haïti.

Le colonel Yves Cham, promu au poste de G1, reçut la liste des soixante-et-un officiers renvoyés. Bien que n'étant pas membre du groupe des comploteurs, Cham était au courant et son bureau avait plusieurs fois servi de lieu de réunion. Cham signa l'ordre de révocation et immédiatement après, prit le chemin de l'ambassade brésilienne demander l'asile politique. En l'espace de deux semaines, soixante-douze officiers avaient été expulsés des forces armées.

C'est alors que le major Bruce Magruder se rendit à l'ambassade brésilienne pour transmettre un message au colonel Delince. Une expédition était en cours qui allait se dérouler dans les vingt-quatre heures. D'après un câble de Cyrus Vance, le palais serait détruit et une force d'invasion à bord du *Boxer, du Taconic, et du Shangri-la* s'approchait des côtes d'Haïti. Magruder voulait avoir une liste d'officiers sur lesquels on pourrait compter pour assumer la suite des événements. La consigne venant du président Kennedy était que le mandat du président se terminant le 15 mai, s'il restait, il serait éjecté par la force du Palais. Un calendrier était fixé. Troupes et bateaux s'approchaient des côtes. Le groupe des asilés à l'ambassade du

Brésil prépara donc une liste d'officiers capables de conduire le pays après la disparition de Duvalier.

Ce furent des projets sans lendemain. Rien ne se produisit.

Sept des officiers devaient rester enfermés dans l'ambassade pendant vingt-neuf insupportables mois, jusqu'au 19 novembre 1964 quand finalement le général Humberto Costelo qui avait pris le pouvoir au Brésil, s'adressa directement à Duvalier et obtint les sauf-conduits pour les sept officiers. Mais c'était pour se retrouver enfermés neuf mois durant sur l'île des Fleurs (Ilha das Flores), à deux heures de bateau de Rio. Delince réussit à s'échapper de l'île en payant un pêcheur brésilien et passa quatre mois caché à Copacabana jusqu'à ce qu'un ami français l'aide à rejoindre finalement sa femme et ses enfants à. New York d'où il envoya une carte postale à ses collègues toujours enfermés à l'île des Fleurs.

Pendant ce temps, en Haïti, les sept furent jugés *in absentia*, condamnés à mort et privés de leur nationalité. Leurs maisons avaient été pillées. Ils avaient presque tout perdu. Finalement, la longue attente à l'île des Fleurs se termina après neuf mois.

Aujourd'hui, le colonel Lionel Honorat vit à Rochester, retraité, après une nouvelle carrière comme comptable. Il a toujours obstinément refusé de discuter de sa tentative de renversement de François Duvalier.

Chapitre 16

La chasse à l'homme du 26 avril 1963

A la veille du « Mois de la reconnaissance nationale », du 22 avril au 22 mai 1963, le ton est donné par les duvaliéristes dans des discours menaçants à vous glacer le sang. Ce qui était supposé être une célébration, du moins dans la phraséologie officielle, se transformait dans les discours de courtisans enflammés en une annonce macabre d'une succession de malheurs.

Le Dr Jacques Fourcand, un des conseillers de Duvalier et nouveau président de la Croix-Rouge haïtienne, fit un discours apocalyptique au *Rond-Point de la Liberté*, à portée de vue de la nouvelle ambassade des Etats-Unis située au Boulevard Harry Truman. Fourcand annonce que, si jamais la volonté de Duvalier est contrecarrée, « le sang coulera à flots comme jamais auparavant, la terre brûlera du nord au sud, de l'est à l'ouest. Il n'y aura ni lever, ni coucher de soleil, seulement un grand incendie montant jusqu'au ciel. Ce sera le plus grand massacre de notre histoire, un Himalaya de cadavres. »

Etrange discours que celui prononcé par un neurologue formé aux Etats-Unis et président de la Croix-Rouge. Fourcand avertit que « les morts seront enterrés sous une montagne de cendres, pour être au service de l'étranger ». L'étranger, c'était les Etats-Unis. Fourcand accusa les Etats-Unis d'intolérance raciale, d'exclusion des Noirs des universités, d'autoriser les restaurants à refuser de servir les Noirs et de violer les filles noires. Il évoqua la mémoire de la répression menée par les *marines* américains lors de l'occupation américaine. Une injure finale : le régime politique des Etats-Unis est qualifié de « démocratie de prostitués ». Fourcand fut félicité personnellement par Duvalier et le discours fut diffusé plusieurs fois par la Radio nationale. De son côté, Luckner Cambronne lança la consigne : « Préparez vos manchettes et vos armes ». Un groupe de « duvaliéristes de Trou Sable » jurèrent qu'ils défendraient Duvalier au prix de leur vie, et s'il s'avérait nécessaire, ils installeraient son fils, alors âgé de 12 ans, pour lui succéder. Cette macabre rhétorique de fin du monde était accompagnée d'une musique tonitruante, avec trompettes et tambours, avec des bandes de danseurs déguisés en anges de la mort qui paradaient devant le Palais national.

C'était un moment où il me devenait de plus en plus difficile de faire mon travail de journaliste. Le ministre des affaires étrangères, René Chalmers, et son second, Adrien Raymond, épluchaient les dépêches publiées dans un journal comme l'*Excelsior* de Mexico pour chercher mon nom et les « mensonges » de la presse étrangère. Heureusement que j'utilisais un nom de plume. J'eus beau leur demander des précisions sur ces « mensonges », (et c'était le cas de tous les officiels du gouvernement), ils restèrent silencieux. Ce qui me fit insister davantage pour avoir un commentaire officiel, sachant que Duvalier ne permettait à personne d'en faire.

Les festivités du Mois de la reconnaissance nationale avaient à peine commencé lorsque je fus convoqué au ministère des Affaires étrangères. Le ministre René Chalmers était assis à son bureau, au fond d´une longue pièce. Il ne bougea pas ni ne leva la tête lorsque j´entrai. Finalement, invité à m´asseoir, je réalisai qu´il avait épluché avec le Dr Adrien Raymond, son assistant au visage rond, des copies du journal *Excelsior*, le quotidien de la ville de Mexico. Pointant une dépêche de l´*Associated Press* qui ne précisait pas l´auteur de l´article (ils ont sûrement perçu le soupir de soulagement dans mon subsconcient), le ministre des Affaires Etrangères me dit : « Je suis sûr que vous n´avez pas écrit ces mensonges. ».

L´article était en fait bien de moi. J´avais écrit que la peur causée par la rhétorique duvaliériste avait submergé la capitale. Comme pour toutes les nouvelles sur Haïti que je produisis au cours de cette période, il n´y avait aucun commentaire du gouvernement ni aucun autre intrant disponible. Et j´avais la sensation que mes jours de journaliste en Haïti étaient à nouveau comptés.

Je cherchai, dans ma réponse à Chalmers, à signaler les difficultés dans la couverture des nouvelles en Haïti, soulignant que le gouvernement de Duvalier était son pire ennemi. Le ministre voudrait-il rectifier les inexactitudes de l´article ? Je serais trop heureux, dis-je, d´expédier sa clarification.

L´un des défis les plus dangereux et difficiles posés aux journalistes qui couvraient Haïti à l´époque était d´obtenir un commentaire officiel ou un déni de la part de titulaires de fonctions officielles. Emettre un commentaire officiel était la dernière chose que le ministre ou son assistant voulaient faire. Aucun membre du cabinet, même pas le ministre de l´Information, ne s´aviserait d´offrir un commentaire à moins d´en recevoir l´ordre de Duvalier, et personne ne voulait être porteur de mauvaises nouvelles et demander à Duvalier s´il souhaitait commenter un récit. Personne ne voulait être surpris à parler à un journaliste étranger. Seul Duvalier pouvait parler pour Duvalier à l´époque, et ils le savaient. J´ai donc tenu à insister pour obtenir un « commentaire officiel ».

« Non » me répondit le ministre Chalmers, reculant visiblement devant la suggestion. Adrien Raymond, l´assistant du ministre, hocha la tête en assentiment. « Nous ne souhaitons faire aucune déclaration destinée à être publiée », ajouta le ministre des affaires étrangères. « Nous sommes seulement en train de vous donner un conseil. Votre séjour en Haïti est conditionné à une couverture favorable du pays (c´est-à-dire du gouvernement) ». Raymond fut plus direct. « En vivant en Haïti, dit-il, vous acceptez l´hospitalité du pays et écrire quoi que ce soit de mauvais sur le pays serait perçu comme un coup porté à cette hospitalité ». (…) Toutes les fois que j´ai revu Raymond au cours des derniers jours qui me resteraient à passer en Haïti, il pointa sur moi un doigt accusateur, indiquant par là même qu´il avait lu mes reportages publiés à l´étranger et qu´il savait donc que je ne m´étais pas conformé à la suggestion que son supérieur hiérarchique et lui m´avaient faite.

La tension générale s´accrut avec le passage, le 21 avril 1963, d'un petit avion qui fit tomber sur Port-au-Prince et ses banlieues une pluie de tracts annonçant qu'une opération «nettoyage à sec » allait bientôt avoir lieu. Pendant que les makout se livraient frénétiquement au ramassage et à la destruction des tracts, les commentateurs duvaliéristes se gaussaient de ce « papillon » inoffensif et ridicule, non sans tenir des discours menaçants promettant du sang et du soufre. Mais le danger réel était que que les duvaliéristes, comme groupe, étaient craintifs et effrayés.

Survint un événement tout à fait inattendu. Le matin du vendredi 26 avril 1963, il n'était pas encore huit heures quand la voiture de la présidence qui amenait Jean-Claude Duvalier et sa sœur Simone à l'école, au Nouveau Collège Bird, derrière le Pénitencier national, s'arrêta au bord du trottoir. La montée du drapeau venait d'être effectuée et les élèves, dans les salles de classe, attendaient l'arrivée de leur professeur.

Voici le récit que Jean-Claude Duvalier me fit : « On venait de passer le Palais des Ministères quand je remarquai une voiture qui nous suivait. Je n'y attachai pas beaucoup d'importance, étant donné que j'avais l'habitude de sauter hors de la voiture avant même qu'elle s'arrête. C'est ce qui m'a sauvé ce jour-là. Quand l'autre voiture arriva à la hauteur de notre voiture, j'étais déjà à l'intérieur de l'école et c'est alors que j'entendis les coups de feu. Je ressortis, Simone était encore dans la voiture. Je vis à ce moment Paulin Montlouis, notre sergent major, agripper l'un des assaillants. Il était trop proche de lui pour pouvoir tirer son revolver. L'homme lui tira une balle. Simone eut le temps de faire le tour de la voiture et d'entrer dans l'école pendant que des cris se faisaient entendre : « Jean-Claude, reviens ! Reviens!»

« Les assaillants, habillés de vert olive, étaient au nombre de quatre. Plus tard, au palais, on disait qu'il s'agissait de nous kidnapper pour faire pression sur notre père. Je revois encore Paulin, comment il avait agrippé le type ». Ce kidnapping manqué laissa plusieurs victimes sur le carreau, un *makout*, qui se tenait habituellement sur la véranda d'une vieille maison en bois face au collège, Paulin Montlouis, le garde présidentiel, Morille Mirville, un autre garde présidentiel, et les sergents Luc Azor et Richemond Poteau.

La réaction de Papa Doc fut ce qu'on pouvait supposer. En annonçant une tentative d´attenter à la vie des deux enfants du président, la radio demanda à tous les duvaliéristes de prendre les armes. *Makout* et membres de la Garde présidentielle, excités par la rage du président se déchaînèrent et firent du vendredi 26 avril 1963 le jour le plus sanglant des années duvaliéristes. Duvalier utilisa à fond l'émotion provoquée par l'événement. Et cela à un triple niveau. D'abord, s'instaura une chasse à l'homme au hasard des rencontres. Permission de tuer était donnée à tout porteur d'armes. Un groupe de femmes duvaliéristes cerna l'ancien commandant des gardes-côtes et le fusillèrent. Quelqu'un dans les cercles du pouvoir se rappela que Jean Chenet, qui fabriquait avec sa femme, une Américaine, des bijoux inspirés du vodou, étaient des amis du colonel Charles Turnier. Un groupe de *makout* exécutèrent Chenet et balancèrent son cadavre dans la cour de sa maison de plage à Arcachon. Toute personne ayant l´allure d'un « opposant » pouvait perdre immédiatement la vie parce qu'elle se trouvait au mauvais endroit au mauvais moment. Ce fut le cas de Benoît Armand, tué en raison de la ressemblance entre son prénom et le nom de famille de François Benoit. L'année suivante, les deux fils de Benoit, Jacques et Max Armand, feront partie du groupe des 13 de Jeune Haïti qui débarquèrent à Dame-Marie. Le jeune Lionel Bance disparut, lui aussi, le 26 avril 1963. Quarante ans après, son frère Robert, établi en Californie, m´a raconté ceci :

« Notre jeune frère Lionel avait accompagné à l'aéroport une voisine amie qui partait pour le Canada. Ce 26 avril 1963, il fut arrêté par un *makout* sur le chemin du retour à la maison. Nous ne l'avons jamais revu. La parade du 18 mai ne se déroulait plus devant les tribunes, mais plutôt dans la cour du palais. Duvalier et sa cohorte y assistaient au haut du grand escalier. Marie-

Claude Argant, l'amie de Lionel, défilait. Brusquement, elle quitta les rangs et monta l'escalier sous les regards étonnés des officiels et s'approchant du président, elle demanda à Duvalier de libérer son ami. Sans sourciller, Duvalier la déféra à un de ses ministres. Naturellement, l'affaire en resta là. Pour ma part, j'ai passé plus d'un an à le rechercher faisant démarches et dépenses jusqu'au jour où je fus moi-même arrêté et emmené à Fort Dimanche d'où on me relâcha après quatre jours. Par hasard et par chance, j'ai finalement retrouvé quelqu'un qui m'a dit avoir partagé la cellule de Lionel dans les cellules aménagées à fleur de terre dans la cour du palais national. La mère et la sœur de cette personne ont péri en prison. Lionel, m'a-t-il dit, a succombé après plusieurs attaques de malaria. Je pense que notre mère, qui ne s´en est jamais remise, est morte d'un silencieux chagrin.»

Sont tués les deux frères Vieux, Paul et Didier, et leur ami William Théodore, pris sur la route de Carrefour, en direction de Mariani où ils allaient travailler sur une plantation appartenant à leur famille.

Louis Dupoux est laissé pour mort, toute la journée, sur le trottoir aux environs de la résidence du lieutenant François Benoît.

Lionel Fouchard est tué à la rue Saint-Cyr. Ex-lieutenant des gardes-côtes, il se rendait à son bureau, avec à ses côtés, une collègue enceinte. Vers 9 heures 30, des camions de la garde présidentielle se rendant à la maison des Benoît enfilèrent la rue Saint-Cyr en sens interdit. Pour les éviter, Fouchard fut obligé de se garer sur le côté de la rue, malheureusement juste devant la maison d'une maîtresse du colonel Gracia Jacques. La sentinelle ordonna à Fouchard de déplacer la voiture puis leva son fusil et tira sur lui à bout portant. Elle dégaina ensuite son pistolet et acheva Fouchard d'une balle à la tête. La passagère tomba en état de choc. Elle fit une fausse couche par la suite.

Cette chasse à l'homme permit aussi aux militaires inféodés au régime et aux *makout* de laver dans le sang de vieilles querelles ou d'assouvir des convoitises qui couvaient de longue date. Eloïs Maître se mit à la recherche d´Eric Tippenhauer qui fut l'un des principaux associés en affaires du président Estimé. Tippenhauer avait eu maille à partir avec le colonel Claude Raymond qui cherchait à s'emparer de son usine de cigarettes. Les *makout* entrèrent dans le bureau de Tippenhauer, proche du mien. Je les vis tabasser et emmener les deux fils d'Eric. Le maire Jean Deeb avait alerté Eric Tippenhauer qui s'était réfugié dans sa maison de montagne, en vain, puisqu'il fut arrêté le lendemain de sa fuite. Eric Tippenhauer et ses deux fils ont été exécutés.

Le major *ad honorem* Frank Romain, un ancien de l'école de Saint-Louis de Gonzague, duvaliériste convaincu, commençait une carrière favorisée par son appartenance à l'armée et au monde des « classes moyennes » dont Duvalier s'était fait le champion, tout comme Roger Lafontant qui allait, lui aussi, grimper tous les échelons, comme médecin et comme l'un des plus fidèles *makout* de Duvalier. « A 8 heures 30 du matin, raconta un témoin qui travaillait à ce moment-là au ministère de l'Intérieur, j'étais de garde au poste de police de Carrefour quand on reçut les nouvelles de l'attentat et la consigne de bloquer le passage à toute personne tant soit peu suspecte. C'est ainsi que quelques minutes plus tard, nous faisions stopper une Mercedes dont l'unique occupant, le chauffeur, nous déclara qu'il allait à Léogâne, pour ses affaires. Le caporal lui fit mettre pied à terre pendant qu'on fouillait la voiture où l'on trouva un sac contenant une importante somme d'argent. Nous avions entre-temps reconnu la personne. »

C'était André Riobé qui possédait d'importantes propriétés en plaine et qui, selon ses dires, allait distribuer la paie de son personnel. Toutes ses affaires furent confisquées et on l'enferma dans une cellule où se trouvaient déjà deux jeunes gens. C'est ainsi que sur le coup de 9 heures arriva le major Franck Romain qui prit les choses en main et repartit au volant de la Mercedes de Riobé, emportant l'argent des salaires. A son retour dans l'après-midi, il emmena les trois prisonniers au Lamentin. « Dans la soirée, dit le témoin, nous entendîmes des coups de feu du côté du Lamentin et quelque temps après, se présenta un véhicule qui était une ambulance de l'Hôpital général. Quand nous ouvrîmes la porte de l'ambulance, nous aperçûmes quatre corps ensanglantés, celui de Riobé, ceux des deux frères Didier Vieux et Paul Vieux, et un quatrième cadavre non identifié. »

L'histoire ne s'arrête pas là, car « plus tard dans la soirée, nous étions en train de jouer aux cartes au beau milieu de la chaussée, quand apparut de nouveau le major *ad honorem* Frank Romain qui recherchait le domicile d'un serrurier bien connu dans la zone. Il avait besoin de lui pour ouvrir le coffre-fort et perquisitionner la maison que possédait Riobé sur ses terres de la plaine. » Quand Romain reparut, il y avait dans la voiture le serrurier en question et un autre ouvrier. La Mercedes prit le chemin de Léogâne. Depuis, on n'a jamais plus entendu parler du serrurier ni de son camarade.

Il y avait aussi ceux que Duvalier avait ciblés comme auteurs de l'assaut contre ses deux enfants. En tête de liste, il plaça le lieutenant François Benoît. On ne sait pourquoi Duvalier n'avait pas pensé plutôt, par exemple, à Barbot qui avait déclenché une guérilla urbaine contre son ancien chef. C'est ainsi que, d'un instant à l'autre, la tragédie allait frapper indistinctement tous les membres de la famille Benoît, comme un vent de tempête.

Deux jours auparavant, le 24 avril 1963, vers les 2 h 30 de l'après-midi, trois véhicules de la Garde Présidentielle, de marque Chevrolet, bondés d'hommes armés se sont présentés au domicile des Benoît, une des grandes maisons en bois, style *gingerbread* du Bois-Verna. Le lieutenant Benoît faisait partie de la longue liste d'officiers que, ce même jour, Duvalier avait expulsés de l'armée. La police était venue récupérer un fusil M1, arme d'entraînement de l'équipe des tireurs d'élite qui avait remporté une éclatante victoire, trois semaines avant, dans un concours de tir à Panama. Au moment de cette visite, Benoît se trouvait à l'étage. Se rappelant ce qui était arrivé à son ami Turnier, il pensa aux armes qu'il détenait pour se défendre dont une grenade. Mais il n'était pas question de les utiliser, son fils de dix-huit mois se trouvait au rez-de-chaussée. Par les arrières de la maison, sautant d'un mur de clôture à l'autre, il atteignit la ruelle Ascencio. Il en profita pour demander à Carmen Blanchet de trouver le moyen d'informer Jacqueline Benoît, son épouse, qu'il ne fallait pas qu'elle rentre ce jour-là à la maison. Carmen dépêcha son neveu, Claude Boncy, qui s'acquitta effectivement de sa mission. De chez Carmen Blanchet, François atteignit l'impasse Lavaud. C'était pour aboutir à la boutique d'un colonel retraité, sise à l'angle de l'impasse Lavaud et de l'avenue John-Brown. Après que Benoît lui eut expliqué la situation dans laquelle il se trouvait, le colonel Poitevien, dont les fils avaient été ses amis depuis leur jeune âge, lui demanda de vider les lieux sans plus tarder. Benoît se rendit à la résidence de Me Emmanuel Brisson, située non loin de la boutique des Poitevien. Il y fut bien accueilli et amené à la chambre qu'avait occupée son ami Gérald Brisson.

Il faut rappeler que Gérald Brisson et François Benoît, tous deux élèves de Saint-Louis de Gonzague, avaient grandi ensemble, et étaient depuis 1946 des amis inséparables. Ils partageaient les mêmes goûts pour la musique, l'athlétisme et l'engagement social. Après leur baccalauréat, ils avaient passé ensemble la première année à la Faculté de Droit. Gérald y avait terminé ses études. Après la première année, François avait opté pour la carrière militaire et fut commissionné sous-lieutenant en décembre 1957.

Retour au 24 avril 1963. Vers cinq heures de l'après-midi, Jean Cassagnol (Jean Ca), beau-frère de Gérald, vint quérir François et le conduisit en voiture vers l'intérieur de la zone de Delmas où il le déposa dans une hutte paysanne, lui promettant qu'il allait faire le tour des ambassades aux fins de vérifier lesquelles d'entre elles étaient les plus accessibles. Il n'y avait dans la hutte ni eau, ni nourriture, ni meubles. Le lendemain, 25 avril, vers les 8 heures du soir, Jean Ca revint avec de bonnes nouvelles. L'ambassade dominicaine, située à Delmas, était la plus proche et paraissait la moins surveillée. Il fut décidé de procéder d'abord à la reconnaissance des lieux. Benoît fut satisfait des résultats. Avec Jean Ca au volant, le véhicule s'engagea sur la pente de Delmas. Il ralentit juste assez pour permettre à François de sauter à hauteur de la barrière de l'ambassade et de

s'introduire sans coup férir, et à la grande surprise de la sentinelle, sur les terrains diplomatiques de la représentation dominicaine.

Aucun officiel ou employé de l'ambassade n'étant présent, Benoît se cacha en-dessous d'un escalier. Tapi dans l'obscurité, il
se préparait à passer la nuit dans sa nouvelle cachette lorsqu'arriva le chargé d'Affaires dominicain, Francisco Bobadilla.
Sortant de son abri, Benoît lui fit part de sa situation et sollicita
l'asile politique. Le chargé d'Affaires acquiesça et décida, par
mesure de précaution, de le transporter immédiatement à la résidence de l'ambassade de la République Dominicaine, voisine de
l'hôtel El Rancho à Pétion-Ville.

Le 26 avril 1963, des *makout* et des militaires enragés
s'agglutinèrent devant la résidence des Benoît et l'on put entendre Justin Bertrand, le chef *makout* des Travaux publics, réclamant le sang de Benoît. Le juge Joseph Benoît et sa femme,
Louise Neptune, venaient de rentrer de l'Église du Sacré-Cœur
où ils allaient tous les jours assister à la messe. Et soudain ce fut
le massacre. Une pluie de projectiles déchiqueta le couple et
d'autres personnes présentes. Le fils de François Benoit et de
Jacqueline Edeline Benoit, Gérald, âgé de dix-huit mois, aurait
été emporté par un officier. D'aucuns affirment en effet que le
colonel Max Dominique aurait emmené Gérald et sa bonne, Mathilde Remarais, dans un véhicule du Palais national, mais celui-
ci a toujours refusé de témoigner. Des mois durant, des amis de
la famille, des religieux, des diplomates suivirent toute piste qui
pouvait conduire à l'enfant et même vingt-trois ans plus tard,
après le départ des Duvalier en 1986, des gens abordaient la famille, réveillant l'espoir fou de le retrouver. Les *makout* et militaires mirent le feu à la résidence des Benoit. Les flammes
consumèrent, durant toute la matinée du 26 avril, la maison et les
corps. Quatre membres du personnel sur sept ont péri ou disparu
ce jour-là: Amanie Sincère, longtemps au service de la famille
Benoit, Paulette la cuisinière, une bonne au service d'un des
frères de François Benoit et Mathilde Remarais qui s'occupait du
bébé.

La femme du lieutenant Benoît, Jacqueline Edeline Benoît, quitta en vitesse la salle de classe de l'école *Au Galop*, à Turgeau, et put atteindre la résidence de l'ambassadeur de l'Équateur où naîtra ultérieurement son second fils. Son père ne fut pas aussi chanceux. Quand soldats et *makout* apparurent devant sa maison, il refusa ainsi que sa femme de prendre la fuite. Il ouvrit la porte. Il disparut ce jour-là sans laisser de trace. Jean-Marie Benoît, frère de François, qui travaillait à l'ambassade américaine réussit à se mettre à l'abri à l'ambassade du Venezuela, tandis qu'un autre frère, Claude-Michel, se réfugiait à l'ambassade d'Argentine.

Les soldats qui encerclaient la chancellerie dominicaine sur la route de Delmas pénétrèrent à l'intérieur du bâtiment, en violation du droit international concernant l'immunité diplomatique et menacèrent l'unique employé présent qui ne parlait ni le français ni le créole. La route de Delmas resta fermée jusqu'à la fin de la journée pendant que des barrages établis dans l'autre sens créaient des embouteillages gigantesques, les commerçants essayaient de récupérer leurs enfants et de rentrer à la maison. Finalement, les soldats se rendirent à la résidence de l'ambassadeur, installèrent des mitrailleuses au bord du jardin et attendirent les consignes. Les dix-neuf asilés se préparèrent au pire. Selon la version du gouvernement, Benoît aurait quitté l'ambassade pour faire le coup contre les enfants devant le collège Bird et serait revenu ensuite. Or, on saura plus tard que le groupe de Clément Barbot et son frère réclameront la paternité de l'opération.

Quand on sut à Santo Domingo que les troupes de Duvalier avaient violé la souveraineté de la chancellerie, les militaires dominicains exprimèrent leur fureur. Ils étaient outragés et voulaient réagir. Le président Juan Bosch aborda cette crise avec prudence. Mais quand il apparut que les troupes haïtiennes pourraient envahir la résidence de l'ambassadeur, pour s'emparer des asilés, Bosch changea de registre et avertit que toute pénétration des soldats sur le territoire de l'ambassade serait considérée comme une attaque contre son pays. A la radio et à la télévision,

Bosch avertit Duvalier que tout acte criminel à l'encontre des asilés aurait des conséquences sévères. C'était comme si les deux pays allaient entrer en guerre.

Enfin, le grand dessein politique de Duvalier trouva dans cet événement un prétexte pour déployer sa capacité d'extermination et une apparente justification pour s'imposer par une terreur nue. L'ordre fut donné de rechercher tous les anciens officiers de l'armée d'Haïti, quels qu'ils soient. Ils furent pourchassés, capturés, et sommairement exécutés soit au Fort Dimanche soit au camp d'entraînement des sous-officiers au Lamentin, le domaine des activités de Romain et de Lafontant. C'est ce jour-là que furent arrêtés et exécutés la plupart des cent-douze officiers tués sous Duvalier.

Cette opération, un des plus grands crimes contre l'humanité commis par Duvalier, se fit sous le manteau d'un silence absolu, si bien que pendant des années, les familles continueront à croire à un retour possible de leurs disparus. A ce jour, plus de cinquante ans après, elles ne connaissent toujours pas les circonstances de leur mort. Quant aux auteurs de ces crimes, ils n'ont jamais été appelés à un tribunal pour répondre de leurs forfaits. La ville de Port-au-Prince tout entière, Pétion-Ville, ainsi que les autres villes de la zone métropolitaine furent submergées dans une vague de terreur qui parcourait les rues comme une bête en colère. Des parents affolés se précipitaient vers les écoles, s'emparaient de leurs enfants, essayant de revenir à toute vitesse à la maison, pour se retrouver bloqués par des embouteillages ou par des barrages érigés par les *makout*.

Le terrorisme d'Etat appliqué à des familles entières ou à des groupes pendant plus de vingt-neuf années continuera encore après 1986 provoquant l'exode de familles entières, privant ainsi le pays de milliers de cadres, techniciens, professeurs, artisans et ouvriers spécialisés. C'est ainsi que Leslie F. Manigat, un jeune professeur d'histoire et fondateur de l'École des Hautes Etudes internationales récemment revenu de ses études universitaires à Paris, et qui avait déjà fait vingt-huit jours de prison au Fort Dimanche lors de la grève des étudiants, fut averti en sortant d'une classe au collège Bird de ce qui s'était passé et qu'on « arrêtait des gens ». Il passa prendre en vitesse sa femme, Marie-Lucie Chancy, elle-même aussi professeur d'université, et leurs quatre filles. La famille Manigat obtint asile à l'ambassade d'Argentine. Ce devait être, comme pour beaucoup d'autres, le début d'une longue carrière de professeur universitaire, en dehors du pays, aux Etats-Unis, en France, à Trinidad et au Venezuela.

En ce qui me concernait, je ne me faisais aucune illusion. J'avais épuisé mon temps. Les duvaliéristes ne tenaient pas à avoir sur le dos des témoins des actes d'horreur et des crimes qu'ils avaient perpétrés contre des personnes sans défense, auxquelles était dénié le statut de citoyen. Une réaction d'amnésie collective se développait, sur la base de versions corrigées des faits, ou d'ignorance affectée, ou encore d'un silence brutal concernant des sujets devenus tabous. Le métier de journaliste devenait alors, quoi qu'on dise, dangereux, subversif ou tout simplement dépourvu de pertinence.

Le samedi 27 avril 1963, tôt le matin, un taxi, vieux et fatigué, traînant un silencieux déglingué, grimpa la côte qui menait à ma maison, sur une colline au-dessus de la route de Frères. L'un des cinq types qui se trouvaient dans la voiture était un playboy mulâtre, plus connu pour impressionner les touristes étrangères. Il était pressé. « Ces messieurs sont venus vous arrêter. » me dit-il très vite. « Je ne suis pas l'un d'entre eux. J'étais juste présent lorsqu'ils sont partis vous chercher. Je leur ai dit que je pouvais vous trouver sans problème. Je suis en train de vous aider. Vous m'avez aidé une fois. Ils pourraient détruire votre maison. Allons-y. », me dit-il. « Dépêchez-vous et si vous avez quelque chose à cacher, cachez-le mais faites vite. », ajouta-t-il. Les quatre occupants de la voiture avaient en effet des fusils et des revolvers. Je m'habillai rapidement et laissai une note à ma femme qui était allée aux nouvelles, à propos des événements de la veille, chez sa soeur qui tenait avec son mari un élevage de poulets, plus bas dans la vallée.

La voiture m'emmena immédiatement à la résidence de Lucien Chauvet, l'assistant du ministre de l'Intérieur et chef *makout* bien connu pour son arrogance et sa férocité. Il me reçut sur le porche, en caleçon. Il décrocha le téléphone et je l'entendis dire : « *M pran Diederich* » (j'ai capturé Diederich). Pendant que j'étais sous surveillance devant le porche, Chauvet s'habilla et sortit de la maison, carabine à la main et un pistolet .45 attaché sous l'aisselle. Trois des makout me poussèrent vers la Ford bleue de Chauvet qui prit le volant et nous fîmes un tour instructif de la ville après le sanglant 26 avril. Des barrages de sécurité avaient été mis en place dans la capitale et à l'extérieur de celle-ci. Miliciens et *makout* fouillaient les gens et les voitures, et en profitaient pour humilier les personnes suffisamment riches pour posséder une voiture. Chauvet agonit d'injures un ami à lui qui, arrêté par les miliciens, lui demandait de l'aide pour passer un barrage. L'homme rapetissa, rivé à la route, en état de choc, pendant que les *makout* s'esclaffaient. Personne dans la colonne de voitures ne parlait et tout le monde affectait de ne rien voir. Après deux arrêts infructueux tant la tension était forte parmi les militaires et les *makout*, l'un au quartier général de la police, juste en face du Palais national, puis l'autre à son bureau au ministère de l'Intérieur, Chauvet me conduisit au Pénitencier national, à la rue du Centre. Je pensai que mes perspectives de survie s'amélioraient. Au Pénitencier national, les prisonniers politiques avaient plus d'une chance de survivre. En revanche, Fort Dimanche, le Palais National et les casernes Dessalines étaient, à l'époque, l'antichambre de la mort par exécution, sous la torture ou par la maladie.

Chauvet fut instruit d'entrer au pénitencier, *Gran prizon,* par un portail secondaire. Personne ne faisit confiance à personne ce jour-là. Alors que les portes se fermaient derrière nous, toutes les armes étaient pointées sur les *makout* qui se trouvaient dans la voiture. J'apprendrai bien plus tard que le commandant de la prison, le capitaine Monod Philippe, l'un des plus grands tireurs d'élite du pays, avait été arrêté le matin même puis avait été déshabillé par Duvalier avant de retourner à son poste en tant que duvaliériste loyal.

Un caporal m'ordonna d'enlever chemise et pantalons sur la cour où je me tenais et on fit une liste de mes possessions, dont ma carte de membre du *Overseas Press Club* et dix-sept dollars. Et l'on m'enferma dans un coin où se trouvaient trois petites cellules avec trois portes en fer. Dans chaque porte un trou permettait aux soldats de jeter un coup d'œil de temps en temps. C'est là que je passai la nuit. Finalement le lendemain après-midi, la porte s'ouvrit et un soldat me redonna mes vêtements. Comme d'autres avant moi, je gravai mon nom sur le mur parmi tant d'autres noms qui s'y trouvaient déjà. On m'amena au bureau du capitaine Thomas en charge des services d'immigration. J'eus beau protester que je ne partirais pas sans ma femme et mon enfant. Il me répondit d'un air profondément las : « Prenez cet avion, c'est votre chance. Je ne sais pas s'il y en aura une autre».

Il conduisit la voiture qui m'emmena à l'aéroport avec un soldat qui somnolait pendant que sa mitraillette restait pointée sur mes côtes. Avec mes dix-sept dollars, Thomas paya le ticket de Santo Domingo. L'avion de la *Pan Am* était vide. Dans cette ville qui défilait sous nos yeux, je laissais ma femme, mon enfant, l'imprimerie de mon journal, dix-sept ans de travail. Ma dernière vision du Palais national avait une touche magique et surréaliste. Le carnaval hors-saison ordonné par Papa Doc Baron Samedi Duvalier pour célébrer « le Mois de la reconnaissance nationale » avait amené au bord de la grille de l'enceinte du Palais des joueurs de tambour et de vaccines et des danseurs exécutant une danse de mort grimaçante.

Ce n'était pas la première fois que je me faisais expulser de ce pays que je considérais comme mien. Mais cette fois, l'exil allait durer longtemps, un quart de ma vie.

Les disparus du 26 avril 1963

Liste établie et publiée en 2013 par le Comité de commémoration du 26 avril 1963* et amendée**

1. Armand, Benoît (avocat, assassiné à cause de son prénom Benoît)
2. Auguste, Léandre (retraité octogénaire)
3. Bance, Lionel
4. Benoit, Gérald (18 mois, fils du lieutenant François Benoit et de Jacqueline Edeline)
5. Benoit, Joseph (père du lieutenant François Benoît)
6. Benoît, Louise Neptune (mère du lieutenant François Benoît)
7. Bouchereau, Jean (capitaine retraité des FADH)
8. Bouchereau, Amédée (entrepreneur/commerçant)
9. Carré (prénom pas encore retrouvé – tué dans la voiture de Louis Dupoux, lui-même grièvement blessé)
10. Celestin Philippe (major des FADH)
11. Chassagne, Max (colonel des FADH)
12. Chassagne, Roland (lieutenant des FADH)
13. De Chavigny, Roger (capitaine des FADH)
14. Chenet, Jean (commerçant)
15. Corvington, Max (capitaine des FADH)
16. Damas, Fritz (ami de Fritz Saint-Phil, assassiné à la place Sainte-Anne)
17. Denis, Edouard (dentiste, major des FADH)
18. Désulmé, Maurice
19. Désulmé, Sainté, épouse de Maurice
20. Désulmé, Léa (fille de Maurice et Sainté)
21. Désulmé, Roland (fils de Maurice et Sainté)
22. Duchatelier, Maurice (époux de Ghislaine Edeline)
23. Dufanal, Liliane
24. Edeline, René (père du lieutenant Claude Edeline)
25. Edeline, Georgette (épouse de René Edeline, mère du lieutenant Claude Edeline)
26. Etienne Francis (major des FADH)
27. Fouchard Lionel (ancien officier des gardes-côtes)
28. Forbin, Alfred (capitaine des FADH)

29. Garoute, Hamilton (colonel des FADH), arrêté par Lucien Chauvet
30. Lallemand, René (capitaine des FADH)
31. Larreur Roger (citoyen français, père d'un officier des FADH)
32. Lauture Georges (lieutenant retraité des FADH)
33. Lochard, Charles (capitaine des FADH)
34. Lominy, Frantz (lieutenant des FADH)
35. Marcel, Guy (sous-lieutenant des FADH)
36. Maximilien Louis (colonel, médecin des FADH)
37. Michel, Chenon (capitaine des FADH)
38. Paris, Max (lieutenant des FADH)
39. Poitevien, Albert (colonel des FADH)
40. Remarais, Mathilde (travaillant chez la famille Benoit)
41. Riobé, André (commerçant)
42. Roy, Edouard (colonel, pilote des FADH)
43. Sabalat, Ernest (avocat)
44. Saint-Fort, Alix (lieutenant des FADH)
45. Saint-Phil, Fritz (32 ans, mécanicien, assassiné à la plage de Thorland où il se baignait)
46. Sajous, René (capitaine des FADH)
47. Scott Lucien (capitaine des FADH)
48. Sévère, Ernest (avocat)
49. Simon, Franck (commercant)
50. Sincère, Amanie (qui veillait sur le bébé Gérald Benoit)
51. Théodore, William (ami des frères Vieux)
52. Tippenhauer, Eric (père d'Eric Jr et de Rudy)
53. Tippenhauer, Eric Jr
54. Tippenhauer, Rudy
55. Vieux, Didier
56. Vieux, Paul (Polo)
57. Villedrouin, Roger (capitaine des FADH)
58. Paulette (travaillant à la maison Benoit)
59. Ti Tôn (15 ans, protégé de la famille Benoit)
60. Anonyme (femme enceinte en visite chez la famille Benoit le 26 avril 1963).

*Lire dans l´ordre le nom puis le prénom, sauf pour les numéros 58 et 59 pour lesquels on ne dispose que du prénom ou du surnom. Une personne non identifiée (no 60) aurait été tuée chez les Benoit.

Cette liste est évidemment provisoire puisqu´il est fort probable que d´autres victimes de ce jour funeste n´aient pas été identifiées.

** Certaines personnes dont les noms sont mentionnés dans cette liste publiée par le le Comité de commémoration du 26 avril 1963 ont été victimes du régime de Papa Doc avant ou après le 26 avril 1963.

Le colonel Antoine Multidor a été tué en 1961.

Guy Lominy, ancien dirigeant de l´Union Nationale des Etudiants Haïtiens (UNEH) et membre du Parti Unifié des Communistes Haïtiens (PUCH) sera pris en 1969 à la place Sainte-Anne, à Port-au-Prince.

Les membres suivants de la famille Edeline, frères et sœurs du lieutenant Claude Edeline, cités dans la liste rendue publique en avril 2013, ont été arrêtés et ont disparu en 1964 :

Raymond Edeline
Jean-Robert Edeline
Gladys Edeline
Ghislaine Edeline Duchatelier.

Chapitre 17

Rassemblements à Santo Domingo

1962-1963

A la fin de l'année 1961, l'année où Rafael Léonidas Trujillo fut assassiné, un petit groupe d'Haïtiens anti-duvaliéristes se rendit en République Dominicaine. Les conditions de vie étaient difficiles. Les Dominicains de la rue leur démontraient beaucoup de sympathie, eux qui sortaient à peine de trente ans de dictature. Mais à l'obstacle de la langue s'ajoutait la pénurie totale qui ne leur permettait pas de manger à leur faim. Mais leur principal souci était de s'organiser pour trouver les moyens de reprendre la lutte contre Duvalier et sa clique. Ils découvriraient bientôt le poids des querelles personnelles, jalousies, suspicions, antagonismes de tout genre semant des obstacles têtus à toute action commune.

L'un des premiers à vouloir organiser un groupe politique en République Dominicaine en ce début d´année 1962 était un ancien officier et diplomate, Pierre Rigaud, allié à Paul Verna, un autre diplomate qui avait été en poste à Ciudad Trujillo. Les deux bénéficiaient de bonnes relations avec les militaires de cette période post-Trujillo. Ils avaient dénommé leur mouvement « Union des Démocrates Nationaux» (UDN). A la même période, un groupe de jeunes exilés, qui exprimaient souvent leur méfiance envers les ex-officiers de l'armée et les politiciens « vieux », formaient eux aussi un groupe dénommé « Front de la Libération des Haïtiens Libres (FLHL) ». Un jeune professeur venant de Jacmel, Fred Baptiste, occupait la fonction de Secrétaire général de ce Front. Au début, il tenait ses réunions sur les bancs des places publiques de Santo Domingo où certains, faute de logement passaient la nuit. Ils durent se rendre compte très vite des difficultés qu'ils allaient rencontrer pour trouver de l'aide et surtout pour trouver des armes, ainsi que les moyens de déplacement et d'entraînement.

Le 17 avril 1963, après bien des démarches et des discussions, une réunion générale de tous les exilés fut convoquée dans une petite maison au coin de la rue Altagracia et la rue Felix Marisa Ruiz. Cette réunion avait été convoquée par Raymond Cassagnol, un jeune entrepreneur qui venait d'arriver, après avoir réussi la traversée de la frontière au bout d'une fuite spectaculaire à travers la forêt des Pins avec sa femme et ses six enfants. Cassagnol avait monté plusieurs scieries de pins, dans la Région du morne des Commissaires et aussi, dans le nord, du côté de Carice et de Lamiel.

Le groupe de Rigaud-Verna bouda la réunion de même que les partisans de Louis Déjoie qui posaient le leadership de celui-ci comme condition préalable à toute action commune. Le résultat de la réunion de la calle Altagracia fut la formation d'un mouvement unitaire le Mouvement Révolutionnaire Haïtien (MRH). L'un des leaders du MRH était l'ex-ambassadeur cubain à Port-au-Prince, le moustachu Antonio Rodriguez Echazabel, qui avant d'être nommé ambassadeur par Fidel, avait fondé et dirigé la boucherie *Oso Blanco* située juste face au Palais national de l'autre côté de la place, et qui venait d'abandonner son poste diplomatique au Pakistan. Aussitôt après cette réunion, Cassagnol et Rodriguez se rendirent aux Etats-Unis chercher de l'aide financière. Mais pendant ce temps, un demi-frère de Cassagnol, Jacques Cassagnol ouvrit un camp d'entraînement à Dajabon, sur la frontière nord, face à Ouanaminthe, se déclarant secrétaire général d'un groupe dénommé Forces Révolutionnaires Unifiées ou Forces Unies Révolutionnaires. A son retour, Raymond Cassagnol dut négocier avec le nouveau groupe pour que le recrutement et l'entraînement des adhérents ne soient pas bloqués par cette division.

Une trentaine de recrues furent transportées dans la camionnette blanche de type *pick up* de Rodriguez à Dajabon, au bord de la rivière Massacre. Derrière le fort qui se trouvait sur une éminence derrière la ville, les exilés purent utiliser le champ de tir de l'armée dominicaine pour s'initier au maniement des mitraillettes Thompson et des fusils Springfield. Et c'est sur un coin de savane près de là qu'ils établirent un campement à la belle étoile. Campement on ne peut plus rudimentaire, amélioré par quelques matelas mais exposé aux pluies tropicales de l'été malgré quelques appentis qu'ils construisirent dans les buissons. Malgré ces conditions primitives, le moral était excellent. Bientôt, ils furent soixante-sept. Un certain nombre de recrues arrivaient directement d'Haïti et s'enrôlaient aussitôt qu'ils avaient traversé la frontière.

Les armes ne manquaient pas. Il y avait même des bazookas et des mitrailleuses de calibre .30. Une rumeur courait selon laquelle le président Magloire avait donné à Rodriguez la somme de 60.000 dollars. La date du 13 mai 1962 avait été choisie pour traverser la rivière et attaquer le Cap-Haïtien. Deux jours après, le 15 mai, le mandat de Duvalier devait s'achever. L'une des recrues, Gérard Lafontant, le projectionniste du cinéma Paramount qui appartenait à sa famille, avait fui le pays après son arrestation et libération, avoua sa complète surprise : « Je n'en pouvais croire mes yeux quand je vis apparaître dans le camp le commandant de Dajabon, le colonel Ney Garrido. » Garrido tenait des propos violemment anti-Duvalier. Il avait occupé pendant un certain temps le poste d'attaché militaire à Port-au-Prince mais Duvalier avait demandé son rappel, l'accusant d'avoir passé des armes aux membres de l'opposition. Un capitaine et un lieutenant furent dépêchés par Garrido pour entraîner les exilés à l'usage des armes. Le capitaine enseignait l'usage des armes lourdes tandis que le lieutenant donnait des leçons sur les tactiques de la guérilla et des combats de rue. Le MRH loua un petit avion qui le 21 avril, un dimanche, laissa tomber sur Port-au-Prince des milliers de tracts portant en français un message annonçant une « Opération Nettoyage à sec ». Le message menaçait de nettoyer Haïti de « tous les insectes nocifs qui accompagnaient le gorille Duvalier » et, s'adressant aux Forces armées, il leur demandait de se joindre à la révolution. Les tracts avertissaient en outre les résidents étrangers, aussi bien que « les diplomates accrédités auprès du tyran vodouisant », d'évacuer la ville avant la date du 15 mai. Il était conseillé aussi à tous ceux qui vivaient dans le voisinage du Palais national d'évacuer la zone avant cette date.

Bien qu'une bonne partie des tracts soient tombés sur les collines en dehors des limites de la ville, le passage de l'avion avec ses tracts produisit son petit effet, une certaine excitation à l'idée que Duvalier n'était pas invincible, qu'il ne pouvait, malgré tous ses *makout*, détruire tous les tracts lancés par l'avion.

A Dajabon, le jour J s'approchait, le jour Duvalier. A minuit, le 13 mai, le groupe des exilés fut réveillé et mis en rangs pour saluer un distingué visiteur, le brigadier général Elby Vinas Roman, le ministre de l'armée dominicaine en personne, qui assura le petit groupe qu'ils n'étaient pas seuls au monde dans leur bataille contre Duvalier.

Le lendemain, le 14 mai 1963, Stevenson, le mécanicien haïtien en charge du *pick up* blanc, arriva de Santo Domingo avec une étonnante mauvaise nouvelle. En dépit de ce qu'avait dit Vinas Roman, le camp devait être immédiatement fermé. Stevenson, un vétéran de la seconde guerre mondiale, suggéra d'abandonner le camp et de traverser immédiatement la rivière et de déclencher immédiatement l'attaque contre Duvalier. Mais il était trop tard. Un capitaine de l'armée dominicaine et deux lieutenants arrivèrent et donnèrent l'ordre de leur remettre toutes les armes rassemblées dans de grandes caisses en dehors des exercices d'entraînement. Les caisses furent chargées dans un camion de l'armée qui disparut dans la poussière.

Deux heures après, deux camions arrivèrent et la petite troupe qui était supposée partir à l'assaut de la dictature de Duvalier fut ramenée à Santo Domingo. Après une nuit de voyage, on les laissa sur les trottoirs de l'avenue Maximo Gomez, sans un sou en poche, sans aucun abri dans cette capitale étrangère.

Les commentaires des journaux ne pouvaient que jeter encore plus de confusion dans les esprits. Certains disaient que les exilés avaient été incapables de s'entendre. Dans le *New York Times*, Tad Szulc rapportait une déclaration de Raymond Cassagnol selon laquelle il aurait dissous le corps de 2000 hommes des Forces Révolutionnaires Unifiées ou Forces Unies Révolutionnaires parce qu'il y avait une menace d'occupation étrangère de son pays. Cassagnol entendait par là que les Etats-Unis avaient préféré donner leur appui à une autre force d'intervention et que, lui, il n'était pas disposé à voir son pays envahi par des étrangers (surtout pas des Dominicains). Le demi-frère de Raymond, Jacques Cassagnol, photographié dans son uniforme de camouflage, comme prêt à passer à l´acte, annonça que la police dominicaine était intervenue le 13 mai, en désarmant son groupe composé de deux cents combattants alors qu'ils étaient sur le point de traverser la rivière. Tad Szulc, pour sa part, parlait dans le *New York Times* d'une autre force, dénommée « Jeune Haïti » qui, à son avis, était prête à entrer en action. Déclaration pour le moins prématurée qui ne faisait qu'ajouter à la confusion.

En fait, c'est le président Bosch qui avait agi. Dans son livre *Unfinished experiment* : *Democracy in Dominican Republic*, Bosch raconte qu'un exilé cubain lui avait révélé la présence de camps d'exilés haïtiens entraînés par des officiers dominicains et qu'il avait mis fin à cela au nom du principe de la non-intervention. « J'ai ordonné de fermer immédiatement ces camps. » Mais tout cela n'était qu'un début. L'affaire haïtienne allait se transformer en crise majeure et servira d'écran et de levier à l'armée dominicaine pour le coup d'Etat qui viendrait quelques mois plus tard en finir avec la présidence de Juan Bosch.

Chapitre 18

Un duel triangulaire

John F. Kennedy, Juan Bosch, François Duvalier
1963

Ayant établi un pouvoir absolu sur le pays et créé une aura d'invicibilité, Duvalier allait affronter la super-puissance qui campait à sa porte. L'affaire était dangereuse, mais Castro avait réussi. C'était maintenant le tour d'Haïti.

La scène de l'affrontement allait être l'île entière, longtemps perçue comme trop petite pour contenir et Haïti et la République Dominicaine. Au dix-neuvième siècle, Haïti avait fait la guerre à plusieurs reprises contre les Dominicains et occupé l'île entière deux fois. Trujillo, pour sa part, avait ordonné le massacre de milliers de migrants haïtiens en 1937.

En 1963, ces deux volcans géopolitiques grondaient côte à côte comme s'ils étaient prêts à entrer en éruption. En République Dominicaine, Juan Bosch, premier président élu en trente ans de vie politique était outré de la conduite de Duvalier et éprouvait de l'empathie pour la souffrance du peuple haïtien courbé sous le joug d'un tyran. Il avait l'air prêt à entrer en guerre pour l'aider.

A Washington, Kennedy, pour sa part, n'avait nul besoin d'un conflit entre voisins dans la Caraïbe, quelques mois après la crise des missiles. Par ailleurs, l'administration américaine avait des plans précis pour chasser Duvalier du pouvoir si elle le jugeait nécessaire.

Sur instruction du président Kennedy, le chef des opérations navales américaines avait ordonné à l'escadron amphibie (*Caribbean Ready Amphibious Squadron*) de la flotte américaine atlantique, accompagné de la Quatrième Brigade expéditionnaire de la marine, de stationner au large de Port-au-Prince dans le golfe de la Gonâve.

Dans le staff du commandant, on retrouvait le redoutable colonel Robert Debs Heinl qui fut pendant quatre ans le chef de la Mission navale à Port-au-Prince. Sa connaissance des capacités de l'armée d'Haïti, des officiers, des enrôlés et du réseau des *makout* était un atout précieux en cas d'intervention. Les renseignements fournis par Heinl et d'autres membres de la mission permirent de faire un inventaire détaillé des forces qu'une force de débarquement de la marine américaine trouverait une fois à terre. Le sentiment que l'emporter serait un jeu d'enfant prévalait, avec une armée haïtienne en déroute, et les petits tyrans *makout* que quelques cartouches pouvaient neutraliser. Les *makout* étaient mobilisés pour attaquer des civils sans armes et non pas des marines américains bien entraînés et bien armés.

Les hélicoptères de la Mission navale américaine basés à Port-au-Prince partaient en général en direction du *USS Boxer* avec le dernier rapport journalier du service de renseignement américain jusqu'à ce que Duvalier, usant des prérogatives de pays hôte, donne l'ordre d'interdire tout décollage des trois hélicoptères de la base des forces de l'air haïtiennes à l'aéroport de Bowen Field. Cependant, même les officiers haïtiens anti-duvaliéristes qui avaient cherché refuge à l'ambassade du Brésil étaient optimistes quant à la possibilité de renverser Papa Doc.

Selon le témoignage du colonel Kern Delince, un officier de la marine américaine travaillant à la Mission navale américaine leur avait demandé de dresser une liste d'officiers, en service ou à la retraite, qui seraient susceptibles de faire partie d'un gouvernement civilo-militaire qui devrait éventuellement remplacer Duvalier. Les efforts des Américains pour débarrasser Haïti de Duvalier relevaient d'une entreprise de plus grande envergure que celle révélée à l'époque.

L´administration Kennedy voulait renverser Duvalier. Les Haïtiens qui avaient vu les Etats-Unis mobiliser leurs forces espéraient… et espérèrent. Les exilés haïtiens étaient en proie à une forte poussée de fièvre. Certains d´entre eux faisaient déjà leurs valises pour retourner dans leur pays.

Le dimanche 29 avril 1963, accusations et contre-accusations furent lancées sur les ondes radiophoniques entre Santo Domingo et Port-au-Prince, en *kreyòl,* en français et en espagnol. Les radios transmirent les déclarations du président Juan Bosch révélant un plan de Duvalier, élaboré en janvier, pour l´assassiner. Selon Bosch, Duvalier comptait utiliser les services de Michel Brédy qu´il voulait nommer chargé d´Affaires. Bosch dénonça aussi la présence de trois neveux et d´une nièce de Trujillo à l´hôtel *Excelsior* sis au Champ de Mars. Il exprima également sa colère contre l'intrusion de deux soldats haïtiens dans les locaux de l'ambassade dominicaine, le 26 avril 1963, et les menaces proférées par eux contre une employée. Bosch dénonça l´encerclement de la résidence de l'ambassadeur qui semait la terreur parmi les 24 asilés qui s'y trouvaient. Cette situation grave, dit Bosch, nous l´avons supportée avec une grande patience. Bosch donna un ultimatum de vingt-quatre heures à Duvalier pour mettre fin à cette situation et menaça de bombarder le Palais. René Chalmers, ministre des Affaires étrangères, répliqua par un long câble niant les affirmations de Bosch et annonça la rupture des relations diplomatiques avec la République Dominicaine.

Le ministre des Affaires étrangères dominicain, Andres Freites, reprit dans un câble les accusations du président Bosch et demanda un sauf-conduit pour 22 personnes, y compris le lieutenant François Benoît. Chalmers répondit en accusant l´ambassade dominicaine d´avoir non seulement permis aux asilés de garder leurs armes mais encore d´avoir laissé le lieutenant Benoît sortir le matin de l´attentat du 26 avril 1963 puis de regagner les locaux de l´ambassade immédiatement après.

Le 28 avril, une session d'urgence de l'OEA fut convoquée à Washington à 10 heures du soir. Par seize voix et deux abstentions, Haïti fut requise de respecter ses obligations internationales. Une commission serait envoyée à Port-au-Prince. La République Dominicaine fut requise de garder la paix pendant l'enquête de la Commission. L'ambassade américaine à Port-au-Prince conseilla aux mille trente-et-un Américains vivant en Haïti de laisser le pays. Les personnes évacuées racontèrent des histoires dramatiques sur la terreur qui régnait en Haïti. Le gouvernement haïtien accepta de restaurer les garanties diplomatiques à l'égard de la résidence de l'ambassadeur dominicain et de la chancellerie, et de retirer ses troupes des terrains de l'ambassade. La Colombie prit la responsabilité de la résidence dominicaine et des 22 asilés. Mais Bosch ne décolérait pas. « Duvalier n'est pas seulement un dictateur, c'est un fou. », déclarait-il.

La délégation de l'OEA reçue au Palais national était assise face à un Duvalier silencieux et énigmatique qui regarda chacun de ses membres en inclinant la tête et en murmurant quelque chose en créole. On sut plus tard qu'il répétait, comme une litanie, l'insulte créole traditionnelle contre la mère d'autrui. Tout se termina par un discours confus de Duvalier. Dans l'après-midi, une foule s'amassa dans l'enceinte du palais pendant que Duvalier la saluait du haut d'un balcon. Après un discours d'Antoine Hérard jurant que le peuple haïtien ne vendrait pas sa liberté pour un croûton de pain, Duvalier fit une apparition marchant lentement comme un fantôme, avec un sourire qui découvrait une dent en or. Au micro, il parla lentement, les mains le long du corps, comme s'il venait d'un autre monde. Mélangeant le français et le créole, il tint des propos vulgaires, parfois obscènes, incohérents et mégalomanes, sur un mode carnavalesque. « On m'a donné deux fois le pouvoir, je l'ai pris et, foutre, je l'ai pris pour toujours. Ceux qui sont encore hésitants, vaudrait mieux pour eux se mettre avec moi, car je vais écrire une page inoubliable d'histoire contre les étrangers et contre les antinationaux ». Duvalier se retira avec un sourire cynique de victoire qui éclairait son visage, pendant qu'une foule immense hurlait à en perdre la voix, acclamant le docteur devenu le maître absolu, détenteur d'un pouvoir absolu de vie et de mort sur tout Haïtien sans exception.

La Commission de l´OEA revint à Washington sans pouvoir apporter de preuves de l'accusation faite par Bosch qu'Haïti menaçait la paix. Tranquillement, Duvalier fit appel aux Nations unies, insinuant que son pays était victime de racisme. A Port-au-Prince, un dispositif de défense fut mis en place, avec barrages, emplacements pour mitrailleuses autour des édifices de la police et de l'armée, en particulier autour des casernes Dessalines. Un couvre-feu allant du crépuscule à l'aube fut instauré. Duvalier fit émettre des sauf-conduits pour quinze des vingt-deux asilés. Les sept restants, dont le lieutenant François Benoît, étaient considérés comme des conspirateurs. Parmi ceux qui purent partir, il y avait le Père Jean-Baptiste Georges qui, après avoir été le ministre de l'Education nationale du premier cabinet ministériel, allait désormais consacrer toute son énergie et tous ses efforts, durant les années à venir, à préparer des invasions en vue de renverser Duvalier, en vain.

De l'autre côté de la frontière, les dirigeants de l´armée dominicaine – surdimensionnée et héritée de Trujillo – pensaient à revenir sur la faisabilité d´une invasion d´Haïti. Beaucoup d´officiers haut gradés soupçonnaient Bosch de saisir l´opportunité, à la faveur de cette crise, pour établir une nouvelle constitution libérale ou pour décapiter l´armée. Ils le trouvaient trop tolérant à l´égard des communistes dominicains. De fait Bosch, qui avait passé de longues années en exil, insistait sur le choix de la voie légale d´une manière générale, y compris en ce qui concerne les communistes, et tentait de ne pas les harceler.

Le dimanche 5 mai 1963, tard dans la nuit, Bosch s´entretint avec des journalistes étrangers à son domicile et déclara qu´il allait demander la rupture des relations entre tous les Etats membres de l´OEA et le tyran haïtien et qu´à la prochaine agression haïtienne l´OEA serait son principal interlocuteur. Si ces déclarations ne relevaient *in fine* que de la guerre verbale, elles préoccupèrent l´ambassadeur John Barlow Martin en poste en Réublique Dominicaine.

Celui-ci n´était pas un diplomate de carrière mais un ancien journaliste et rédacteur de discours de campagne pour Adlai Stevenson et le président Kennedy. Mince, agressif et miné par un ulcère, il était dépassé par les événements malgré tous ses efforts. Dans son livre bien intitulé *Overtaken by Events*, Martin cite Bosch qui déclare : « Il est clair pour nous et pour tout le monde que Duvalier est fou mais nous ne pouvons pas aller en Haïti et le déloger ». En fait, l´armée dominicaine organisée comme machine de répression interne ne disposait pas d´une capacité offensive fiable.

Soulignant que toute situation anormale en Haïti équivalait à une « situation anormale dans nos affaires internes », Bosch proposa que le Venezuela et Costa Rica se joignent à la République Dominicaine pour établir une « force latino-américaine démocratique » pour renverser Duvalier. Il dit que la tradition de non-intervention de l´OEA ne devrait pas être un obstacle à l´exercice de « sa responsabilité pour l´observance des règles de la démocratie et les droits de l'homme qui n'admettent d'être subordonnés à aucun autre principe ».

Parallèlement, la force navale expéditionnaire américaine se trouvait dans le golfe de la Gonâve, à neuf kilomètres de la côte haïtienne. Elle était composée du porte-avions *USS Boxer* et d'une demi-douzaine de navires spécialisés, ayant à bord deux mille *marines* prêts à débarquer par hélicoptère,. A cette force s'était jointe une frégate britannique, le *Cavalier*, prête à évacuer les ressortissants britanniques.

A Washington, un porte-parole du Département d'Etat déclara que le gouvernement de Duvalier était en train de s'effondrer, ordonna l'évacuation du personnel travaillant dans les agences du gouvernement américain, et conseilla fortement à tous les ressortissants américains de quitter le pays « à cause de la détérioration de la situation ». La *Pan American Airlines* augmenta le nombre de ses vols. L'ambassade d'Argentine reçut cinq nouveaux demandeurs d´asile : Rhéa Barbot, épouse de Clément Barbot, et leurs quatre enfants, trois filles et Hervé, leur fils malade.

A bien y regarder, les Etats-Unis étaient sur le point de bouger en Haïti. Il y avait des plans de contingence pour qu´une force de police multinationale – qui serait composée des Etats-Unis, du Venezuela et du Costa Rica – intervienne. Et des dispositions étaient prises pour qu´une bande d´exilés haïtiens traverse la frontière dominicano-haïtienne et crée un incident avant la date officielle de fin de mandat de Duvalier, le 15 mai 1963. Au final se dessinait un scénario à la *High Noon* – le *western* de Fred Zimmerman – pour une confrontation internationale et nationale apparemment imminente.

Et le jeu du chat et de la souris se poursuivit entre Papa Doc et l´administration Kennedy. Fin avril 1963, Duvalier ordonna le retrait de la Mission navale américaine et de plus de soixante officiers et soldats américains. Le 29 avril, l'Ambassade répondit que la moitié serait évacuée. Le reste devrait rester pour s'occuper en particulier des services de l'ambassade et d´ « autres obligations ». La Commission de l'OEA après cinq jours en Haïti retourna à Washington le 5 mai. L´OEA vota à l´unanimité un nouveau profil de la commission : celle-ci avait désormais autorité pour faire des recommandations et non plus seulement investiguer. Quatre membres de la commission s´envolèrent pour New York avec le président du Conseil de l´OEA, Gonzalo Facio du Costa Rica, afin de se réunir avec René Chalmers, ministre des Affaires étrangères d´Haïti. Celui-ci avait porté plainte contre la République Dominicaine auprès du Conseil de Sécurité des Nations unies.

Chalmers présenta Haïti comme une petite nation victime du racisme. L'ambassadeur de la République Dominicaine, Dr Guaroa Velasquez dénonça « la situation chaotique existant en Haïti qui représentait un danger pour la Caraïbe ». Mais l'armée dominicaine ne manifestait aucun enthousiasme pour s'engager en Haïti. La fièvre belliqueuse était tombée au profit des manœuvres dilatoires de la diplomatie.

A Port-au-Prince, le « Mois de la reconnaissance nationale» suivait son cours. Des personnalités invitées à y participer par un discours public prirent prudemment le chemin de l´ambassade.

Gérard Latortue, directeur d´une école de gestion tenue en haute estime, refusa de prononcer un discours pro-Duvalier à la Saline et requit l´asile de l'ambassade du Guatemala. Emmanuel Monpoint, professeur de droit à l´Université d´Etat d´Haïti, refusa pour sa part de faire un discours sur les arguments légaux qui justifieraient la prétention de Duvalier à se maintenir au pouvoir. Il prit le chemin de l'ambassade chilienne. Leslie Manigat, déjà exilé, écrira plus tard que Duvalier mobilisait la « doctrine dessalinienne de l´engagement nécessaire » en vigueur dans les premières années après l´indépendance. « Ceux qui ne sont pas avec moi sont contre moi et ceux qui sont de mon côté doivent s´engager ». Il n´y avait pas de terrain neutre.

Ce sont là deux exemples connus d'une fuite de cerveaux pour cause de terrorisme duvaliériste. Duvalier dépêcha Lebert Jean-Pierre auprès de Latortue et Monpoint. Jean-Pierre était un des ministres de Duvalier, il avait été étudiant à Paris comme Latortue et Monpoint. Le message dont il était porteur était que ce que Duvalier faisait, il le faisait pour eux tous et qu'il était prêt à leur accorder le poste qu'ils demanderaient. Les deux asilés restèrent là où ils étaient.

Le 12 mai 1963, Papa Doc, qui n'avait pas quitté le palais pendant trois semaines s'aventura jusqu'à l'édifice de cinq étages devant loger les bureaux du service des impôts pour l´inaugurer. Pour ce court et bref déplacement, il était accompagné d'une escorte importante. Le dernier jour du mandat initial de Duvalier, soit le 15 mai, était proche. Des rumeurs commencèrent à courir que Duvalier allait abandonner le pouvoir ce jour-là.

Une dépêche d´Associated Press (AP) venant de Curaçao rapporta que le gouvernement haïtien avait sollicité aux autorités de Curaçao une autorisation d´atterrissage pour un quadrimoteur avec six militaires non identifiés pour passagers. Le gouvernement hollandais s´entretint avec l´ambassade américaine de la Haye. Pensant que Duvalier pouvait être l´un des six occupants, les Hollandais acceptèrent d´autoriser l´atterrissage si le gouvernement américain acceptait de recevoir Duvalier comme exilé politique. Mais, avant même qu´une décision soit arrêtée à ce

sujet, la requête du gouvernement haïtien fut annulée. Cette requête était-elle réelle ou était-ce un leurre employé par Papa Doc
pour stopper tout plan d´intervention des Etats-Unis?

La rumeur voulait que Georges Léger fils, l'avocat bien connu,
aurait fait plusieurs voyages au début de mai 1963 aux Etats-
Unis et qu´un frère de l'avocat affirmait que Duvalier avait décidé de s'en aller. Hosner Apollon, directeur de la Régie du Tabac,
avait acheté, contre un montant de 6000 dollars, des billets
d´avion pour un vol de la Pan Am vers Paris pour le 15 mai, et
que les réservations avaient été faites pour les Duvalier, sans que
la confidentialité de ces réservations soit garantie. La CIA confirma ces réservations pour le vol New York - Paris ainsi que des
réservations sur Air France pour un vol Paris - Alger.

Les ambassades américaines de Port-au-Prince et de Santo
Domingo ne dormirent pas durant la nuit du 14 au 15 mai 1963.
L´ambassadeur Martin se souvient d´avoir reçu après minuit un
long cable codé de Washington instruisant que le porte-avions
Boxer se dirige vers Haïti au matin si le départ de Duvalier du
pays était confirmé. L´ambassadeur Thurston reçut pour sa part
des instructions pour mettre en place, avec ses collègues diplomates latino-américains, un conseil de gouvernement provisoire
constitué d´Haïtiens. Plus tard, les exilés de retour pourraient
établir un gouvernement provisoire sur la base d´un large éventail de personnalités. Les forces américaines n´atterriraient pas en
Haïti, à moins qu´elles ne soient sollicitées pour ce faire, et s´en
tiendraient à la protection des vies de citoyens américains et de
personnes bénéficiant de l´asile diplomatique.

A Santo Domingo, l´ambassadeur Martin se rendit chez le président Bosch et l´informa du contenu du câble. Bosch sourit légèrement, secoua la tête, rapporte Martin – toujours dans son
livre *Overtaken by events* et dit « Duvalier ne partira pas ». Cependant, une sirène au journal *La nación* brisa le calme de
l´avant-aube, annonçant que l´ennemi voisin était parti. Quelques
minutes plus tard, les stations de radio dominicaines confirmè-
rent que Duvalier avait laissé le pays. *The Voice of America* rapporta que Duvalier était en train de partir. *United Press*

International (UPI) envoya un article disant que Duvalier était parti. Puis UPI transmit un ordre de suppression de l´envoi antérieur : Duvalier n´était pas parti.

L'ambassadeur Thurston avait invité les correspondants de presse venus couvrir la crise en sa résidence, au sommet d'une colline dominant la baie de Port-au-Prince. Vingt-deux journalistes étrangers sirotaient un rhum punch sur la pelouse en contemplant la force navale amphibie qui se déployait entre la Gonâve et la ville. Tout le monde attendait. Mais au lieu d'un débarquement avec son ballet d'hélicoptères, on vit la flotte prendre, après avoir paradé dans la baie, la direction de la haute mer, et disparaître.

Le 15 mai 1963, Duvalier convoqua une conférence de presse à 1 heure 30 de l´après-midi au Salon jaune du Palais national. Une parade constituée de trente-huit véhicules, principalement des camions bondés de paysans et de miliciens, se déploya sur le terrain du palais. Les journalistes s´agglutinèrent aux fenêtres du Salon jaune pour observer le spectacle avec surprise.

A 2 heures 15 apparut le général Gracia Jacques qui annonça solennellement « le Président de la République. » Duvalier entra, la tête inclinée. Il marcha lentement jusqu´à son bureau, s´assit puis, au bout d´un moment, regarda les journalistes à travers ses épaisses lunettes, arborant un léger sourire.

Un secrétaire lut une déclaration de deux cent-cinquante-deux mots, rédigée en anglais, tout en soulignant les points clés en agitant l´index. Des copies de la déclaration furent distribuées et un journaliste s´enquit de la levée de la censure pour que les correspondants de presse puissent expédier leurs articles par téléphone ou par cable. « Oui », répondit Duvalier, imperturbable, « car on est en démocratie ».

Puis, Duvalier s´auto-proclama « chef de la révolution » et accusa les Etats-Unis de créer la panique en Haïti par l´évacuation de leurs ressortissants. Il nia avoir demandé l´autorisation d'atterrir à Curaçao avec sa famille. (Le consulat haïtien à New

York annula, ce même jour, à 5 heures 30, les réservations de la famille Duvalier sur le vol pour Paris de 8 heures 30).

Duvalier nia également toute répression, parlant de préférence des réponses nécessaires à la subversion armée et aux invasions. « Malheureusement, affirma-t-il, cette situation est la résultante des défaillances de certains hommes des Etats-Unis qui auraient dû s´efforcer de comprendre Haïti et son peuple en étudiant, en comparant puis en jugeant ». Selon un aide, Duvalier se référait là à l´ambassadeur Thurston.

Et surtout, il dénonça l´ingérence américaine. « Il ne fait aucun doute, dit-il, que les missions des forces navales et aériennes des Etats-Unis ont fourni des connaissances utiles aux Forces Armées d´Haïti comme à celles d´autres petits pays. Cependant, quand ces officiers irresponsables font un mauvais usage de leurs connaissances et de leur formation – et de fait trahissent la mission qui leur avait été assignée – en faisant ingérence dans les affaires internes du pays hôte, il n´y a pas d´autre alternative que de demander leur retrait».

Dans la foulée, Duvalier rappela, qu´à sa connaissance, il n´existait aucune provision légale dans la charte de l´Organisation des Etats américains (OEA) qui donnerait à celle-ci le pouvoir d´intervenir sur les cas de violence liés aux affaires internes d´un pays membre.

Quelques minutes après la conférence de presse, plus de mille deux cents membres de la milice en kaki et bleu *denim* paradaient dans les rues, parmi les détonations et les feux d'artifice. Duvalier déclara, dans un discours depuis les marches du Palais, que, depuis son enfance, personne n'avait pu lui commander ce qu'il fallait faire ou ne pas faire, et qu'il ne permettrait à personne de le forcer à quitter le pouvoir. A Washington, des déclarations embarrassées portaient sur une réévaluation de la situation et d'une révision de la politique américaine en fonction de données nouvelles. « La question de nos relations avec le gouvernement Duvalier est une question urgente que nous sommes en train d'analyser et de discuter avec les autres gouvernements. » déclara Joseph W. Reap, l'attaché de presse du Département d'Etat. A Port-au-Prince, les relations de l'ambassade avec le gouvernement étaient suspendues. Pas pour longtemps.

Juan Bosch sera renversé par un coup d'Etat militaire le 26 septembre 1963.

John F. Kennedy sera assassiné à Dallas, Texas, le 22 novembre 1963.

Huit ans après Kennedy, François Duvalier mourra au Palais national, dans son lit, miné par le diabète, le 21 avril 1971, à l'âge de 62 ans.

Chapitre 19

La tête de Clément Barbot

Juillet 1963

Personne, dans les premières années de Papa Doc, n'inspirait une terreur comparable à celle que provoquait Clément Barbot. Le cliquetis caractéristique de sa jeep DKW bourrée de *makout*, la vue de cet homme vêtu de noir qui portait des lunettes noires de marque, les deux mains crispées sur une mitraillette M-3 de fabrication américaine, suffisaient à donner froid dans le dos à quiconque.

L'homme avait une allure et un rayonnement mafieux. C'était autre chose que la troupe d'hommes de main ordinaires de Duvalier. Ceux qu'il avait arrêtés et qui avaient survécu pour en raconter l'histoire ont affirmé qu'il ne participait pas personnellement aux séances de torture et que, selon toute apparence, il n'était pas un sadique. Mais, en même temps, il professait une loyauté totale dans la défense du régime contre toute attaque et n'hésitait pas une minute à faire plonger ses ennemis dans des agonies de souffrance et des morts atroces.

La longue amitié de Barbot avec Duvalier lui donnait des pouvoirs spéciaux et un accès unique au président. Duvalier avait décoré Barbot pour avoir pris une part active dans les batailles contre les envahisseurs de 1958 et de 1959. Et personne n'ignorait le rôle crucial qu'il avait joué pour sauver la vie du président quand Duvalier, en 1959, avait été victime d'une attaque cardiaque suite à un choc produit par une injection d'insuline. Pour les enfants Duvalier, il était « Tonton Clément » (« Oncle Clément »).

Il s'était attribué le titre de « chef de la police secrète » et il pouvait prétendre avoir joué un rôle déterminant dans la création du corps des fameux *tonton makout*. D'autres barons du régime pouvaient avoir formé eux aussi leur propre gang de casseurs *makout*, mais Barbot était reconnu sans hésitation comme le chef de tous les *makout*.

A l'instar de tant d'autres duvaliéristes qui avaient connu la gêne, il ne laissait passer aucune opportunité, orthodoxe ou pas, pour améliorer ses moyens financiers. Et de fait, ce sont les opérations menées par Barbot avec le Casino international, un monopole de jeu de l'Etat, qui mirent fin à cette fameuse amitié avec Duvalier. En effet, dans les tractations qu'il avait menées pour négocier le contrat de concession du casino, il semblait avoir oublié la commission qui revenait au palais dans cette affaire. Erreur fatale. Dans la nuit du 14 juillet 1960, il fut arrêté par des officiers lourdement armés de la garde du Palais. La somme de 28.000 dollars américains, dont il était difficile d'expliquer l'origine, fut découverte lors de la fouille de la maison.

Certes, il y avait aussi d'autres raisons. Les relations étroites qu'il entretenait avec des officiers de la Mission navale américaine y compris le colonel Heinl n'étaient pas bien vues par le palais. Dans le monde des affaires, on faisait des commentaires élogieux sur son efficience quand il avait pris les choses en main lors de la maladie du président. Son pouvoir commençait à agacer. Il semblait avoir oublié qui était le vrai patron. Or, Barbot, à un moment donné, fut obligé de s'absenter parce que son fils Hervé, étudiant en médecine à Hambourg, était tombé en dépression. Clément savait qu'il prenait un risque en s'absentant ainsi. Effectivement, aussitôt son départ de Port-au-Prince, de bonnes âmes s'empressèrent d'alimenter la paranoïa de Duvalier avec des histoires démontrant la soif de pouvoir de Barbot. De retour d'Allemagne, Barbot découvrit qu'on n'avait plus besoin de lui ni de sa mitraillette pour accompagner le président, qui, par-dessus le marché, recevait personnellement par l'escalier arrière menant à son bureau une kyrielle d'espions *makout*. Ce n'était plus lui l'homme le plus puissant dans le cercle intime de Duvalier. Ce qui lui laissait maintenant plus de temps pour se dédier à des activités lucratives et à sa famille. Tout cela s'écroula le 14 juillet 1960, quand, rentrant chez lui au retour de la réception traditionnelle donnée par l'ambassadeur de France, il fut appréhendé par un groupe d'officiers du palais solidement armés qui l'attendaient de pied ferme.

Pendant les dix-huit mois qui suivent, Barbot est prisonnier au Fort Dimanche. Il n'est pas mis dans les cellules infectes et bourrées de monde. On lui a donné une chambre dans la section administrative à l'étage. Il est totalement *incommunicado*. Toutes les portes et les fenêtres sont bouchées. C'est dans cette obscurité qu'il va demeurer pendant dix-huit mois, dans la chaleur et l'humidité, avec pour tout ameublement un lit de camp. Quand on le ramène chez lui, en résidence surveillée, Duvalier lui envoie en cadeau une voiture toute neuve, de la marque anglaise *Vauxhall*, couleur vert foncé.

Dans cette nouvelle détention, on ne lui permet de sortir que pour aller, non loin de sa maison, à la Villa Manrèse, un énorme centre pour retraites construit par les jésuites canadiens. Le bruit courait qu'il s'était converti et qu'il participait aux processions, une bougie à la main. Ce que Duvalier devait découvrir, trop tard, c'est que Barbot utilisait la Villa Manrèse comme lieu de contact avec des hommes qui lui étaient encore fidèles et préparait sa fuite dans la clandestinité dans le but de renverser le gouvernement. Il n'y a aucun indice suggérant que les jésuites étaient au courant des activités de Barbot. Il avait aussi pris contact avec un membre des *marines* qu'il connaissait et lui fit part de ses intentions.

Chargé de la surveillance de Barbot, le lieutenant Sonny Borges ne s'aperçut de rien quand celui-ci disparut. Il semble qu'il s'était échappé, pelotonné dans la voiture conduite par sa fille. Barbot était de nouveau dans le maquis, huit ans après sa première retraite. Cette fois-ci, Duvalier n'était pas son complice mais sa cible.

En mars 1963, Barbot entra en action, passant de cachette en cachette. Le 30 mars, une petite patrouille de police fut envoyée à Martissant, dans la zone densément peuplée de Lakou Bréa, pour arrêter Barbot qui s'échappa après avoir lancé des grenades.

Duvalier ne crut jamais que l'attaque du 26 avril 1963 contre ses deux enfants, devant le Nouveau Collège Bird, avait été le fait de son vieil ami Barbot, bien que « Tonton Clément » s'en attribua le mérite. Selon ce que Barbot eut à raconter à un journaliste américain, lui et trois de ses co-équipiers suivaient la voiture du Palais quand elle entra dans la rue de l'Enterrement où se trouvait une autre voiture devant participer à l'attaque. Mais une dame qui conduisait ses enfants à l'école s'était glissée inopinément entre sa voiture et celle du palais si bien que les deux enfants Duvalier eurent le temps de sortir de la voiture et de courir se réfugier dans l'enceinte de l'école avant que les tirs ne commencent.

La tactique qui consistait à viser la progéniture de Duvalier était étrange. Barbot connaissait suffisamment Duvalier pour savoir que Doc n'aurait probablement pas cédé le pouvoir même si la vie de ses enfants était en jeu. A ce jour, beaucoup pensent qu'il ne s'agissait pas d'une tentative de kidnapping et de rançonnement, mais plutôt un simple avertissement à Papa Doc. C'est ce que Barbot en personne dit à deux journalistes américains lors d'un entretien qui se tiendra quelques semaines après et sur lequel je reviendrai plus loin. Il affirma qu'il était responsable de l'attaque et que celle-ci n'était qu'un avertissement à Duvalier pour qu'il comprenne qu'il devait s'en aller. Le projet n'était pas de prendre les enfants en otage ou de les tuer. En tout cas, cet acte du 26 avril 1963 allait déchaîner, en représailles, l'un des pires bains de sang de l'histoire d'Haïti. Il ouvrira aussi une guerre de cinq mois contre Papa Doc.

Le 22 mai 1963 approchait. Duvalier multiplia ses sorties, essayant de rétablir un semblant de normalité. Il apparut en public sept fois en trois jours, toujours entouré d'une troupe nombreuse, le doigt sur la détente. Duvalier gardait une carabine de marque américaine à portée de main, dans sa voiture. La chasse à l'homme prit des dimensions légendaires. On racontait que Barbot appela un jour son vieil ami Doc au téléphone. La conséquence fut que le frère de Barbot, Ernest, haut fonctionnaire à l'Education nationale qui disposait de téléphone, fut arrêté ainsi que tout son staff.

Les apparitions et les disparitions de Barbot lui donnèrent une aura de loup-garou, capable de devenir invisible à volonté. Mme Francesca Saint-Victor trouva un jour une note de Barbot sur son bureau. Duvalier mit sa tête à prix pour 10.000 dollars. A Martissant, une maison fut littéralement transformée en passoire par le feu nourri des soldats, mais on n´y trouva personne, sinon un chien noir qui prit la fuite. De là à affirmer que Barbot pouvait se transformer en animal, il n'y avait qu'un pas.

Le journaliste américain du *Washington Star*, Jeremiah O'Leary, obtint, avec son photographe Eddie Adams, un rendez-vous avec Barbot dans la nuit du 19 mai 1963. Barbot voulait faire une prise de parole publique et, selon O´Leary, les *marines* ont pris les dispositions pour organiser l´entrevue. Recueillis devant l'hôtel Sans-Souci, O´Leary et Adams furent emmenés dans les parages de Cazeau. Il y avait environ vingt à trente hommes armés dans la zone, des hommes de Barbot. Barbot et son frère Harry, un pédiatre revenu de Chicago pour l´aider à lutter contre Duvalier, nous accueillirent dans l´une des huttes au toit de chaume qui se trouvaient dans le champ de canne. « Ils étaient vêtus de T-shirts blancs et de *shorts boxer*. Tout, y compris les T-shirts, semblait provenir des *marines* et venait d´être lavé. », me dit O´Leary.

Clément Barbot parla de ses projets une fois qu'il aurait accédé au pouvoir. Il envisageait des élections dans un délai de six mois et, si le peuple insistait, il serait candidat à la présidence. Il avait même un nom pour son groupe : le « Comité des Forces Démocratiques haïtiennes ». Cet improbable démocrate dit qu´il avait beaucoup d´hommes, des armes et de l´assurance. « J´ai beaucoup d´amis qui disent qu´ils sont avec Duvalier maintenant mais au fond ils sont avec Barbot. », déclara-t-il à O´Leary. Il promit d´abolir la milice, de réorganiser l´armée, et de restaurer la loi et l´ordre. En outre, il confia à O'Leary que Duvalier lui avait dit, à maintes reprises, qu´il désirait tuer au moins trois cents personnes chaque année, pas cent cinquante ou deux cents, mais bien trois cents personnes. Barbot signala que son frère Harry et lui avaient échappé quelques jours avant l´entrevue à un assaut de soixante miliciens qui avaient encerclé la maison dans laquelle ils se trouvaient.

Barbot montra aux journalistes l´énorme arsenal dont il disposait. « C´étaient des fusils M-1, des pistolets et des grenades à fragmentation, tous provenant des *marines*. », me dit O´Leary qui était encore à l´époque un major réserviste du Corps des *marines*.

Officiellement, les autorités américaines ont toujours nié avoir aidé Barbot. La rumeur, à l´époque, était que les *marines* avaient laissé la clé sur la serrure de leur armurerie dans leur quartier général au Champs de Mars. Barbot et sa bande se seraient servis généreusement.

A date, les *marines* nient toute fourniture d´armes. Le colonel Charles Williamson m´a dit qu´un officier de ce corps – dont il ne donna pas le nom – avait suggéré que Barbot recevait de l´aide de la *Defense Intelligence Agency* (DIA) et d´agents du contre-renseignement de l´armée à Porto Rico. Ces services peuvent avoir été impliqués ou leurs noms ont pu être utilisés pour une opération secrète de la CIA.

Barbot confia aux deux journalistes que, dans la soirée du lendemain, il frapperait les réservoirs d'huile de la *Haytian American Sugar Company* (HASCO) et les locaux des écoles où campaient des milliers de miliciens et paysans transportés de la province pour la cérémonie du 22 mai 1963.

Barbot taxa Duvalier de « fou ». C´était devenu une habitude chez les collaborateurs et les amis de Duvalier de justifier leur alliance initiale avec Papa Doc en disant qu´il n´était devenu fou qu´après 1959. A l´inverse, Papa Doc se référait souvent à ses anciens amis devenus ses ennemis, à l´instar de Barbot, en disant que la politique les avait rendus fous.

La nuit suivant l´entretien, celle du lundi 20 mai 1963, comme annoncé, l´homme qui avait renforcé le premier mandat de Duvalier au bout du fusil et qui espérait empêcher un second mandat inconstitutionnel de Papa Doc – qui devait commencer le 22 mai 1963 – commit son dernier acte terroriste. L´enfer se déchaîna en effet à 8 heures du soir : les champs de canne prirent feu. Mais les réservoirs de pétrole de la HASCO n´explosèrent pas : on put déterminer par la suite que les grenades à fragmentation les avaient seulement cabossés.

Barbot attaqua également le collège Saint-Pierre et le lycée Pétion à la grenade. Dans l´après-midi, cinq mille membres de la milice rurale avaient paradé à travers la capitale, conduits par des cavaliers montés. Duvalier avait aussi rendu visite à l´Institut Français pour s´entendre encenser par les acteurs de son camp. Mais Barbot avait plongé la nuit dans la terreur. Ses hommes avaient lancé les grenades dans les cours intérieures des deux écoles bondées, tuant six paysans. L´explosion des grenades se mêla à la cacophonie cauchemardesque des tambours de célébration, des sirènes de police, des hurlements et de la fusillade. Pour autant, cette nuit de terreur eut peu d´impact sur Papa Doc. Le programme prévu se poursuivit, comme si rien ne clochait.

O´Leary me dit que ses collègues du Corps des *marines* croyaient que Barbot était le meilleur espoir pour Haïti. Celui-ci était déterminé et hautement motivé pour débarrasser le pays de son ancien collègue.

Le 22 mai 1963, Duvalier s´adressa comme prévu à une foule hurlante de milliers de personnes, des paysans amenés de province en camion pour la plupart. Affirmant que les problèmes du pays n´étaient pas politiques mais économiques, il annonça qu´un « ordre nouveau » allait commencer. Mais, en fait de nouvel ordre, c´était l´ancien qui persistait. Suite aux attaques de Barbot le 20 mai, le Dr Auguste Denizé et sa femme Monique Mangonès, infirmière, furent arrêtés et envoyés au Fort Dimanche. Denizé qui fut le second ministre de la Santé du gouvernement de Duvalier et était directeur du Sanatorium, avait été témoin lors du mariage de Barbot et il était soupçonné d'avoir soigné Barbot le renégat.

Il manquait encore aux Etats-Unis une solution heureuse au problème haïtien et il était évident qu'une nouvelle politique extérieure américaine pour Haïti devait être définie. Duvalier, pour sa part, voulait le départ de l'ambassadeur Thurston et le fit savoir aux Etats-Unis.

Sentant que ceux-ci faiblissaient, Duvalier ordonna à nouveau le renvoi de la Mission navale. Washington y consentit et rappela son ambassadeur Thurston. Duvalier rappela son ambassadeur en poste à Washington, le Dr Louis Mars.

Le jour du départ de Thurston, il se produisit quelque chose qui procura une légère détente comique dans une situation tendue et difficile. Au jour J, le corps diplomatique de Port-au-Prince s'en fut au petit et exigu aéroport de Bowen Field, en signe de reproche à Duvalier et de sympathie envers l'envoyé de Washington. Il faisait chaud, le ciel était bleu, sans nuages, comme d'habitude. Quelques minutes avant l'arrivée de l'avion (un clipper) de la *Pan Am* qui devait emmener Thurston en République Dominicaine, le ciel se couvrit de nuages, le tonnerre gronda, et une pluie torrentielle se mit à tomber. Quelques instants après, la ligne aérienne annonça avec regret que l'avion en provenance de Kingston (Jamaïque) avait évité Port-au-Prince en raison de la tempête. Puis, l'annonce à peine terminée, le ciel redevint clair et le soleil torride revint. Alors que les diplomates s'en retournaient, l'un d'entre eux se tourna vers un autre, et hochant la tête vers le ciel bleu, demanda : « Pensez-vous que Thurston croit dans le vodou ? »

Le jour suivant, Duvalier démontra pleinement son rejet des diplomates et son mépris à la fois pour Thurston et pour Washington. Un avion militaire américain, un DC-3, devait emmener l'ambassadeur Thurston à Santo Domingo. Du corps diplomatique, seuls les membres du personnel de l'ambassade américaine étaient présents. Au moment des adieux de Thurston depuis l'avion, un officier haïtien se précipita et informa celui-ci que l'autorisation de décoller n'avait pas encore été donnée. Il y eut une longue attente au bout de laquelle le personnel de l'ambassade décida de faire partir l'avion sans autorisation. Thurston regagna l'avion, fit un signe de la main et les moteurs du DC-3 reprirent vie, comme dans la fameuse scène du film *Casablanca*. A ce moment précis, trois anciens avions de combat *Mustang P-51* de la force aérienne haïtienne hoquetèrent. Ils grondèrent en sortant d'une rampe proche, et en une habile manœuvre au sol, bloquèrent le DC-3 sur le tarmac. Sans espoir, le pilote du DC-3 coupa les réacteurs.

Un Thurston visiblement furieux émergea de l'avion et tint conférence avec ses assistants. L'officier de la force aérienne haïtienne, plaisant et obséquieux même, les rejoignit puis retourna à son bureau, ostensiblement pour requérir l'autorisation de départ. Il revint au bout de trente minutes environ, tapa des mains et indiqua, d'un signe de la main, que l'avion pouvait partir. Les trois P-51 roulèrent, libérant le passage pour le DC -3.

Le récit de ce spectacle m'a été fait par Robert Berrellez, alors correspondant itinérant d'*Associated Press*, qui en fut témoin de bout en bout. Des officiers de l'armée attachés à la force aérienne haïtienne m'ont précisé par la suite que le spectacle était téléguidé par Papa Doc, depuis le palais et par téléphone. Duvalier voulait connaître la réaction de l'ambassadeur, un homme qu'il était déterminé à humilier. Duvalier était un expert consommé en humiliation.

L'humiliation de l'ambassadeur Thurston n'était pas terminée. La semaine suivante, une note officielle fut envoyée à Washington. Une fois la traduction de ladite note effectuée, le Département d'Etat informa Haïti que Thurston revenait pour récupérer ses meubles. En retour, un câble plein de colère fut envoyé qui déclarait clairement que Thurston ne pouvait pas revenir en Haïti, encore moins pour prendre ses affaires personnelles. En fait, la traduction initiale de la note officielle était erronée. Et, même l'épouse de Thurston était *persona non grata*. Au final, Washington organisa l'expédition des effets des Thurston et l'ancien ambassadeur décrira quelque temps plus tard le gouvernement de Duvalier comme étant « inconstitutionnel, inefficace et obscurantiste ».

Sur le plan géopolitique, le printemps 1963 fut un triste chapitre dans la politique américaine vis-à vis d'Haïti. L'Oncle Sam avait fixé une échéance, délibérément encouragé une crise, monté un bluff avec ses navires et les *marines*, puis avait fait machine arrière.

Quant à Clément Barbot et à son frère, le Dr Harry Barbot, ils continuaient à préparer l'acte final. Le projet était de se rendre de Cazeau à la station de radio gouvernementale, ci-devant Radio Commerce, le 14 juillet 1963, et de kidnapper le ministre de l'Information, Georges Figaro, qui avait ses entrées au Palais. Forts de leur prise, ils auraient tenté d'entrer au Palais dans la nuit, vers 8 heures, avec une troupe d'hommes gagnés à la cause de Clément Barbot et déguisés en *tonton makout*. Une fois à l'intérieur, Barbot espérait compter sur l'appui d'une vingtaine de *makout* au moins qui lui étaient restés loyaux. L'un des aides de Duvalier au palais, Seguin Cantave, assistant chef de la milice stationnée au Palais, s'était échappé et avait rejoint Barbot pour la grande attaque. Au final, il s'agissait de liquider Duvalier.

Mais le destin frappa les deux frères avant terme. Selon la version livrée par le Dr Gérard A. Boyer dans son livre *Memini. Album Souvenir*, publié en 1999, Barbot fut trahi par son chauffeur Elusma Adolphe qui révéla au Dr Jacques Fourcand où il se trouvait ainsi que son frère.

Barbot avait pour refuge une petite maison en béton au milieu de cases en pisé couvertes de paille, au bord d'un champ de canne à sucre. La maison appartenait au beau-père du Dr Harry Barbot qui travaillait à Damien à l'école d'agriculture. Clément Barbot fut tué par le lieutenant Edouard Guilliod du Bureau des Recherches criminelles.

Voici le récit qu'en fait le Dr Gérard Boyer : « Les terroristes essayent de desserrer l'étreinte par des lancées (sic) de grenades. Assuré d'un tunnel de fuite, Clément Barbot se lance à travers une fenêtre en direction de l'avenue de Damiens (sic). Repéré par le lieutenant Guilliod, Barbot reçoit une décharge à la région fessière. L'officier s'aperçoit au moment de l'achever que le chargeur de son M1 est vide. Barbot, blessé, décidé à vendre chèrement sa peau, fait face à son agresseur désemparé. Il lui lance la grenade qu'il avait à la main. Epuisement ou maladresse, le projectile est lancé maladroitement. Il explose en l'air. Guilliod avait pris le couvert (sic), sans perdre sa proie de vue. Barbot, comme une flèche, traverse l'avenue pour se perdre dans la cannaie qui s'offre à sa vue. Guilliod, armé de son colt, le poursuit et lui loge deux balles. La bête, blessée, hurle, titube, et sans merci, son poursuivant lui vide son barillet. Tous les autres complices furent tués sur place, à l'exception d'un seul, un nommé Barthélémy, capturé vivant. » (p. 206).

Ainsi se termina la carrière de Clément Barbot, trois ans après son arrestation, ainsi que celles de son jeune frère Harry âgé de 45 ans et de sept de leurs camarades. Les cadavres des Barbot furent amenés au Palais et leurs photographies, ainsi que celle du cadavre de Seguin Cantave, publiées dans *Le Nouvelliste*, accompagnées d'un communiqué du département de l´Information sur la liquidation des Barbot et de Cantave, daté du 15 juillet 1963. Edouard Guilliod, interrogé quarante ans après sur sa participation, répondit : « Foutaises ! Ils étaient plus de cent cinquante à lui courir après!»

Chapitre 20

La solitude d'Hector Riobé

19 juillet 1963

« *Après le règne des tyrans, place à celui des héros. Ces der-niers prospèrent sous la tyrannie, et ils n'ont pas manqué au cours de l'histoire récente d'Haïti, que ce soit un député comme Séraphin, un sénateur comme Moreau, un écrivain comme Alexis, un jeune homme comme Riobé, qui tint en respect l'armée et les Tontons Macoutes depuis la grotte où il s'était retranché au-dessus de Kenscoff pour finalement se suicider avec sa dernière balle (…)* ».

Graham Greene, Préface à *Papa Doc et les Tontons Ma-coutes. La vérité sur Haïti*, Traduit par Henri Drevet, Editions Deschamps, Port-au-Prince, 1986.

L a fête occasionnée au Palais national par l'arrivée du cadavre de Clément Barbot s'était à peine terminée, la nuit du 16 juillet 1963, quand un véhicule étrange fut aperçu du côté de la rue Nazon et de la route de Delmas. Il avait l'air d'un tank avec ses ouvertures découpées dans des plaques d'acier.

Il était 11 heures du soir quand ce véhicule quitta la résidence récemment construite des Riobé à Turgeau, de l'autre côté de la rue non loin de l'église du Sacré-Cœur. Les rues de la capitale étaient vides. Sur leur chemin, sur la route montant à Pétion-Ville, les occupants semaient des pointes de fer qu'ils avaient fabriquées, destinées à crever les pneus des véhicules. Mais l'engin avait à peine grimpé les premières pentes que le moteur se mit à chauffer et le conducteur, un jeune dénommé Damas, dut quitter le volant pour aller quémander un seau d'eau dans une des maisons bordant la route. C'est à ce moment que Hector Riobé se rendit compte que la plaque d'acier qu'ils avaient soudée à l'avant du véhicule bloquait le système de ventilation du moteur. Il n'y avait rien à faire. Le tank improvisé atteignit Pétion-Ville vers 11 heures du soir. Le moteur surchauffé se mit alors à tousser et s'éteignit finalement, pour comble de malchance, juste devant le petit poste de police qui se trouvait au coin du marché de Pétion-Ville.

Le soldat de garde s'approcha et se porta volontaire pour chercher de l'eau pour le radiateur surchauffé. Un autre soldat sortit du poste, sa curiosité éveillée par le véhicule qui avait l'air d'un char de mardi gras. Tournant autour, il s'exclama : *« A la yon machin dwòl papa!»* (« Quelle drôle de voiture !»). Sans armes, il agrippa le bord du véhicule et se hissa pour jeter un coup d'œil sur l'arrière. Pétrifié, il sauta immédiatement à terre. Quatre types, portant tous chemise bleue, se trouvaient dans le véhicule, armés de fusils calibre .12 et d'une carabine calibre .22. Ils se mirent tous immédiatement à tirer dans toutes les directions pendant qu'ils abandonnaient le véhicule et prenaient la fuite. Surpris, les soldats se dispersèrent sans répondre aux coups de feu. Les vendeuses du marché, qui dormaient près de leurs paniers de légumes, se réveillèrent, et, prises de panique, se mirent à courir aussi dans tous les sens.

Jean-Claude Turnier est le seul survivant de cette aventure. C'est lui qui a fourni à l'auteur les détails du désastre. Il parvint à regagner son domicile à 1 heure du matin sachant que leur plan d'attaquer le commissariat principal sur la place de l'église avait échoué. Son frère Wilhelm, qui était aussi un membre du groupe, s'était réfugié chez les Cajuste près du marché. Il rentra chez lui vers 7 heures du matin.

Damas, le chauffeur de l'engin, dont personne ne se rappelle le prénom, avait pris à pied la route de Kenscoff avec Hector Riobé et le cousin de celui-ci, Jean-Pierre (alias « Jean-Pi ») Hudicourt. Ils pensaient, à ce moment là, attaquer un autre objectif, le poste de Kenscoff. Ils arrêtèrent une voiture qui montait et ordonnèrent, sous la menace de leurs armes, au conducteur de les emmener à Laboule. Après cela, ils se firent conduire à l'entrée de Kenscoff et continuèrent à pied. L'homme qui se trouvait au volant n'était autre qu'Antoine Izméry. Ce n'est que des années plus tard, après 1986, qu'Izméry a révélé le rôle qu'il avait été obligé de jouer dans cette affaire. Il raconta l'histoire à Fred Pierre-Louis, le cousin du jeune Hudicourt, et lui révéla qu'il ignorait alors l'identité des trois jeunes gens. On ne sait pas comment ils s'y prirent pour se rendre à Kenscoff. Probablement, ils durent s'emparer d'une camionnette de transport en commun. Mais ceci reste une pure spéculation puisque personne ne vint se plaindre par la suite d'une attaque ou d'une prise en otage.

Ils firent un arrêt à Laboule. Là, Hudicourt entra chez Elsie Pierre-Louis, sa cousine, mariée à Philippe Faubert. Avec insistance, Hudicourt confia à Faubert une note qu'il devait apporter au R.P. Antoine Adrien du Petit-Séminaire Collège Saint-Martial, en soulignant que la vie d'une douzaine de jeunes serait menacée si cette note n'était pas remise au Père Adrien. Témoin de la scène, la mère d'Elise confia plus tard à sa belle-sœur, le Dr Edith Hudicourt, l'insistance avec laquelle Hudicourt avait demandé que la note soit remise au R.P. Adrien. Philippe Faubert jugea que le danger était trop grand; il préféra remettre la note à l'officier de service au quartier général de Pétion-Ville, le lieutenant Fritz (Fito) Germain. Or, il s'avéra que la note ne contenait que des salutations adressées au Père Adrien. Elle était peut-être codée. En tout cas, elle ne causa aucun ennui au Père Adrien.

Plus tard dans la nuit, eut lieu l'attaque du poste de Kenscoff. Une attaque rapide et sanglante. Un sergent, deux soldats, et deux miliciens furent tués. Les attaquants emportèrent les armes et munitions du poste. Selon des témoins, le commandant du poste, l'adjudant Apollon, réveillé par la fusillade, n'émergea qu'après celle-ci, prudemment de la porte arrière du poste alors que se faisaient entendre les râles des mourants.

Très vite, le tranquille et idyllique village de Kenscoff avec ses montagnes couvertes de pins, refuge des familles aisées pendant les chaleurs de l'été ou lors des crises politiques, se trouva en plein remue-ménage. Des barrages furent établis. Les paysannes qui arrivaient avec leurs paniers pleins de légumes frais trouvè- rent la route de Port-au-Prince bloquée. La milice, la police et les militaires organisèrent une perquisition maison après maison à la recherche des agresseurs, explorant aussi les environs de Kenscoff comme des chiens de chasse salivant après leur proie.

C'est ainsi qu'une des patrouilles fut accueillie par des coups de feu en arrivant près du sommet du morne Godet. Des membres de cette patrouille virent avec effarement s'effondrer plusieurs soldats. Ils se couchèrent sur le sol ou prirent la fuite en courant. C'était la première fois qu'on leur tirait dessus. Des renforts arrivèrent de Kenscoff et se mirent en position de ba- taille. Mais chaque fois que l'un des entre eux s'avisait de se montrer, un coup de feu le renvoyait, mort ou blessé, à la base.

L'emplacement de la grotte d'où provenaient les tirs était stra- tégique : celle-ci dominait toute la zone d'approche parcourue par les patrouilles. A ce moment-là, le gouvernement pensait que la grotte était occupée par un groupe de tireurs d'élite. Le nombre des blessés ou des morts ne faisait qu'augmenter. Le bataillon tactique des casernes Dessalines fut mobilisé, avec mortiers et grenades, car cette situation commençait à devenir embarrassante pour les occupants du Palais. Le pays tout entier s'excitait en écoutant les nouvelles de cette bataille qui faisait perdre la face au pouvoir. Cela dura environ trois jours. Dans l'après-midi du vendredi 19 juillet, la grotte resta silencieuse mais les autorités se gardèrent d'approcher. Le samedi, les mili- taires s'amenèrent avec la mère de Riobé. Ils la placèrent sur un cheval et l'obligèrent à monter vers la grotte en criant : « Hector ! Hector ! ». Pas de réponse. Lentement les troupes lourdement armées, marchaient derrière Mme Riobé qui leur servait de bouclier.

Quand les attaquants arrivèrent à la grotte, grande fut leur stu- péfaction en découvrant que l'équipe de francs-tireurs se réduisait en fait à une seule personne. Hector Riobé gisait sur le sol, le crâne troué d'une balle. Il avait préféré se suicider.

Après l'attaque du poste de Kenscoff et après avoir transporté les armes à la caverne du sommet du morne Godet, Riobé avait renvoyé chez eux les deux autres membres du groupe étant donné qu'ils n'avaient pas été identifiés par les autorités et qu'ils pouvaient donc reprendre le cours de la vie normale. Ce qui n'était pas son cas. Les pistes qui menaient à lui étaient nombreuses, en particulier le véhicule.

Rien ne semblait disposer Hector Riobé à une telle aventure. C'était un garçon tranquille, introverti. Son meilleur ami était Wilhelm Turnier, 26 ans. La famille Turnier avait été voisine des Riobé à la ruelle Nazon. Ils avaient quatre enfants, dont une fille. Hector, comme son père André, avait la nationalité française. Il avait fait son service militaire en France. Il connaissait donc le maniement des armes. Il possédait un atelier équipé pour la mécanique d'ajustage.

Le premier membre du groupe de Riobé qui fut capturé fut Jean-Pierre Hudicourt, âgé de 26 ans. Descendant de la montagne, fatigué, ayant soif, il s'arrêta à une case de paysans pour demander à boire. Effectivement, ils lui donnèrent à boire et à manger. Mais la rumeur l'avait précédé. Craignant les conséquences de leur hospitalité, ils le frappèrent avec un pilon servant normalement à concasser les grains de café et de maïs. Il fut appréhendé et conduit au poste de police de Pétion-Ville. Contrairement aux histoires qui ont couru par la suite selon lesquelles il était était dans le coma lorsqu'il faut remis à la police de Pétion-Ville, Hudicourt était bien vivant et alerte, selon le témoignage que Gilles Hudicourt, son jeune frère, a recueilli des années plus tard, du lieutenant Fritz Germain. Le fait est qu'il fut sévèrement torturé jusqu'à nécessiter, quand il tomba dans le coma, des soins spécialisés d'un chirurgien neurologue duvaliériste, le Dr Jacques Fourcand, qui essaya encore de le faire parler. Il mourut sous la torture sans avoir donné de nom.

Le second à être pris fut le conducteur du véhicule (*pick-up*) transformé en blindé, Damas. Il était descendu de la montagne vers Carrefour où il vivait. Il fut arrêté par la milice, battu et finalement exécuté à Fort Dimanche. Wilhelm (Wilo) Turnier, âgé de 26 ans, était rentré chez lui à temps pour aller à son travail. Il travaillait comme comptable à l'agence de distribution des voitures Volkswagen. Il fut appréhendé seize jours après les événements. Des agents de la Préfecture l'arrêtèrent dans la soirée du 1er août, au moment où il sortait d'un cinéma avec son frère Jean-Claude. Le lendemain, les mêmes agents se présentèrent à la maison des Turnier. Windsor Day, un duvaliériste qui habitait le voisinage, supervisait l'opération. Tous les hommes de la maison furent arrêtés. Jean-Claude, âgé de 25 ans, et ses deux frères, Weber Junior (23 ans) et Leslie (14 ans). La mère protesta disant « C'est un enfant ! » à propos de ce dernier. Des amis en visite furent aussi arrêtés : Astrel Lamarque, Frantz Trouillot et Robert Ménager. Leslie fut relâché au bout de vingt-quatre heures, et les visiteurs peu après. Weber Junior fut mis en liberté un mois après, Jean-Claude trois mois après. Ils avaient été incarcérés à Fort Dimanche, accusés d'avoir voulu « déstabiliser le système ». Jean-Claude nous a raconté qu'on ne l'avait jamais interrogé. A Fort Dimanche, les frères avaient été séparés mais ils avaient pu se parler. La dernière fois que Jean-Claude vit son frère Whilhelm, ils avaient été durant vingt-quatre heures dans la même cellule. Il ne sut pas quand celui-ci fut exécuté.

Au Fort Dimanche, Jean-Claude rencontra un membre du groupe Barbot, un agronome très fier d'avoir participé au coup du 26 avril 1963. « J'ai presque réussi. J'ai eu la petite Simone à portée de main », répétait-il à qui voulait l'entendre. L'homme était menotté et était maintenu dans une cellule obscure, sans accès à la douche. C'est lui qui apprit à Jean-Claude que Riobé avait eu un contact avec Barbot pour lui demander d'organiser une attaque contre le Quartier général de la police. Barbot fit un commentaire sur ces jeunes gens « qui n'ont rien à faire et qui allaient se faire tuer. »

Riobé avait pourtant préparé avec soin son expédition. Pour convertir son *pick-up* Ford, il avait contacté Damas qui était soudeur. Pour se procurer de l'oxygène pour un lance-flammes, il s'adressa à Jean-Pierre Hudicourt qui travaillait pour Shannon Yarborough dans une entreprise d'air conditionné. Riobé voulait utiliser ce lance-flammes dans l'attaque contre les casernes de la police de Pétion-Ville. Le travail de transformation du *pick-up* se fit à l'arrière de la nouvelle maison construite au haut de Turgeau. Jean-Pierre Hudicourt apporta son fusil .22. Une semaine avant les faits, il se trouvait en visite chez sa tante, le Dr Edith Hudicourt, ne laissant rien soupçonner de sa participation. Le Dr Hudicourt se rappelle seulement d´une remarque qu'il avait faite et qui l'avait frappée : « L'acceptation de l'injustice est la négation de toute justice ».

Comment un jeune homme tranquille comme Riobé a pu décider de s'engager dans cette entreprise dont le moins qu'on puisse dire est qu'elle était suicidaire ? La mort de son père le 26 avril 1963 est un facteur non négligeable. Mais c'est aussi l'environnement général qui faisait de tout le pays, en cette année 1963, un lieu de cauchemar et de terreur dominé par la déraison et la mort.

La mort d'André Riobé, le 26 avril 1963, a été racontée par un témoin qui se présenta en 1986 aux bureaux du Centre œcuménique. Son récit a été enregistré. Il travaillait à l'époque au ministère de l'Intérieur et il était rattaché au poste de Carrefour en tant que volontaire lié au dit Ministère. C'est là qu'il se trouvait quand, le 26 avril 1963, vers les 8 heures et demie du matin, l'ordre parvint du palais de bloquer tout véhicule suspect, toute personne cherchant à quitter la ville. Un attentat contre les enfants du président avait eu lieu au collège Bird.

Les soldats du poste avaient déjà arrêté quatre personnes. A 9 heures 15 arriva le major (*ad honorem*) Franck Romain. Quand il aperçut une Mercedes-Benz dans l'aire de stationnement, il ordonna : «Apportez-moi les clés». La voiture appartenait à André Riobé qui avait été appréhendé alors qu´il allait verser leur paie aux salariés travaillant sur sa propriété de Gressier. Il y avait aussi dans la cellule deux frères Vieux, Didier et Paul, arrêtés pendant qu´ils se rendaient à la plantation familiale des Vieux à Mariani pour travailler. La quatrième personne n'a pas été identifiée par l´informateur. Mais l´on sait que William Théodore, ami des frères Vieux, a été pris en même temps que ceux-ci. L'informateur et Romain prirent place dans la Mercédès et passèrent la matinée au Palais dans l'atmosphère hystérique de la chasse à l'homme qui a caractérisé ce jour-là. Au retour, Romain conduisit les quatre prisonniers à la base militaire du Lamentin.

Ce soir-là, l'informateur, les soldats et les miliciens jouaient aux cartes, à même la route bloquée. Ils entendirent clairement des coups de feu venant du Lamentin. Une ambulance de l'Hôpital général arriva, en route pour le Lamentin. Plus tard, la même ambulance apparut et quand on ouvrit les portes pour en contrôler l'intérieur, on aperçut quatre cadavres, ceux de Riobé, des deux frères Vieux et celui de la personne non identifiée par l´informateur du Centre œcuménique.

Dans une entrevue accordée à l'auteur dans les années 1990, Jean-Claude Duvalier, exilé en France, déclina toute responsabilité du gouvernement de François Duvalier dans la mort d´André Riobé. Il accusa nommément le major Romain de ce crime. Hector Riobé, le fils unique d'André, chercha vainement à savoir ce qui était arrivé à son père, et, comme il arrivait bien souvent, des soi-disant informateurs en profitèrent pour soutirer de l'argent à la famille.

La tentative désespérée de Riobé et de ses compagnons était suicidaire. Mais prendre les armes et attaquer les deux postes de police était aussi héroïque dans une période de dégradation et d'humiliation du peuple haïtien victime d'une terreur monstrueuse. La guerre de Riobé ne fut pas futile. Elle provoqua le respect et l'admiration des paysans de Kenscoff et de Gressier comme aussi de la jeunesse de cette époque.

La famille de Jean-Pierre Hudicourt dut prendre la fuite. Son père, Pierre Hudicourt, qui avait été ambassadeur d'Haïti, abandonna leur maison de Brise-Tout à Pétion-Ville. Les enfants furent reçus par leurs cousins tandis que le père et la mère récla-mèrent l'asile politique. May Hudicourt trouva refuge à l'ambassade du Chili. Pierre se présenta à l'ambassade du Mexique. L'ambassadeur du Mexique de l'époque, Bernardo Reyes, voulut refuser de le recevoir. Pierre Hudicourt lui deman-da de lire le texte du traité sur le droit d'asile de Rio de Janeiro en lui disant : « Je connais les règlements concernant ce traité. Je l'ai moi-même signé, comme ambassadeur d'Haïti ». Deux des filles de Pierre, voulurent aller récupérer des vêtements dans leur maison. Ce fut pour assister au spectacle des *makout* en train de la piller.

Mme Riobé, née Louise Jourdan, et sa sœur Mme Jourdan, ai-dées par des prêtres, prirent refuge à l'ambassade du Mexique et partirent pour un long exil qui allait durer jusqu'en 1986. Tous les biens de la famille furent saisis. Un des frères de Mme Riobé, Léon Jourdan, se vit refuser l'entrée à l'ambassade du Chili. Il resta à attendre dans la cour sous la pluie, attrapa une pneumonie dont il mourut.

Un neveu de Mme Riobé et de Léon Jourdan, Réginald Jour-dan, fera partie de l'expédition des treize de Jeune Haïti (1964).

Chapitre 21

La guerre du général Cantave

Juillet-septembre 1963

François Duvalier donna l'ordre de créer, par le fer et le feu, un « cordon sanitaire » de trois kilomètres le long de la frontière dominicaine. Cet ordre fut suivi en quelques endroits. Des arbres furent coupés le long de la rivière Massacre et de nouveaux espaces vides dus aux « feux de brousse » s'ajoutèrent à ceux découlant de l'érosion. Quoiqu'il en soit, cette mesure ne pouvait arrêter les départs clandestins des coupeurs de canne ou, plus récemment, d'un certain nombre d'opposants voulant s'échapper du pays.

Duvalier avait chargé plusieurs de ses chefs *makout* d'une mission spéciale de surveillance de la frontière dont ils devaient directement lui rendre compte. Il y avait Dodo Nassar, un contrebandier syrien dominicain bien connu. Il y avait le chef de la milice de l'Artibonite, Zacharie Delva, qui se faisait passer pour un houngan comme Nassar. Il y avait André Simon, député originaire de Jacmel, le grand chef de tout le Sud-Est. Il y avait enfin le major Vir Lhérisson dans le Nord.

Beaucoup d'ex-militaires, officiers, sous-officiers et simples soldats, choisirent de traverser la frontière haïtiano-dominicaine pour quitter le pays à chaque purge opérée par Papa Doc dans l'armée. Des *marines* de la Mission navale américaine qui avaient établi des liens d'amitié avec leurs collègues et stagiaires haïtiens prirent parfois de gros risques pour convoyer ceux qui voulaient arriver à la frontière.

L´un de ces collègues était le major Robert André, ancien responsable du service des Communications de l'armée d'Haïti, et officier de haut niveau professionnel. Il était le fils du colonel Jules André qui fut le premier chef d'état-major de la *Garde d'Haïti* (Gendarmerie) en 1934 à l´achèvement du processus d´« haïtianisation » de la force militaire mise en place par l´occupation américaine. Le major André qui venait de rentrer des Etats-Unis, de l'Hôpital naval américain situé à Bethesda (Maryland) où il avait été opéré d'un cancer, apprit le 28 avril 1963 qu'il était sur la liste des officiers que papa Doc voulait éliminer. A cette époque, les résidences des ambassades latino-américaines étaient lourdement gardées par les *makout* et les militaires. Dans un premier temps, André requit l´aide de son ami le capitaine Donald Q. Layne, USMC alors conseiller en communications de la mission navale. Layne et le lieutenant-colonel Georges A. Babe firent le tour de toutes les voies de sortie possibles mais la majorité d´entre elles étaient inaccessibles. André put finalement sortir de Port-au-Prince grâce à l´aide du colonel Roy J. Batterton Jr., successeur du colonel Heinl au poste de chef de la Mission navale. Le colonel faisait souvent, avec sa femme Joan, des promenades à cheval la nuit. Il proposa à André de prendre sa place. C'est ainsi qu'André put, trompant la vigilance des *makout* placés aux barrages routiers, traverser Delmas et atteindre la plaine du Cul-de-Sac. Une fois loin de la ville, André poursuivit à pied. Comme il était encore faible en raison de sa récente opération, il lui fallut cinq jours pour parvenir à la frontière en contournant les patrouilles de la milice. De là, il escalada les montagnes avoisinantes pour traverser la frontière en un segment sans surveillance. Revolver au poing (après avoir été menacé par un scorpion), il fit les derniers pas qui le séparaient de la liberté, déshydraté et épuisé, pour se retrouver en territoire voisin où je le revis.

Dans l´atmosphère de désespoir et de confusion dans laquelle se trouvaient les réfugiés haïtiens à Santo Domingo, apparut un personnage de grande taille, digne, aux cheveux blancs. Léon Cantave, l'ex-chef d'état-major de l'armée d'Haïti, avait débarqué venant de New York. Agé de 53 ans, il restait très discret et seuls quelques officiers avaient su qu'il arrivait. Des rumeurs se répandirent selon lesquelles il avait l'appui de la CIA qui aurait commencé à s'intéresser aux potentialités représentées par le grand nombre d'exilés haïtiens à Santo Domingo.

Durant ses cinq années d'exil, Cantave avait travaillé pour les Nations unies au Liban et au Congo. Il avait 20 ans de carrière dans l'armée d'Haïti quand il s'opposa à la tentative de Paul Magloire de garder le pouvoir en 1956 à la fin de son mandat de six ans. Cantave fut emprisonné, mais après le départ forcé de Magloire en décembre 1956, il fut promu chef d'état-major, poste qu'il dut abandonner au colonel Antonio Kébreau après la chaude journée du 25 mai 1957. En exil, Cantave était tout à fait confiant qu'il débarrasserait le pays de « ce monstre », qualificatif qu'il avait publiquement utilisé pour désigner Duvalier. « Duvalier sait, disait Cantave, que je m'identifie avec l'armée et que l'armée prendra fait et cause pour moi ». Il devait réaliser très vite qu'il restait peu de chose de l'armée qu'il avait commandée.

Parmi les réfugiés haïtiens, civils et militaires, le sentiment général envers Duvalier était un mélange de mépris et de dégoût. Ils se rendaient bien compte de la nécessité de libérer leur pays de ce tyran, ne serait-ce que pour pouvoir revenir dans leur pays. Cependant, dans un tel milieu, régnaient la compétition et la division. L'image du panier de crabes s'imposait. Chez les jeunes existait un ressentiment contre les militaires qui avaient servi Duvalier et qui ne dissimulaient pas un certain sentiment de supériorité. Mais d'un autre côté, le mot guérilla devenait magique. L'exemple de Fidel Castro faisait rêver plus d'un, qui se voyait déjà à la tête d'un mouvement de libération et (qui sait ?) du pays lui-même.

Le général Cantave venait prendre la direction des opérations à la tête des exilés haïtiens. Il était flanqué de deux conseillers. Il y avait d'abord l'ancien officier et diplomate Pierre Rigaud. Avec lui se trouvait Paul Verna qui avait été en poste à l'ambassade d'Haïti à Ciudad Trujillo et qui vivait au Venezuela. Depuis deux ans, Verna établissait des contacts en Amérique latine, cherchant de l'aide pour les exilés. Rigaud et Verna avaient des contacts au sommet avec des officiers dominicains de haut rang. Mais ils savaient que Juan Bosch s'opposait, dans une perspective légaliste, à toute opération contre Duvalier à partir du sol dominicain. Bosch avait combattu toute sa vie les menées de Trujillo dans la Caraïbe et se ralliait volontiers à la thèse de la responsabilité de l'Organisation des Etats Américains (OEA), ainsi qu'au principe sacro-saint de la non-intervention. C'est pourquoi l'entraînement des réfugiés et les opérations devaient se faire dans la clandestinité.

Au début de juillet 1963, des officiers de l'état-major dominicain donnèrent le feu vert pour l'entraînement des exilés haïtiens au camp militaire de Sierra Prieta, à douze kilomètres au nord-ouest de Santo Domingo. La nouvelle force était constituée d'ex-officiers et d'ex-soldats haïtiens, de jeunes exilés, de travailleurs analphabètes recrutés dans les champs de canne et connus, parmi les Haïtiens, sous le nom de *Congo*. La majorité de ces derniers étaient plus experts dans le maniement des machettes que dans celui des mitrailleuses. L'essentiel de l'entraînement visait à pouvoir utiliser correctement une arme. L'existence du camp était, en principe, tenue secrète vis-à-vis des réfugiés opposés à Cantave. Mais très vite des dissensions commencèrent à percer dans le camp, surtout entre ex-militaires et civils.

A cette époque arriva à Santo Domingo un jeune prêtre haïtien, un spiritain, Gérard Bissainthe, qui, après avoir lancé à Saint-Martial les activités de la Bibliothèque des jeunes au Petit Séminaire Collège Saint-Martial, s'était retrouvé en congé à New York. Il y avait été coopté par un groupe de jeunes exilés qui avaient pris le nom de « Jeune Haïti ». Bissainthe faisait des démarches auprès de Bosch en vue d'ouvrir un centre d'éducation pour les exilés haïtiens. Il ne réussit pas à le convaincre.

Par ailleurs, le président dominicain ne tarda pas à avoir vent de l'existence du camp d'entraînement. Il fit venir le chef d'état-major de l'armée, le général Renato Hungria Morel et lui demanda sur un ton fâché : « C'est quoi, cette histoire qu'on serait en train d'entraîner des Haïtiens ? » Ce jour-là, le 12 juillet 1963, j'étais en train de conduire une interview avec Sacha Volman quand le président Bosch lui demanda par téléphone s'il était au courant que l'armée avait ouvert un camp d'entraînement pour les Haïtiens. Volman ne savait pas. Il me posa la question. Je haussai les épaules. Je ne savais pas. En fait, sachant que les négociations entre Bosch et *Jeune Haïti* pour l'établissement d'un centre pour les exilés n'avaient pas abouti, je fus étonné de la nouvelle. Volman alors émit l'hypothèse d'une initiative possible de « l'homme aux cheveux blancs » (le chef de la CIA à l'ambassade américaine).

Cantave qui était absent du pays revint à toute vitesse et, au bout d'une semaine, les Haïtiens reprirent le chemin du camp d'entraînement mais cette fois sans les civils qui causaient des problèmes. Mais, le vendredi 2 août 1963, ces derniers reçurent l'ordre de se présenter au camp de Sierra Prieta. L'invasion paraissait imminente. Beaucoup de réfugiés disparurent tranquillement de Santo Domingo.

Dans la matinée du 5 août 1963, je reçus un appel de l'ex-diplomate Paul Verna qui me déclara qu'il avait d'importantes nouvelles à me communiquer et me demanda de venir rapidement le rejoindre à l'hôtel Jaragua. J'étais à l'époque basé à Santo Domingo et je faisais des reportages pour le *New York Times*, *Time Magazine* et *NBC News*.

Paul Verna, un vieil ami, se présenta comme le porte-parole du mouvement des exilés dirigé par le général Cantave. Aidé d'un verre de scotch, Verna révéla théâtralement que le général Cantave avait débarqué le matin même en Haïti à la tête d'une imposante force armée et qu'il marchait sur le Cap-Haïtien. Verna me demanda : « Est-ce que vous voulez aller au Cap-Haïtien cet après-midi ou demain matin pour couvrir l'événement ? Le Cap est supposé tomber entre les mains des attaquants au début de la soirée. »

« Evidement, répondis-je. Je voudrais bien couvrir cette guerre sur place ». Je demandai plus de détails. Mais Verna refusa de m´en dire plus pour des raisons de sécurité, non sans préciser que la force d´invasion comptait deux cent-cinquante personnes et qu´elle avait débarqué en provenance « d'une île de la Caraïbe ». L'élément de surprise avait joué, selon lui, et la force n´avait rencontré que « très peu de résistance en s'emparant des villes côtières de Fort-Liberté, Dérac, Phaëton dans le Nord-Est ». Les exilés avançaient en deux colonnes, dessinant un mouvement de pince. Regardant sa montre, Verna conclut : «Ce n'est maintenant qu'une affaire d'heures pour que la ville du Cap tombe entre leurs mains.»

Les sources diplomatiques à Port-au-Prince confirmaient que quelque chose se passait dans le Nord-Est, sans plus de précisions. En remplissant les dépêches pour le *New York Times*, le *Times magazine* et *NBC News*, je pris bien soin de m´en tenir au *verbatim* de l´entrevue de Verna. Aucune source indépendante n´était en mesure de confirmer ou d´invalider ses dires. Le lendemain matin, le *New York Times* publia mon article en une avec une carte montrant la prétendue avance de la force rebelle selon un mouvement en forme de pince en direction du Cap-Haïtien.

Déterminé à ne pas être victime d´une manipulation, j´avais décidé de passer la frontière si nécessaire pour en avoir le cœur net. Depuis le bateau que j´avais pris pour faire une reconnaissance le long de la rivière Massacre qui sépare les deux pays, j´observai un DC-3 haïtien, pensant qu'il essayait de localiser les deux colonnes ennemies. Mais peu après, je sus que l'avion faisait faire un tour à un groupe de journalistes pour qu´ils constatent, *de visu*, que le terrain ne révélait aucun mouvement de groupes armés.

De source dominicaine, j'appris que les exilés étaient revenus sur le territoire dominicain et avaient disparu. Il ne me restait plus qu'à rentrer à la capitale, convaincu que les rebelles avaient pris le Cap-Haïtien et qu´ils avaient disparu après une rapide incursion. Richard Eder, le correspondant du *New York Times* en Haïti, m'envoya un câble déclarant que « les deux colonnes de Diederich avaient pénétré dans le *New York Times* puis disparurent dans la mer.» Je répondis que les colonnes « se dirigeaient vers les tambours d´Eder ». Celui-ci avait en effet cité l´un des officiers de l´armée haïtienne qui, escortant les journalistes, avait déclaré que les tambours leur avaient signalé qu´il n´y avait aucun rebelle sur le territoire haïtien.

Que s'était-il passé ? En fait, l´« invasion » fut un court opéra tragi-comique.

Premier épisode
Phaéton, Dérac, 2 août 1963,
Fort-Liberté, 5 août 1963

A 11 heures du soir, le 2 août, les *Congo* et les exilés haïtiens du camp militaire de Sierra Prieta embarquèrent dans un grand camion de l'armée dominicaine. Ils traversèrent pesamment la moitié de l'île pour rejoindre Cantave et son groupe d'officiers dans une petite clairière située sur le territoire dominicain, au bord de la route au nord de Dajabon. On leur fournit des uniformes en kaki et de nouvelles bottes, trop petites pour les larges pieds des paysans haïtiens. Dans la soirée du jour suivant, nouvel embarquement vers le nord, là où la rivière Massacre se jette dans la baie de Manzanillo. Alors qu´ils s´apprêtaient à traverser la rivière – l´eau leur arrivait jusqu´au cou – on leur fournit leurs armes, principalement des fusils Springfield avec cent cinquante balles pour chacun. Ces vieux fusils avaient été utilisés dans plus d´une entreprise révolutionnaire dans la Caraïbe. Saisis par Castro dans les réserves de l'armée cubaine puis donnés au groupe d'exilés dominicains qui envahirent leur pays le 14 juin 1959, ces fusils furent confisqués par Trujillo et se trouvaient maintenant aux mains d´une troupe d'Haïtiens mal entraînés et en pleine confusion.

A l'aube du 5 août, la troupe traversa le bourg de Dérac, partie intégrante de la Plantation Dauphin. Dérac tomba sans un tir mais des indisciplinés tuèrent deux miliciens et un soldat qui gardaient un petit poste de police. Parmi les anciens officiers qui avaient rejoint Cantave, il y avait le colonel Pierre Paret, ancien chef de la Police de Port-au-Prince, qui portait son uniforme et ses insignes. Il y avait aussi le lieutenant-colonel René Léon, commandant en second de l'expédition. Léon avait travaillé à la Plantation Dauphin avant de laisser le pays avec sa femme enceinte. Il réquisitionna quelques *jeeps* et camions à la fabrique de cordes de sisal de Dérac pour assauter Fort-Liberté.

Cantave envoya l'un des soldats capturés pour conseiller au commandant de la petite garnison de Fort-Liberté de se rendre. Le lieutenant Thomas répondit en ces termes « Si vous vous sentez des hommes (*gason*), venez donc, je vous attends ». Sur ordre du lieutenant, la garnison quitta le poste pour aller s'établir dans les ruines coloniales au bord de la mer. Les soldats tirèrent quelques coups de feu à l'encontre des envahisseurs, sans plus.

Quant aux attaquants, leur bazooka s'était bloqué. La mitrailleuse calibre .30 fit de même après avoir tiré une seule bande de munitions. L'un des rebelles lança une grenade sans s'y connaître et l'un des éclats déchira une fraction du derrière du colonel Léon. Le manque de puissance de feu et surtout le fait que la garnison de Ouanaminthe ne s'était pas jointe à eux contre Duvalier décidèrent Cantave à renoncer à marcher sur le Cap et à ordonner la retraite vers la République Dominicaine. Les envahisseurs se scindèrent en deux groupes. Le colonel Léon et ses hommes traversèrent les champs de sisal dans les véhicules qu'ils avaient saisis et plongèrent dans les eaux de la rivière Massacre, perdant leurs armes et leurs munitions à l'endroit où l'eau était la plus profonde, près de la plantation de la compagnie américaine *Granada Fruit*, à Manzanillo.

Pendant ce temps-là, le groupe du général Cantave avait pris une route plus directe. Ils se trouvèrent brusquement en face d'une compagnie de soldats envoyée pour les combattre. Les deux groupes évitèrent cependant le contact. Les troupes venant de Ouanaminthe prétendirent n'avoir pas aperçu les rebelles et continuèrent leur route. Plusieurs des officiers de Cantave voulaient aller parler aux soldats et les encourager à se joindre à la bataille contre Duvalier mais Cantave, lui, voulait les attaquer.

Cantave et ses officiers parvinrent à un compromis et ne défièrent pas les soldats, les laissant poursuivre leur route.

Evidemment irrité par les nouvelles de l´invasion de Cantave – d´un amateurisme navrant – le président Juan Bosch demanda à l´OEA de procéder à une investigation. Les généraux dominicains étaient mécontents que la promesse de Cantave d'entrer au Cap-Haïtien dès le premier jour, au coucher du soleil, ne se fût pas réalisée. Cantave était, quant à lui, mécontent du fait que les militaires dominicains lui avaient fourni des armes qui avaient leur place dans un musée et non sur un champ de bataille.

L'OEA convoqua une réunion d'urgence à Washington pour le 6 août 1963 afin d´entendre les accusations du gouvernement haïtien qui avait porté plainte contre cette « nouvelle agression » de la République Dominicaine. Duvalier accusa Bosch d'avoir permis que l'invasion soit lancée depuis son territoire. L'ambassadeur dominicain à l´OEA nia une telle accusation et, une fois de plus, une commission d'enquête de l'OEA partit pour *Hispaniola*. En réalité, le communiqué du gouvernement haïtien rendait correctement compte de quelques faits, jusqu´à nommer les anciens officiers rebelles. Toutefois, Port-au-Prince ne put s'empêcher de fabuler en déclarant que « les rebelles avaient fui, pour finalement se lancer dans la mer. »

Cependant à Santo Domingo, l'ex-diplomate Paul Verna n'avait pas encore renoncé à ses envolées de vaudeville sur les prouesses de la force expéditionnaire, à l´endroit cette fois-ci de la commission d´investigation de l´OEA et des journalistes dominicains et étrangers. Le fait que les envahisseurs étaient tous revenus à leur point de départ ne fut pas porté à la connaissance de la commission. Les membres de la commission et les journalistes furent conduits à la frontière, près de Dajabon, jusqu'à une hutte couverte de feuilles de palmiers où dix-huit Haïtiens se prélassaient à l´ombre. L'un d'entre eux s'identifia comme un soldat qui avait fait défection et qui avait rejoint la rébellion. Il baragouinait un minimum d'anglais. Il fut interviewé par la commission et les journalistes des principaux réseaux de télévision américains et d´autres médias. Tournant la tête en direction des montagnes bleues d'Haïti, il affirma que Cantave se trouvait en Haïti. Le colonel Garrido, commandant de la garnison de Dajabon, déclara sur un ton bourru qu'il n'y avait rien à cacher et que chacun était libre de poser des questions aux Haïtiens présents. Celui qui avait déclaré avoir fait défection s'identifia comme Marc Sylvain, célébrant le courage exaltant des rebelles pauvrement armés de quelques mitraillettes Thompson et de grenades. Il raconta comment la population s'était jointe à eux avec des machettes pour seules armes. Le peuple, dit-il, était assoiffé de la liberté, tout comme lui.

Marc Sylvain s'appelait en réalité Timothée. C'était un exilé bien connu de ceux qui fréquentaient la *Plaza de Independencia* de Santo Domingo ou les magasins de la Duarte. Il savait pertinemment que Cantave se reposait tranquillement, non loin de Dajabon, à Loma de Cabrera en République Dominicaine. Le « show » de Timothée se révéla singulièrement convaincant et il aurait bien pu entreprendre une carrière d'acteur. Mais Timothée allait être une des victimes de la dernière aventure guerrière de Cantave, l'attaque de Ouanaminthe, en septembre 1963.

En dépit de son échec, Cantave persistait à solliciter l'aide de ses amis de l'armée dominicaine. Une bataille avait été perdue. Mais la guerre devait continuer. A l'insu de Bosch, la petite armée de Cantave se maintint et changea de campement. Ils déménagèrent au lieu-dit Don Miguel, à un jet de pierre de la frontière. Le général s'établit dans un hangar à traiter le tabac. Les soldats dormaient à même le sol, sous les feuilles des palmiers.

Second épisode
Mont-Organisé, 16 août 1963

La seconde invasion fut conduite par le colonel René Léon. Elle avait été programmée pour le 16 août 1963, le « Jour de la Restauration », fête de la libération de la République Dominicaine du joug espagnol. La célébration se faisait à Capotillo, ville située sur la frontière, là où avait commencé une insurrection contre les Espagnols le 16 août 1863. Le Président Bosch y reçut le salut de l´armée en une salve de vingt et un coups de canon et l´armée l´air effectua une démonstration aérienne. La population résidant sur la frontière fut dûment avertie, par voie radiophonique, en français, en *kreyòl* tout comme en espagnol, de ne pas s'en alarmer. Il s´agissait d´une bonne couverture pour des coups de feu.

La veille au crépuscule, le 15 août, la colonne de soixante-douze Haïtiens menées par René Léon traversa la frontière et, guidée par un paysan, grimpa la colline où se nichait le bourg de Mont-Organisé parmi les caféiers. La garnison de dix-huit hommes avait été déplacée et leurs remplaçants n´étaient pas encore arrivés. Il n´y avait donc qu'un caporal qui faisait office d´aide médical, et deux soldats au poste. Le colonel Léon s'empara donc du bourg sans coup férir. Les soldats s´enfuirent en sous-vêtements. Le caporal changea de bord et informa le colonel Léon que la garnison de remplacement était en route. Avec la route qui serpentait dans la montagne, le lieu était parfait pour une embuscade. Mais une fois encore l'indiscipline et le manque d'entraînement vinrent tout gâcher. L'un des *kamoken* ne put s'empêcher de presser trop tôt la détente de son fusil. L´effet de surprise perdu, et craignant d´être encerclé par une force détenant une plus grande puissance de feu, le colonel Léon donna l'ordre de se retirer. Quelques-uns des hommes qui, bouteille en main, célébraient la libération de la ville restèrent en arrière. Deux *makout* locaux furent tués et cinq maisons brûlées. La troupe des rebelles traversa la frontière accompagnée de quelque cinquante villageois qui redoutaient les représailles des forces de Duvalier. Un groupe de deux douzaines d'exilés armés se préparait à porter renfort aux envahisseurs. Trop tard.

Le ministre des Affaires étrangères, René Chalmers, protesta aussitôt auprès de l'OEA, menaçant d'en appeler aux Nations unies. Chalmers insista pour qu'un comité de l´OEA soit formé pour superviser la zone frontalière et prévenir de telles incursions. Le Dr Arturo Calventi, représentant le gouvernement dominicain, nia une nouvelle fois les accusations et rétorqua qu'une dictature qui avait enfreint tous les principes de base des relations entre les pays de la région, n'était pas en position d'accuser les autres. La réunion du Conseil de l'OEA s'acheva sans prendre de résolution. Le Conseil suggéra seulement que le comité qui enquêtait sur l'invasion du 5 août soit également chargé de l'enquête sur les incidents du 16 août.

Le 23 août, une session spéciale de la Chambre des députés suspendit toutes les garanties constitutionnelles des citoyens haïtiens et conféra les pleins pouvoirs à Duvalier pour six mois. Ceci n'apportait rien de nouveau. Un décret fut publié qui prononçait la déchéance de nationalité de cinquante-quatre citoyens et ordonnait la confiscation de leurs biens. Dans cette liste de cinquante-quatre personnes, il y avait les noms de Cantave et de ses officiers ainsi que ceux de l'ex-président Magloire et de différents chefs d'organisations d'exilés. Ces mesures furent prises pendant qu'une foule de militants duvaliéristes étaient occupés à piller les maisons « des ennemis de l'Etat ». De plus, une foule d'employés de l'Etat acclamait les orateurs successifs, un spectacle organisé à l'attention de la commission d'enquête de l'OEA revenue sur le terrain.

Troisième épisode
Ferrier

Les échecs successifs et les mesures de Duvalier ne découragèrent pas Cantave qui organisa une troisième tentative, une incursion éclair d'une journée. Un groupe de dix-huit hommes armés, inexpérimentés, qui n'avaient pu participer à l'expédition du Mont-Organisé exécutèrent un raid en plein jour sur une localité appelée Ferrier. Ils tuèrent le maire et puis se dépêchèrent de se replier sur la République Dominicaine. Duvalier envoya quelques renforts, *makout* et militaires, dans le Nord tout en gardant à Port-au-Prince le gros de ses forces pour parer à toute éventualité.

La petite armée du général Cantave avait grossi et comptait maintenant plus de deux cents hommes. Le 26 août 1963, le ciel se mit de la partie. Le colonel Garrido, accompagné de deux officiers de Cantave, se rendit dans une clairière non loin d'une piste d'aviation à trois kilomètres de Dajabon. Ils attendirent. Exactement à minuit, on entendit le grondement d'un avion qui s'approchait, venant de la côte à basse altitude. L'avion survola deux fois le terrain, parachutant des caisses d'armes et de munitions qui furent chargées sur un camion et transportées au domicile du colonel Garrido. Les armes étaient toutes neuves. Très vite, de vives discussions eurent lieu entre Cantave et Garrido. Le général insistait pour que les hommes puissent se familiariser avec les nouvelles armes. Garrido refusa dans un premier temps, arguant que les exilés auraient les armes au moment de l'action. Finalement, sous la menace de perdre les quatre cents dollars qu'il recevait chaque semaine pour les dépenses du camp, Garrido céda et les hommes purent avoir mortiers, bazookas, M-1, mitraillettes, des mitrailleuses calibre .30.

La Commission de l'OEA soumit son rapport ainsi qu'un « plan de paix » qui demandait au gouvernement haïtien d'observer les traités concernant l'asile politique et d'accélérer la remise des sauf-conduits. En fait, Duvalier avait déjà permis à une douzaine de personnes de quitter les ambassades (Brésil, Chili, Equateur, Guatemala), dont trois officiers, le lieutenant-colonel Yves Cham, le major Fritz Hodgson et le lieutenant Claude Edeline. L'OEA demandait aux autorités dominicaines de ne pas tolérer des activités subversives de la part des exilés haïtiens et d'empêcher les raids sur la frontière. Mécontent du fait que le gouvernement dominicain n'eut pas été condamné, Duvalier menaça d'en appeler à l'ONU. Chalmers requit, par lettre, du Conseil de sécurité l'examen de la plainte haïtienne en faisant valoir que cette dispute était « une menace pour la sécurité hémisphérique et la paix internationale. »

Ailleurs, une autre crise se développait. Aux Bahamas. Un Clément Benoit, ancien consul d'Haïti à Nassau et professeur d'école de profession, se déclara le leader des Haïtiens réfugiés aux Bahamas. Il déclara avoir un plan d'action contre Duvalier et annonça même qu'il avait organisé une force d'invasion qui comptait trois mille membres ; ce qui précipitera son expulsion des Bahamas. A Port-au-Prince en tout cas, une telle déclaration causa une certaine préoccupation, mais les autorités de Bahamas répliquèrent que cette histoire n'était que « le fruit de l'imagination de Benoit ».

Cantave se faisait sans cesse du souci pour le camp d'entraînement, craignant que Bosch ne le fasse fermer. L'état-major dominicain maintenait cette affaire dans le plus grand secret. Mais comment a-t-il été possible que le président n'ait rien su de la présence continue de Cantave ? Il faut dire qu'à ce moment Bosch était pris par divers problèmes qui menaçaient son mandat. Il faisait face à une campagne savamment orchestrée tendant à faire croire qu'il avait une certaine indulgence à l'égard des communistes, s'il n'était pas carrément pro-communiste, car il avait refusé de prendre à leur encontre les mesures qui s'imposaient selon les militaires et les civils de la droite dure. La machine militaire laissée par Trujillo fonctionnait à merveille, maintenant une discipline du secret qui n'avait rien à envier à celle de la mafia et un anticommunisme qui aurait fait plaisir au fameux sénateur américain McCarthy.

Pour Bosch donc, la priorité de l'heure n'était pas la frontière.

Quatrième épisode
La bataille de Ouanaminthe

Le général Léon Cantave se trouvait dans une situation peu agréable pour un commandant qui doit mener des troupes à la bataille. Les militaires dominicains qui l'appuyaient fixèrent la date et l'objectif de la prochaine expédition. La date ? Le 22 septembre 1963. L'objectif ? Ouanaminthe. Cantave tenta de protester au sujet de la date. Rien n'y fit. On le menaça de dissoudre son groupe. Sachant que Duvalier avait renforcé la garnison et ses moyens de défense à Ouanaminthe, quelques-uns des officiers de Cantave pensaient qu´il était risqué d´effectuer une attaque frontale contre un ennemi retranché dans un fort bien défendu. Ils plaidaient pour une action de guérilla dans les mornes au-dessus de Port-au-Prince. Mais Léon Cantave se sentait peu disposé, à son âge, à se lancer dans une guérilla, et ce même s´il avait eu les mains libres. De toute façon, les militaires dominicains avaient restreint le champ d´activité des exilés haïtiens à la zone nord. Toujours très démonstratif, le colonel Garrido avait même promis le soutien de l'aviation et de l'artillerie en cas de besoin. On pourrait peindre sur un avion dominicain l'emblème du mouvement. On pourrait lober quelques obus sur le fort de Ouanaminthe. Ces promesses s´avérèrent fausses.

Le 22 septembre 1963, à 4 heures de l'après-midi, les hommes reçurent l'ordre de se rassembler et d'enfiler les uniformes kaki. Il y avait quinze porteurs non armés. La troupe comptait deux cent-dix hommes, dont certains étaient venus pour la circonstance de New York et de Puerto Rico. Les officiers portaient des mitraillettes. Ils avaient à la ceinture des pistolets .45 automatiques. Il y avait treize mitrailleuses .30, des mortiers et des bazookas, avec en plus toutes les munitions qu'on pouvait transporter. Quatre camions les emmenèrent le long de la rivière et, à 10 heures du soir, ils traversèrent la rivière Massacre sous la lune.

Un sergent dominicain leur avait été affecté comme guide et il marchait en tête du premier peloton. Après avoir traversé la rivière et une fois arrivé en territoire haïtien, il leva son fusil et tira un coup. Effarés, les rebelles se jetèrent immédiatement au sol. Cantave s´enquit, au moyen d´une radio portative, de ce qui se passait auprès du peloton de tête. Après qu'un lieutenant lui eut parlé, on entendit sa voix craquelée intimer l'ordre de poursuivre: « En avant! Même si nous avons été trahis!» Car, pour tout le monde, le sergent dominicain savait ce qu'il faisait : il avait averti le camp opposé de leur arrivée. Le sergent dominicain expliqua que, bien au contraire, il voulait indiquer au reste de la troupe de Cantave que le premier peloton se trouvait en territoire haïtien.

Qui pis est, une longue et pénible marche dans la savane les séparait de Ouanaminthe, avec ou sans lune. Le colonel René Léon fut subitement pris de malaise, probablement une attaque cardiaque. Il dut rentrer en compagnie d'un ancien étudiant en médecine. La marche à travers les bayahondes épais et épineux était épuisante. A l'aube, les rebelles arrivèrent enfin non loin de Ouanaminthe. Ils rencontrèrent des paysans qui allaient travailler leurs *jaden* (parcelles). Ceux-ci ne manquèrent pas de les avertir que la garnison de Ouanaminthe, qui avait été renforcée, les attendait.

A six heures du matin, la moitié des hommes de Cantave se retrouvait face à l´immeuble à deux étages, peint en jaune, des casernes militaires. La bataille s'ouvrit par un tir de bazooka qui n'atteignit pas sa cible. Les troupes de Duvalier répondirent par un feu nourri de mitrailleuse .50. Les soldats s'étaient établis, hors des baraquements, dans des tranchées, dans le cimetière et dans une école. Ils avaient même placé une mitrailleuse légère dans un arbre dominant le terrain.

Fred Baptiste et d'autres m´ont raconté comment les attaquants semblaient n'avoir aucun plan d'attaque coordonné. Cantave se lança dans une attaque suicidaire en courant, carabine en main, vers le fort, jusqu'à ce qu'un garde du corps improvisé le plaque au sol pour le mettre à l'abri. Mais les défenseurs du fort avaient bien préparé leur affaire, ils avaient coupé la végétation et dénudé le terrain. Un des lieutenants de la force rebelle atteignit une tranchée pour s'apercevoir qu'elle était remplie de casques d'acier formant une ligne à l'allure d'une longue coccinelle verte. Il dut battre en retraite sous une grêle de balles. Un peloton de rebelles arriva à quelques mètres du fort et rencontra une masse de *makout* qui les appelait à grands cris, leur faisant signe d'entrer dans le fort pour se faire massacrer. Ils se retirèrent aussitôt. Cantave apprit que le peloton chargé de s'emparer de la piste d'atterrissage militaire avait échoué dans sa tentative. Le peloton en charge des mortiers ne parvint pas à trouver la trajectoire de tir exacte et leurs obus survolèrent le fort pour se perdre dans la ville de Ouanaminthe.

A 10 heures du matin, un avion P-51 de la force aérienne dominicaine survola la zone de bataille à deux reprises. L'avion ne s'engagea pas dans le combat. Il était de toute évidence en mission de reconnaissance. Il disparut dans le lointain. Après cinq heures de bataille féroce, l'aide du colonel Garrido ne se matérialisa pas. Cantave ordonna la retraite. Déshydratés et brûlés par la soif d'une nuit de marche et d'une journée de bataille sans eau, la plupart des rebelles se jetèrent dans la rivière Massacre pour boire à plein gosier.

Un peloton conduit par Fred Baptiste avait contourné le cimetière pour attaquer le fort. Ils n'avaient pas entendu l'ordre de retraite. Initialement, Baptiste était dans un peloton commandé par Bernard Sansaricq à qui il vouait une admiration particulière, croyant, à tort, que celui-ci avait fait West Point. Au cours de la matinée, Sansaricq s'était séparé de son peloton et avait disparu, si bien que Fred prit le commandement. Les rebelles se battirent toute la journée mais les autres étaient trop bien retranchés pour qu'on puisse les déloger et les mettre en déroute. Jean Séjour, armé d'une mitrailleuse .30, arrosa un groupe de miliciens qui s'étaient abrités sous un camion militaire. Séjour trouvera la mort l'année suivante lors de la participation du commando haïtien de San Anton à la guerre de 1965 aux côtés des Constitutionalistes dominicains.

Tous les membres du peloton, y compris Fred, souffrirent de blessures mais ils continuèrent la bataille jusque dans l'après-midi, jusqu'à réaliser qu'ils étaient seuls. A 14 heures, un avion haïtien avait survolé le champ de bataille puis atterri sur la piste militaire, signe sans équivoque pour Baptiste et ses hommes que le premier objectif n'avait pas été atteint. Menant un combat d'arrière-garde afin de déplacer les blessés abandonnés par le gros de la troupe rebelle, Baptiste et son peloton se dégagèrent graduellement de la pression des troupes de Duvalier.

Au début de la bataille, l´armée haïtienne avait ouvert le feu contre un groupe d´envahisseurs à l´aide d´une mitrailleuse .50, logée au sommet du local des douanes haïtiennes établi au bord de la rivière, en face de Dajabon. Les rebelles durent battre en retraite. La façade du bureau des douanes dominicaines au bout du pont avait été touchée par les balles, ainsi que le bâtiment d´une école. En raison de ceci, beaucoup de gens de la ville de Dajabon pensèrent qu´ils étaient attaqués par Duvalier. La rumeur se répandit dans la capitale que la ville de Dajabon était en proie à un « bombardement » de l'armée haïtienne.

Et c'est ce qu'on fit croire au Président Juan Bosch. Le ministre des Affaires étrangères, Hector Garcia Godoy, réunit les membres du corps diplomatique pour leur faire part de la gravité de la situation et parla d'un exode de la population de Dajabon prise de panique. La radio officielle dominicaine diffusa un nouvel ultimatum de Bosch à Duvalier. Bosch y donnait à Haïti trois heures pour arrêter l'agression et sanctionner les auteurs, à commencer par Duvalier. Le texte de l´ultimatum fut même diffusé en créole avec un avertissement à tous ceux qui vivaient dans les parages du Palais national à Port-au-Prince pour qu´ils vident les lieux au cas où celui-ci serait bombardé.

Bosch et son gouvernement agissaient sur la base d'informations erronées. Pendant ce temps, les rebelles rentraient par petits groupes, délestés immédiatement de leur armes par les soldats dominicains, armes qui, à l´exception de l´artillerie lourde comme les bazookas et les mitrailleuses furent empilées en rangées bien nettes sous l'arche des douanes dominicaines de Dajabon, aisément repérables depuis le côté haïtien de la frontière. Le général Cantave apparaissait comme une âme perdue et portait physiquement le poids de l'échec, les épaules affaissées dans son uniforme maculé de sang. Quinze des hommes n'étaient pas rentrés. Treize furent tués au combat. Selon des témoins, les deux autres, blessés, se virent contraints de charger leurs camarades morts dans un camion qui se dirigea vers le Cap-Haïtien où ils furent exécutés.

L'un des premiers à mourir durant l'attaque était un vétéran de l'armée haïtienne, un type rugueux et fougueux, le capitaine Blucher Philogène qui se vantait souvent d´être hors d´atteinte des balles grâce à un *pwen* (une force surnaturelle) puissant qui le protégeait. Il fut quasiment cisaillé en deux par une rafale de mitrailleuse. Selon les informations parvenues aux Dominicains, sa tête fut tranchée et placée dans un seau à glace puis expédiée par avion à Port-au-Prince. Outre les actions physiques susceptibles d'infliger la terreur, Duvalier était maître dans l´art de mobiliser les ressorts puissants de l'imaginaire haïtien fortement marqué par la superstition. La peur générée par les récits terrifiants, qu´ils fussent vrais ou faux, fonctionnait comme un couvre-feu qui maintenait les paysans effrayés à l´intérieur de leurs maisons la nuit.

Une délégation d'officiers dominicains de haut rang arriva par avion de Santo Domingo, accompagnée de journalistes, pour enquêter sur l' «agression» de Dajabon par Haïti. Elle rencontra un général Cantave vêtu d'un élégant complet et portant un petit sac de voyage rempli de cigarettes Kent. Par la suite, Cantave fut placé en état d'arrestation. La commission des officiers fut reçue par un colonel Garrido, jovial et volubile, l'image même de l'innocence, qui expliqua que les coups de feu n'étaient rien de plus que des Haïtiens qui tiraient contre des rebelles haïtiens fuyant en République Dominicaine. Cependant, à Santo Domingo, Juan Bosch avait déjà présenté une requête officielle à l'Organisation des Etats Américains (OEA) à Washington pour une enquête sur cette attaque de l'armée haïtienne contre la République Dominicaine. Cette requête de Bosch risquait de révéler les quatre attaques montées par Cantave en territoire dominicain et exécutées en territoire haïtien, de même que l´importante implication du haut commandement de l´armée dominicaine dans ces aventures.

Cependant, ce haut commandement ne se faisait pas de soucis. Il avait ses propres plans. Cantave et sa petite troupe avaient, sans le savoir, joué leur partition dans un plan qui n´avait qu´un seul but : renverser le gouvernement de Juan Bosch. Ces incursions en Haïti avait dressé le décor et fourni un (pseudo) argument à la machine militaire de l´après-Trujillo pour prendre sa revanche contre Bosch. Cantave avait été dupé par ses frères d´armes dominicains tout comme le colonel Elias Wessin y Wessin qui prendra le commandement du coup d´Etat militaire contre Bosch. Wessin y Wessin crut en effet que c´était Bosch qui avait collaboré avec Cantave et placé le pays au cœur d´une crise internationale dangereuse.

Deux jours après l´échec de l´attaque contre le fort de Ouanaminthe, l'armée dominicaine frappa. Le 25 septembre 1963, à 7 heures du matin, les militaires annoncèrent que Bosch avait été renversé et, un peu plus tard, ils proclamèrent l´investiture d´une junte civile. Dans leur communiqué, ils justifiaient leur décision par « la situation chaotique », l'incapacité du gouvernement Bosch, et se plaignirent de la « dangereuse improvisation dans la gestion des incidents qui, en plus de mettre en péril le prestige de la République Dominicaine, auraient pu conduire à un conflit international sérieux mais sans fondement ». Les Haïtiens avaient été bel et bien manipulés.

Cantave fut placé en isolement au Quartier général de l'armée dominicaine à Santo Domingo jusqu´à ce qu´il embarque le 18 octobre 1964 dans un avion à destination de New York.

Les militaires dominicains avaient toujours eu peur de Bosch, le démocrate de gauche. Mais, par-dessus tout, ils voulaient garder leurs privilèges. L'antagonisme à l'égard de Bosch se rencontrait surtout dans certains secteurs du monde des affaires et de l'église catholique. Des accusations d´infiltration communiste dans le gouvernement de Bosch ont frôlé la ligne d´une campagne de désinformation reprise par certains secteurs de la presse conservatrice américaine. Les intrigues où étaient mêlés des Haïtiens manipulés ont contribué à faire de Bosch une cible facile et ont été l´un des prétextes pour le coup d´Etat militaire du 25 septembre 1963.

Une frégate de la marine dominicaine emmena Bosch et sa famille en Guadeloupe. Dans l'entretien que Bosch m´accorda sous

un raisinier, il déclara qu´au final il aurait difficilement pu prévenir le coup d´Etat, arguant que la motivation profonde des
militaires n´était pas « la crainte du communisme mais la peur de
perdre leurs privilèges ».

La petite armée défaite du général Léon Cantave, à l'exception
des blessés internés à l'infirmerie de Dajabon, fut embarquée
dans deux grands camions de l'usine de sucre d'Esperanza et,
une fois de plus, ramenée à Santo Domingo, où on les débarqua
sur les trottoirs de l´avenue Máximo Gomez, sans le sou et sans
chef.

Chapitre 22

Le triomphe du pouvoir personnel

La présidence à vie
1964

L'été 1963 se caractérisa par des incidents qui alimentèrent un cycle de suspense, d'incertitude et de frustration chez la population pendant que s'affermissait le contrôle de Duvalier sur le pays à travers le réseau des *makout* et l'imposition d'une froide terreur. L'élimination des frères Barbot et de leur équipe, l'aventure de Riobé et de ses amis, les incursions en août et en septembre des soldats de Cantave à Dérac-Fort-Liberté, à Mont-Organisé, à Ferrier et finalement leur déroute à Ouanaminthe, donnèrent au régime un halo d'invincibilité bientôt renforcé par deux événements extérieurs : le renversement du président Juan Bosch en septembre 1963 et l'assassinat de John F. Kennedy à Dallas le 22 novembre de la même année.

Un nouvel ambassadeur américain, Benson E.L. Timmons, fut nommé par Kennedy, deux semaines après le passage du cyclone Flora en octobre 1963. Duvalier le laissa attendre cinq semaines avant de recevoir ses lettres de créances. Pendant ce temps, un groupe de jeunes anti-duvaliéristes, appartenant au mouvement Jeune Haïti, reçurent, à toutes fins utiles, un entraînement dans un camp secret près de Fort Holabird, dans le Maryland, puis au *JFK Special Warfare Center*, à Fort Bragg, en Caroline du Nord. Cette session de formation intensive commença le 1er octobre

1963. Mais l'assassinat de JFK mit fin à ce projet et le groupe fut ramené à New York.

Duvalier avait qualifié Kennedy de « génie du mal », mais il décréta trois jours de deuil, la mise du drapeau à mi-mât, la fermeture des écoles, des dancings et des salles de cinéma. Il fit sonner les cloches des églises à trois reprises, le 25 novembre 1963 avec des cérémonies de souvenir spéciales dans les églises pour ce jour-là. Ceci ne l'empêcha pas de faire adresser de sévères réprimandes, par l'intermédiaire du ministre Chalmers, à un groupe d'hommes de lettres haïtiens qui avait publié des messages en l'honneur du président défunt. La rumeur courut que Duvalier avait utilisé un *wanga* (sortilège) spécial contre Bosch et Kennedy. Le colonel Heinl se fit l'écho de cette croyance dans un article publié dans *The New Republic*. Duvalier ne perdait aucune occasion pour favoriser ce genre de rumeur en vue de renforcer l'aura mystique de son personnage et la crainte superstitieuse que la population pouvait avoir de ses « pouvoirs spéciaux ».

Un scandale financier révéla la nouvelle tournure que les relations haïtiano-américaines allaient prendre. Robert (Bobby) G. Baker, ancien secrétaire de Lyndon B. Johnson au Sénat américain recevait un *cent* par livre d'une compagnie qui exportait de la viande d'Haïti vers les USA : il avait aidé cette compagnie à obtenir la licence d'exportation. L'enquête découvrit aussi que la Murchinson Bank, propriétaire des Moulins d'Haïti, était impliquée dans la même affaire. Ces relations d'affaires ne seront pas étrangères au glissement de la diplomatie américaine vers un appui à la dictature de Duvalier qui se matérialisera après la visite du vice-président Rockefeller en Haïti en 1969 et surtout avec la transmission de la présidence à vie à un héritier âgé de 19 ans qui prolongera la dictature des Duvalier de quinze ans, jusqu'en 1986.

A la fin de l'année 1963, Duvalier se consacrait encore à l'élimination de groupes ou de personnes qu'il considérait comme insoumis, suspects ou rebelles. Il prit pour cible l'Union Intersyndicale d'Haïti (UIH). Par un communiqué daté du

17 décembre 1963 et paru dans *Le Nouvelliste* du 18 décembre 1963, le secrétaire d´Etat Max A. Antoine rendit publique la décision du Tribunal civil de Port-au-Prince de suspendre les activités de l´Union Intersyndicale enregistrée le 20 novembre 1959 au département du Travail et du Bien-être social. Pour justification d´une telle décision, l´UIH fut accusée de fomenter des grèves illégales, de refuser de fournir les informations sur les membres des Comités directeurs des syndicats membres et de s´adonner à des activités politiques, anti-gouvernementales s´entend. Le local de l´UIH fut saccagé et de nombreux syndicalistes arrêtés. Alertée de cette dissolution de fait de l´UIH, la Fédération syndicale mondiale (FSM) protesta auprès du Bureau international du travail (BIT) en Suisse. Les publications syndicales partout dans le monde réclamèrent la libération des leaders syndicalistes haïtiens emprisonnés : Ulrick Joly, Claude François, Gabriel Léon – membres du Conseil exécutif de l´UIH et présidents respectifs des Syndicats de Boissons Gazeuses, du Ciment et du Sucre, Arnold Maisonneuve, Alcius Cadet, André Guerrier, Joseph Pressoir, Madame Gabrielle Elizabeth Chauvel, épouse d´André Leroy, dirigeant syndical de l´UIH, et Madame Alexandre Gutierrez. Guy Bajeux, syndicaliste à la minoterie, fut assassiné.

Fin décembre 1963, disparaissent deux des frères Daumec. Un imposant contingent de militaires et de *makout* lourdement armés, commandés par le capitaine Max Dominique procédèrent le 25 décembre 1963 à l'enlèvement de Lucien Daumec, âgé de 41 ans, de son fils Frantz, 17 ans, et d'un visiteur qui travaillait à la compagnie Coca-Cola. D'après le témoignage de Lyonel Daumec daté du 31 décembre 2003 et publié sur le site internet dédié au Fort Dimanche par Patrick Lemoine (http://www.fordi9.com/Pages/AffairDaumecFrench.htm), Dato Daumec, sénateur et frère de Lucien Daumec disparaîtra deux mois plus tard. Lucien, Dato et Frantz Daumec auraient été fusillés en juin 1964 par un peloton d'exécution commandé par Duvalier lui-même, après avoir été torturés.

Il y a un détail important dans cet assassinat familial. Lucien Daumec avait, en effet, épousé Lucia Lamothe, la sœur de Madame Duvalier et il avait occupé différents postes dans le gouvernement, dont celui de responsable du secrétariat privé du président. En 1946, il avait fait partie du groupe des jeunes du journal *La Ruche*. Après cela, il avait milité dans le journalisme et le mouvement syndical et, après 1959, dans différentes activités concernant le développement de Port-de-Paix. En 1961, nommé secrétaire d'Etat à la Santé Publique, il voulut doter la zone du Bel Air d'un hôpital mais rencontra là-dessus l'opposition du président Duvalier. Il fonda le Parti Union des Démocrates Haïtiens avec Rameau Estimé qui mourra au Fort Dimanche en 1976.

La disparition des Daumec causa un grand émoi dans le cercle des proches du gouvernement. Lucien Daumec était le beau-frère du président. Il avait été l'un des principaux « penseurs » du duvaliérisme, l'un des premiers à s'associer avec Duvalier quand celui-ci se trouvait dans le maquis pendant la présidence de Paul Magloire. Il avait même été arrêté pour fabrication et diffusion de tracts subversifs contre Magloire. Dans les cercles du palais, les enfants de Duvalier le connaissaient comme « mon oncle Lucien ». Le message envoyé par la disparition des Daumec était on ne peut plus clair : Duvalier n'hésiterait devant rien. Cinq de ceux qui formaient le cercle des familiers de Daumec étaient des députés. Ils furent solennellement déchus de leur mandat pour « trahison » par l'Assemblée nationale le 3 février 1964 et prirent tous le chemin d'une ambassade latino-américaine. Le chef *makout* du Cap-Haïtien, Jean-Baptiste Sam, sa femme et son fils furent arrêtés sur ordre de Duvalier. Comme avait déclaré Duvalier à Daumec : « Il n'y a pas de vacance présidentielle ». Une fois Lucien Daumec disparu, Duvalier arrangea le mariage de Lucia, sa belle-sœur, avec un jeune lieutenant.

En 1989, une vieille dame, à l'étage de la librairie « Livres pour tous » située au bas de la ville de Port-au-Prince, évoquait le souvenir de son mari, Antonio Vieux, qui fut un professeur de lettres admiré et respecté. « Duvalier nous a tellement fait souffrir... Mon mari, Antonio Vieux, n'a jamais aimé Duvalier. Ils avaient été ministres, tous les deux, dans le cabinet du président Estimé. Duvalier n'ouvrait jamais la bouche lors des conseils de ministres. Quand il devint président, par trois fois, il fit appel à Antonio pour faire partie du gouvernement. Celui-ci avait toujours dit non. La troisième fois, Duvalier le fit tuer. Antonio, poursuivit la vieille dame, était un écrivain. Duvalier ne l'était pas. Il était jaloux. Antonio était un vrai représentant de la génération de 1915. De la même façon, je suis persuadée qu'il aurait liquidé son frère de plume, Lorimer Denis, si celui-ci avait vécu jusque-là. »

Duvalier s'occupait personnellement de tous les détails du contrôle du pays et de la population. Les bagages étaient scrupuleusement inspectés à l'aéroport. C'est ainsi que, le vendredi 31 janvier 1964, deux jésuites canadiens revenant de congé attirèrent l'attention d'un makout zélé qui repéra une photo dans leurs bagages, une photo de Paul Magloire selon lui. Une lettre et des articles de magazines furent saisis comme « matériel subversif ». Les deux jésuites, le Père Paul Laramée et le Frère Ross furent aussitôt arrêtés, ainsi que le Père Hamel qui était venu les attendre. Les trois furent conduits au Fort Dimanche et mis dans une cellule de trois mètres sur deux avec un matelas en feuilles de bananes pourries et rongées par la vermine. Leur incarcération dura jusqu'au mercredi 12 février, jour où ils furent expulsés du pays ainsi que tous les autres membres de la Compagnie de Jésus.

En fait, la soi-disant photo de Magloire était celle d'un contremaître du nom de Félix datant de 1959. La lettre était une copie d'une demande de subvention à *Misereor*, l'organisation des évêques allemands, pour l'équipement de Radio Manrèse et la distribution de transistors dans les paroisses du pays. Quant au matériel subversif, il s'agissait du rapport de 1963 de l'Association internationale des juristes et d'un article du *Reader's Digest*. Les interrogatoires furent menés par dix officiers et trois ministres. Ils portèrent sur le matériel dont disposait Radio Manrèse, ainsi que ses programmes. Le rapport de Barbot avec la villa Manrèse fut l'objet d'une révision minutieuse des listes de participants aux retraites, menée par le chef de la police, le colonel Fred M. Arty.

La Villa Manrèse fut mise sous scellés. Le Grand Séminaire, tenu par les jésuites, fut fermé et les cinquante-deux séminaristes qui y faisaient leurs études furent envoyés à leur lieu d'origine, avec l'obligation de se présenter chaque matin au poste de police de l'endroit. Le treizième jour de leur détention, le Père Laramée, le Frère Ross, ainsi que seize autres collègues de la Compagnie de Jésus, y compris ceux qui étaient responsables de la paroisse de Quartier-Morin, furent embarqués dans l'avion qui les emmènerait dans leur pays, le Canada. C'était la deuxième fois que la Compagnie de Jésus se faisait expulser de l'île, la première fois, ce fut en 1763, au temps de la colonie de Saint-Domingue, « parce que, déclara le Père Goulet, ils étaient trop proches des esclaves... ».

La Villa Manrèse et le Grand Séminaire d'Haïti représentaient un énorme investissement des jésuites et des évêques d'Haïti. Les séminaristes durent attendre plus d'un an la réouverture du Grand Séminaire, cette fois-ci tenu par un autre ordre de religieux venant du Canada, les Clercs du Saint-Viateur. Depuis lors, la maison de retraite de Manrèse et la radio n'ont jamais pu reprendre leurs activités.

Une protestation contre l'expulsion des Jésuites signée par une douzaine de prêtres haïtiens travaillant à Port-au-Prince déchaîna la colère de papa Doc contre un groupe de prêtres haïtiens qui lui rendaient visite. Deux des responsables signataires de la lettre furent sanctionnés. Le Père William Smarth, professeur de droit canon au Grand Séminaire, fut mis en résidence surveillée. L'autre, le Père Jean-Claude Bajeux, spiritain, dut quitter le pays. L'accord de 1953 qui confiait la responsabilité du Grand Séminaire à la Compagnie de Jésus fut révoqué.

Cela faisait donc un an que Duvalier frappait sans merci, d'estoc et de taille, à droite et à gauche, n'importe quand, n'importe qui, membres de son entourage, familles entières et institutions, sans se préoccuper ni de procédures légales, ni des conséquences à long terme, ni du prix à payer. Durant ces deux années, 1963-1964, plusieurs milliers de personnes « disparurent ». Leur mort et les circonstances de celle-ci devinrent secret d'Etat, un sujet tabou que personne n'osait aborder, même pas les diplomates.

L'installation en janvier 1964 du nouvel ambassadeur américain, M. Timmons, marqua le début d'un rapprochement avec le gouvernement, en particulier avec les ministres Chalmers (Affaires étrangères), Clovis Désinor (Finances), Hervé Boyer (Commerce), Luckner Cambronne (Travaux Publics), Adrien Raymond (Affaires étrangères) sur des thèmes comme les visites de la flotte américaine, le tourisme, la possibilité d'investissements.

Mais, du côté du Palais, un message prenait corps. Un grand projet se dessinait. C'est à travers les chansons du carnaval qu'il sera introduit. Les journaux bien sûr se joignirent à la campagne. *Haïti-Journal* du 4 mars 1964 y alla d'un article tout en superlatifs intitulé « Duvalier, multiplicateur d'énergie, un des plus grands leaders de notre époque». Des délégations successives conduites par Paul Blanchet se rendirent au Palais dans une course à l'adulation, relayant la chanson-clé du carnaval de 1964 : « *Papa Dòk pou lavi* ». Le 1er avril, l'armée se mit de la partie sous la houlette du général Constant, prêtant allégeance à Duvalier à vie. Duvalier répondit qu'il était avant tout un « révolutionnaire » et qu'il se devait d'accepter une telle offre. « Je veux, déclara Duvalier avec emphase, me référer à la pensée de Toussaint Louverture, qui, dans l'article 3 de la Constitution de 1801, déclara que, vu l'état actuel de la colonie de Saint-Domingue, il ne pouvait pas céder à quelqu'un d'autre le pouvoir constitutionnel. Il devait le garder… »

Les délégations se succédaient pour demander à Duvalier d'assumer le pouvoir à vie (*pou tout tan*), comme l'avaient fait Dessalines, Christophe, Pétion, Boyer, Soulouque, Geffrard et finalement Salnave. Jour après jour, Duvalier répondait en assumant dans ses discours le caractère laudatif du discours supposé populaire et s´exprimant à la troisième personne dans un lyrisme schizophrénique tout à fait narcissique. Le 3 avril, ce fut la visite des *tonton makout* (VSN), dirigée par Mme Max Adolphe, commandant de Fort Dimanche, avec Roger Lafontant, commandant de la milice du Lamentin (qui s´assurait que les étudiants *makout* s´entraînent, en tant que miliciens, au camp militaire de Lamentin) et Pierre Giordani, commandant de la milice du Nord, au Cap-Haïtien.

Le discours fut clair et définitif : « Nous déclarons Duvalier Président à vie. Nous décrétons la permanence de la révolution duvaliériste ». A quoi Duvalier répondit : « Je sais que, si vous devriez voir disparaître ce que vous avez forgé, avec votre cœur et votre sang, vous n'hésiteriez pas, plutôt, à réaliser ce que nos sublimes ancêtres ont réalisé, le 14 août 1791, ce qu'ils ont appelé "la nuit rouge". Je sais, poursuivit Duvalier, que vous êtes prêts à réaliser cette nuit rouge, cette nuit où on pouvait voir les flammes des incendies depuis les îles Bahamas. Donc, en tant que miliciens, vous devez être toujours prêts à tirer, c'est ce qui me plaît. [...] Le médecin que j'étais est devenu un autre homme, il est devenu aussi sauvage que vous l'êtes, avec la même flamme pour épauler votre fusil quand cela est nécessaire ». A son tour, Luckner Cambronne organisa une marche depuis Duvalierville jusqu'au Palais. Le préfet Windsor Day décréta la fermeture des gaguères et ordonna à la population de se joindre à cette marche.

Entre-temps, mécontent du manque d'enthousiasme de Mgr Alfred Voegli, évêque épiscopalien depuis 1943, à recommander aux pasteurs de son église de se rendre au Palais, Duvalier le fit expulser et jeta le chancelier de l'église épiscopale, Me Roland Montas dans les cachots du Fort Dimanche. Mgr Voegli possédait une étonnante collection de peintures haïtiennes qu'il légua ultérieurement au Musée d'Art haïtien. Il avait proposé de peindre les murs de la cathédrale Sainte-Trinité, favorisant ainsi la création de fresques de réputation mondiale. Il avait, sans succès, essayé d'intervenir en faveur du pasteur et sénateur Yvon E. Moreau que Duvalier fit disparaître. Quant à Me Roland Montas, il avait été secrétaire du président Magloire et il avait dirigé la campagne électorale de Clément Jumelle, installant une station de radio dans sa propre maison sur la route de Bourdon. Il avait été arrêté une première fois et avait passé plusieurs mois au Fort Dimanche. Refusant de quitter le pays, il s'était consacré à l'administration de l'église épiscopale. Cette fois-ci, il fut assassiné au Fort Dimanche.

Au cours de cette même semaine d'avril 1964, Duvalier assuma les pleins pouvoirs pour une courte période, suspendit les garanties constitutionnelles et ordonna l'abrogation de la Constitution de 1957. Il forma un comité de quinze personnes pour préparer le texte de la nouvelle constitution adaptée à la Présidence à vie. Il traita de valet le Dr Gonzalo Facio, de l'OEA, qui avait qualifié ce projet d'«absurde».

Paul Blanchet continuait à envoyer des délégations au Palais, dans une liturgie d'adulation et de déification. Duvalier déclara toutefois qu'il n'avait pas l'intention de prendre le titre d'empereur : « Je veux rester ce que j'ai toujours été, un homme du peuple qui a pris le pouvoir et qui l'a pris pour toujours ».

Le député Ulrich Saint-Louis était le président du comité des quinze parlementaires chargés de réviser la Constitution. Il présenta, le 14 mai 1964, un rapport de dix-neuf pages expliquant le pourquoi des changements et présentant les nouvelles dispositions et caractérisant cette initiative comme « une Révolution par la loi, but ultime de la démocratie ». De son côté, Duvalier ordonna de changer le drapeau haïtien, arguant que, selon les historiens, le drapeau de l'Arcahaie était noir et rouge, composé de deux bandes verticales et que c'était « le drapeau de Dessalines ». Sur le nouveau drapeau, Duvalier fit ajouter l'image de la pintade et d'une coquille de lambi. Le changement de drapeau provoqua dans la presse la parution de quantité d'articles et de commentaires.

L'ambassadeur Timmons, en signe du changement de l'attitude des Etats-Unis envers Duvalier, assista à la messe solennelle célébrée à la cathédrale pour commémorer le 22 mai. On publia la photo de l´ambassadeur Timmons faisant une profonde révérence devant Duvalier qui arborait un large sourire. Cette nouvelle attitude ne manqua pas d'être remarquée par la presse de Santo Domingo et par le *New York Times*. Henry Raymond, correspondant de ce journal, nota les initiatives qui s'annonçaient, concernant en particulier les visites des *marines* américains, un projet de raffinerie de quatre millions de dollars et un prêt de la Banque Interaméricaine de Développement (BID) pour améliorer le système de distribution d'eau à Port-au-Prince. Duvalier ne cacha pas sa satisfaction : « On commence à reconnaître que Duvalier n'est pas le Lucifer de la Caraïbe ».

A la sortie de la messe du 22 mai 1964, Duvalier assista, depuis son énorme fauteuil, aux évolutions de six mille miliciens devant le palais. Chaque chef d'unité jura allégeance au président en demandant qu'il reste au pouvoir à vie. « Président à vie, déclara Duvalier, cela veut dire quelque chose, cela veut dire que je serai toujours là pour défendre à coups de fusil la révolution. Je suis le commandant de l'armée. Je suis le commandant de la milice civile. Je suis le commandant de la police. Le commandement est donc unifié dans un seul cœur et une seule tête. À vie. Vous recevrez les ordres de moi. Je sais ce que je fais. Je suis le chef suprême de toutes les forces de sécurité prêt à défendre par les armes la Révolution». Ce discours eut l'effet que Duvalier attendait : augmenter la psychose de peur parmi la population.

La nouvelle Constitution, de deux cent-un articles, fut adoptée le 25 mai 1964. Elle accordait à Duvalier la « Présidence à vie » et des pouvoirs absolus. Dans le texte, on se référait à lui comme « le Souverain ». Paul Blanchet continuait à conduire des groupes au Palais, auditoire que Duvalier recevait avec ses monologues d'autocélébration, parfois obscurs et inachevés, parfois au bord de la vulgarité, mais toujours marqués d'une redoutable mégalomanie. «Personne, déclara Duvalier, n'est capable de m'empêcher d'accomplir ma sacro-sainte mission. En tant que leader de la Révolution, le leader a le droit de faire d'Haïti ce qu'il veut. Je suis un géant capable d'éclipser le soleil parce que le peuple déjà m'a consacré à vie ». Faisant remarquer à un groupe de juges arrivant de Jacmel que d'autres juges n'étaient pas encore venus prêter serment d'allégeance, Duvalier révoqua Adrien Douyon, président de la Cour de cassation, et nomma à sa place un professeur, Luc Boisvert. Le 4 juin, Boisvert conduisit une délégation de seize juges de la Cour de cassation. Duvalier les admonesta vertement : «Vous avez été la note discordante.»

Le référendum sur la nouvelle Constitution eut lieu le 14 juin 1964. Seule la réponse "oui" était inscrite sur les bulletins de vote. A 11 heures 15, Duvalier apparut sur le balcon du palais et déclara officiellement qu'il acceptait la Présidence à vie. Les journaux rapportèrent un décompte de deux millions huit cent mille « oui ». Trois jours de célébration furent décrétés. A la cérémonie du *Te Deum*, Mgr Claudius Agénor eut l'audace de solliciter la clémence de Duvalier à l'égard des prisonniers politiques. Il fut mis en résidence surveillée à Kenscoff.

On distribua dans le public un petit livret de soixante-deux pages intitulé *Catéchisme de la Révolution*. L'auteur était un journaliste du nom de Gérard Daumec. Duvalier remplaçait Dieu dans le texte.

Le journal *El Caribe* de Santo Domingo déclara, dans un éditorial, que la présidence à vie de Duvalier était une honte pour les peuples d'Amérique, en particulier pour le peuple haïtien forcé à accepter par la terreur et le crime organisé « le despote le plus haï des temps modernes ».

Chapitre 23

La guérilla de Fred Baptiste

Les *Kamoken* à la Forêt des Pins
Juillet-août 1964

U n beau visage noir zébré d'une moustache fine accroché au mur de la mairie de Port-au-Prince regardait la foule des curieux. C'était en février 1991. Cette foule, étonnée, émue, impressionnée, voyait pour la première fois les visages d'un demi-millier des victimes de la dictature des Duvalier, rassemblés dans cette exposition de photos. Ce jeune homme qui semblait sorti d'un film de John Ford, c'était Fred Baptiste. La photo d'à côté était celle de son frère Rénel. A côté, le visage de Gérard Lafontant. Manquait le reste du groupe, la trentaine de rebelles qui, en 1964, s'étaient fait connaître sous le nom *kamoken* et constituaient les « Forces armées révolutionnaires d'Haïti » (FARH).

Fred, comme son frère Rénel, était un héros « inconnu ». Il avait toujours été obsédé par le rêve de la lutte armée contre Duvalier. Fred et son frère ont péri au Fort Dimanche, leurs cadavres livrés aux chiens et au vent. Fred Baptiste était né à Jacmel le 29 décembre 1933. Il fit ses études au lycée Pinchinat et travailla comme professeur de mathématiques à l'Ecole industrielle. Des années plus tard, il me confia qu'il aurait voulu entrer à l'Ecole militaire ou dans une école d'ingénieurs, mais que ses notes n'étaient pas suffisamment élevées pour cela. Après la campagne électorale de 1957, il était obsédé par l'idée de renverser Duvalier parce que celui-ci, disait-il, «avait volé les élections ». Le 9 juin 1959, il voulut attaquer le poste de police qui gardait le terrain d'aviation. Son plan était de désarmer les soldats qui gardaient le poste et de s'assurer le contrôle du terrain d'aviation. Il pensait que les exilés haïtiens, alors établis à La

Havane, se dépêcheraient d'envahir puisqu'ils disposeraient d'un terrain d'atterrissage. Ce plan tourna court quand l'un des attaquants, couteau à la main, resta complètement paralysé devant un des gardes qui dormait. Fred parvint à s'échapper mais son frère Rénel, âgé de vingt-deux ans, fut capturé et passa quatre mois en prison.

En septembre 1962, suite à l'investiture de Juan Bosch comme président de la République Dominicaine, après 31 ans de la dictature de Rafael Leonidas Trujillo, les deux frères Baptiste prirent le chemin de la frontière qu'ils traversèrent dans les parages du poste dominicain *Aguacate*, chemin traditionnel des coupeurs de canne venant de la région de Jacmel. La situation des différents groupes d'exilés haïtiens vivant à Santo Domingo n'était pas facile. La plupart avaient une connaissance limitée de la langue espagnole. Malgré l'hospitalité du peuple dominicain, les ressources étaient limitées et irrégulières. Dans le milieu urbain de la capitale, les opportunités d'emploi étaient aléatoires. D'ailleurs, la plupart pensaient que l'exil serait de courte durée. Les illusions sur les possibilités de renverser Duvalier étaient grandes. Les plans étaient d'un irréalisme tenace, comme si l'on pouvait rééditer la saga de Fidel Castro avec un petit groupe et quelques armes, alors que l'on ne disposait ni de l'espace boisé de la *Sierra Maestra*, ni d'une logistique de support venant de la paysannerie ou des pays voisins.

Après les premières tentatives d'établir un camp du côté de Dajabon, en mai 1963, Fred et un groupe de camarades se retrouvèrent dans la rue, à Santo Domingo. Ils trouvèrent un abri dans une masure dont ils avaient réparé le toit, au bord de la *Calle* Francisco Henriquez y Carvajal, au numéro 71. Il faisait froid et il pleuvait tout le temps. Ils dormaient à tour de rôle, utilisant pour manger ce qu'ils pouvaient trouver au bureau de l'ONG *Care* ou au bureau dominicain de l'ONG *Catholic Relief Services*. Fred racontait qu'ils mangeaient « tout ce qu'on pouvait se mettre sous la dent ». Il tomba lui-même malade et, en juin 1963, on dut l'hospitaliser pendant deux semaines à l'hôpital

Padre Billini où les médecins diagnostiquèrent un ulcère duodénal.

C'est à cette époque que s'installa un prêtre catholique à l'hôtel Europa, quartier général des exilés auxquels le gouvernement dominicain avait accordé l'asile politique. Il s'agissait de Jean-Baptiste Georges, ancien aumônier des étudiants universitaires, ancien directeur de la Maison des étudiants de la ruelle Roy, où il avait été le voisin de François Duvalier. Il avait construit une maison de retraite et de formation à l'usage des étudiants à Kenscoff. Il fut ministre de l'Education nationale dans le premier cabinet de Duvalier, bientôt remplacé par le Père Hubert Papailler. Il avait demandé l'asile politique à l'ambassade dominicaine, à Pétion-Ville, et venait d'arriver. Alors que Fred se trouvait à l'hôpital, son frère Rénel et un camarade de combat, Montero Robert, acceptèrent pour logement une maison proposée par le Père Georges. Cette maison se trouvait dans la zone de Villa Duarte. C'était une coquette maison, avec cuisine, installations sanitaires, et des lits fournis par la Croix Rouge Dominicaine. C'est là que s'installa le FLHL, le « Front de Libération des Haïtiens Libres », la première organisation formée par Fred Baptiste.

Le Père Georges, qui avait aidé Duvalier à se cacher pendant sa période de clandestinité sous Magloire, n'avait pas tardé à découvrir ce qu'il appelait « l'autre face » de Papa Doc. Leur désaccord aboutit à ce qu'on pouvait prévoir. Un matin, le Père Georges apprit par la radio qu'il avait été remplacé comme ministre de l'Education nationale par le Père Papailler, un autre prêtre qui avait eu plusieurs accrochages avec Mgr Paul Robert, l'évêque des Gonaïves, dont il relevait. Le Père Georges passa quelque temps en résidence surveillée à Petit-Goâve, puis il demanda l'asile politique à l'ambassade dominicaine. Il était devenu un opposant farouche à Duvalier, prêt à passer sa vie entière à se battre pour débarrasser le pays de cet être malfaisant qu'il avait dénommé « le monstre ». Le père Jean-Baptiste Georges participa, durant la décennie soixante, à l'entraînement et au financement des groupes qui voulaient tenter l'aventure d'une invasion. Au début de 1964, il fit une tournée en Amérique latine. En Colombie, il annonça aux media qu'une nouvelle force d'invasion se préparait et se trouverait en Haïti à la fin de l'année.

Diplômé de l'Université Laval de Québec, le Père Georges, alors âgé de 45 ans, exerçait des fonctions sacerdotales à Santo Domingo. Il disait la messe tous les jours à l'église Altagracia. Le dimanche, il prêchait en espagnol. En avril 1964, les exilés haïtiens de Puerto Rico, du Venezuela et de la République Dominicaine déclarèrent une semaine de deuil en mémoire des « martyrs de la tyrannie de Duvalier » et de ceux qui avaient été assassinés dans le bain de sang organisé le 26 avril 1963. Les amis dominicains furent invités à l'église Altagracia par le Père Georges en ce 26 avril. Parmi ceux qui y assistèrent, se trouvait le groupe des *kamoken* portant tous au bras gauche un brassard noir.

Pierre L. Rigaud, coordonnateur de l'Union Démocratique Nationale (UDN), dans une conférence de presse, se lamenta du fait que les forces démocratiques d'Amérique latine » avaient très peu fait pour aider les Haïtiens à délivrer leur pays du tyran Duvalier ». Rigaud fit observer que Duvalier avait abandonné les idéaux de l'Organisation des Etats Américains (OEA) en se proclamant président à vie. Il se plaignit de ce que les nations du continent américain avaient regardé « avec indifférence la désagrégation de la nation sœur».

Le fait que toutes les attaques lancées par le général Cantave en 1963 depuis la République Dominicaine aient échoué n'arrêta pas Fred Baptiste. Il les considérait comme des épisodes qui lui avaient donné une expérience pratique du combat qui lui permettait maintenant d'envisager d'avoir son propre groupe dans la bataille contre Duvalier. Elles l'avaient mis en contact avec militaires et hommes politiques, expérience négative qui avait renforcé sa méfiance à leur égard. Si bien que début 1964, il laissait échapper la conclusion qu'il en tirait : « C'est maintenant notre tour ! »

Malheureusement, les circonstances ne pouvaient être plus défavorables. Bosch était en exil. Le général Cantave se morfondait dans une prison aux mains des militaires dominicains. Sa troupe d'officiers inoccupés regardait passer le temps dans une liberté strictement limitée. Ils n'avaient pas un sou et attendaient le visa qui devait leur permettre d'entrouvrir la porte des Etats-Unis d'Amérique. Les paysans et les *braceros* qui étaient avec eux avaient repris leur machette et le chemin des *bateyes* et des champs de canne.

N'ayant ni argent, ni armement, ni amis bien placés, Baptiste savait qu'il lui fallait composer et chercher à faire des alliances tactiques avec des secteurs qui pouvaient lui fournir les moyens d'agir. Il lui fallait surmonter le peu d'estime qu'il avait pour militaires et politiciens. Ceux-ci le lui rendaient bien d'ailleurs, ce qui maintenait un fossé permanent de désunion anarchique et de méfiance entre lui et les autres groupes. Les marxistes haïtiens en particulier se méfiaient de Baptiste. Ils voyaient en lui un dangereux illuminé, un homme qui ne croyait qu'en lui-même et en sa prétendue mission. Souhaitant secrètement le voir disparaître, le groupe des partisans de Déjoie, et Déjoie lui-même, n'hésitaient pas à lui imposer l'étiquette de « communiste », et à lui mettre des bâtons dans les roues.

Fred Baptiste, finalement, accepta au début de 1964, de travailler avec le Père Georges et avec Pierre Rigaud, l'ancien officier et diplomate. Jean-Baptiste Georges avec son col romain et Pierre Rigaud, le suave diplomate, ex-militaire, parlaient couramment l'espagnol et l'anglais et disposaient de contacts dans tous les milieux. Face à de tels atouts, des jeunes avides de se battre ne pouvaient faire la fine bouche. Le mouvement de Baptiste changeait de nom. Il s'appelait cette fois-ci : «Forces armées révolutionnaires haïtiennes » (FARH). Ni plus ni moins.

Il est difficile de documenter les rapports des services spéciaux du gouvernement américain, que ce soit la CIA (*Central Intelligence Agency*) ou la DIA (*Defense Intelligence Agency*), avec les groupes d'opposition qui se démenaient, à l'époque, dans l'exil haïtien. Chaque groupe avait ses contacts et probablement recevait une certaine aide.

Pour ma part, dès mon arrivée à Santo Domingo comme correspondant de presse, je fus abordé à l'hôtel *Embajador* par un américain doté d'une imposante musculature, qui se présenta sous le nom de « Neil ». Il était attaché, disait-il, à l'ambassade américaine et était chargé de maintenir des contacts avec les groupes d'exilés haïtiens qui tentaient de renverser la dictature de Duvalier. Il disait sympathiser avec leurs efforts, mais, pour le moment, les signaux venant de Washington n'étaient pas clairs. On ne pouvait pas parler, expliquait-il de « feu vert ». D'après ce que je pus deviner, il travaillait pour la CIA et avait été précédemment dans les îles de la mer de Chine. Il me proposait d'échanger nos « notes », en vue d'être prévenu de ce qui arrivait ou pouvait arriver. Sur quoi, je le référai à mes dépêches *d'Associated Press* (AP) et du *New York Times*. Mais nous fûmes tous les deux surpris par les premières tentatives d'invasion de Cantave dans le Nord. Neil était à ce moment aux Iles Vierges, en voyage de lune de miel. A son retour, il ne cachait pas son mécontentement de n'avoir rien su de ces opérations. Et il ne pouvait digérer le fait que je pouvais être, moi aussi, dans la même situation.

Quelques mois après, le Père Jean-Baptiste Georges avait déniché, pour le groupe de Fred, une maison située à une trentaine de kilomètres de Santo Domingo, à Villa Mella. Il payait trente-cinq dollars par mois pour la location. C'était une ferme abandonnée qui avait servi à l'élevage de poulets. Le groupe de Fred s'y installa. J'allais régulièrement leur apporter des sacs de blé, de maïs, de seigle que la fondation *Care* et le *Church World Service* distribuaient aux réfugiés haïtiens, tandis que le groupe s'arrangeait pour acheter de la viande et des fruits. Le propriétaire fut même étonné que personne n'ait touché aux arbres fruitiers. Il alla lui-même chercher quelques régimes de bananes plantain qu'il leur offrit en cadeau. Ils n'avaient aucun matériel d'entraînement mais s'arrangeaient pour inventer toutes sortes d'exercices pour se maintenir en forme, s'initiant même au morse. Le moral était en hausse. Chaque matin avait lieu la montée des couleurs avec le chant qu'ils avaient créé pour les FARH. Tout cela, pour un observateur non averti, avait l'apparence d'un groupe de boy-scouts, mais le sérieux et le thème des conversations l'aurait vite détrompé.

Parallèlement, un autre prêtre haïtien arriva sur la scène. Il s'agissait de Jean-Claude Bajeux, spiritain, qui fut professeur de philosophie à Saint-Martial suite à son transfert du Cameroun vers Haïti en 1962. Les activités du groupe de jeunes spiritains haïtiens qui venaient de rentrer en Haïti avaient suscité pas mal d'animation parmi les jeunes collégiens et universitaires de Port-au-Prince, et les fidèles en général, au moment même où les travaux du concile Vatican II ouvraient les voies à un renouveau des communautés chrétiennes. Mais c'était oublier la suspicion et l'agacement d'un gouvernement et d'une police qui, pendant l'année 1963, avaient accumulé une série d'assassinats et de violences qui frappaient indistinctement. Au Cameroun, Bajeux, professeur de philosophie, avait participé à la direction et à la rédaction du journal *L'Effort Camerounais*. A Port-au-Prince, il dirigeait la revue mensuelle *Rond-Point* ainsi qu'un bulletin à l'usage du clergé, *Eglise en marche*. Il avait, dès son arrivée, intégré l'équipe qui animait la Bibliothèque des jeunes, un centre d'activités de toutes sortes, pour les jeunes, collégiens et universitaires.

Justement, l'entrée du R.P Georges en politique puis son départ pour l'étranger avaient mis en sommeil le Cercle des étudiants de la rue Roy qu'il avait fondé et animé. L'équipe de Saint-Martial s´était mise à la recherche d'un local où pourraient se concentrer les activités des jeunes universitaires. C'est ainsi que dès le début de 1963, ils s'étaient proposé de louer la maison de la famille Riobé qui se trouvait à la rue Charles-Sumner près de l'hôtel Sans-Souci. La propriétaire, Mme Riobé, avait paru surprise de cette démarche. Certes, la famille terminait la construction d'une autre maison à Turgeau mais, à l´époque, elle ne pensait pas déménager. Cette visite fut, raconta le Père Bajeux, comme une intrusion dans une Haïti de roman, une maison en bois, avec des vérandas, au fond d'une allée, entourée d'arbres fruitiers, où trônaient, dans le salon au plancher ciré, un piano et deux dames, deux sœurs que le temps avait rendues sans âge.

Quelque temps après, le 26 avril 1963, la tragédie les frappait de plein fouet. Arrêté au poste de Carrefour. André Riobé était tué le même jour. Au mois de juillet 1963, le fils Riobé et des amis s'étaient lancés dans une geste digne de la légion étrangère. Le jeune Riobé dans la grotte de Godet rejoignait son père dans l'au-delà. Les deux vieilles dames furent plongées dans l´horreur des cercles de la peur, du chagrin et de la mort. Bajeux me raconta comment il avait, avec le Père Adrien, effectué des démarches pour les mettre à l'abri, non sans difficulté, à l'ambassade du Mexique, à côté de l'hôtel Ibo-Lélé de Robert Baussan. L'ambassadeur, Bernardo Reyes, n'accepta finalement que sur dépôt d'une avance en espèces de.deux mille dollars.

Quelques jours plus tard, le Père Paul-Jean Claude et le Père Bajeux, avertis que des personnes se trouvaient dans la propriété des Riobé, s´y rendirent pour y être arrêtés, dans la cour, par une équipe de *makout* aux ordres du préfet de Port-au-Prince, Windsor Day. Ironiquement c'est dans une Volkswagen, qui aurait appartenu à Eric Tippenhauer, récemment disparu avec son fils, qu'on les emmena. Le chauffeur, un civil du nom de Nelson, ne parvenant pas à ouvrir le capot à une station d'essence au haut de Lalue, dut forcer la serrure avec un démonte-pneu. Le préfet étant absent de son domicile, la voiture prit la direction du Fort Dimanche où les deux prêtres furent enfermés dans une chambre à l'étage, au-dessus du poste de garde. Dans la soirée vint les chercher Mgr Claudius Angénor, administrateur de l'archidiocèse, qui devait se charger de garder à l'archevêché les deux prêtres mis en « résidence surveillée».

Ultérieurement, le capitaine Jean Tassy accompagné du « Pasteur » Luc Désyr vint les interroger. Le pasteur ne dit pas un mot pendant tout l'interrogatoire et pas un muscle de son visage ne bougeait pendant que Tassy, lui, se livrait soit à des menaces non voilées, soit à des plaisanteries d'un goût douteux. A l'archevêché, le jeune prêtre Jean Hilaire, aumônier du Palais, tout frais sorti du Grand Séminaire, ne cacha pas son camp politique. Interrogé sur la situation de deux jésuites enfermés au Fort Dimanche, Hilaire répondit carrément qu'il avait des choses plus sérieuses à faire, comme par exemple vérifier la pression des pneus de sa nouvelle voiture. Bajeux lui ayant répondu « Si un jour cela t'arrive, ne m'appelle pas. », il s'en fut se plaindre à Duvalier en personne qu'on l'avait menacé. Cinq ans plus tard, toute sa famille allait connaître peur, exil et chagrin quand son frère, le capitaine Serge Hilaire fut exécuté sur ordre de Duvalier, au Fort Dimanche, avec dix-huit autres officiers.

Les deux prêtres Paul Jean-Claude et Jean-Claude Bajeux restèrent confinés à l'archevêché pendant vingt et un jours, On leur permit de sortir après la fête de Notre Dame de l'Assomption, patronne de la cathédrale, le 15 août. Bajeux fut affecté à la paroisse de Pétion-Ville et se consacra de nouveau à ses tâches de publication.

Mais, en février 1964, une lettre de protestation contre l'expulsion de l'ordre des jésuites signée par une douzaine de prêtres haïtiens de Port-au-Prince provoqua des représailles : le gouvernement ordonna à toutes les imprimeries de la capitale de cesser d'imprimer la revue *Rond-Point*. On fit comprendre au Père Lucien Rozo, supérieur des spiritains, qu'il valait mieux que Bajeux laisse le pays. Le Père Bajeux partit donc. Après un court séjour à Caracas, il débarqua à Santo Domingo en mars 1964 où bientôt il fut reconnu par les évêques du pays comme l'aumônier de la population haïtienne vivant en République Dominicaine. Il établit à la rue Juan Pablo Piña la fondation *Amistad entre los pueblos* dont les parrains étaient des personnalités dominicaines comme Guido d'Alessandro, Efraim Soler Herrera, Dr. Guarionex Lopez et Dr Pablo Nadal. La fondation faisait quasiment office de consulat: elle délivrait des lettres confirmant l'identité des personnes et elle intervenait dans les situations où les compatriotes haïtiens avaient maille à partir avec la police ou avec les militaires dominicains. En même temps, fonctionnait un groupe syndical, lié à la CASC (Confédération Autonome des Syndicats Chrétiens), dont le bureau central se trouvait à Caracas. Dans un rapport – préparé par le Père Bajeux - qui chiffrait le nombre des coupeurs de canne à plus de cinquante mille, la fondation déclara : « La plupart des Haïtiens vivent dans des conditions pitoyables de saleté et de faim dans des baraques de bois (les *bateys*) au bord des champs de canne ».

Les *kamoken* de Fred venaient pour la plupart de couches modestes de la population haïtienne. Ils n'avaient pas de rapports avec des groupes politiques de l'intérieur ou de l'extérieur et ne se réclamaient d'aucune idéologie précise. Les perspectives concernant une éventuelle action sur le terrain étaient plutôt floues et baignaient dans un irréalisme déconcertant quant aux modalités de la lutte contre le système d'oppression établi par Duvalier, à travers l'armée et à travers les *makout* déployés sur tout le territoire. La nature de cette lutte et ses différentes étapes, les moyens qui seraient disponibles, les ressources qu'on pourrait mobiliser, tout cela restait dans le vague, et les questions y relatives ne recevaient qu'un haussement d'épaules fataliste.

Au mois de mars 1964, je reçus un coup de téléphone du colonel Luther (Fritz) Long, l'officier américain posté au *Military Assistance Advisory Group* (MAAG), le groupe d'assistance militaire à la République Dominicaine. « Vos amis haïtiens ont été dénoncés au général Elias Wessin y Wessin comme communistes par l'ex-sénateur Louis Déjoie ». Il ajouta qu'on devait s'attendre dès le lendemain à une visite des hommes de Wessin au poulailler de Villa Mella. Wessin y Wessin, commandant de la base aérienne et de la brigade de blindés de San Isidoro, avait été une des figures de proue dans le coup d'Etat qui avait renversé le président Juan Bosch. Pour faire bonne mesure, Déjoie n'avait pas hésité à qualifier les *kamoken* de Fred comme des alliés à la fois de Duvalier et de Fidel Castro. Après cette conversation, je décidai de passer au local du service d'information américain (USIS) et là, je récupérai toutes sortes de papiers et de brochures que j'apportai immédiatement à Villa Mella.

Le samedi 14 mars 1964, les soldats de Wessin y Wessin intervinrent brutalement. Ils rassemblèrent tout le monde en utilisant les crosses de leurs fusils San Cristobal. Même des Haïtiens rési-

dant à l'hôtel Europa furent emmenés ainsi que les deux barou-
deurs français, André Rivière et Claude Martin, que les déjoistes
de Caracas avaient envoyés à Port-au-Prince. Le lendemain,
dimanche, accompagné de ma femme, de notre bébé, et de Paul
Arcelin qui enseignait le français à l'Académie navale, je voulus
me rendre sur les lieux. Mais à proximité du poste de police, la
Volkswagen fut arrêtée au cri «¡ *Ahí viene el hombre del carri-
to!*» («Voici l'homme à la petite voiture! »). Impossible d'aller
jusqu'au poulailler. Un des policiers nous accompagna jusqu'au
quartier général de la Police à Santo Domingo. Ma femme et le
bébé restèrent dans la voiture tandis que nous étions, Arcelin et
moi, conduits à l'intérieur. Deux heures après, je me plaignis de
la situation de ma femme et du bébé qui étaient restés au soleil
dans la voiture durant tout ce temps. Le policier informa alors
ma femme qu'elle pouvait s'en aller. Elle lui fit remarquer qu'il
lui était impossible de conduire avec un bébé sur les bras. Finalement, un détective en civil la conduisit à notre appartement
proche, rue Rosa Duarte. Je demandai alors qu'on nous mette
dans la cellule des Haïtiens. Une requête restée sans réponse.

Il était midi passé quand un officier de la police nationale arriva et me conduisit à la résidence du président Donald Reid Cabral qui revenait d'une réunion à Boca Chica de la *Inter-
American Press Association* où l'on discutait, coïncidence, de la
liberté de la presse. Donald Reid, un homme d'affaires dominicain d'origine écossaise, était un pragmatique. Dans sa position
actuelle, il essayait de débarrasser le pays des restes du système
trujilliste. Il avait perdu un frère, le Dr Robert Reid Cabral, lors
de l'assassinat du tyran. Il avait l'art de plaisanter même dans les
circonstances les plus sérieuses. Il répondit à l'ambassadeur de
Grande Bretagne qui s'inquiétait de mon sort: « Il est là avec
moi, Monsieur l'Ambassadeur, et je suis en train de le torturer
avec du Johnny Walker…» Reid Cabral avait avec lui à ce moment-là Charles Porter, le représentant de l'Oregon au Congrès
américain. Reid Cabral demanda au général Wessin y Wessin de
lui envoyer les preuves de l'appartenance communiste du groupe
de Fred Baptiste.

La surprise fut grande quand on découvrit que le matériel de lecture consistait en des publications du service d'information américain (USIS). Quand on voulut vérifier le contenu d'un film présenté comme une séance d'entraînement dans un camp castriste à Cuba, je m'aperçus que les premières scènes montraient Gérard Lafontant chez des amis à Porto Rico. Par ailleurs le lieutenant Pou se hâta de clore la séance quand il s'aperçut que les deux officiers qui montraient au groupe d'Haïtiens comment utiliser un bazooka étaient deux de ses collègues de l'armée dominicaine, et que l'endroit n'était autre que Dajabon. Il s'empressa de tout remballer, ne voulant pas que le sujet de l'existence de camps d'entraînement d'Haïtiens en République Dominicaine soit évoqué devant le représentant Porter. Reid Cabral conclut la séance en déclarant que le matériel présenté ne démontrait pas l'affiliation communiste du groupe.

Le lendemain matin, je me rendis au palais. Reid Cabral avait ordonné de libérer tout le monde. Il me dit : « Allez donc voir par vous-même, ils sont retournés à leur poulailler ». Je lui demandai alors, ne voulant pas me faire arrêter de nouveau dans la petite Volkswagen, si on pouvait trouver une autre voiture pour m'y emmener. Avant de monter dans l'imposante limousine noire présidentielle, je demandai à Reid Cabral si l'équipe de Wessin y Wessin pouvait rendre les bottes, vêtements et équipements confisqués lors de la perquisition du 14 mars. Il me répondit : «Je ne peux pas leur demander cela, je ne voudrais pas les antagoniser». Ce pluriel désignait en réalité Wessin y Wessin, l'homme fort qui soutenait son gouvernement. Le chauffeur me confirma, par ailleurs, que la limousine avait été l'une des voitures du « Jefe » (Trujillo) et il ajouta qu'il fallait plus que cela pour impressionner Reid Cabral qui avait été, toute sa vie, un importateur de voitures. La voiture fut arrêtée au poste de police de Villa Mella et le policier qui m'avait arrêté n'en pouvait croire ses yeux quand, faisant le salut militaire, il reconnut à qui il avait affaire. A ce moment, je dis au chauffeur d'une voix bien audible: «Vamos a la finca ». Là, je fus accueilli par les vivats et les applaudissements des *kamoken* et depuis lors la police locale les regarda d'un autre œil.

Entre-temps, le Père Georges ne perdait pas son temps. Un périple en Amérique latine lui permit de collecter des fonds aussitôt utilisés pour l'achat d'armes qu'il obtint d'un groupe de cubains anticastristes de Miami. Gérard Lafontant fit le voyage à Miami pour convoyer les armes. Cela ne se passa pas sans épisodes burlesques. Les Cubains avaient prêté à Lafontant un camion servant à la collecte des ordures. Lafontant n'avait pas de permis de conduire et le camion eut une panne d'essence sur le *U.S. Interstate Highway I-95*. Lafontant réussit à persuader l'officier de police que le camion était un don destiné à la municipalité de Port-au-Prince. Le chargement d'armes fut embarqué sur le *Johnny Express*, un cargo, de 75 mètres de long, de la *Antillean Marine Shipping Corporation* appartenant à Teofilio Baboun Selman. Un autre envoi, comprenant quatre fusils d'assaut automatiques *Fal* achetés à New York pour deux mille dollars et dissimulés dans un réfrigérateur usagé, arriva par bateau. Malheureusement, les fusils et les munitions furent réclamés par deux exilés de longue date, le poète Jacques Viau et Lionel Vieux, qui menacèrent de faire exploser la maison où se trouvaient les armes. Mises à l'abri dans les entrepôts d'une famille de commerçants dominicains, ces armes devaient servir, l'année suivante, en 1965, dans la bataille qui opposa les constitutionalistes de Caamaño au reste de l'armée dominicaine et où Jacques Viau perdit la vie.

Alors qu'à Port-au-Prince les fanatiques de Papa Doc célébraient avec extase leur « Président à vie » dans des discours dithyrambiques quotidiens, Fred Baptiste et son groupe de *kamoken* commençaient à exécuter leurs plans, avec les moyens fournis par le Père Georges et Pierre Rigaud. C'était le 27 juin 1964 et le secret avait été bien gardé. Les vingt-neuf membres des FARH, invités à une réception à la résidence du couple Pierre Rigaud, avenue de l'Indépendance, furent transportés, depuis la ferme de Villa Mella, dans un fourgon fourni par un ami dominicain étudiant en médecine, Didier Nelson Gonzalez, dont le père avait été consul au Cap-Haïtien pendant de longues années. La camionnette, quelques heures plus tard, déposait le groupe derrière l'aéroport international de Santo Domingo, à Punta Caucedo, où se fit l'embarquement sur le *Johnny Express*. Rapidement, le cargo s'éloigna de la côte dominicaine en direction de l'ouest, Haïti. Après avoir passé l'île Beata, ils furent repérés par un patrouilleur qui tira une salve de semonce, mais aidé par l'obscurité, le cargo put s'échapper à toute vitesse. Mais le déballage des armes fournis par les Cubains de Miami leur réservait une surprise. Les fusils étaient des armes datant de la première guerre mondiale, des Enfield de fabrication anglaise qui contrastaient avec les uniformes neufs de camouflage venant des USA.

Déjà, le lendemain, 28 juin, les *kamoken* de Fred Baptiste pouvaient voir se profiler, au-delà de la mer houleuse, la côte de Saltrou (actuellement « Belle-Anse »). Les grosses vagues rendaient difficile le débarquement. De fait, il y eut subitement un appel de détresse. Guy Lucchesi, vingt-quatre ans, se jeta à l'eau pour sauver les munitions et se noya. Guy avait participé, au début des années soixante, à des manifestations étudiantes au Cap-Haïtien où il fréquentait l'Ecole Normale et avait dû s'exiler en République Dominicaine face à la vague de terreur lancée par Duvalier en représailles. Il s'engagea dans les FARH où il gagna le respect de tous : son bras handicapé n'était pas un obstacle pour lui.

Un autre membre du groupe, Homil Dauphin, surnommé « Chien méchant », disparut lui aussi dans la mer démontée. Il en fut de même pour les paquets de détonateurs. Finalement, un pêcheur put amener sa barque le long du bateau et aida les *kamoken* restants à débarquer. Arrivés sur la terre ferme, deux membres du groupe prirent la poudre d'escampette. De vingt-neuf, le groupe se trouvait réduit à vingt-cinq, mais le pêcheur qui les aida à débarquer les munitions abandonna sa barque et se joignit à eux.

A la vue de leurs uniformes vert olive, les habitants du lieu les prirent pour des membres de l'armée. Mais le commandant du poste militaire qui avait observé le débarquement ne s´y trompa pas. Il se mit rapidement en tenue civile et prit le chemin de Thiotte, le bourg caféier, à mi-chemin de Port-au-Prince. Ultérieurement, les membres du groupe de Fred racontèrent qu'ils avaient capturé un jeune officier qui avait tenté de s'enfuir en tenue civile et que Fred l'aurait lui-même exécuté. Par ailleurs, un autre témoin du débarquement semble avoir rapporté à Port-au-Prince qu'un des envahisseurs était de peau claire et pouvait être le lieutenant Claude Edeline qui avait passé quelques mois à Saltrou avant la répression du 26 avril 1963 qui l´obligea à prendre le chemin de l'exil. Cette méprise allait avoir des conséquences terribles pour la famille du lieutenant dont, par ailleurs, la sœur était la femme du lieutenant François Benoît. La répression contre les habitants de Saltrou/Belle-Anse allait être immédiate et terrifiante.

Toute personne suspecte de sentiments anti-duvaliéristes fut exécutée. Vingt-cinq ans plus tard, les habitants déclarèrent à un membre d'une organisation de droits humains que soixante-sept personnes avaient été enterrées au milieu de la place, dont certaines vivantes. Victimes et bourreaux, après cela, vivront côte à côte, pendant le reste de leur vie, dans le souvenir, la haine et le chagrin.

L'un des compagnons de Fred, Adrien Fandal, vingt-trois ans, un instituteur, était originaire de la région et fut reconnu.

Sous la direction du député et chef *makout*, André Simon, une chasse à l'homme s'instaura pour oblitérer le nom de Fandal dans toute la région. Près d'une trentaine de Fandal furent sommairement exécutés, de tous âges, hommes et femmes. Leurs terres furent saisies. Ce n'est qu'après 1986 que quelques survivants de la famille reprirent leur nom. La ville de Jacmel, capitale du département, fut bouclée pendant un mois. Il était même interdit d´y faire entrer des provisions alimentaires. Au cours de cette période, tout le monde eut à défiler à la caserne pour crier « Vive Duvalier, Président à vie! » Et leurs vivats étaient rythmés par le bruit des raclées que subissaient les récalcitrants. Un

notable comme Edmond Lauture qui ne cachait pas son attache-
ment déjoiste y perdit presque la vie et s'en alla mourir en exil.

A Port-au-Prince, Duvalier prit personnellement le commandement des forces armées, militaires et makout. Le major Sonny
Borges fut dépêché, avec l'ordre de poursuivre les envahisseurs
et de les exterminer, à la tête du bataillon tactique des Casernes
Dessalines formé par le *Marine Corps* et équipé de mortiers et de
mitrailleuses. Entraîné au Fort Benning, en Géorgie, Borge aimait utiliser les mortiers dans l'action. A plusieurs reprises il
crut qu'il était parvenu à encercler les *kamoken*. Il pilonnait alors
le morne ciblé avec des obus de mortier pour découvrir que les
guerrilleros étaient ailleurs.

Ce fut la terreur durant trois semaines dans toute la région de la
Forêt des Pins pour les paysans. La situation était sans issue pour
ceux-ci. S'ils aidaient les *kamoken*, ils étaient exécutés sommairement par les *makout*. Si les *kamoken* découvraient qu'ils
étaient *makout*, ils étaient également exécutés. Il y avait débat,
parmi les *kamoken*, au sujet de cette politique très dure en temps
de guerre.

Des avions de la petite force aérienne de Duvalier faisaient
chaque jour des vols de reconnaissance pendant que des camions
remplis de miliciens se joignaient à la battue dans les montagnes.
Des barrages avaient été mis en place sur la route de Jacmel.
L'invasion semblait évoluer vers un effort soutenu.

Duvalier prit rapidement des contre-mesures. Il se présenta en
personne et en uniforme au Fort Dimanche où, sans révéler ses
intentions, il ordonna à Mme Max Adolphe de choisir vingt et un
prisonniers. On raconte que Mme Adolphe, pensant que Duvalier
allait libérer ces prisonniers, inclut dans le groupe des personnes
à qui, pour une raison ou une autre, elle voulait faire profiter de
cette chance. Papa Doc donna alors l'ordre de les exécuter. C'est
ainsi, dit-on, que disparut Me Roland Montas, l'avocat qui avait
été très lié au président Magloire et à Jumelle et avait exercé les
fonctions de chancelier de l'église épiscopale. Le lendemain,
Duvalier envoya un officiel de haut rang à l'ambassade améri-

caine pour l'informer, informellement, de ces exécutions. Duvalier pressentait que les Américains avaient quelque chose à voir avec cette invasion. Par ce message, il voulait faire savoir le prix qu'auraient à payer ceux qui s'associaient à de telles entreprises.

Plusieurs centaines de personnes furent sommairement exécutées sur les axes Thiotte-Belle-Anse, Belle-Anse-Jacmel, tandis que disparaissaient à Port-au-Prince les familles Edeline, Duchatelier, Bajeux et que la ville de Jérémie, pétrifiée de terreur, verra assassiner publiquement vingt-neuf membres des familles Drouin, Villedrouin et Sansaricq, vieillards et bébés compris.

De son côté, le ministre Chalmers, le 3 juillet 1964, accusa la République Dominicaine dans une longue complainte adressée au Conseil de Sécurité des Nations unies. « Les forces qui ont effectué ces invasions sont composées de Dominicains et d'Haïtiens qui ont débarqué le 29 juin au Lagon des Huîtres, section rurale de la commune de Belle-Anse (Saltrou) et ont pris la direction de la montagne, armés d'armes automatiques, de grenades, de radios de communication, et d'une grande quantité de munitions» affirma Chalmers. Les envahisseurs, poursuivit-il, ont l'intention de faire sauter à la dynamite des ponts et des citernes de gazoline dans le cadre d'une campagne générale d'incendies et de sabotage et « d'assassinats de proches collaborateurs du chef de l'Etat ».

Chalmers accusa nommément, pour finir, des personnalités de l'exil d'être associés à cette invasion. Il cita les noms de Louis Déjoie, Henri Clermont, Père Jean-Baptiste Georges. Il accusa aussi le général Cantave et l'ex-Président Magloire qui vivaient à New York à l'époque. Je fus moi-même accusé d'avoir fourni des papiers d'identité aux envahisseurs. Emmanuel (Manny) Friedman, responsable du service étranger du *New York Times*, l'un de mes clients, exigea de savoir si j'avais laissé tomber le journalisme pour devenir un guerrillero. J'expliquai que j'avais effectivement photographié les *kamoken* et analysé leurs profils, dans le cadre de mon travail de journaliste, afin d'en savoir plus sur ces jeunes hommes qui combattaient Papa Doc. Je ne leur avais procuré aucune pièce d'identité.

Le texte de la plainte ne fut pas publié en Haïti, ce qui n'empêcha pas que la nouvelle de l'invasion de Saltrou soit connue dans tout le pays. Ce n´est que le 9 juillet 1964 que mention fut faite des *kamoken* dans la presse contrôlée par Duvalier et ceci dans un style haut en couleurs. Le communiqué du département des Affaires étrangères signé par René Chalmers et publié dans *Le Nouvelliste* disait en effet ceci à propos des rebelles des FARH : « Ils étaient armés de fusils M-1, de revolvers calibre .45 et de grenades. Pris à partie, dès leur débarquement par les paysans de Belle-Anse farouchement dévoués à la personne de Son Excellence le Dr François Duvalier, Président à vie de la République, ils laissèrent cinq recrues sur le terrain et durent s´enfuir jusqu´au pic la Selle où, harcelés de jour et de nuit par les populations, encerclés par les détachements des Forces armées d´Haïti et du corps des Volontaires de la Sécurité nationale, sans eau ni provisions de bouche, ils n´ont d´autre issue que la reddition inconditionnelle ou l´annihilation pure et simple à bref délai».

Toujours selon le communiqué « [...] des interrogatoires de prisonniers tombés aux mains des forces loyales, il résulte que :1) Les rebelles sont partis de Boca Chica, à une trentaine de kilomètres de Santo Domingo. 2) Ils étaient groupés auparavant dans un camp d'entraînement organisé avec l´assistance des autorités dominicaines et placé sous la direction du Révérend Père Jean-Baptiste Georges et de Pierre L. Rigaud, tous deux traîtres à leur patrie, aux ordres d'une puissance étrangère. 3) Ils ont l'appui des partis de gauche dominicains, et notamment du Mouvement du 14 juin, d'obédience castriste. »

Le gouvernement de Reid Cabral commença par qualifier de mensongères les allégations de Duvalier et affirma qu'aucune force d'invasion n'avait quitté le territoire dominicain. Convoqué au Palais, je me retrouvai avec un Donald Reid en pleine forme, satisfait d'avoir contré une manœuvre de Duvalier. Avec lui, se trouvait Ramon Caceres, membre du triumvirat, qui arborait un air plutôt amusé. Se trouvait aussi présent le vétéran de la Légion Caraïbe (1946-1959), le général Miguel Angel Ramirez qui avait, semblait-il, pour mission de surveiller les allées et venues autour de notre logement à partir de son appartement situé en face du nôtre, à la *calle* Colon. Donald Reid Cabral se rendit brusquement compte du fait que je ne disais pas un mot. « Dis donc, ces Haïtiens, ils sont bien toujours à Villa Mella?» Je ne pus qu'esquisser une vague mimique d'embarras. C'est alors que Reid comprit ce qui s'était passé. « Oh ! Non! Et moi qui viens de protester auprès de l'OEA ! Comment ont-ils fait ? »

La réaction de l'homme de la CIA, Vince Blocker, fut bien plus violente. Ma femme et moi, nous avions assisté à une réception chez lui le soir même où le *Johnny Express* avait embarqué la troupe de Fred. Pendant toute la réception, nous ne quittâmes pas l'horloge des yeux et nous nous attardâmes chez Vince, sachant qu'il serait parmi les premiers avertis si quelque chose avait mal tourné. Mais le téléphone resta muet. Quand Blocker reçut la nouvelle du débarquement à Saltrou (Belle-Anse), il arriva en trombe à notre appartement. Il voulait savoir ce qui se passait. A mon tour, je lui demandai ce qu'il savait. Il fut pris d´un accès de colère. Evidemment, cela lui faisait mal d'apprendre la chose d'Haïti, après coup. Langley avait dû lui passer un bon savon. Et Chalmers continua à défendre sa version des événements.

A la forêt des Pins se jouait un jeu mortel de gendarmes contre voleurs. Les troupes de Duvalier ne sachant pas la force des gué-rilleros se gardaient bien de s'engager trop loin dans la mon-tagne. Donc les soldats et les *makout* se contentaient d'occuper les marchés et d'attraper toute personne suspecte d'aider les re-belles. C´était une stratégie judicieuse. Ils savaient qu'il n'y avait rien à manger dans la forêt des Pins : les montagnes étaient arides. Un des rebelles qui s'aventura dans un marché se trahit par la paire de bottes qu'il portait. Il fut exécuté sur le champ.

Quand le groupe de Fred avait atteint le bourg de Mapou, ils furent accueillis aux cris de « Vive Fignolé ! » Ils occupèrent le magasin du village et distribuèrent aux paysans pauvres tout ce qu'il contenait, marchandises et espèces. Ils saisirent des papiers d´hypothèques garanties par des terres appartenant aux paysans et les brûlèrent solennellement sous les yeux stupéfaits des paysans attroupés.

La propriétaire du magasin, Mme Bernadotte, fut accusée d'être une « duvaliériste ». Elle fut abattue par un des *kamoken*. Celui-ci, qui avait vu sa mère traînée par les cheveux par un *makout*, se laissa emporter par l´esprit de revanche. Le meurtre de Mme. Bernadotte est une tache dans la guerre des *kamoken* contre Papa Doc. Quand ce fait fut connu ultérieurement à Santo Domingo dans les cercles des exilés haïtiens, il fut l´objet de maintes discussions. Fred fut vivement critiqué pour pratiquer les mêmes atrocités que l'on reprochait à Duvalier, à ses militaires et à ses *makout*.

Ce problème s´est posé ailleurs et Desmond Tutu soulignera, à juste titre, qu´« une tradition respectable voulait que ceux qui utilisent la force pour renverser un système injuste ou même s'opposer à lui sont dans une position morale supérieure à ceux qui utilisent la force pour préserver ce même système [...]. Cela ne signifie pas que ceux qui se trouvent dans une position morale supérieure ont carte blanche quant aux méthodes qu'ils emploient » (cité par Warren Buford et Hugo van der Merwe dans leur article intitulé « Les réparations en Afrique Australe », paru aux *Cahiers d´études africaines* en 2004, no. 173-174).

N'ayant ni armes ni nourriture à offrir, les *kamoken* durent refuser de nouvelles recrues. Les gens de cette région montagneuse étaient terriblement pauvres, trop pauvres pour se procurer une machette valant un dollar. Et quelques fois, ils cultivaient la terre à mains nues, grattant entre les roches pour planter du millet. Trouver de l'eau était un problème. Pendant leurs seize jours de marche dans la montagne, les *kamoken* ne trouvèrent quasiment rien à acheter comme nourriture. Quelques paysannes s'étaient jointes à eux et se rendaient sur les places de marché, parfois à trois jours de marche.

Fred se révéla un chef dur, porté par une quasi-paranoïa, dur avec lui-même et dur avec les autres, imposant un rythme de marche effréné, interdisant aux hommes de boire aux points d'eau par crainte d'empoisonnement. Tout le monde n'était pas d'accord avec les exécutions de Mapou. A l'intérieur du groupe, des clans se réclamant d'appartenances régionales distinctes commençaient à se disputer entre eux. Mais le mouvement incessant de la troupe pendant ces trois semaines faisait forte impression sur leurs poursuivants et surtout sur la population paysanne qui leur attribuait le caractère mystique de loups-garous nocturnes. Ils étaient à la fois partout et nulle part !

Le 21 juillet 1964, le groupe se retrouva à proximité de la frontière dominicaine. Vu le manque de nourriture et l'épuisement des hommes, Fred voulait retourner en République Dominicaine. Ce, contrairement à Gérard Lafontant - dont l'état de faiblesse physique démentait son esprit vif – qui insistait pour repasser à l'offensive. Lafontant se retrouva en minorité avec quatre membres du groupe. Ils furent alors désarmés pour ce que Fred considérait être un acte de mutinerie. Fred dégaina son arme et visant Lafontant à bout portant, pressa la détente. Le coup ne partit pas. Ce n'est que longtemps après que le silence fut rompu sur cette scène tragique.

Après avoir enfoui leurs armes, les rebelles, faméliques et malades, retournèrent en République Dominicaine. Repérés par une patrouille, ils furent faits prisonniers puis furent transférés à la forteresse militaire de Neyba, au bord du lac Enriquillo.

L'incertitude sur leur sort dura quelques jours. Le Président Reid Cabral avait demandé à l'amiral Tomas Cortinas, chef de la Division d'Information Nationale (DIN), service de renseignement récemment créé, de s'assurer qu'il n'y avait pas de communistes dans leurs rangs, comme Duvalier l'avait affirmé. Un seul *kamoken* était considéré comme un ancien marxiste, Gérard Lafontant, pour avoir appartenu au Parti Socialiste Populaire (PSP) haïtien lorsqu'il était plus jeune. Au final, aucun soupçon ne pesa au final sur eux.

Deux semaines après, l'armée dominicaine déposa les *kamomken* dans la région montagneuse de la frontière, sans armes et avec seulement quelques rations provenant de leurs appuis à

Santo Domingo. Personne ne savait pour sûr si l´officier de l´armée dominicaine responsable de cette zone avait agi avec l´autorisation du Président Reid Cabral ou de son propre chef, en accord avec Pierre Rigaud, le patron des *kamoken*. A tout le moins, l´on pensa que Reid Cabral n´était pas, à l´époque, opposé au retour des *kamoken* en Haïti. Ceux-ci récupérèrent leurs armes et reprirent leur activité. Leur nombre était resté stable, grâce aux nouvelles recrues parmi les paysans haïtiens.

Chapitre 24

Jeune Haïti dans la Grande-Anse

5 août 1964-26 octobre 1964

L a longue et montagneuse péninsule qui se projette, direction sud-ouest, vers la Jamaïque, de Port-au-Prince à Dame Marie, était, normalement, une région où dans des vallées verdoyantes, des carrés de verdure, de bananiers, de caféiers, se succédaient, sous de grands arbres ombreux, et, où dans la plaine des Cayes, dominaient la canne à sucre et l'élevage des bovins. Cependant, après le passage du cyclone Flora, en octobre 1963, et, en août 1964, du cyclone Cléo, la péninsule connaissait une misère aggravée par l'isolement, l'apathie des autorités et une confusion généralisée.

Les deux cyclones avaient laissé après le passage du vent, des pluies et de la boue, un paysage dévasté en même temps que la destruction des caféiers, des cultures et du bétail de tout genre. La présence d'un groupe de guérilleros, avec le bouclage des routes par l'armée d'Haïti, les escarmouches, les embuscades allaient pendant tout l'été de 1964, jusqu'au 26 octobre 1964, y ajouter au grand dam de la population le visage sanglant de la guerre, l'horreur des soupçons, sanctions et représailles imposées à la fois par militaires, *makout* et fonctionnaires du gouvernement.

Treize jeunes qui se réclamaient du mouvement *Jeune Haïti* débarquèrent en Haïti le 5 août 1964, emmenés par Guslé Villedrouin, vingt-huit ans, qui avait travaillé dans l'armée américaine, même s'il apparaît que les décisions étaient souvent discutées entre tous. Membre fondateur de *Jeune Haïti*, Villedrouin était le fils du colonel Roger Villedrouin battu à mort en avril 1963 par des *makout*. Il avait comme second, Gérald

Brièrre, 30 ans, qui, dès 1959, avait reçu un entraînement à Cuba dans un camp du sénateur Louis Déjoie dont les plans d´invasion du territoire haïtien ne se sont jamais matérialisés. Son frère Eric Brièrre avait été torturé à mort au Fort Dimanche.

Le débarquement se fit à quelques kilomètres au nord de Dame Marie au lieu-dit « La Petite Rivière de Dame-Marie ». Ce n'était pas le lieu prévu et la guerre de guérilla que les Treize allaient mener pendant trois mois − la plus longue guerre de guérilla que le pays aura connue depuis la rébellion des cacos et de Charlemagne Péralte lancée en 1920 contre l'occupation américaine commencée en 1915 − n'était pas non plus celle qu'ils avaient prévue.

D'où le caractère tragique de cette longue poursuite de trois mois, marquée du sceau de la mort, qui amènerait les trois derniers à plus de deux cents kilomètres de leur point de départ, dans une section communale de l'Asile, à Ravine Roche, chacun faisant payer cher son sang et sa vie aux unités d'élite de l'armée d'Haïti, et aux *makout*, entraînés par les *marines* du colonel Robert Debs Heinl. Les deux du groupe qui étaient tombés aux mains de l'armée d'Haïti, Louis Drouin Jr. de trente et un ans, et Marcel Numa, âgé de vingt et un ans, furent fusillés, le 12 novembre 1964 contre le mur nord du cimetière de Port-au-Prince (cf. photos de couverture).

Ce spectacle auquel Papa Doc obligea les écoliers à assister, et qui fut diffusé dans les media pendant des semaines, représentait sans doute pour François Duvalier, comme tant d'exécutions qu'il ordonna ou auxquelles il participa, la quintessence du pouvoir. Mais cette exécution publique allait aussi imprimer sa marque dans la mémoire de tout un peuple, cette marque du martyr qui transcende le temps et la mort.

Les rapports de l´armée haïtienne renseignent peu sur l´histoire extraordinaire des guérilleros de *Jeune Haïti*. Les légendes ont commencé à fleurir, proliférer aussitôt après leur débarquement. Les rumeurs les décrivaient comme des hommes marathon capables de se déplacer d´un point à l´autre de la péninsule et d'infliger à volonté de lourdes pertes aux militaires et aux VSN. Les rumeurs se transformèrent en des centaines mythes. Au point que, des années plus tard, il s'avéra difficile de distinguer l'imagination fertile de la réalité. Pour les paysans de la zone, cette guérilla épique conduisait à rappeler les temps d'antan quand Jean-Baptiste Perrier, connu sous le nom de Goman, tacticien remarquable, se révolta en 1807 contre Pétion. L'insurrection dura treize ans et Goman ne fut jamais capturé.

Les Treize n'ont pas laissé d'informations sur leur longue bataille contre la mort, hormis les déclarations faites par Louis Drouin et Marcel Numa après leur capture et transcrites par les autorités militaires si l'on en croit les pièces présentées par le général Prosper Avril dans son livre *Vérités et Révélations. L'Armée d'Haïti, Bourreau ou Victime ? Tome III*, paru en 1997.

Pour certains d'entre eux, même leurs femmes ignoraient où ils allaient et quels étaient leurs objectifs. Chandler dit seulement à sa femme qu'il s'en allait pour quelques semaines en Floride où on lui avait offert un job. On ne sait pourquoi la radio qu'ils avaient emportée ne fonctionna pas. Un mois avant leur débarquement, Jacques Wadestrandt se trouvait à Santo Domingo avec le fils du colonel Pierre Armand, Frantz. On sut plus tard, par sa femme, Sylvie Tourdot, qu'il s'était rendu à Santiago de los Caballeros précisément pour organiser un point d'écoute de la radio et il comptait pour cela sur Manuel Cabral, un ami connu à Harvard.

Mais, après le débarquement, tous les efforts pour établir le contact furent vains. On suppose que leur appareil est tombé dans l'eau de la même façon que les explosifs du groupe de Fred Baptiste avaient sombré au fond de la mer lors du débarquement de Saltrou (Belle Anse), un mois avant. Le gouvernement haïtien maintint systématiquement le silence sur le cours des opérations et ce n'est qu'à la fin, quand tout fut terminé, qu'il fit publier un communiqué jubilatoire accompagné des photos de chacun des Treize, dont certaines provenaient de leur carte de résidence américaine (*Alien card*).

Un peu plus de cinquante ans après les faits, Prosper Avril propose, dans *L´Aventure militaire des 13 guérilleros de « Jeune Haïti »* (2015), un récit basé sur les déclarations des prisonniers Numa et Drouin, sur sa propre mémoire en tant qu´acteur – il était à l´époque engagé dans les opérations militaires contre *Jeune Haïti* comme sous-lieutenant des Forces Armées d´Haïti – et témoin oculaire ainsi que sur des témoignages oraux recueillis par ses soins.

Des treize membres du groupe de *Jeune Haïti* qui avaient débarqué, onze avaient reçu un entraînement technique à la « ferme » de la Central Intelligence Agency (CIA), dans le cadre d'un projet de J. F. Kennedy qui prévoyait la préparation d'équipes de commandos venant de l'opposition à Duvalier. Avec la mort du président, le projet fut suspendu. Les militants de *Jeune Haïti* se retrouvèrent sur le pavé de New York et chacun dut se mettre à la recherche d'un travail ou même penser à reprendre ses études. Maigre consolation, ils se retrouvaient parfois en fin de semaine, s'entraînant au tir dans le New Jersey ou à Long Island, accompagnés de leurs femmes ou amies qui transportaient parfois les armes sous leurs longues robes.

Le mouvement *Jeune Haïti* était né au cours de l'année 1963. La répression exercée sur le milieu étudiant et sur tous les groupes politiques, le caractère totalitaire et sanglant du régime de Duvalier et sa prétention à ne tolérer aucune limite, l'exode des familles et des jeunes vers les Etats-Unis, faisaient voir la nécessité d'une réponse à la fois politique et militaire aux prétentions de ce pouvoir dictatorial. Le Père Gérard Bissainthe, spiritain haïtien qui animait, avec d´autres collègues, la « Bibliothèque des Jeunes » au Petit Séminaire Collège Saint-Martial et des activités comme le pèlerinage annuel de Laboule, avait rencontré, en congé aux Etats-Unis, un groupe de jeunes exilés. Quelques-uns, d´entre eux, comme Louis – dit Milou – Drouin, faisaient partie du Groupement Progressiste Révolutionnaire Haïtien (GRPH). Selon la déclaration de Drouin après son arrestation, le GRPH devient, avec la rencontre avec Bissainthe, une organisation politique dénommée « Jeune Haïti » autour d´un programme pour bâtir une nouvelle Haïti. Selon les statuts de *Jeune Haïti* retrouvés dans les papiers de Louis (Milou) Drouin par Ralph Allen, *Jeune Haïti* est le produit de la fusion entre le GRPH et une organisation dénommée « Forces Haïtiennes de l´Intérieur » (FHI). *Jeune Haïti* publiait un petit journal *Lambi*, journal de formation politique, inspiré d'un catholicisme social, tel que l'exprimaient en France la revue *Esprit* et le personnalisme de Emmanuel Mounier, et du coopérativisme des kibboutz israéliens. La plateforme politique publiée par *Jeune Haïti* appelait au changement social, que résume de manière saisissante l´équation « Instruction + travail = Liberté » retrouvée dans les archives de Louis Drouin. Le programme incluait le service civique obligatoire pour tous les jeunes de dix-huit à vingt et un ans.

En cette année 1963, beaucoup d'ex-militaires et de jeunes se trouvaient à Santo Domingo où l'élection de Juan Bosch permettait de penser que l'opposition haïtienne pourrait trouver de l'aide. Le Père Gérard Bissainthe, à titre de leader de *Jeune Haïti*, y multipliait les contacts, espérant monter une base d'opération. Henri Clermont, fils du colonel Clermont, qui étudiait à Fordham University, l'université des jésuites à New York, quitta ses études et ouvrit un centre d´appui aux réfugiés avec l'aide de la Croix-Rouge. En même temps, il trouva du travail au supermarché Wimpy. Roland Rigaud, fils du dentiste George Rigaud porté disparu, qui avait laissé à New York sa femme et leur bébé, avait pour sa part participé à l´invasion de Cantave. Il était l'un des Treize.

A cette époque-là, avec Kennedy à Washington et Bosch à Santo Domingo, les espoirs volaient haut. Le groupe *Jeune Haïti* comptait plus de cent-cinquante membres qui avaient signé une feuille d'admission dans un mouvement qui reconnaissait officiellement la nécessité de la lutte armée. Les membres de *Jeune Haïti* n'étaient pas des révolutionnaires à la recherche de chimères mais voulaient changer le monde. Certains d´entre eux venaient de familles aisées ou même très aisées, et avaient des diplômes universitaires. Ils auraient pu transiger pour l'oubli et

pour des carrières prometteuses et gratifiantes et une vie de famille paisible hors du pays. Mais la tyrannie de Duvalier et
l'horreur des tortures et des assassinats indescriptibles commis
par son régime les avaient radicalisés. Et ils languissaient de leur
pays. La perspective d'une dictature sans fin était intolérable.
Elle représentait l'opposé de tout ce dont ils rêvaient.

La réaction immédiate de Duvalier, début juillet 1964, après le
débarquement à Saltrou (Belle Anse) des *Kamoken* de Fred Baptiste, fut d'envoyer des émissaires aux Etats-Unis avec une liste
impressionnante d'armement antiguérilla qui choqua même
Washington. Il était question, selon ce que rapporta une radio
dominicaine citant une source fiable le 13 juillet, de l'achat de
deux avions de combat T-28. Il semblerait que Duvalier avait fait
transférer des dollars sur une banque de Mexique sur la base
d'une lettre de crédit de la Banque Commerciale d'Haïti en vue
de l'achat d'armement. Le 16 juillet, Tad Szulc révéla, dans le
New York Times, que la liste incluait une armada de vingt-quatre
navires de guerre, dont dix bateaux armés de canons (*PT boats*).
Le négociateur pour ces achats était Joseph Clémard Charles,
directeur de la Banque Commerciale d'Haïti.

Pour l'administration Johnson, que Duvalier ait accès à un tel
armement comportait le risque que celui-ci décide de déstabiliser
le gouvernement déjà fragile de Reid Cabral en République Dominicaine. Par ailleurs, il était improbable que le président Lyndon B. Johnson donne son aval pour une opération contre
Duvalier en Haïti. Le dossier du Vietnam était déjà lourd et le
principal souci de son administration était d'éviter un vide du
pouvoir en Haïti dont Castro aurait pu profiter. Inexplicablement,
le groupe *Jeune Haïti* crut que l'administration Johnson leur
donnait le feu vert.

Le Père Jean-Baptiste Georges assura aux Treize qu'ils
n'étaient pas seuls : les *Kamoken* de Fred Baptiste étaient actifs
dans la zone de la forêt des Pins. Certains des treize basés à New
York ont pensé qu'ils allaient donc ouvrir un second front. Cependant, lorsqu'ils débarquent le 5 août 1964 en Haïti, les *Ka-*

moken des FARH étaient déjà de retour en République Dominicaine, depuis le 21 juillet 1964.

Aux premières heures encore sombres de l´aube, ce 5 août, le
capitaine du *MV Johnny Express* déposa les Treize à la Petite
Rivière de Dame-Marie, à quatre-vingts kilomètres de l'endroit
fixé pour le débarquement (Trou Bonbon, derrière Jérémie). Le
Père Georges, revenu avec le bateau à Miami, rapporta que les
Treize et lui étaient furieux de cette décision du capitaine, de-
meurée à ce jour sans explication.

En tant que commando avancé qui devait ouvrir la voie à une
incursion de plus grande envergure destinée à renverser Duvalier, l´objectif immédiat des Treize était d´occuper et de sécuriser
la petite piste d´atterrissage de Jérémie. Ce qui aurait permis la
réception de renforts et de provisions pour la bataille contre la
dictature. Et, au cas où les Treize échouaient, il était prévu
d´organiser leur retraite afin de choisir un champ de bataille plus
favorable sur le plan tactique.

Cependant, ce plan bien pensé fut voué à l´échec dès lors qu´ils
débarquèrent loin, trop loin de leur objectif. Chaque groupe de
« libération nationale » d´Amérique latine a rappelé l´exemple de
Fidel Castro parvenu finalement à la Sierra Maestra, avec seulement onze survivants après son débarquement raté. Mais ce que
ces révolutionnaires ont souvent négligé de souligner est le fait
que les sympathisants de Castro dans les villes l´ont rejoint,
armes à la main, dans les montagnes. Ce ne fut pas le cas pour
les treize chevaliers haïtiens.

Le groupe décida de se diriger vers Jérémie par les montagnes,
même s'ils avaient perdu l'avantage de la surprise. Ils traversèrent Dame-Marie d´où les autorités en place avaient fui à
l´annonce de la présence des guérilleros et s´en furent à Lesson,
où le Père Lefèvre, un prêtre canadien de l´ordre des Oblats,
également agronome, avait établi une ferme école.

De là, ils se dirigèrent vers Chambellan et passèrent la nuit du
6 août sur une hauteur dominant la localité. Le matin du 8 août,
un samedi, ils occupèrent sans résistance le village. Là encore,

ils ne trouvèrent aucun véhicule. Dans le bureau du magistrat communal, ils trouvèrent un stock de nourriture. Ils firent sauter le coffre-fort du bureau des contributions avec des explosifs. Avec les chevaux qu'ils louèrent pour transporter leur équipement, et en comptant que trois d'entre eux souffraient d'entorse à la cheville, ils traversèrent la rivière de la Grande- Anse, qui s'en allait vers la mer, et mirent le cap sur Jérémie. Réginald Jourdan qui avait fait ses premières armes à seize ans à Cuba dans la rébellion de Castro contre le dictateur Batista et Charles A. Forbin qui avait servi dans la 82ème Division aéroportée les précédaient comme éclaireurs. Ils aperçurent des soldats qui traversaient la rivière en sens inverse. C'est ce samedi 8 août, dans l'après-midi, trois jours après le débarquement, qu'ils tirèrent leurs premières cartouches. Les soldats s'abritèrent sans répondre. Ainsi débuta cette guérilla qui allait durer jusqu'au 26 octobre 1964.

A l'annonce du débarquement, Duvalier tira immédiatement la sonnette d'alarme : « Communistes ! » et mit en marche sa machine de propagande. L'ambassade américaine fut notifiée que plus de trois cents guérilleros cubains amenés par un grand navire, avaient débarqué dans le Sud. Duvalier demanda et obtint que des avions de la marine américaine fassent des vols de reconnaissance dans le passage du Vent et le long des côtes cubaines et haïtiennes avoisinantes pour s'assurer qu'il n'y avait pas d'autres unités en route.

Duvalier n'écartait pas l'hypothèse d'une manœuvre de diversion et que l'objectif réel pourrait être Port-au-Prince. A quoi la marine américaine répondit qu'aucun mouvement suspect n'avait été détecté. De son côté, le gouvernement cubain démentit tout départ d'une force armée de Cuba. A la capitale, des sources non officielles avançaient le chiffre de quatre-vingts rebelles distribués en deux colonnes au moins. Des troupes du bataillon tactique des casernes Dessalines reçurent l'ordre de se diriger sur Jérémie, sous le commandement du colonel Breton Claude. Le commandant militaire des Cayes, le colonel Henri Namphy, prit le commandement de toute l'opération. La ville de Jérémie fut bouclée pendant que s'organisait la chasse aux guérilleros.

Les Gardes-côtes d'Haïti avaient reçu en prêt plusieurs vedettes de patrouille appartenant aux gardes-côtes américains. Chacune des unités portait un nom historique - *Amiral Killick, La Crête-à-Pierrot, Vertières, Jean-Jacques Dessalines* - et elles n'étaient pas toutes en bon état. Beaucoup d'officiers et d'enrôlés compétents appartenant aux garde-côtes avaient été victimes des purges opérées par Duvalier dans l'armée. Les bateaux étaient donc mal entretenus. Certains étaient hors d'état de naviguer. De même, le corps d'aviation avait cinq *Mustangs P.51*, un excellent modèle d'avion de combat datant de la Seconde Guerre mondiale; mais un seul d'entre eux pouvait voler. Il y avait encore deux *AT-6*, avions d'entraînement remodelés, et trois transports *C-47* utilisés pour les passagers de la COHATA, la seule compagnie aérienne haïtienne qui assurait les vols intérieurs. Des centaines de VSN se joignirent à la bataille contre les Treize de *Jeune Haïti*, en aidant à les pister. Ils aidaient aussi à surveiller les ports et les plages pendant que les unités des gardes-côtes en état de fonctionnement patrouillaient le long de la côte.

Il ne fait pas de doute, selon les témoignages que j'ai recueillis des années plus tard, que la majorité de la population était du côté des jeunes combattants. La Grande-Anse avait soutenu la candidature de Louis Déjoie lors de la campagne de 1957 et en avait déjà payé le prix. Certains paysans et leurs familles donnèrent à manger aux Treize, certains s'offrirent comme guides tout en sachant qu'ils risquaient, ce faisant, la mort. Le 23 août, le cyclone Cléo s'abattit exactement sur cette zone selon une ligne allant des Cayes à Dame-Marie. Ces jeunes habitués aux appartements et aux restaurants de New York se retrouvaient sous la bourrasque, dormant en plein air, se nourrissant de racines et de lézards sauf quand ils étaient assez chanceux pour partager la maigre nourriture des paysans, grimpant sans pouvoir souffler des sentiers de pierres, traversant les rivières. Et maintenant la montagne dégorgeait de la boue, les rivières devenaient dangereuses, provoquant des inondations en cascade. Puis, aux vents du cyclone et à la pluie succéda un soleil brûlant.

Un message venant du palais et intercepté en République Dominicaine ne nécessite pas de commentaire : « Le commandant suprême des Forces armées au commandant sur le terrain : Il nous faut un prisonnier, je répète, un prisonnier ! »

Après avoir aperçu les troupes du gouvernement qui traversaient la rivière, venant de Jérémie, le groupe poursuivit son chemin en direction de Prévilé, une des sections rurales de Moron. Gérald (dit Géto) Brièrre, commandant en second du groupe, décida de se rendre à Latibolière pour prendre contact avec le prêtre de la paroisse et vérifier la possibilité de faire un contact radio. Brièrre était accompagné de Guslé Villedrouin. Les autres continuèrent leur marche sur Prévilé. Dans la nuit du 11 août, le groupe établit son campement dans les champs de café de Prévilé. Le matin suivant, Brièrre et Villedrouin les rejoignirent, bredouilles. Ils n'avaient pas pu trouver le prêtre de Prévilé.

Le 12 août, les gens de la région commencèrent à arriver au campement, chargés d'oranges, de bananes, de noix de coco et de figues. Numa rapporte, selon la transcription de son interrogatoire, que les gens avaient reconnu Louis (Milou) Drouin qui avait travaillé dans la région comme caissier payeur du SRCTH (*sic*). La foule grossit dangereusement à tel point qu'il fallut tirer en l'air pour la disperser. Mais déjà, le rassemblement avait attiré l'attention des militaires. Dans l'après-midi, un avion de reconnaissance *AT-6* survola plusieurs fois l'endroit. Selon Numa, Villedrouin, agacé, se mit à tirer contre l'avion. Erreur tactique, puisque c'était confirmer par là leur présence. L'avion avait été touché et le pilote, Antonio (Toto) Fénelon, fit un atterrissage forcé à Jérémie.

C'est alors que subitement, des tirs de mitrailleuse se firent entendre, frappant les pieds de caféier. La guerre avait donc sérieusement commencé. C'était le septième jour depuis leur arrivée. Alors qu'ils se préparaient à quitter leur position, arriva un paysan qui annonça à Milou Drouin que toute sa famille avait été arrêtée à Jérémie. Charlie Forbin, Jean Gerdès et Mirko Chandler voulaient continuer sur Jérémie pour tenter de libérer les personnes arrêtées. Milou décida de rester.

Ce qu'ils ignoraient, c'est que la tuerie de Jérémie avait déjà commencé. Jusqu'alors, les victimes de la férocité du régime de Duvalier étaient principalement les opposants politiques, les militaires jugés suspects, les étudiants, les syndicalistes et des paysans anonymes. En ce mois de juillet, la cible était les familles de ceux qui participaient à la guérilla et dans le cas de *Jeune Haïti*, le facteur « couleur » jouait un rôle prédominant dans un massacre qui incluait des personnes innocentes, femmes, enfants, vieillards, comme un recours à l'arme absolue de la terreur tous azimuts.

A Prévilé, un avion fit plusieurs passages, mitraillant la position des Treize dans les caféiers. Immédiatement, les militaires ouvrirent un feu nourri. Yvan Laraque couvrit la retraite du groupe. Forbin, Gerdès, Chandler qui avaient entendu la fusillade, rejoignirent le groupe apportant la nouvelle de leur première perte : ils avaient en mains les armes d'Yvan Laraque. Laraque (trente-trois ans) était leur aîné. Il laissait à New York sa femme qui ignorait totalement la raison de son départ. Son fils de dix ans avait été arrêté à Port-au-Prince quand les autorités surent que son père était l'un des rebelles. Emprisonné au Fort Dimanche, il y restera quatre mois. Laraque avait été un joueur de football connu, de l'équipe Excelsior. Les soldats racontèrent comment il était mort héroïquement couvrant la retraite du reste du groupe par une attaque à la grenade contre eux. Jacques Auguste, ancien co-équipier de Laraque dans l'équipe Excelsior, me déclara : « Laraque n'était pas tellement baraqué mais il imposait le respect parce qu'il ne craignait rien. Je me rappelle, il jouait "demi centre", une position difficile qu'il défendait très bien. »

Duvalier n'avait pas de prisonnier mais il avait un corps. Sur ses ordres, le corps fut exposé, habillé seulement d'un caleçon, à l'intersection de la Grand-Rue et de l'avenue Somoza (qui menait à l'aéroport Bowen Field). A côté d'une grande pancarte

publicitaire de Coca-Cola disant « Bienvenue en Haïti ». Le cadavre, décomposé et enflé, couvert de mouches, avait été attaché
à une chaise mais avait glissé de celle-ci et une inscription disait : « Chef des apatrides. Tué à la Grande-Anse ». Le corps
putride demeura sur la route, contre la chaise, jusqu´à ce que
l´ambassadeur libérien s´en plaigne au ministère des Affaires
étrangères en soulignant que l´exposition était une honte pour
tous les Africains et que le corps devait être enlevé.

Pour les douze combattants restants de *Jeune Haïti*
l'escarmouche de Prévilé signifiait qu'il fallait renoncer à
l'objectif initial, Jérémie, infesté de forces gouvernementales. Ils
étaient acculés à livrer une guerre de guérillas qui ne pouvait se
terminer que par la mort de chacun d'entre eux. Bobby Jourdan,
le seul ayant une expérience de la guérilla, prit alors la direction
du groupe. Il semble qu´il y a eu une discussion au sein du
groupe sur le choix du pic Macaya pour y établir un camp. La
majorité décida que le pic était trop loin et ils se dirigèrent vers
Mazenod, non loin de Camp-Perrin, où ils espéraient monter leur
camp, définir une stratégie, recevoir des provisions et avoir accès
à la radio du prêtre catholique. Il y avait aussi la prise de conscience que sans provisions ni renforts, leur incursion serait vouée
à l´échec. Si l´on en croit les transcriptions des interrogatoires,
certains membres avaient aussi suggéré que la meilleure solution
serait de retourner à New York et que, parallèlement, Géto
Brierre, Milou Drouin et Guslé Villedrouin voulaient rester et
poursuivre le combat coûte que coûte. Il n´y a aucun moyen
d´affirmer que ceci est vrai (ou faux).

Pendant ce temps, le Père Jean-Baptiste Georges fut arrêté par
les douanes américaines et accusé par l´agence des alcools, tabac
et armes à feu (ATF) de conspiration pour l´exportation de munitions de guerre à des fins révolutionnaires. Un camion-remorque
avait transporté une cargaison d´armes, d´une valeur de onze
mille dollars, de New York à Miami et le Père Georges était,
semble-t-il le détenteur de la clé du camion. Il fut relâché contre
versement d´une caution de mille dollars et les accusations
contre lui ont été finalement abandonnées.

Duvalier de son côté avait eu plus de succès. Deux avions *T-38* étaient arrivés à Port-au-Prince venant du Texas, en violation de plus d'une demi-douzaine de lois fédérales américaines. Mais, à la grande colère de Duvalier, les deux avions n'étaient pas pourvus de système d'armement ni de dispositifs pour le lancement de bombes. Les agents de Duvalier dénichèrent un mécanicien du sud de la Floride capable de convertir les *T-28* en machines de guerre mais son voyage à Port-au-Prince fut inutile car les outils et l'équipement pour faire ce travail n'existaient pas. De retour à Miami, il fut brièvement détenu. Il fut relâché sur l'intervention de la CIA, agence pour laquelle il avait travaillé par le passé.

Le consul de Duvalier à Miami, Rudolf Baboun, fut accusé d'exporter des armes vers Haïti sans permis d'exportation et il eut le choix entre quitter les Etats-Unis ou accepter le procès. Il était aussi, semble-t-il, impliqué dans l'affaire des deux avions *T-28*. Duvalier récompensa Baboun en le nommant ambassadeur auprès du Mexique. Un autre envoi d'armes fut saisi à l'aéroport de Fort Lauderdale (Floride), provoquant l'arrestation du dentiste haïtien Carlo Mevs. Il s'agissait d'une cargaison de cinquante mille balles de calibre .30 évaluée à cent mille dollars. Relâché grâce à un échange informel de prisonniers entre Haïti et les Etats-Unis, Carlo Mevs demanda l'asile politique aux USA et s'établit à San Juan (Porto Rico).

Pendant ce temps, le groupe des Treize qui s'était dirigé vers le sud passa deux jours sans pouvoir se ravitailler, se déplaçant dans une région sans maisons, sans marchés et sans eau. Ils atteignirent les montagnes dominant Les Anglais et les paysans leur firent savoir que les troupes occupaient tout le littoral. Les vedettes des gardes-côtes patrouillant la côte était repérables depuis les montagnes. Le 18 août, huit des rebelles lancèrent de manière coordonnée une attaque surprise contre un groupe de militaires qui préparaient leur dîner. Trois des soldats furent tués. Un quatrième fut blessé. Le reste prit la fuite pensant qu'il s'agissait d'un nouveau débarquement. Cette action remonta le moral des rebelles et leur permit de se réapprovisionner en armes, munitions et nourriture, dont une pintade et un petit cochon.

Cependant, les guérilleros de *Jeune Haïti* se rendaient bien compte que leur situation était désespérée. Chercher et détruire l´ennemi n´était donc plus une priorité. Ils décidèrent de combattre uniquement lorsque qu´ils croiseraient les troupes militaires sur leur chemin. Le besoin de rétablir les communications était urgent ; il leur fallait reprendre contact avec leur base et faire les arrangements requis pour obtenir renforts et provisions.

Le 29 août, à Caliot, dans les collines au-dessus de Port-à-Piment, Jourdan et Forbin et l'un des deux guides paysans qui s'étaient joints à eux, partis en éclaireurs, purent détecter un mouvement de militaires venant vers eux. Ils les prirent en embuscade et les surprirent par leur puissance de feu, en partie grâce aux armes confisquées le 18 août. Les rebelles comptèrent cinq soldats morts, dont celui qui maniait la mitrailleuse, et trois blessés. Bobby Jourdan leur demanda de se rendre. Ce qu'ils firent. Les soldats blessés furent soignés et envoyés à Port-à-Piment pour des soins médicaux plus poussés.

Au cours de son interrogatoire, Marcel Numa aurait affirmé que le lieutenant Achille avait été tué, la gorge tranchée, en se référant à ce qu´aurait rapporté Max Armand à Réginald Jourdan. A noter que, selon Prosper Avril, le lieutenant Achille eut la gorge tranchée mais en réchappa puisque les militaires parvinrent à l´acheminer à l´hôpital. Cette version n´est pas crédible. En fait, le lieutenant Léon Achille, qui souffrait d'une double fracture de la cuisse gauche, fut soigné et laissé sur place où les militaires le recueillirent le 8 septembre 1964. Le communiqué gouvernemental de « la victoire totale sur le groupe des treize apatrides » publié le 28 octobre 1964 ne mentionne pour sa part que la double fracture de la cuisse gauche. Selon ce même communiqué, Achille fut accueilli en héros par Duvalier qui lui rendit visite à l'hôpital et le décora personnellement. Achille parvint plus tard au grade de colonel des forces armées de Duvalier. Avant d´être démis de ses fonctions par Jean-Claude Duvalier,

Achille fut chef des pompiers de Port-au-Prince. Il mourut à Port-au-Prince le 25 janvier 1984.

Selon l'armée haïtienne, le groupe prit la direction du Macaya après l'escarmouche de Caliot. A Dallest, le 8 septembre, ils tombèrent sur le bataillon tactique des Casernes qui, entraîné par les *marines*, avait été placé sous le commandement du capitaine Williams Régala. Parmi les officiers se trouvait le lieutenant Prosper Avril. Ce fut un engagement meurtrier pour *Jeune Haïti*. Furent tués Gérald Brièrre, vingt-neuf ans, Charles Alfred Forbin, vingt-trois ans, ancien parachutiste, fils du colonel Alfred Forbin arrêté et exécuté le 26 avril 1963, et Jacques Wadestrandt, vingt-neuf ans, un ancien de Harvard, où il avait étudié en même temps qu'Edward Kennedy. Il laissait derrière lui sa femme et un bébé de dix-huit mois.

Au pic Formond, le 14 septembre, furent tués les deux frères Armand, Jacques (vingt-six ans) et Max (vingt-cinq ans). Leur père Benoît Armand avait été tué par des *makout* le 26 avril 1963. Jacques était diplômé en économie de l'Université de New York (NYU). Max, ingénieur en électricité, sorti de NYU, laissait une amie américaine et un enfant.

Le 27 septembre, Marcel Numa, vingt et un ans, qui s'était rendu, déguisé en paysan, au marché de Côteaux pour acheter à manger, fut repéré. Fils d'un planteur de café de Jérémie, Marcel Numa avait étudié la mécanique diesel au *Merchant Marine Academy* dans le Bronx. Duvalier avait son prisonnier. Le 29 septembre, au Mont Sinaï, eut lieu un autre affrontement avec les militaires. Mirko Chandler et Jean Gerdès furent sérieusement touchés. Selon le témoignage de Louis Drouin, après sa capture, Chandler supplia son meilleur ami Bobby Jourdan, et obtint de lui, de l'achever, ce que fit Jourdan d'une balle bien placée. Jean Gerdès, l'artiste, qui avait été le dernier à être recruté, détruisit tous les papiers et munitions avant de se donner la mort.

Les quatre survivants prirent la direction de l'est vers le pic Tête Bœuf où Roland Rigaud (trente-deux ans) fut blessé le 4 octobre, lors d´une confrontation avec la milice. Deux semaines après, le 16 octobre, les *tonton makout* les rattrapèrent. Louis Drouin Jr. (vingt-huit ans) demanda aux autres de le laisser. Ayant décidé de ne pas se suicider, il fut fait prisonnier trois jours plus tard, le 19 octobre. Fils d´un boulanger de Jérémie, Drouin avait fait son service dans l'armée américaine. Il avait étudié les finances et avait travaillé dans plusieurs banques à New York.

Le trio des survivants, Guslé Villedrouin, Roland Rigaud et Réginald Jourdan, vingt-six ans, cousin d'Hector Riobé, livrèrent leur dernière bataille, le 26 octobre, à Ravine Roche, à quelques kilomètres de l'Asile. Ils étaient poursuivis par une horde de miliciens et par les militaires. Leurs munitions épuisées, ils se défendirent avec des pierres lors de cette dernière étape d´une guerre longue et solitaire. Le magistrat communal de l´Asile envoya un câble pour annoncer la nouvelle à Duvalier. Ce câble s´achevait sur ces mots : « Envoyons têtes coupées ».

Sur ordre du palais, les têtes tranchées de Jourdan, Rigaud et Villedrouin furent photographiées en guise de trophée symbolisant la victoire de Duvalier. Les journaux *Le Nouvelliste* et *Le Matin* publièrent, respectivement le 28 et le 30 octobre 1964, le communiqué « de la victoire totale » émanant du département des Affaires étrangères et signé de René Chalmers. Ce communiqué reprend le fil des événements, accompagné des photos d´identité des Treize ainsi que les photos des têtes coupées. Il y a eu aussi des exécutions sommaires de paysans accusés d´avoir aidé les rebelles ou pour répandre la terreur. Combien sont morts ?

Duvalier, pour sa part, occulta les pertes de son camp. Dans son ouvrage de 2015, Prosper Avril déplore « la mort des neuf vaillants soldats des Forces Armées d´Haïti tombés les armes à la main en accomplissant courageusement leur devoir constitutionnel (*sic*) » sans les identifier nommément.

Géraldine Carro, une rédactrice de magazine américaine, fiancée de Max Armand, donna au magazine *True* le témoignage suivant cité dans un article d´Andrew St. George « *Secret Struggle for Haiti : the Mafia Vs. The CIA* » paru dans l´édition d´avril 1970 dudit magazine:

« Quand la première équipe débarqua dans le sud d'Haïti, Max était le second en commandement. Après les premiers jours, ils rencontrèrent la milice de Duvalier qui était établie tout autour de Jérémie et il y eut des combats presque chaque jour et ils ont commencé à subir des pertes. Mais leur radio est tombée en panne, a été cassée ou bien perdue, nous ne savons pas. Nous ne pouvions plus communiquer avec eux. Il devint graduellement évident que si rien n´était fait, ces garçons étaient condamnés. Et nous avons essayé. Ecoutez, la CIA a réellement essayé de trouver une aide pour ces garçons ou, d´une manière ou d´une autre, de sauver les survivants ».

« Et nous n'avons pu rien faire. Washington nous était totalement fermé. C'était comme s'attaquer à un mur de pierre. Rien. Tous ces garçons furent tués. Mon fiancé aussi. J'ai finalement su comment il était mort. Mais je ne pense pas pouvoir en parler. De toute façon, les gars de la CIA, ceux qui avaient entraîné et équipé ces garçons, étaient eux-mêmes terriblement amers. Ils disaient que quelqu'un était en train de tirer des ficelles pour détruire l'expédition. La seule chose qu'ils pouvaient faire était d'organiser une collecte parmi les collègues du bureau, en vue de payer pour une messe de requiem, un service funèbre en mémoire des morts. Le service un lieu ici à New York, à la 14e Rue. J'y suis allée aussi. Tous les types de la CIA, les familles et les amies de ces garçons étaient là. La nef était une rivière de larmes. »

L'histoire de *Jeune Haïti*, c'est la saga tragique d'un groupe de jeunes qui avaient tout pour vivre. Jacques Wadestrandt avait commencé la médecine à Harvard. Il faisait partie, avec Jean-Claude Assali et Jean-Claude Aimé, des trois premiers étudiants haïtiens diplômés de Harvard. Jacques avait abandonné ses études de médecine pour s'engager dans le combat politique contre la dictature de Duvalier. Il avait été choisi pour être le Secrétaire général de *Jeune Haïti* et il a participé à l'invasion, alors qu'il n'avait aucun entraînement militaire et n'avait pas été au camp de la CIA.

Se rendant compte que quelque chose n'allait pas puisqu'on ne parvenait pas à établir la communication entre leur émetteur et le poste de réception qui avait été établi en République Dominicaine, la femme de Wadestrandt, Sylvie Tourdot, fit un effort désespéré pour leur envoyer une autre radio et des renforts. Elle était arrivée à recruter des volontaires et à ouvrir un camp d'entraînement à Samana, dans la partie est de la République Dominicaine, et était parvenue à louer un bateau à Miami. Mais le plan fut réduit à néant : le gouvernement dominicain refusa de donner l'autorisation pour le réapprovisionnement du bateau en carburant. Au camp d'entraînement, les volontaires se décourageaient. Mais il était déjà trop tard. La guerre était terminée.

Tôt dans la matinée du 12 novembre 1964, écoles et magasins restèrent fermés sur ordre du gouvernement. Ecoliers et fonctionnaires reçurent l'ordre, par annonces faites à la radio, de se rendre au cimetière de Port-au-Prince pour assister à l'exécution de deux derniers rebelles de la guérilla de la Grande-Anse. La mise à mort de Numa et Drouin avait été programmée pour 7 heures du matin devant le mur de quatre mètres de haut du cimetière.

Une foule de duvaliéristes fidèles s'était déjà formée quand Marcel Numa, vingt et un ans, et Louis Drouin Jr., trente et un ans, sortirent du fourgon de la police conduits par le major Franck Romain et le lieutenant François Delva. Alors qu'on les attachait aux deux poteaux de bois de pin, un murmure de surprise sortit de la foule, quand on se rendit compte que l'un était clair et l'autre noir. Le profond symbolisme de la scène avait peut-être été mal évalué par Duvalier lui-même. Un enseignant qui assista à la scène me la décrivit en soulignant qu'elle faisait penser à l'exécution de 1790 quand Vincent Ogé, un mulâtre, et Jean-Baptiste Chavannes, un Noir, avaient été livrés à la terrible torture de la roue sur la Place d'Armes du Cap Français pour avoir revendiqué, au nom de la Révolution française, l'égalité avec les colons blancs. A leur terrible exécution assistèrent une foule de propriétaires d'esclaves et des esclaves.

Les deux survivants du groupe de *Jeune Haïti* qui avaient débarqué le 5 août 1964 et qui avaient rêvé de libérer leur pays de la dictature de François Duvalier avaient été condamnés à mort par une cour martiale, réunie aux casernes Dessalines, au bout d'une séance d'un jour et demi, du 2 au 4 novembre. L'ordre d'exécution avait été dûment signé par Gérard Constant, général, chef d'état-major, Jacques Laroche, colonel et Franck Romain, major. Duvalier lui-même avait décidé de faire de l'exécution des deux guérilleros un spectacle public. La chaîne de télévision privée, *Télé-Haïti*, reçut l'ordre de filmer l'événement. La radio du gouvernement, *La Voix de la République*, était sur place. Les deux condamnés demeurèrent impassibles face au peloton de neuf soldats.

Le speaker de la radio décrivit la scène de l'exécution pas à pas, sur le mode des commentaires radiophoniques sur les matchs de football qui se déroulaient au stade Sylvio-Cator situé non loin du cimetière. Des imprimés de couleur bleue portant les photos d'identité des Treize et des trois têtes coupées furent distribués. Un message écrit de Duvalier fut aussi distribué, affirmant que « le Dr François Duvalier accomplira sa sacro-sainte mission. Il a écrasé et il écrasera toujours les tentatives des antipatriotes... » Ce message se terminait comme suit : « La révolution duvaliériste triomphera, elle piétinera les corps des traîtres et des renégats... »

Drouin et Numa furent attachés à deux poteaux. Un jeune prêtre français, récemment arrivé en Haïti et officiant comme vicaire à la cathédrale, avait été amené *manu militari* pour le rite de la dernière confession que les deux jeunes gens, toujours impassibles, refusèrent. Le lieutenant Albert Pierre (dit *Ti Boulé*) commandait le peloton. Le major Frank Romain, porteur d'un pistolet de calibre .45, administra les coups de grâce. La foule fut ensuite appelée à se rendre devant le Palais national pour une démonstration de son appui à Papa Doc. Celui-ci apparut sur le balcon du palais, salua la foule de la main et afficha le sourire de la victoire.

Sur ordre de Duvalier, la séquence télévisée fut projetée pendant une semaine. Le journal *Le Matin* commenta, dans une envolée lyrique « Toutes les forces de la nation, debout, ont manifesté leur totale adhésion à la politique de paix du gouvernement Duvalier (…) Ils ont payé et jetons maintenant un voile sur leur acte abominable que rien ne pourra effacer. »

Peu d´Haïtiens ont pu effacer de leur mémoire l´exécution des deux rebelles de *Jeune Haïti*. Si celle-ci avait été mise en scène en tant que spectacle public, les Haïtiens savaient pertinemment qu´un nombre incalculable d´exécutions avaient eu lieu, loin des regards, au Fort Dimanche et dans d´autres endroits inconnus.

L'accusation officielle portée contre les Treize de *Jeune Haïti* était celle de haute trahison. Ils avaient vécu aux Etats-Unis, avaient été équipés par un gouvernement étranger, et « après avoir reçu un entrainement militaire intensif dans un camp militaire d'un pays étranger » avaient débarqué en Haïti dans un acte de trahison vis-à-vis de leur pays. Duvalier décora, pour leur participation à la guerre contre les Treize, cent vingt-neuf membres de l'armée, de la police et des VSN. Les deux chefs de la police secrète, Eloïs Maître et Luc Désyr furent décorés « pour exceptionnelle bravoure, le 14 juillet 1963 », jour de la mort des frères Barbot. Un décret priva de leur nationalité haïtienne quatorze citoyens qui furent condamnés à « la mort civile ». Ces quatorze personnes étaient privées de tous leurs droits civils et tous leurs biens étaient confisqués. Le décret ne disait pas que ces quatorze personnes avaient déjà été toutes massacrées à Jérémie. Le week-end suivant, Gérard de Catalogne, directeur du tourisme, recevant quarante agents de voyage à Port-au-Prince, déclarait que « tout était en paix et tranquille dans l'île magique… Ici, chacun était en sûreté. »

Liste des 13 membres de *Jeune Haïti* selon l'ordre chronologique de leur mort

Date	Nom	Age	Lieu / Circonstances
12 août 1964	Yvan Laraque	33	Prévilé Mort au Combat
8 septembre 1964	Gérald Brièrre Charles A. Forbin Jacques Wadestrandt	30 23 29	Dallest Morts au Combat
14 septembre 1964	Jacques Armand Max Armand	26 25	Pic Formond Morts au Combat
29 septembre 1964	Jean Gerdès Mirko Chandler		Mont Sinai Morts au Combat
26 octobre 1964	Guslé Villedrouin Roland Rigaud Réginald (Bobby) Jourdan	28 32 26	Ravine Roche près de l'Asile Morts au Combat
12 novembre 1964	Marcel Numa Louis Drouin	21 31	Fusillés contre le mur du cimetière de Port-au-Prince.

Chapitre 25

Le massacre de Jérémie

Témoignage du Pasteur Alain Rocourt
Juillet-Septembre 1964

Jérémie, ville de poètes et d'hommes politiques, était renommée pour être une des plus jolies villes provinciales d'Haïti. Logée sur la côte est de la péninsule du Sud, elle semblait, aux premiers jours de la République, plus proche de l'Europe que de Port-au-Prince sous maints aspects, en particulier par les liens commerciaux et culturels. Les Jérémiens prenaient le bateau, cargo ou bateau de passagers, pour se rendre à Bordeaux, sans même faire escale à Port-au-Prince.

Historiquement, c'était le vieux sud, bastion du général André Rigaud. Et Jérémie comptait, parmi les villes de province, une forte population de mulâtres. Les commerçants vivaient au-dessus de leurs boutiques, situées pour la plupart autour de la place Alexandre-Dumas, au centre de la ville. Les matins étaient ponctués par le chant des vendeurs de café : *«Men gwo kònè kafe griye »*. Le café fraîchement moulu était enveloppé dans un papier qui avait la forme d'un cornet à glace. Dans les collines, dominant la zone commerciale, se trouvait Bordes avec ses températures plus fraîches et ses coquettes maisons de style *gingerbread*, résidences d'été du clan des familles de commerçants et gens d'affaires.

Dans les années 1940-1950 commença la migration des familles de Jérémie vers Port-au-Prince en raison des difficultés de transport, par camion ou par bateau, de la centralisation des services à la capitale, des problèmes d'accès aux établissements scolaires pour les enfants.

Le lendemain du jour de l'élection présidentielle de 1957, je fus invité, de même que Peter Khiss du *New York Times*, par le colonel André Fareau, membre de la Junte militaire, à faire un tour à Jérémie. Il voulait nous montrer combien les élections s'étaient bien passées. Des partisans de Duvalier, préparés pour la circonstance, nous attendaient. Effectivement, la visite se transforma en célébration de la victoire duvaliériste. Dans la foule de pauvres qui dansaient ce jour-là à Jérémie, il n'y avait, évidemment, aucune face claire.

Sept ans après, de terribles événements frappaient la ville. Pour savoir ce qui s'était passé à Jérémie au cours de l´été 1964, je m´adressai, des années plus tard, à un survivant, un homme à qui je savais pouvoir faire confiance.

En juillet 1988, mon entrevue avec le Pasteur Alain Rocourt eut lieu dans le bureau temporaire qu´il occupait à l´église méthodiste unie dans le quartier *Little Haiti* de Miami. Le pasteur Rocourt était à l´époque en exil politique temporaire, après les élections de 1987 avortées dans la violence. Rocourt avait été, l´année précédant les élections, un membre important du Conseil électoral provisoire et devint par conséquent la cible des hommes de main des militaires.

Le pasteur Rocourt, un mulâtre frêle et nerveux, en qui l'on sentait, de façon palpable, un sens de justice sociale, me raconta, en anglais, comme un cauchemar qu'il évoquait avec difficulté, les représailles terribles exercées par Duvalier, connues sous le nom des « Vêpres de Jérémie ».

« Mes souvenirs sont un peu brumeux, dit le pasteur Rocourt, mais il est impossible d'oublier ces événements horribles survenus pendant cet été de 1964, après le débarquement de ces treize jeunes près de Dame-Marie, à quelque 50 kilomètres de Jérémie. J'étais à ce moment là pasteur à Jérémie. Ma famille était avec moi. Un couvre-feu avait été imposé à partir de 18 heures, je m'en souviens très bien. Le premier jour, on ne pouvait même pas allumer une bougie. C'était l'obscurité totale. Et l'un de nos enfants ne cessait de répéter : "Pourquoi doit-on aller au lit aussi tôt ?" Ce fut durant cette première nuit que j'ai moi-même failli y passer. »

« Nous vivions à Bordes, le quartier résidentiel de Jérémie et j'avais deux collègues avec moi. Un Irlandais, Patrick O'Connell, fils du vieux O'Connell, qui avait passé en Haïti une bonne partie de sa vie, et un Suisse, du nom de Gardel, qui était membre de l'équipe suisse qui travaillait à Jérémie à cette époque-là dans notre projet de réhabilitation d´écoles. Cette nuit-là nous avions dîné ensemble à l'arrière de la maison, à la lueur d´une seule bougie, et nous sommes restés à causer. Vers 9 heures du soir, j'entendis un bruit de voitures dans la cour du voisin. C'était la maison des Jérôme, (aucun lien de parenté avec l'officier Abel Jérôme), une vieille famille de Jérémie. Georges Jérôme était un homme d'affaires qui avait un magasin à Jéré-mie. C'était le laïc le plus important de mon église, chargé de l'administration financière de l'église. Sa mère était malade et se trouvait dans la maison, avec ses petits-enfants venus à Jérémie passer les vacances d'été. »

« Entendant ces bruits de voitures, je fis la réflexion qu'il était étrange que Georges sorte de la maison en plein couvre-feu. Je me dis : "C'est peut-être sa mère qui va plus mal, je vais aller voir ce que nous pouvons faire". Ma maison se trouvait au bout d'une longue allée. Je sortis et je m'approchai de la clôture dans une obscurité totale. Mais je connaissais bien le chemin. Mes yeux s'habituèrent à l'obscurité et quand je m'approchai de la clôture, j'entendis des voix qui criaient "Haut les mains!" Je m'exécutai immédiatement et je reçus l'ordre de traverser. "Mais comment vais-je traverser une clôture de fil barbelé avec les mains en l'air ?" demandai-je. "Débrouillez-vous, répondit-on, Faites-le". Jusqu'à maintenant, je garde sur mon corps les marques des blessures causées par le fil de fer barbelé quand j´escaladai cette clôture. »

« La maison était remplie de gens lourdement armés. J´y entrai et je me trouvai face à face avec Astrel Benjamin, le chef des *tonton makout* des Cayes. D'une voix revêche, il me demanda : "Qu'est-ce que vous faisiez là ?". A quoi je répondis : "J'ai entendu du bruit, et c'est la maison d'un voisin, membre de mon église. Sachant que sa vieille mère est malade, je me demandais si elle n'allait pas plus mal. Je venais donc voir en quoi je pouvais aider" Le chef makout se mit à hurler : "Vous êtes sûrement un traître !" Au même moment, je vis deux de ses hommes de main qui déversaient de la gasoline sur la porte en bois de la maison. Ils allaient mettre le feu à la maison. Quand ils entendirent leur chef me parler, ils mirent rapidement de côté leur récipient. On pouvait sentir l'odeur du combustible. Ce fut vraiment providentiel que je fusse arrivé à ce moment-là, dans cette maison remplie d'enfants avec une vieille dame malade. Je ne savais pas à ce moment-là, que Georges et son beau-frère, Westly Clérié, mon cousin, avaient été arrêtés et se trouvaient en prison. Tout en continuant à crier sur moi, le *makout* me délesta de mon ceinturon et me conduisit à l'extérieur. Etant donné le fait que je suis très mince et léger, il n'eut aucune peine à m'attraper et à me lancer à l'intérieur de la jeep. Mais avant que nous eussions pu partir, une voiture apparut. Les *makout* s'écrièrent : "Qui va là ? Identifiez-vous !". La personne qui était dans la voiture répondit : "C'est le maire adjoint de la ville." L'adjoint du maire m'aperçut à l'intérieur de la jeep. "Pasteur, qu'est-ce que vous faites là ?" Je répondis : "Demandez au monsieur qui est là. Il m'a arrêté." »

« Alors le maire adjoint s'adressa à Astrel Benjamin. "Vous ne savez pas que le Pasteur Rocourt est le pasteur méthodiste de Jérémie, et que c'est une personnalité très connue ?" Benjamin répondit en hurlant : "Je m'en fiche, des évêques trahissent Duvalier, allez voir pour les pasteurs". Il fit gronder le moteur de la jeep et nous prîmes la route. Descendant la colline en direction de la ville, on dépassa la tristement fameuse Sanette Balmir, *fiyèt lalo* (nom donné aux *tonton makout* de sexe féminin), la femme qui était responsable de la ville. Benjamin arrêta sa jeep et Sanette lui demanda : "Qui est dans votre voiture ?". Benjamin répondit triomphalement : "J'en ai attrapé un. Je vais le tuer. Sa tombe est déjà creusée". »

Il ne mentait pas. Les tombes étaient déjà creusées au lieu-dit « Numéro Deux» derrière le petit aéroport, à quelques kilomètres de la ville. Mais quand la voiture longea les casernes de l'armée, il en décida autrement. Au lieu de continuer vers le lieu des exécutions, il dit aux autres makout : "On va aller d'abord à la caserne". »

« Cette hésitation me sauva la vie. S'il avait continué tout droit vers l'aéroport, là où l'on creusait des trous pour enterrer ceux que l'on était en train de tuer, j'aurais été exécuté. Benjamin me conduisit à l'intérieur de la caserne. Il s'assit pendant que je restais debout. C'était pour lui un grand moment, la grande occasion pour m'humilier. L'endroit était plein de *makout*, la plupart venant des Cayes. Ils étaient venus pour mettre le feu au quartier résidentiel de la ville. Je restai là. Alors, il ordonna : "Enlevez votre maillot de corps. Et enlevez votre caleçon". Il voulait me voir tout nu et il voulait le faire graduellement pour jouir de son triomphe. Pendant qu'il faisait cela – j'avais en face de moi l'escalier qui conduisait à l'étage, où se trouvaient les bureaux –, je vis Abel Jérôme qui était le capitaine responsable de Jérémie. Il descendit l'escalier, leva les mains au ciel, et arrivant devant le chef makout Benjamin : " Pourquoi faites-vous cela au pasteur ?" Il se tourna alors vers moi et dit : "Pasteur, rhabillez-vous." »

« Le *tonton makout* était furieux, et il y eut un dangereux échange de mots entre les deux ; le *makout* sentait que Jérôme était en train de lui ravir sa proie. Jérôme remonta en courant l'escalier et le *makout* me jeta dans une cellule, dans laquelle se trouvaient Georges Jérôme et Westly Clérié, mon cousin. C'est alors seulement que je sus qu'ils avaient été arrêtés. Benjamin était furieux. Alors la porte de la cellule s'ouvrit et Abel Jérôme dit très poliment : "Pasteur, venez avec moi, s'il vous plaît." A l'étage, je me retrouvai avec des officiers de haut rang de l'armée, y compris le secrétaire de Duvalier, Pierre Biamby. »

« Ils étaient très polis. Il y avait là des colonels, des majors, des capitaines. Je ne les connaissais pas. Biamby parlait et les autres secouaient la tête. Biamby se confondit en excuses de la part du gouvernement. "Pasteur, nous regrettons beaucoup ce qui est arrivé, ce sont des choses qui arrivent par les temps qui courent." Il dit alors : "Nous allons vous faire accompagner chez vous. Je vous en prie, ne blâmez pas le gouvernement pour ce qui est arrivé. Est-ce que vous avez quelque chose à nous dire?" Je dis : "Oui, deux choses. D'abord, je ne m'en vais pas sans les deux personnes qui étaient dans la cellule avec moi, M. Jérôme et M. Clérié, qui n'ont rien fait de mal, d'après ce que je puis savoir. Je voudrais qu'ils rentrent avec moi et je voudrais aussi vous dire quelque chose à propos de ce qui se passe." Je lui expliquai que ce qui se passait était la meilleure façon pour le gouvernement de s'aliéner la population, que s'il voulait avoir l'appui de la population, c'était une très mauvaise façon de procéder. »

« Ils me renvoyèrent à la maison avec mes deux amis, accompagnés d'un officier et d'un sergent. Nous avons été les seules personnes qui, arrêtées, n´ont pas été assassinées. Les vingt-sept autres personnes arrêtées durant les deux mois qui suivirent furent toutes tuées, femmes et enfants inclus.

« En ville, la situation était terrible. Nuit après nuit, on pouvait entendre le grondement des jeeps DKW, véhicules utilisés par les *tonton makout* depuis les jours de Barbot. Nous étions tellement accoutumés à ce grondement de terreur, que chaque fois qu'on l'entendait, ma femme se bouchait les oreilles, et, jusqu'à maintenant, vingt-quatre années plus tard, elle ne peut entendre le bruit d'un DKW qui lui rappelle ses amis menés à leur tombe dans ces jeeps de la mort. »

« Astrel Benjamin était originaire des montagnes de Jérémie. C'était l'archétype de ces gens endurcis, en colère, frustrés, qui s'engageaient comme *makout*. Agé de trente-cinq ans, de taille moyenne mais de constitution solide, c'était une brute au naturel. Il avait demandé à Duvalier le privilège de se rendre à Jérémie et d'y mettre le feu ; il voulait incendier le quartier résidentiel de Jérémie et le raser ».

Il faut noter au passage que, pendant des années, Astrel Benjamin a commis des crimes aux Cayes. Il fut accusé d'avoir violé une jeune fille. Les militaires avaient fort à faire pour le supporter mais il avait plus de pouvoir qu'eux, ayant un rapport direct avec Papa Doc. Il avait son quartier général sur les quais du port des Cayes. En 1978, il présenta sa candidature à la chambre des députés mais Marcus Garcia, journaliste à Radio Métropole, mit en cause sa crédibilité et sa candidature fut un échec. Déchu de ses pouvoirs, il a glissé dans l'obscurité.

Le Révérend Rocourt poursuivit: « Jérémie fut mis en quarantaine, personne ne pouvait quitter la ville. La péninsule tout entière fut coupée du reste du pays. Pourquoi le colonel Abel Jérôme m'a-t-il sauvé des griffes de Astrel Benjamin ? C'est une histoire typiquement haïtienne. Quelques mois auparavant, j'avais reçu du *Church World Service* quatre-vingt-trois *bal* (sacs) de vêtements. J'avais soigneusement repéré les endroits où nous avions des églises, une trentaine. Aidé par des volontaires de l'église, j'avais relevé les tailles, les dimensions des gens de façon à pouvoir préparer des paquets par famille. Tout avait donc été planifié. Quand on a reçu les quatre-vingt-trois *bal* (sacs) de vêtements, Jérémie se trouvait dans une situation économique très difficile. Les conséquences des dévastations du cyclone Hazel de 1954 se faisaient encore sentir. La pauvreté s'était généralisée. »

« Quand les quatre-vingt-trois *bal* (sacs) de vêtements arrivèrent à Jérémie, le directeur de la douane reçut un télégramme de Port-au-Prince, de Duvalier lui-même, lui donnant l'ordre de les confisquer. Tout cela, parce qu'il avait reçu un rapport des autorités civiles de Jérémie (nous le sûmes plus tard) lui disant que si l'on permettait à l'église méthodiste de distribuer tous ces vêtements à toutes ces personnes, l'église méthodiste pourrait en tirer un grand crédit pour avoir aidé les gens, et Duvalier ne serait plus regardé comme le "Père de la Nation". Ainsi fut fait : les quatre-vingt-trois *bal* (sacs) furent confisqués.»

« La femme du maire de Jérémie, Mme Sajous, et moi, nous étions cousins. Elle était furieuse de la confiscation des vêtements. Elle vint me voir un mois environ après. Elle me dit : "Pourquoi vous n'écrivez pas à Duvalier pour vous plaindre ? " – " Non, je répondis, je ne lui écrirai pas un seul mot ; alors qu'il se vante de vouloir le bien du peuple, regardez ce qu'il fait. Laissons-les découvrir qui fait le mal." Elle revint me voir plusieurs fois sur le même sujet. Finalement, je lui dis : "Bon, faisons un marché. Si vous voulez que je lui écrive, je ne signerai pas la lettre, vous la signerez. Vous le connaissez. Il a une grande estime pour vous. Vous êtes la femme du maire de la ville, M. Sajous. A une seule condition, toutefois. Laissez-moi dire tout ce que je pense." Elle répondit : " D'accord. Faites-le. Je prendrai la lettre". »

« J'écrivis donc une lettre très franche à Duvalier sous le nom de Mme Sajous. Je lui dis ce que je pensais de ces fonctionnaires de Jérémie qui cherchaient d'abord à se servir et non pas à aider le peuple. Je lui expliquai ce que l'église méthodiste essayait de faire. Cela n'avait rien à voir avec la politique. En fait, elle voulait renforcer son action en aidant les gens, etc. Je sais qu'il reçut la lettre un lundi, à 9 heures. C'est un colonel de l'armée qui alla au palais pour la lui remettre. La lettre était partie par le bateau du samedi, le colonel l'avait reçue le dimanche et la lettre était sur le bureau de Duvalier le lundi à 9 heures du matin.»

« A 10 heures, je vis arriver le directeur de la douane. Il descendit de sa voiture et me dit à voix basse : « J'ai besoin de vous parler, Pasteur Rocourt. J'ai reçu un télégramme du Président Duvalier, alors, voilà, il a donné l'ordre de vous remettre immédiatement toutes les *bal* (sacs) de vêtements. Est-ce que vous pouvez venir les prendre aujourd'hui même? » Je répondis : "Non, pas aujourd'hui. Elles sont là depuis plus d'un mois, ça peut donc bien attendre quelques jours." Inutile de vous dire combien j'appréciais chaque seconde de cet entretien. »

« Un mois après, l'équipe des Suisses que nous avions invitée à Jérémie pour un camp de travail était arrivée et je me rendis au wharf pour les accueillir. La situation politique du pays était tendue. Il y avait des rumeurs d'invasion, mais rien ne s'était passé. Vous pouvez imaginer, pour une petite ville comme Jérémie, l'arrivée de neuf « blancs ». C'était un événement. Le capitaine Abel Jérôme apparut sur le quai et me dit : « Pasteur, ce n'est pas une bonne idée, tous ces étrangers ici ». Je répondis :

« Pourquoi pas, ils sont allés à Gonaïves, à Saint-Marc, ils sont allés à Jacmel, toujours pour des camps de travail. Pourquoi ne viendraient-ils pas à Jérémie ? – Non, non, non, dit le capitaine. Ce n'est pas permis." »

« Je lui dis : "Comme vous le savez, je ne peux pas les renvoyer à Port-au-Prince, il n'y a ni bateau, ni avion. Il faudra attendre le prochain bateau ou le prochain avion. – Okay, Okay, dit-il, mais gardez-les dans votre maison", ordonna-t-il. "Mais, ils devaient se rendre à Léon, pour monter leur camp et nous aider dans la construction d'une école.", lui répondis-je "Gardez-les chez vous, je viendrai vous dire ce qu'il faut faire", me dit-il. Les Suisses passèrent donc le week-end avec moi, ne sachant quoi faire. »

« Le lundi matin, à 8 heures, le capitaine Jérôme arriva en voiture dans la cour de la maison. J'allai le saluer et lui fit signe d'entrer. "Non, pasteur, j'ai à vous parler".

Pensant qu'il voulait lui parler en privé, le Pasteur Rocourt conduisit l'officier dans son petit bureau. Le capitaine, dit Rocourt, fut extrêmement poli.

« "Vous savez, Pasteur, je ne savais pas que vous étiez un bon ami du Président, dit le Capitaine. Quand je vous ai laissé, j'ai téléphoné au commandant des Cayes, je pense qu'il a mentionné le colonel Henri Namphy, qui, à son tour, sachant que parfois le président avait des raisons personnelles d'agir, appela le Président. J'ai reçu un télégramme du président. Le voici" ».

« Le télégramme disait ceci : "Le Pasteur Rocourt est un ami personnel (je ne l'avais jamais rencontré). Donnez-lui entière protection. Quant aux Suisses, laissez-les travailler comme ils l'entendent, ils sont sous ma protection".»

« Un mois plus tard, le Capitaine Jérôme me vit à la caserne, tout nu devant le chef makout des Cayes. »

« Le major qui était avec le groupe des officiers à l'étage de la caserne me rapporta plus tard que le capitaine Jérôme avait dit : " Est-ce que vous savez ce que cet idiot d'Astrel Benjamin a fait ? Il a arrêté le pasteur Rocourt qui est un ami personnel de François Duvalier, et il l'a obligé à se mettre tout nu." »

« Quant à Sanette Balmir, ce n'est pas qu'elle ait participé directement à la tuerie. Mais elle était là. Elle était un acteur sur la scène. Elle était présente. Pour ce qui est du capitaine Abel Jérôme, les *makout*, particulièrement ceux des Cayes, faisaient les arrestations, aidés en cela par ceux de Jérémie. Astrel Benjamin dirigeait tout cela. Abel Jérôme prit part aux arrestations, au pillage des magasins, particulièrement celui de Pierre Sansaricq. La veille du pillage général, il alla chercher Pierre Sansaricq la nuit. Pierre avait le plus grand magasin de la ville. Il l'obligea à lui donner l'argent qui était dans le coffre-fort, et tout ce qu'il avait de précieux dans le magasin. Le lendemain matin, on permit à la foule de participer au pillage général. »

« L'arrestation de Pierre Sansaricq fut une chose terrible. La ville était sous couvre-feu. C'est entre 21 heures et 23 heures qu'ils arrêtaient les gens que l'on voulait tuer. Nous vîmes Sansaricq. Il vivait juste à cent cinquante mètres de notre maison. Ils envoyèrent des *makout* pour le chercher. On obligea un Jérémien à les guider, qui avait l'habitude, tous les samedis, de recevoir de Mme Sansaricq un petit argent pour sa famille. Elle lui dit : "Ainsi, c'est vous qui venez m'arrêter ! – Que pouvais-je faire ? Madame Sansaricq, ils m'ont envoyé." Il témoigna plus tard qu'elle répondit : "Que Dieu leur pardonne car ils ne savent pas ce qu'ils font". Elle partit avec eux. Elle fut tuée à la piste d'aviation. »

Pour ma part, j'ai appris bien plus tard, dans ma quête d'informations sur le massacre de Jérémie, que Fred Sansaricq, commerçant, vendait de l'essence, des pièces et autres accessoires pour automobiles. Occasionnellement, l'armée haïtienne était de ses clients ; c'était là le seul lien entre les forces de l'autorité et sa petite famille.

Sa jeune épouse, Mona Ambroise Sansaricq, était enceinte. Elle était sur le point d'aller se coucher lorsque les funestes prédateurs frappèrent à sa porte. Ils furent sommés, elle et son mari, de monter à l'arrière d'un camion où d'autres prisonniers, des amis et des membres de leur famille, étaient entassés comme des bovins de ferme. Les captifs y firent le cahoteux périple entre la ville et l'aéroport de Jérémie. Couvert de gazon, ce dernier était aussi le site d'une fosse commune fraichement creusée, et qui attendait, béante, le moment d'avaler des corps.

Durant le trajet les menant à l'abattoir, certains priaient, d'autres tentaient de garder l'équilibre en s'agrippant aux parois de la remorque du camion. Cette nuit-là, des ordres bien précis émanant du palais national venaient de les condamner tous à la mort, du plus jeune des nourrissons au plus âgé des adultes. Peu de mots peuvent décrire la brutalité et le sadisme exprimés lors de cette boucherie. Les assassins s'abandonnèrent à leurs instincts meurtriers ; assoiffés de sang, ils massacrèrent et mutilèrent leurs victimes avec une barbarie indicible.

Avant d'atteindre le site des exécutions, un officier fit arrêter le camion et ordonna à Mona Ambroise Sansaricq de sortir. Elle obéit, descendit, et perdit à ce moment son mari et tous les membres de sa belle famille qui avaient eu le malheur d'être présents chez eux, ce soir-là, dans leur propre ville natale, dans leur propre univers jusqu'ici protégé de la psychopathologie de Papa Doc.

Abandonnée aux abords de la route, ne portant que sa chemise de nuit, Mona put regagner sa maison. Elle est l'une des rares survivantes de cette nuit sanglante. Peu de temps après, une fausse couche vint s'ajouter à ses malheurs.

Mona quitta Jérémie puis son pays, emportant avec elle son lourd cauchemar. Elle rejoignit ses parents, qui travaillaient alors en Afrique. Sa vie reprit éventuellement son cours à Bamako, au Mali, où elle épousa un Français. Ils eurent trois fils et sont aujourd'hui grands-parents de quatre enfants.

Les guérilleros avaient pris la direction sud. A Cahouanne, le 17 août 1964, il y eut un bref combat avec la milice, avec des pertes des deux côtés. Puis ils prirent la direction est à travers les montagnes et montèrent une embuscade contre une patrouille de l'armée à Galiot le 29 août. C'est là qu'ils firent prisonnier le lieutenant Achille. Ils pansèrent ses blessures et le renvoyèrent avec un groupe de paysans pour le guider dans la route vers la côte. Duvalier interrogea personnellement Achille sur son lit d'hôpital quand il retourna à Port-au-Prince.

A la fin du mois d'août, un autre ouragan frappa la péninsule. Dénommé Cléo, il causa des dommages : cent vingt-quatre personnes furent tuées tandis que des centaines d'autres restèrent sans abri.

« Après cela, continua la série des tueries, me dit Rocourt. Ils prirent les deux fils de Mme Villedrouin, Victor et Guy, et après cela, leurs familles, femmes et enfants. La vieille Mme Villedrouin avait quatre-vingt-cinq ans. C'était un membre fidèle de l'église méthodiste. On la laissa seule dans la maison. Il n'y avait personne d'autre. Même la bonne qui avait été avec elle depuis des années, Hermas, dut s'en aller de la propriété quand on la menaça de mort si elle restait. C'était une personne très fidèle. La vieille dame resta toute seule. Ma femme lui envoyait ses repas trois fois par jour et j'allais la voir aussi souvent que je pouvais quand un jour un mot parvint de la ville m'avertissant de cesser d'aller voir Mme Villedrouin. "Dites à ceux qui vous ont envoyé que je préfère renoncer à mon ministère plutôt que cesser d'aller la visiter. Aussi longtemps que j'aurai la charge de l'église, j'irai lui rendre visite", ai-je répliqué. »

« J'allai la voir pour la dernière fois, un dimanche à 18 heures 30, parce que je devais avoir un office à 19 heures. Je célébrai le service avec elle, je priai avec elle, et lui donnai la communion. A 21 heures, ce soir-là, ils vinrent la chercher. Les voisins virent comment on la jeta dans la jeep, sa jambe gauche resta à l'extérieur, ils claquèrent la porte si fort qu'elle lui brisa la jambe. Evanouie, mais encore vivante sur la route de la piste d'aviation, elle fut jetée dans un trou à l'arrivée et on la recouvrit de terre. C'était la grand-mère de Guslé Villedrouin, l'un des treize. Son fils était le colonel Villedrouin arrêté l'année d'avant et battu à mort par des *makout*. »

« Après cela, ce fut le tour de Pierre Sansaricq, de leur fille, de leurs deux fils mariés et du plus jeune fils qui travaillait au magasin avec le père. La femme de l'un d'entre eux était la cheftaine des guides-scouts, elle était enceinte de quatre mois. On tua devant elle ses enfants et ensuite elle fut tuée. On dit qu'elle fut prise de rage folle quand elle vit ce qu'on faisait des enfants. L'un des types, un nommé Renash, qui travaillait au bureau de poste, lança l'un des enfants de 18 mois en l'air et le reçut avec une baïonnette. L'autre enfant demanda la permission de faire pipi. Le capitaine Sonny Borges lui enfonça une cigarette allumée dans l'œil. Selon ce que je sais, vingt-sept membres des trois familles Drouin, Villedrouin et Sansaricq furent assassinés à Jérémie pendant ce fatal été de 1964. »

« Le chef *makout* local, Saint-Ange Bontemps, vint chercher Madame Louis Drouin. C'était une vieille et frêle dame, experte en broderie, catholique dévote, qui allait chaque jour assister à la messe de 4 heures du matin. Bontemps la jeta dans l'escalier et lui cassa l'épine dorsale en plus de six endroits. On l'emporta avec son mari, Louis Drouin. Ils furent froidement tués. »

« Ainsi, pendant deux mois, Jérémie connut la terreur, la terreur absolue. Une fille Sansaricq, Nicole, cousine des Villedrouin, fille terrible, survécut. Elle profita de la situation pour voler les bijoux des Villedrouin. Elle alla trouver Abel Jérôme et lui annonça qu'on avait oublié quelqu'un, une des filles Villedrouin qui était mentalement malade. Les *makout* revinrent donc, l'emmenèrent et la tuèrent. C'est ainsi que le nom de Villedrouin a complètement disparu de Jérémie. »

Et le Pasteur Rocourt de poursuivre :

« Un petit tailleur du bas de la ville se dirigea un samedi après-midi vers le *wharf* et monta à bord d'un des bateaux qui allait appareiller. Or, il fallait un laisser-passer spécial pour pouvoir quitter la ville. Il n'en avait pas. Quand on lui ordonna de descendre du bateau, il refusa. Soldats et *makout* essayèrent de le traîner hors du bateau. Il déploya une force extraordinaire et cria pour que tout le monde puisse entendre : "Mes enfants sont en train de mourir de faim. Mes enfants meurent de faim ! Je ne peux pas gagner davantage parce que cette ville est une ville damnée à cause de toute cette terreur !" Pour des raisons inexplicables, les soldats et *makout* reculèrent, soudain effrayés. Ils le relâchèrent et le laissèrent partir sans laisser-passer, sachant qu'il faudrait le tuer pour le descendre du bateau. »

« Dans les environs de Jérémie, la situation était pire encore. Personne ne pouvait se déplacer. On ne permettait pas aux paysans d'amener leur production au marché. Les laïcs de l'église nous apportaient les nouvelles de terribles événements, la mise à mort systématique de toute personne soupçonnée d'avoir abrité ou aidé de quelque façon que ce soit, même en leur vendant leurs produits, le groupe des treize de *Jeune Haïti*. Des familles paysannes tout entières furent liquidées, on n´épargna quiconque qui aurait pu être le témoin de la terreur ».

Les « rebelles » arrivèrent à Chambellan, à quelque 30 kilomètres de Jérémie, cherchant à acheter du ravitaillement. Les soldats qui revenaient de leur patrouille sur le terrain disaient qu'ils combattaient comme des lions. Tout véhicule tout terrain était confisqué par l'armée.

Toujours selon le pasteur Rocourt, « il y avait un monsieur, chef de bureau au département des Travaux publics. Tout le monde devait démontrer sa fidélité au duvaliérisme en participant au carnage sous peine de devenir un suspect et d'être tué. Pas question d'être tiède. Ce fonctionnaire des Travaux publics était un bon ami de Pierre Sansaricq et il était tellement horrifié par les tueries qu'il tomba malade. Après l'avoir examiné, le docteur Verrier lui dit qu'il avait seulement un problème de tension élevée. Et lui de confier au docteur : "Willy, Willy, ils ont tué Pierre Sansaricq." Il ne cessait de répéter : "Ce n'est pas possible." Il s'évanouit et mourut. Il n'en pouvait plus ».

En conclusion de son récit sur les événements qui eurent lieu à Jérémie pendant l'été 1964, le Pasteur Rocourt soupira de tristesse, ajoutant : « Le soleil était bien là, mais il ne brillait plus sur Jérémie. C'était comme si la ville se trouvait sous un nuage épais et noir. Le poids des assassinats pesait sur la ville. Même des gens qui avaient participé aux tueries se demandaient si toutes ces choses avaient réellement eu lieu. Personne ne touchait aux maisons appartenant aux victimes. Elles restaient là comme un rappel, un témoignage des horreurs qui avaient eu lieu. Jérémie oublié par Duvalier fut abandonné au déclin, à la ruine et à la mort ».

« Les *makout* de Duvalier étaient comme la mafia. Ils avaient leur code de silence. Ils savaient que, s'ils parlaient, eux-mêmes seraient impliqués ainsi que beaucoup d'autres personnes.»

« C'est un devoir pour moi de témoigner de ces choses horribles qui sont arrivées, me dit le Pasteur Rocourt. Je vous prie de publier ce que j'ai raconté, c'est la stricte vérité ».

« C'est peut-être la volonté de Dieu, me dit-il, avec un accent presque religieux, que Jérémie aura donné naissance à ce mouvement de la jeunesse haïtienne qui a, finalement, débouché sur la rébellion populaire qui a mis fin à la dynastie des Duvalier en 1986.»

Le Pasteur Alain Recourt mourut à Port-au-Prince en décembre 2002, à l'âge de 78 ans. Son récit de la tuerie connue sous le nom des « Vêpres de Jérémie » a de quoi donner la chair de poule. Il nous montre et nous rappelle que le terme « dictature » ne se réfère pas seulement à un gouvernement national tyrannique, lointain et souvent anonyme. Pour les êtres humains qui vivent sous son joug, particulièrement dans une petite communauté où tout le monde se connaît, la dictature peut signifier un rapport étroit, personnel et terrifiant quand l'espion du quartier vit dans la maison voisine, quand le gendarme local est un sadique qui commande, bat et viole, quand la nuit est remplie du bruit de détonations et de cris, avec la peur constante d´être le prochain à être traîné dans la chambre obscure.

Le colonel Abel Jérôme vit tranquillement dans sa retraite à Lafond, à huit kilomètres de Jacmel, sa ville natale.

Liste des 27 victimes

Familles Villedrouin (8), Drouin et G. Guilbaud (5), Sansaricq (14)

1. Mme Chenier Villedrouin, 85 ans	14. Pierre Sansaricq
2. Victor Villedrouin	15. Mme Pierre Sansaricq (Louise Laforest)
3. Mme Victor Villedrouin	16. Mme Lily Sansaricq (sœur de Pierre Sansaricq)
4. Fernande Villedrouin	17. Melle Edith Laforest, sœur de Mme Pierre Sansaricq
5. Guy Villedrouin	18. Jean-Claude Sansaricq (fils de Pierre)
6. Mme Guy Villedrouin (Roseline Drouin)	19. Mme Jean-Claude Sansaricq (Graziella)
7. Frantz Villedrouin	20. Jean-Pierre Sansaricq (6 ans), fils de Jean-Claude
8. Lisa Villedrouin	21. Stéphane Sansaricq (4 ans), fils de Jean-Claude
9. Louis Drouin père (père de Milou)	22. Régine Sansaricq (2 ans), fille de Jean-Claude
10. Guy Drouin	23. Fred Sansaricq (fils de Pierre)
11. Mme Louis Drouin	24. Hubert Sansaricq (fils de Pierre)
12. Gérard Guilbaud	25. Reynold Sansaricq (fils de Pierre)
13. Mme Gérard Guilbaud (Alice Drouin)	26. Pierre-Richard Sansaricq (fils de Pierre)
	27. Marie-Catherine Sansaricq (10 ans), (fille de Pierre)

Chapitre 26

Familles massacrées

Edeline, Duchatelier, Bajeux
Juillet-août 1964

Maurice Duchatelier quitta, le 1ᵉʳ juillet 1964, son bureau de la *Texaco Oil Company* situé au bas de la ville de Port-au-Prince, passa au bureau d'Air France pour prendre sa femme qui travaillait comme secrétaire du directeur. Comme d'habitude, ils allaient déjeuner à la maison. Maurice, qui avait travaillé à la *Pan American Airways* durant plusieurs années, était un beau garçon, gai et amical, avec des cheveux tirant sur le gris. La belle Ghislaine Edeline Duchatelier et son mari étaient des personnalités connues à cause de leur travail qui les mettait en contact avec beaucoup de gens. Maurice avait eu plusieurs enfants d'un premier mariage.

Il y avait de la tension dans l'air. Il y avait des rumeurs concernant la présence de rebelles à la forêt des Pins qui donnaient du fil à retordre au gouvernement. La route de Jacmel et même celle de Kenscoff étaient sous surveillance. La sœur de Ghislaine, Jacqueline, mariée au lieutenant François Benoît qui avait demandé l'asile à l'ambassade dominicaine depuis avril 1963 et qui s'y trouvait toujours, était à l'ambassade d'Equateur. Assistée par la femme d'un ami diplomate de l'ambassadeur, Gustavo Bustamente, elle y avait donné naissance à un bébé de neuf livres, Pierre-Randolph. Après le départ de Jacqueline Benoît et du bébé, son frère, le lieutenant Claude Edeline, sa femme Josseline et leurs enfants furent acceptés à l'ambassade d'Equateur, bien que ce fut une petite maison, voisine de l'imposante villa de l'ancien chef de police, Marcaisse Prosper, à Musseau.

Le souvenir du 26 avril 1963 dominait les esprits. Ce jour-là, la mère de Claude Edeline, Georgette Edeline, âgée de cinquante ans, avait réussi à s'échapper par le mur arrière de sa résidence à la ruelle Robin, au Bois-Verna, pendant que la résidence du juge Joseph Benoît et de son épouse Louise Neptune, tous deux âgés de soixante-sept ans, était attaquée par un détachement de la Garde présidentielle sous le commandement du colonel Max Dominique et du chef *makout* Justin Bertrand. Les Benoît qui revenaient de la messe à l'église du Sacré-Cœur furent tués ainsi que quatre membres du personnel au service de la famille. Une rumeur veut que le colonel Max Dominique quittât la maison en emmenant, dans un véhicule du Palais national, Gérald, le fils de dix-huit mois de François et Jacqueline Benoît et Mathilde Re-marais, sa bonne. La maison fut incendiée et les corps aussi.

Ce même vendredi 26 avril 1963, René Edeline, cinquante-quatre ans, qui dirigeait un garage et un commerce de voitures, refusa de fuir, déclarant qu'il n'avait rien à craindre car il ne s'occupait pas de politique. Un officier de l'armée et des *makout* arrivèrent dans une jeep et l'emmenèrent sous une grêle de coups sur la tête au Fort Dimanche où il fut placé dans une longue file de personnes qu'on exécutait. Soit dit en passant, René Edeline avait été un ami de longue date et un compagnon de chasse de Lucien Chauvet.

Plus d'un an après, ce 1er juillet 1964, Maurice Duchatelier et sa femme Ghislaine, alors enceinte, achevèrent de déjeuner chez eux où se trouvait leur bébé de dix-huit mois, Philippe-Maurice. Puis, au moment où Maurice sortait au volant de sa voiture de sa propriété sise à Delmas, il fut bloqué par deux véhicules d'où émergèrent Harry Tassy, membre de la garde présidentielle con-nu pour son sadisme, et Eloïs Maître, homme de main de Duva-lier. Le couple fut embarqué dans une des voitures du palais tandis que Tassy et Eloïs Maître pénétraient dans la maison, fai-sant sortir tout le monde. La grand-mère Philomène Blanchard qui protestait fut laissée sur le plancher saignant de tous les coups reçus.

On ne devait plus jamais revoir Maurice Duchatelier, ni sa femme Ghislaine, pas plus que d'autres parents de Ghislaine : sa mère Georgette Blanchard Edeline, son frère Jean-Robert, âgé de vingt ans, et sa sœur Gladys âgée de dix-huit ans.

La sœur de Ghislaine Edeline Duchatelier, Guerda, alors âgée de treize ans, avait eu la présence d'esprit de s'enfuir chez la voisine avec le bébé Philippe-Maurice, son filleul, son jeune frère Eddie, dix ans et Ti-Maurice, le fils de Maurice Duchâtelier, d'un premier mariage. La voisine n'était autre que Mme Coicou, la belle-mère du major Franck Romain et la mère du lieutenant Serge Coicou, officier de la garde présidentielle.

Mais, cinq minutes après avoir embarqué Maurice Duchatelier et les autres membres de sa famille, Tassy revint sur les lieux car il s'était rendu compte qu'il manquait d'autres parents. Tassy se rendit chez la voisine, Mme Coicou et demanda à perquisitionner la maison en s'enquérant de Guerda, Joseph et Edouard Edeline (qui étaient cachés dans le poulailler de Madame Coicou). A quoi, Mme Coicou répliqua « Vous avez l'air d'oublier avec qui vous parlez ? » Elle refusa de le laisser entrer. A ce moment Tassy dirigea son attention sur la jeune bonne de la maison qui tenait le bébé, Philippe-Maurice. Cachée à l'intérieur, Guerda entendit Tassy s'enquérir de l'identité du bébé. Sans attendre de réponse, il se saisit de l'enfant, ignorant les protestations de Mme Coicou. Comme il l'emportait vers la voiture, Mme Coicou voulut lui donner le biberon du bébé. A quoi Tassy répondit, écartant la vieille dame : « Là où il va, on lui donnera un biberon. », selon un témoin oculaire.

Les trois autres enfants pleuraient. Craignant un retour de Tassy et d'Eloïs Maître, Mme Coicou les envoya se cacher dans un poulailler qui se trouvait au fond de la cour. Finalement, ils allèrent se réfugier dans la végétation qui se trouvait derrière la propriété. Guerda, Ti Maurice et Eddie se cachèrent dans les hautes herbes jusqu'à ce que, finalement, à 10 heures du soir, une amie de la famille, Denise Dulix Epstein, alla les chercher dans l'obscurité, et les emmena dans sa voiture.

Il faut dire, au passage, que le lieutenant Serge Coicou se rendit chez sa mère, fit pression sur elle pour qu'elle lui révèle la cachette des enfants. Outrés, Madame Coicou et son mari le mirent à la porte.

La tragédie ne s'arrête pas là. A cinquante kilomètres de la capitale, Raymond Edeline, trente et un ans, l'aîné des fils Edeline, qui travaillait à la *Reynolds Bauxite Mining Company* à Paillant, dans les collines qui dominent la ville de Miragoâne, ne se doutait pas de ce qui se passait à Port-au-Prince. Il est arrêté à Miragoâne et depuis on ne l'a plus jamais revu.

Selon une version qui a longtemps circulé, arrêté par le capitaine Jean Beauboeuf et le lieutenant Edouard Guilliod, envoyés de Port-au-Prince, Raymond aurait été exécuté par l'un des deux officiers sur la route du retour. Selon cette version, il existerait un rapport spécifiant que le prisonnier avait essayé de s'échapper. En 1987, Tony Guilliod – le frère d'Edouard Guilliod, le lieutenant des Recherches criminelles de sinistre réputation – alors installé en Floride jura ses grands dieux que, lors du fatal voyage de Miragoâne, le meurtrier était le capitaine Beauboeuf. Celui-ci s'était suicidé en 1968 avec son arme de service, de calibre .45.

En réalité, Raymond Edeline a été amené au Palais national. Des témoins oculaires ont pu le reconnaître, depuis le Bureau des contributions, menotté dans une jeep DKW de l'armée entrant dans l'enceinte du Palais au moment de la montée du drapeau. Plusieurs *makout* connus étaient dans cette voiture, dont « Taillefer », « Lamarre » et « Camaguey ».

Ce fut le début d'une longue odyssée pour les enfants Edeline, Guerda, Eddie ainsi que Georges, leur frère âgé de onze ans, connu sous le nom familier de Ti Jo. Ils furent d'abord reçus à la résidence de l'ambassadeur de France à Bourdon. Ensuite Guerda alla chez le Dr Pape à Kenscoff. Georges, dit Ti Jo, alla déjeuner chez sa tante, Jeannette Edeline Romain, femme du colonel retraité Louis Romain. Il se joignit à son frère Eddie. Déguisés en prêtres, ils se cachèrent chez les pères salésiens à

Pétion-Ville. A l'ouverture des classes, ils se réfugièrent chez les Turnbull, à la mission baptiste de Fermathe.

Un agent de la CIA qui assistait à une réunion au Champ de courses de chevaux de Yonkers NY fut impressionné par le témoignage d'Eleanor Turnbull qui racontait l'odyssée des enfants Edeline et la menace qui pesait, à tout moment, sur leur vie. L'agent de la CIA débarqua à Port-au-Prince quelques semaines plus tard décidé à trouver un moyen de les évacuer vers les USA. Le fils survivant de Maurice Duchâtelier, « Ti Maurice » resta en Haïti avec sa mère. Une opération bien montée permit enfin aux trois enfants Edeline de quitter Haïti. Profitant de la visite du paquebot *France* au port de Port-au-Prince, la femme de l'ambassadeur de France, Madeleine Le Génissel, organisa une fête pour les enfants sur le navire, ce qui permit aux trois Edeline de monter à bord sans se faire remarquer. Les *makout* qui avaient compté le nombre d'enfants quand ils embarquaient s'aperçurent au retour qu'il en manquait trois. Ils demandèrent à fouiller le navire, ce que le capitaine refusa péremptoirement. L'agent de la CIA avait préparé les papiers nécessaires pour que les enfants soient admis aux USA. C'est ainsi que le *France* cingla vers Puerto Rico. De là, les trois Edeline s'embarquèrent pour les Etats-Unis, emportant avec eux les marques tragiques d'un cauchemar, la destruction sanglante de toute leur famille, qui ne cessa de les hanter des années durant, jusque dans leur âge adulte.

La disparition de Maurice Duchâtelier et de sa famille, le sort fait aux Edeline furent en réalité des représailles déclenchées par une fausse information : « Edeline a disparu de New York, on a vu à Belle-Anse un rebelle plus clair que les autres, c'est Edeline qui est revenu à son ancien lieu de garnison ». Cette information avait suffi pour détruire une famille entière. Le bébé, là où on l'emmenait, n'avait plus besoin de biberon.

Quand François Benoît, alors asilé à l'ambassade de la République Dominicaine à Port-au-Prince, apprit la nouvelle de l'arrestation des membres de sa belle-famille, il envoya un message à New York. Le chauffeur de l'ambassade, un ami dominicain de longue date et un homme courageux nommé Manuel, avait l'habitude de transporter le courrier de Benoît. Celui-ci lui confia un message écrit avec du jus de citron, encre invisible naturelle qui apparaissait quand on chauffait le papier. Benoît insistait pour que Claude Edeline fasse connaître sa présence à New York afin de prouver qu'il ne participait pas à l'invasion.

Dans une entrevue réalisée en 2003, Claude Edeline me raconta que Dumont Bellande, qui vivait à New York, l'avait appelé le 2 juillet 1964. « Il me dit de me rendre immédiatement au consulat de New York pour manifester ma présence au consul André Elie. Je revenais juste de l'hôpital de l'Immaculée-Conception où mon fils Patrick se trouvait en salle d'opération. Il avait été heurté par une voiture le jour même. Il allait passer trois semaines dans la salle des soins intensifs. Ce soir-là, je rencontrai le consul André Elie. Il appela immédiatement le président Duvalier pour l'informer de ma présence à New York ».

Mais c'était déjà trop tard. Le ministre Chalmers avait déclaré à un groupe de diplomates latino-américains qui s'enquéraient du sort des Duchâtelier et des Edeline qu'il était fort possible que Claude Edeline soit immédiatement revenu à New York par le vol régulier de Port-au-Prince après avoir participé à l'invasion de Saltrou-Belle-Anse.

Aux Etats-Unis, Claude Edeline trouva un travail de professeur de langues (français, latin, espagnol) et d'entraîneur de l'équipe de football au *Gilman High School* de Baltimore, dans le Maryland. Les trois jeunes qui avaient échappé à la mort se sont mariés. Ils ont des enfants et ils sont encore traumatisés par les terribles événements d'il y a quarante ans. Deux d´entre eux sont retournés dans le pays pour de courts séjours.

En 1986, à la chute de la dynastie Duvalier, Claude Edeline retourna à Port-au-Prince. A l´instar de son beau-frère, François Benoît, hanté par l'idée que son fils Gérald ait pu survivre, Edeline quitta Baltimore et suivit toutes les pistes qui auraient pu mener à Philippe-Maurice. Personne, parmi les officiers en retraite de la promotion de Claude Edeline à l'Académie militaire, y compris Max Dominique, ou encore l'homme de main, n'a voulu révéler à Claude Edeline, même après toutes ces années, le sort de Philippe-Maurice, bébé de Ghislaine Edeline, âgé de dix-huit mois.

Les représailles contre les Duchâtelier et les Edeline s'inscrivent dans une logique bien précise : depuis le 26 avril 1963, Duvalier appliquait une technique de « terreur totale» où il s'arrogeait le droit de vie et de mort, sans aucune relation avec une quelconque loi ou avec une quelconque innocence ou culpabilité. Ce jour-là, plus de soixante-dix officiers retraités et des dizaines de civils avaient été passés par les armes. Avec l'invasion des FARH de Fred Baptiste à Saltrou suivie le 5 août 1964 de l'invasion de *Jeune Haïti* à Dame-Marie, l'ordre fut donné d'exterminer les familles, sans distinction d'âge ou de sexe.

Ce fut le cas de la famille Fandal de Bodary. Vingt-trois membres de cette famille furent exterminés. Ce fut aussi le cas de la famille Royère : une dizaine d'entre eux furent exécutés. On parle de plus de soixante personnes enterrées sur la place de Belle-Anse. Pour toute la région, on a avancé le chiffre de six cents personnes. Avec ces noms, ceux de l'équipe des exécuteurs sont passés à l'histoire : Fritz Moise, député, André Simon, ami personnel de Duvalier et député, Marcel David, Michel Craan, préfet, Dominique Desmarattes, Edgard Jeannot, préfet-député, Gérard Hippolyte, milicien, Bébé Maître, frère d'Eloïs Maître, Tamerlan Joseph, commandant de la milice.

A Jérémie, ce fut le cas des trois familles Drouin, Villedrouin et Sansaricq. A Port-au-Prince, ce fut aussi le destin de toute la famille Bajeux.

Le Père Jean-Claude Bajeux, qui se trouvait à Santo Domingo depuis mars 1964, était loin de se douter que toute sa famille allait disparaître. De fait, ce n'est que plusieurs mois après les événements que la nouvelle, sans aucune précision, lui parvint et à date, nul ne peut dire la connexion qui déclencha la machine de mort. Ce qui est certain, c'est que, à Port-au-Prince, quelques rumeurs inquiétantes atteignirent la maison de la ruelle Berne où habitait la mère du religieux, Mme Gaston Bajeux, née Lise Montas. Déjà quelques années plus tôt, le fils cadet, Yves, avait durement payé son militantisme dans le groupe des partisans de Déjoie. Arrêté suite à l'explosion d'un atelier de fabrication de bombes, il avait connu la prison puis un long procès qui se termina par la condamnation à mort. C'était en 1958. Après l'invasion de Pasquet, Perpignand et Dominique, le 29 juillet 1958, il avait été sauvagement battu au Pénitencier national, par une escouade de soldats sous la supervision du commandant de la prison, le colonel Gérard Constant. A l'occasion de l'entrée de Fidel à la Havane, les condamnés avaient bénéficié d'un décret d'amnistie et en février 1959, Yves Bajeux, avec un groupe d'asilés à l'ambassade du Venezuela, put se rendre à Caracas où sa femme et ses deux enfants, retenus en quasi-otages pendant six mois, iront finalement le rejoindre.

Rongée par l'inquiétude, Mme Lise Montas Bajeux se rendit à la nonciature, située à Lalue, non loin de la ruelle Berne où elle fut reçue en l'absence du nonce par le chargé d'affaires qu'en Haïti on dénomme « le petit nonce », Mgr Giuseppe di Andrea. Celui-ci chercha par tous les moyens à la rassurer, arguant du fait que le RP. Bajeux, qui était reconnu comme l'aumônier des Haïtiens en République Dominicaine, venait d'inaugurer son bureau, *calle* Juan Pablo Piña, en présence de l'archevêque et du nonce apostolique. Le « petit nonce » ajouta qu'il avait même reçu ces nouvelles du nonce Apostolique lui-même, et qu'il n'y avait pas de raison de s'inquiéter.

Mme Bajeux se rendit aussi à la résidence de l'ambassadeur de France, Charles Le Génissel, qui eut les mêmes propos rassurants que Mgr Di Andréa et la fit raccompagner dans la voiture de l'ambassade. Le soir même de cette visite, toute la famille disparaissait, emmenée au Fort Dimanche par les militaires et les *makout*. Des semaines après, Mme Le Génissel se lamentait disant : « Nous avons envoyé ces personnes à leur mort ! ». C'est pourquoi, lorsque se présenta quelques jours plus tard le cas des trois enfants Edeline, tout fut mis en œuvre pour les abriter et les faire partir.

A 11 heures du soir, le 11 juillet 1964, *makout* et militaires firent irruption à la résidence des Bajeux, à la ruelle Berne. On pouvait reconnaître dans la meute Lucien Chauvet, dont la femme, Anne-Marie Bertin, était la marraine d'Anne-Marie Bajeux, Eloïs Maître, le sous-lieutenant Grégoire Figaro, et le *makout* surnommé Ti-Cabiche. Les voisins, de leurs persiennes, virent avec horreur la horde se déchaîner contre Mme Bajeux, ses deux filles et ses deux fils présents à la maison. Tous furent traînés, sous les coups qui pleuvaient, dans leurs vêtements de nuit, et disparurent dans la nuit. Des semaines durant, la maison resta ouverte, toutes lumières allumées. Le lendemain, Mme Pierre Montas, la belle-sœur de Lise, et sa fille, Michèle Montas, qui passait ses examens de baccalauréat, passèrent, horrifiées, devant la maison, avec toutes ses portes ouvertes. Des *makout*, quelques semaines plus tard, vidèrent la maison de tous ses meubles et trois d'entre eux s'y établirent « ayant reçu cette maison, d'ordre de Madame François Duvalier, pour services rendus à Fort Dimanche à Madame Max Adolphe » phrase écrite sur les reçus de location qui, vingt-trois ans plus tard, furent donnés à Jean-Claude Bajeux par les locataires.

Des versions diverses ont circulé depuis lors sur ce qui se passa par la suite. L'une des versions fait état des horreurs d'une séance de matraquage à mort des deux frères, l'aîné Albert, trente-neuf ans, et le dernier, Maxime, vingt-quatre ans, étudiant à l'Ecole normale supérieure, séance qui aurait été conduite par les deux frères Beauvoir, Daniel et John.

Nous devons au Dr Claude Innocent une autre version, celle d'un témoin auditif. Pendant que celui-ci était au Fort Dimanche, eut lieu, une après-midi, une exécution de masse qui vida les dix cellules existantes. Il se dit que plus de cent-vingt personnes furent massacrées ce jour-là. Le témoin se rappelle encore avoir reconnu la voix d'Eloïs Maître criant : « les demoiselles Bajeux aussi ». Ainsi ont disparu Mme Lise Montas Bajeux, soixante-deux ans, Micheline Bajeux, trente-deux ans, et Anne-Marie

Bajeux, vingt-deux ans, qui, se trouvant le soir de l'arrestation chez des amis, dans le quartier de la ruelle Berne, refusa une invitation à rester dormir chez eux en disant : «Non, je ne veux pas laisser ma maman toute seule ».

Au mois d'octobre 1964, recevant Jean-Claude Bajeux à l'hôtel Embajador de Santo Domingo, l'ambassadeur dominicain à l'OEA, après lui avoir demandé de ne pas quitter la République Dominicaine dont il était l'hôte, lui confia que selon un accord conclu avec René Chalmers, le ministre haïtien des Affaires étrangères, un avion spécial affrété par l'OEA devait emmener d'Haïti « les asilés de l'ambassade, dont François Benoît, ainsi que la famille Bajeux ».

Chapitre 27

L´Opération CBS, 1966

En 1966, l´obsession d'envahir Haïti et d'éliminer le dictateur psychopathe n'avait pas cessé, malgré les échecs
répétés et l'énorme coût en vies humaines. New York et
Miami, en particulier, étaient les foyers de conspirations perma-
nentes pour réunir des hommes, des armes, de l'argent, des bateaux. Tout cela, bien souvent ne dépassait pas le stade du rêve,
des désirs ou de la parole. Il y avait aussi, en même temps, des
efforts d'organisation ou de réorganisation de groupes politiques.
La documentation sur ces diverses activités est éparpillée ou
inexistante, les récits des acteurs et témoins sont rares ou n'ont
pas dépassé le stade de l'oralité.

Le RP Jean-Baptiste Georges était l'un de ceux qui n'avaient
jamais baissé les bras. Les échecs de la guérilla des *kamoken* des
« Forces armées révolutionnaires d'Haïti » (FARH) dans le Sud-
Est, le drame des treize de *Jeune Haïti* et de leurs familles, la
saisie des armes par la police américaine ne l'avaient pas conduit
à cesser ses activités. Au contraire, il multipliait les contacts pour
obtenir aide et collaboration, fermant les yeux sur ce que l'on
reprochait à certains individus qu'il contactait ou dont il
s'entourait, en ce qui avait trait à leur conduite ou leur idéologie.
Les réserves ou reproches concernaient surtout des Cubains ou
des personnalités ayant un passé ou une orientation politique on
ne peut plus discutables.

Depuis la guerre civile de 1965 en République Dominicaine et
le débarquement, la même année et dans ce même pays, de plus
de vingt-deux mille soldats américains, la zone caraïbe tout entière était militairement gardée et patrouillée, y compris l'espace
maritime autour d'Haïti. Pourtant, au printemps de 1966, le Père
Georges avait rassemblé des hommes, des armes, des munitions,

de l'argent. C'était un groupe hétéroclite qu'on aurait cru sorti du film de Woody Allen intitulé « *Bananas* », satire humoristique de révolutionnaires style latino. La rumeur courait que cette expédition serait accompagnée d'une équipe de cinéastes de la fameuse *Columbia Broadcasting System* (CBS), que le feu vert avait été donné par la « Compagnie », que des connections jouaient, à charge pour le Père Georges de permettre aux Cubains d'utiliser le territoire dans leur guerre contre Fidel, une fois qu'il serait installé au Palais national de Port-au-Prince. Miami recevait des milliers de Cubains et d'Haïtiens. C'était un milieu imaginatif et bavard, propre à créer des schémas de tout genre, dans une atmosphère fiévreuse d'intrigues, de confidences, de *kout lang* (médisances) et de coup bas, entre deux lampées de café cubain bien tassé ou de rhum Barbancourt.

Des soldats aventuriers, ex-soldats de l'armée américaine, spécialement du corps des *marines* voulaient vivre encore le risque de l'aventure. Ils étaient sûrs de pouvoir affronter les forces du dictateur et, grâce à leur expertise, de les mettre en fuite, si seulement, évidemment, on leur fournissait l'équipement nécessaire et le transport. Pour le moment, ils apportaient leurs armes personnelles. La tête politique du complot d'invasion, le Père Jean-Baptiste Georges, quarante-huit ans, n'avait, en aucune manière, l'apparence ni le profil d'un foudre de guerre. Il venait d'une vieille famille bourgeoise des Cayes et avait terminé ses études ecclésiastiques à l'Université Laval, au Canada, par un doctorat en droit canon. Il avait été formé dans ces deux milieux à un contrôle strict des dépenses et quand on lui donnait le prix des pièces pour les armes, la main sous le menton, il demandait toujours : « On ne peut pas trouver moins cher ?», ce qui déclenchait chaque fois chez les soldats des soupirs et des regards entendus.

A la mi-novembre 1966, la force d'invasion de l'opération Istanbul (certains disaient « *Instant Bull* »), rassemblée à Miami et ses alentours avait atteint la taille requise : deux cent-soixante personnes dont deux cents Cubains, trente Haïtiens, et trente ex-soldats américains. C'était une troupe disparate, un mélange de

« saints et de pécheurs ». Surtout, le Père Georges avait dû accepter comme commandant militaire de la force d'invasion un homme de Fulgencio Batista, Rolando Masferrer Rojas. Comment le RP Georges en est-il arrivé à dépendre d'un individu ayant un passé aussi chargé que Masferrer et comment a-t-il pu penser qu'il parviendrait, en cas de succès, à se débarrasser d'un tel allié ? Ce sont des questions auxquelles on ne peut répondre à sa place. Seulement, en voulant faire flèche de tout bois, il laissait voir à quel niveau de désespoir l'obsession de se débarrasser de Duvalier et les échecs antérieurs l'avaient conduit.

Masferrer, quarante-neuf ans, surnommé « le boiteux », avait déjà à cet âge une histoire passablement chargée. Né à Holguín, dans la province de l'Oriente, à Cuba, le 12 janvier 1918, il avait connu à dix-neuf ans la guerre civile d'Espagne. De là d'ailleurs venait sa blessure, à la bataille d'Ebro en 1938. A Cuba, il avait été expulsé du parti communiste comme « incontrôlable » et avait fondé un parti d'extrême droite dénommé « Mouvement Socialiste Révolutionnaire » (MSR). Il avait fait partie de la force rassemblée à Cayo Confites par Juan Bosch en 1947 qui s'apprêtait à envahir la République Dominicaine. En 1956, Masferrer faisait partie du sénat cubain. Il avait sa propre armée privée dénommée Les Tigres. En janvier 1959, les rebelles avaient détruit les bureaux de son journal *Tiempo* à Cuba. Masferrer arriva le 6 janvier 1959 en Floride, à bord de son yacht. On refusa de le laisser participer à l'invasion de la baie des Cochons. Il ouvrit un journal nommé *Libertad*.

Sa troupe constituée, le seul problème du Père Georges restait celui du transport. On n'avait pas encore pu mettre la main sur des bateaux adéquats. En octobre 1966, il était donc, avec René Lilavois, à la recherche de moyens de transport pour la force d'invasion, prête à appareiller. Le RP Jean-Baptiste Georges avait déjà préparé une « Proclamation au Peuple Haïtien » qui devait être lue à la radio, une fois l'invasion réalisée.

« *Proclamation* »

«*Le...* [Date]

Quartier général de l'armée révolutionnaire

Pendant les neuf ans d'une dictature impitoyable, le régime honni de François Duvalier a infligé toutes sortes d'humiliations à notre pays, démoli les institutions nationales, accumulé un nombre considérable de victimes innocentes et violé toutes les lois de la Nation. L'heure est enfin arrivée de mettre fin à la calamité que représente ce tyran. Le premier groupe d'invasion de l'armée révolutionnaire est établi sur le territoire national. Il est composé de civils, d'anciens militaires, et autres éléments animés par les idéaux de justice et de liberté. Nous sommes au combat sur le territoire d'Haïti. Cette armée se bat en votre nom et à vos côtés pour vous aider à libérer notre pays du gangstérisme, de l'anarchie et de l'ignorance, et établir, dans la Paix, l'Union et la Fraternité une ère de liberté, de justice et de progrès. »

« *La ville de [...] s'est spontanément, et comme un seul homme, jointe aux forces de libération. Avec nous, elles assurent la victoire des forces démocratiques qui vous apportent la pleine jouissance de vos droits civils et politiques qui vous ont été déniés durant ces neuf années. Sans délai, prenez place au sein de la Révolution. Le temps de l'action est arrivé. Nous faisons un appel aux officiers et soldats de l'armée, qui ont été tellement humiliés et maltraités pendant ces neuf années. Nous lançons cet appel à tous les militaires qui ont été trompés et exploités. Nous sommes déterminés à vaincre et nous vaincrons. Aucune force duvaliériste ne pourra résister à notre puissance de feu. Nous disons au Peuple haïtien de se joindre à nous, au nom sacré de notre pays, au nom de nos glorieux ancêtres, que tous se lèvent dans l'Union qui fait la force. A bas le régime de Duvalier ! A bas la dictature !* »

Un certain Martin (Marty) Xavier Carey, qui avait fait partie des *Marine Corps*, m´a raconté, dans les années 1980, comment il s'était joint aux forces d'invasion. Le groupe des révolutionnaires haïtiens avait pour base une grande maison de deux étages, située entre SW 33rd Ave et SW 4th Street, un quartier de Miami où il n'y avait que des blancs. Ces messieurs, habillés en uniformes de camouflage vert olive, se baladaient dans la Calle Ocho, au cœur de Little Havana, et allaient y déguster une tasse de café cubain. Les Cubains, eux, se mettaient en uniforme et s'amusaient à prendre photo après photo, brandissant l'unique mitraillette Thomson qui existait. Un jour la police de Miami, conduite par un certain sergent McCracken fit une visite impromptue. On leur expliqua qu'il s'agissait d'une réunion d'anciens boys scouts au moment où un drap s'envola découvrant un mortier de 60 mm. La police s'en alla sans rien dire pendant que tout un chacun s'emparait des armes pour aller les cacher ailleurs. Deux prêtres jésuites fréquentaient la maison, les Pères Madrigal et Colmena. On disait qu'ils participaient au financement de l'opération.

L'équipe de la CBS s'était établie à l'University Inn à Coral Cables sous la direction d´Andrew St George, un ancien photographe de *Life*. St George avait convaincu la CBS de filmer la préparation de l'invasion. C'était le « projet Nassau ». On dit que quarante-cinq mille pieds de film furent tournés. Après le départ de St George, plusieurs autres personnages plus ou moins folkloriques se succédèrent. Martin Xavier Casey m´expliqua que l'équipement rassemblé pour l'expédition avait un aspect surprenant. Bien souvent des pièces manquaient. Il y avait des mitrailleuses sans canon, des tubes de mortier sans percuteur, des fusils belges sans attaches pour chargeurs, des grenades qui n'avaient de grenade que l'apparence. Mais, en décembre 1966, l'invasion était prête à embarquer.

Le correspondant de *CBS-TV News*, Bert Quint, reçut l'ordre de quitter Mexico pour Haïti. Et le 18 novembre 1966, il rapporta la rumeur selon laquelle une force de trois cents personnes avait pris pied sur la côte nord d'Haïti. Pour ne pas être en reste, *ABC News* confirma l´invasion comme un fait avéré. En pleine surenchère, le *Canal 7* de Miami affirma qu'il s'agissait de trois bateaux transportant cinq cents combattants qui auraient quitté Miami dans la nuit. Les journalistes se précipitèrent à Port-au-Prince. Duvalier s´empressa de déclarer qu'une force castriste avait envahi Haïti. Il fut même question que la CIA avait offert de transporter la force d'invasion en Haïti. Le lendemain, comme on n'avait trouvé personne dans les collines haïtiennes, tout se calma. Les membres restants de l'expédition, quatorze Américains, quatre-vingts Cubains et vingt-deux Haïtiens, conduits par le colonel René Léon, se retrouvèrent dans une maison de Florida Key pour fêter le nouvel an. Entre deux bouteilles de rhum, les cris étaient assourdissants : *Vive Haïti, Viva Cuba Libre, Viva los Estados Unidos !*

Le 1er janvier 1967, voici que se présenta un bateau. Un langoustier de dix mètres qu´un exilé cubain du nom de Pepe avait loué. On parlait de deux autres bateaux. L'un des bateaux que Pepe avait acheté pour mille cinq cents dollars coula dans la rivière de Miami. L'autre, paraît-il, fut saisi par les gardes-côtes parce qu'il était incapable de naviguer. Le bateau arrivé en Haïti avait passé cinq heures sur un banc de sable. Une fois le bateau amarré, Pepe enleva les alternateurs du moteur, disant qu'il devait les faire réparer. On ne le revit plus. En outre, après des histoires d'explosifs chargés en pleine autoroute sur des voitures en panne, le service des Douanes américaines décida d'agir et fit une impérieuse entrée dans la maison d'où devait partir l'expédition. Ce fut un pandémonium de plus d'une centaine de personnes criant, hurlant, jurant.

Depuis deux mois, les journalistes se rendaient à Port-au-Prince, à la recherche de « quelque chose ». Gérard de Catalogne, directeur du tourisme, répétait inlassablement : *«There is nothing, nothing, nothing.* » Il tenait des conférences de presse, souvent interrompues par un coup de téléphone de Duvalier, à qui il répondait, sur le mode de la répétition : « Oui, Excellence». Le colonel Jean Tassy, arborant son pistolet bordé de perles, reprochait aux journalistes leurs mensonges en brandissant leurs dépêches.

Deux mois après l'arrêt de ce théâtre, un grand jury fédéral incriminait Masferrer, le Père Georges, Werbell, un ancien agent de OSS, le colonel René Léon, Julio Aton et Martin Casey. On conclut à un non-lieu pour Werbell, mais Masferrer, Casey et les autres furent respectivement condamnés à quatre ans, neuf mois et deux mois de prison. Le juge exempta Georges des soixante jours de prison sur présentation d'une caution de mille dollars et lui permit de retourner à New York, dans la paroisse de Saint-Albans, dans la région de Long Island. Le colonel René Léon fut condamné à soixante jours de prison et deux ans de probation. Cette histoire incroyable, où se mêlent Haïtiens, Cubains, Américains, CIA, mafia, prêtres, jésuites, se termina au moins sans perte en vies humaines.

Mais, Rolando Masferrer disparut déchiqueté quand une bombe explosa dans sa voiture le 31 octobre 1975, c'est-à-dire neuf ans après cette comédie. Le Père Georges déserta silencieusement les rencontres de l'exil haïtien. Cette alliance avec Masferrer faisait poser trop de questions. Pendant dix ans, il avait poursuivi inlassablement le même but : éliminer Duvalier et il sortait de ces aventures avec une lourde hypothèque sur sa crédibilité. La *Columbia Broadcasting System* (CBS), après des dépenses qu'on évalue à un quart de million de dollars, subit plusieurs interrogatoires de la part de commissions d'enquête qui n'en finissaient pas. Les kilomètres de films de l'opération « Nassau » furent enfouis dans les caves les plus secrètes de la compagnie pendant que les responsables répondaient avec beaucoup de gravité aux questions posées, à savoir si la CBS avait participé à une opération secrète contre un pays ami.

Chapitre 28

Le désastre des Bahamas

Mai 1968

Un lundi matin, le 20 mai 1968, les habitants de Port-au-Prince regardaient avec étonnement un bimoteur survolant la capitale. Mais la fascination déclenchée par ce spectacle se transforma bientôt en panique quand ils virent tomber de l'avion des cylindres argentés. L'un des cylindres explosa sur un trottoir proche du Palais national, tuant deux femmes. L'avion, un bombardier moyen B-25 de construction américaine datant de la Seconde Guerre mondiale (c'est ce type d'avion, d'un rayon d'action de mille huit cents kilomètres que le général Doolittle utilisa pour son fameux raid sur Tokyo en 1942), jeta encore deux bombes dans la zone de l'aéroport militaire de Bowen Field avant de disparaître en direction du nord, mais celles-ci n'explosèrent pas.

Aux commandes du bombardier B-25 se trouvait Jay Humphrey, un pilote américain de Fort Lauderdale (Floride) qui l'avait acheté de la Hamilton Aircaft Co à Tucson, en Arizona, le 11 avril 1968. Le copilote était Raymond Cassagnol, quarante-huit ans, un ancien pilote de l'armée d'Haïti qui vivait en exil. Cassagnol avait été l'un des six Haïtiens qui, en 1942, pendant la Seconde Guerre mondiale, avaient reçu un entraînement de pilote au fameux Institut Tuskegee en Alabama. Après leur retour en Haïti, ils faisaient des patrouilles pour détecter et empêcher l'accès des sous-marins allemands à des sources de ravitaillement.

Pour répondre à une attaque de ce genre, le gouvernement ne disposait pas de beaucoup de moyens. Il y avait seulement un avion de combat Mustang P-51 en état de fonctionner. Les avions d'entraînement T-28 acquis en contrebande des Etats-Unis n'étaient pas armés. Et le vénérable canon anti-aérien sur roues pointé vers le ciel bleu que l'on poussa jusque dans les buissons de la clôture du palais arriva trop tard pour être d'une quelconque utilité.

Quelques heures plus tard, ce fut le tour du Cap-Haïtien. Les Capois virent arriver deux avions qui se mirent à décrire des cercles. Le petit aéroport du Cap servait seulement aux DC-3 de la ligne COHATA exploitée par l'armée, qui faisaient deux voyages par semaine. La piste était parsemée de barils afin d'empêcher tout atterrissage imprévu. « Nous étions deux, entraînés à sauter de l'avion sur la piste pour enlever les barils », écrit Gérard J. Pierre dans son livre *Le Dernier Capturé*. « Nous n'avions pas de parachutes. Mais nous avions appris à sauter d'une certaine façon. Il fallait se mettre dans une position d'élasticité musculaire, sauter et rouler sur les épaules une fois le contact pris avec le sol. Si on s'y prenait mal, on risquait de se casser le tibia. Après cela, notre fonction était de débarrasser la piste de ses obstacles ».

Le gouvernement Duvalier annonça que la capitale haïtienne avait été bombardée par un avion venant de Cuba. C'était une réaction classique. Elle suscita immédiatement une escouade de journalistes. Mais personne n'avait le droit de quitter Port-au-Prince sans la permission des militaires. Ce qui amena aussitôt les journalistes comme les diplomates en poste à douter de la véracité de la nouvelle. C'était un scénario qui avait été trop souvent joué par les porte-paroles du Palais et par Duvalier lui-même.

Pendant ce temps, trente combattants en tenue de camouflage s'étaient emparé de l'aéroport du Cap-Haïtien. Il y avait bien une invasion. Mais une tragédie allait se dérouler à toute vitesse.

La force d'invasion était dirigée par deux ex-officiers de l'armée d'Haïti, Raymond Montreuil et Félix Alexandre, et un civil, originaire des Cayes, Bernard Sansaricq. Ils étaient arrivés

dans un Cessna *Sky-Bus* qui avait transporté vingt-deux « combattants de la liberté », du nom qu´ils s´étaient choisi. Sept autres
avaient pris place dans un *Beachcraft*, plus petit, un bimoteur.
Les pilotes des deux avions étaient américains. Un troisième
avion arriva, c'était le bombardier qui avait lancé les bombes sur
Port-au-Prince. A bord, il y avait un autre combattant. Les trois
avions amenaient un assortiment d'armes et de munitions qui
devaient être distribuées aux volontaires qui voudraient se
joindre à la bataille contre Duvalier. « Nous n'étions pas longtemps sur le terrain que les gens commencèrent à accourir et se
pressaient pour nous recevoir. Ils nous saluaient comme des libérateurs. Ils chantaient et applaudissaient. On se mit à leur distribuer des armes. Nous étions en train d'armer le peuple pour les
batailles que devaient amener notre révolution. » Mais, comme
dit Gérard J. Pierre, qui avait quitté le pays deux ans et demi
auparavant pour les Bahamas, « *Bon nombre de ces gens allaient
perdre leur vie à cause de notre révolution avortée. C'est étonnant comment les choses tournent rapidement du meilleur au
pire...* »

Les envahisseurs arrivèrent à la route qui longeait la piste
d'atterrissage et qui suivait le rivage de la mer en direction de la
ville. Ils arrêtèrent la première voiture qui vint à passer. Dans la
voiture, il y avait deux prêtres et une religieuse. Les prêtres et la
bonne sœur plus tard déclarèrent aux autorités que les rebelles
prétendaient entrer en ville et capturer la cité sans tirer un coup
de feu. Les prêtres dirent qu'ils leur avaient conseillé
d'abandonner un projet aussi dangereux. C'est alors que des
obus commencèrent à passer au-dessus de leurs têtes en direction
du terrain d'atterrissage. C'était le bateau des gardes-côtes, le
Jean-Jacques Dessalines, qui, par coïncidence ou par anticipa-
tion, avait jeté l'ancre au Cap-Haïtien, depuis le samedi de la
semaine précédente. Ils venaient de recevoir de Duvalier l'ordre
de tirer. Plus d'une douzaine d'obus furent ainsi lancés, déconcertant les rebelles mais ne faisant aucune victime et
n´occasionnant que peu de dommages. A 5 heures de l´après-midi, le

bombardement cessa et l'équipage prit ses dispositions pour passer la nuit.

Le moral de la troupe rebelle baissa considérablement avec l'arrivée du bombardier B-25. L'attaque contre le palais n'avait, contrairement à ce que l'on avait espéré, infligé aucun dégât dans le camp ennemi et surtout n'avait pas affecté Duvalier. Cassagnol, dans son livre *Mémoires d'un révolutionnaire*, affirme ceci : « Il m'a fallu convaincre Jay Humphrey de voler sur le Cap et de larguer une ou deux bombes sur les casernes du Cap-Haïtien. Ils ne lâchèrent qu'une seule qui, elle aussi, n'explosa pas. Si les bombes à Port-au-Prince et au Cap avaient explosé, la situation aurait été toute différente. »

Pour les organisateurs de cette invasion, il n'y avait plus rien à faire. Gérard J. Pierre raconte que les chefs du groupe partirent, alléguant qu'ils allaient chercher des renforts et leur avion s'envola dans la direction du nord. Voici comment Raymond Cassagnol raconte ce départ. « Après trois heures, je vis arriver Sansaricq et Montreuil. Ils me demandèrent de venir dans le Cessna avec eux. Je pensais qu'ils allaient faire un vol de reconnaissance. Je pris un AR-15 que Jay avait acheté pour faire feu sur l'ennemi, le cas échéant. Quand je me rendis compte qu'ils mettaient le cap vers le Nord, je compris qu'ils avaient abandonné la lutte. A ce moment, furieux, je leur fis comprendre que j'aurais détruit le B-25, au lieu de le laisser à Duvalier.» (p.151) Le 21 mai 1968, Cassagnol prit le vol pour Washington. Et il conclut : « Avant mon départ, Sansaricq eut le toupet de me demander de ne pas dire que nous étions retournés et que la bataille continuait. Je lui ai dit ma façon de penser. » (p. 252). Raymond Montreuil, un neveu de l'ex-président Magloire, ne voulut pas, même en 2004, faire de commentaires sur les événements ni d'ailleurs sur le fait qu'il avait, ainsi que Sansaricq et les autres officiers, abandonné leur troupe sur le terrain le 20 mai 1968. C'était, disait-il, un sujet trop douloureux. Cassagnol (page 252) confesse que le dernier soir, aux Bahamas, écoutant Belafonte qui chantait « *Down the way where the nights are gay* », il fut saisi d'une crise de larmes et se cacha pour que les autres ne s'en aperçoivent pas. Clifford Brandt, de passage à Montréal, allait avoir la même réaction.

Jay Humphrey était parti du Cap-Haïtien avec son avion. Il était tellement pressé qu'il laissa derrière lui, dans le bombardier, le journal de bord et les papiers concernant la vente de l'avion. Il laissait aussi derrière lui vingt-huit bombes.

Le major Prosper Maura, commandant du département militaire du Nord, arriva vers trois heures de l'après-midi à l'aéroport du Cap. Les rebelles ouvrirent le feu sur sa jeep. Le major, le soldat qui conduisait ainsi que le garçon de maison furent grièvement blessés. Maura appartenait à la promotion 1959 de l'Académie militaire. Il avait été le compagnon de promotion de Roland Magloire et de Félix Alexandre, deux officiers en exil qui avaient participé à la préparation de l'invasion. Il y eut, à l'époque, un questionnement concernant Maura. Faisait-il partie du groupe des comploteurs ? Seuls pourraient le dire les organisateurs eux-mêmes, ceux qui avaient fui la scène du combat.

Une autre victime inattendue, fut Jean Théard, vice-consul de Duvalier à Miami, en visite au Cap-Haïtien et qui se trouvait en voiture dans le voisinage de l'aéroport. Les circonstances de sa mort n'ont jamais été éclaircies. Le gouvernement haïtien présenta ultérieurement une photo du cadavre de Théard, dans la morgue de Port-au-Prince, avec apparemment un fragment de menottes au poignet droit.

Quatre des envahisseurs, selon Dave Graffenberg, membre de la Mission orientale chrétienne du Cap-Haïtien, se présentèrent près de l'aéroport avec l'ordre de s'emparer de la puissante station de radio de la Mission. La station (4VEH) avait sept transmetteurs dont la puissance allait de cinq cents à mille watts sur la bande des stations de radio. Elle fonctionnait depuis dix ans, avec des programmes quotidiens de 5 à 9 heures du matin et de midi à 10 heures du soir. Financée par des organisations protestantes américaines, la station employait une vingtaine d'Américains. Il y avait aussi une clinique qui traitait cent cinquante à deux cents patients par jour, cinq jours par semaine. Les quatre rebelles qui se présentèrent à la station à 3 heures 45 de l'après-midi demandèrent aux deux opérateurs haïtiens qui s'y trouvaient la permission de lancer un message vers les Etats-Unis. En réalité, les studios de transmission se trouvaient à douze kilomètres de là. Les rebelles repartirent sans faire d'histoires et laissèrent entendre qu'ils attendaient des renforts. Ces renforts, selon ce que Gérard J. Pierre raconte, devaient arriver de la prison des Bahamas. Les avions devaient prétendument voler jusqu'à Nassau pour embarquer les quatre-vingt-quatorze hommes qui avaient été incarcérés à la prison de Fox Hill. Cependant, raconte Pierre, jamais les avions ne revinrent.

Dans la soirée du 20 mai 1968 donc, la confusion régnait à l'aéroport du Cap-Haïtien. Aucun renfort n'était arrivé. Gérard Beauville, exilé aux Bahamas depuis un bon bout de temps et l´une des premières recrues pour la force d'invasion, y rencontra son ami Gérard J. Pierre. Beauville avait encouragé Pierre à se joindre à eux, à s'engager pour libérer le pays. Quand Pierre avait fui Haïti et les *tonton makout* deux ans auparavant, c'était Beauville qui l'avait aidé. Dans son livre, Pierre décrit en ces termes leur rencontre à l'aéroport : « Gérard [Beauville], le mari d'une épouse belle et aimante (vivant à Nassau) et père de quatre enfants (le dernier venait de naître), n'en pouvait croire ses yeux. « Eh bien, me dit-il, nous sommes maintenant dans un sacré pétrin ! »

Certainement, ils l'étaient. Sans renforts, l´élément de surprise dissipé, il n'y avait plus qu'à essayer de s'enfuir au plus vite. Pierre Lecorps qui avait été l'un des principaux instructeurs les divisa en deux groupes, l'un de seize hommes et l'autre de dix. Beauville et Pierre étaient dans ce deuxième groupe. Rapidement, ils se mirent en marche en direction de la frontière dominicaine.

Le mardi 21 mai, au petit matin, le *Jean-Jacques Dessalines* envoya une salve en direction de l'aéroport. Un peu plus tard, le bataillon tactique des Casernes qui avait été entraîné par les *marines* américains, arriva de Port-au-Prince sous le commandement du colonel Franck Romain, avec l'ordre de reprendre l'aéroport. Ce qu'ils firent en tirant dans toutes les directions. Personne ne répondit à leurs tirs. Ils trouvèrent l'aéroport complètement désert excepté plusieurs corps gisant sur le sol, ceux du major Maura, de Jean Théard, de deux soldats et du garçon de cour, ainsi que celui d'un paysan. Par qui, comment et pourquoi ils avaient été tués sont des questions demeurées sans réponse à date.

Gérard J. Pierre et les neuf compagnons de son groupe furent pris dans une embuscade meurtrière montée par l'armée et les *makout*. Selon Pierre, c'est grâce à son entraînement qu'il put s'abriter à toute vitesse, alors que son ami Beauville tomba avec les autres sous un feu de mitrailleuse qui les hacha en morceaux. « Et pendant que je regardais mourir mes compagnons, dit Pierre, je vis trois hommes attraper l'un d'entre eux et lui couper la tête avec leurs machettes ». Fortement traumatisé par cette scène, Pierre décida de se donner la mort avec son propre fusil. «Je n'allais pas laisser un type me mettre un couteau sous la gorge et me couper la tête». Il raconte alors comment il mit sa mitraillette sous son menton et pressa la détente. Il y eut seulement un « click ». L'arme était défectueuse.

Sorti indemne de l'embuscade, Pierre poursuivit avec toutes les précautions possibles sa marche vers la frontière. Arrivé près du but, il fut arrêté. Il reçut une telle bastonnade qu'il perdit connaissance. Quand finalement il put ouvrir un œil, il se trouvait au Palais national à Port-au-Prince en face d'un Duvalier patelin et facétieux qui lui demandait « Alors, tu es venu voir papa ? Est-ce que tu sais qui est papa ?» Des journalistes étrangers furent invités au palais pour observer cette étrange scène et photographier Pierre et deux autres prisonniers assis à côté de lui. « Duvalier m'offrit du café », raconte encore Pierre. Un soldat versa le liquide bouillant dans sa bouche, lui brûlant brutalement la langue et la gorge. Le président à vie transformait l'invasion en un spectacle pour étrangers avides d'exotisme. Il fit venir des prisonniers du Fort Dimanche au Palais national et les interrogea personnellement, cherchant à savoir qui étaient les acteurs derrière cette invasion ratée, à l'intérieur d'Haïti, aussi bien qu'à l'extérieur, à New York et aux Bahamas. La plupart des prisonniers étaient de simples soldats ignorant tout des plans des chefs et organisateurs. L'un de ceux qui avait bien répondu fut récompensé cérémonieusement, selon ce que raconte Pierre. Il reçut des mains de Duvalier lui-même cinquante dollars.

A peine quelques heures s'étaient écoulées depuis l'atterrissage à l'aéroport du Cap-Haïtien qu'une autre guerre commençait sur les ondes des radios. La *Coalition Haïtienne* avait un programme en créole, chaque matin à l'aube en ondes courtes. Il transmettait des nouvelles sur la bataille en cours qui rappelaient le fameux style Paul Verna des années 63-64. On délaissait la réalité pour entrer dans le champ de la guerre psychologique. Papa Doc contre-attaqua de manière tranchante : l'invasion était morte. Le colonel Jean Beauboeuf, le nouveau commandant du département du Nord, s'en fut, en personne, et sur ordre de Duvalier, fermer la station de radio (4VEH) de la Mission orientale chrétienne du Cap-Haïtien.

Mais, la *Coalition Haïtienne* affirma, le 21 mai 1968, dans son programme transmis sur ondes courtes depuis New York par la station WURL, que non seulement le Cap-Haïtien était tombé entre les mains des rebelles, mais encore que ceux-ci avaient pris le contrôle d'une station de radio qui allait bientôt émettre. La *Coalition Haïtienne* déclara en outre que les rebelles s'étaient emparé de la ville du Limbé, à vingt kilomètres au sud du Cap. Saisi de la même fièvre, le *Miami Herald* confirma que les exilés haïtiens avaient pris le Cap.

Quant aux journalistes étrangers arrivés à Port-au-Prince, ils devaient se contenter chaque jour des quelques bribes d'information que Gérard de Catalogne, l'homme chargé des relations publiques de Duvalier, grand manipulateur de nouvelles devant l'Eternel, leur distribuait. Sa longue face pâle n'était que sourire et son bedon tressautait quand il riait. De conférence de presse en conférence de presse, il semblait ravi d'exercer cette fonction, en même temps qu'il dirigeait le quotidien du gouvernement *Le Nouveau Monde*. Parfois, il s'arrêtait pour appeler au téléphone. Inévitablement, c'est à Duvalier qu'il s'adressait. Il acquiesçait de la tête de manière répétitive pendant qu'il disait « Oui, Excellence, oui, Excellence ». Henri Gillinger, du *New York Times*, qui parlait français, ne perdait pas un mot des questions et commentaires de de Catalogne. Il rapporte ainsi que de Catalogne, propriétaire de l'Hostellerie du Roi Christophe sise au Cap-Haïtien, se lançait dans des descriptions lyriques de la ville du Cap, et de l'afflux des touristes en Haïti dans les trois derniers mois, plus de dix mille, affirmait-il. On publiait les photos d'Aristote Onassis rendant visite au directeur du tourisme, Luc Foucard, le beau-fils du président, pendant que Duvalier, au Palais national, les cheveux neigeux et le corps ratatiné dans son complet noir, recevait la grande vedette d'opéra, Maria Callas.

Cette « invasion » décrite précédemment avait été montée par l'organisation *Coalition Haïtienne* formée en 1965 par un groupe d'hommes politiques haïtiens de haut calibre. Ce groupe incluait des vétérans comme l'ex-président Paul E. Magloire, Luc Fouché, plusieurs fois ministre, l'ex-diplomate Joseph Déjean, le Dr Louis Roy, ex-président de la Croix-Rouge haïtienne, fondateur du sanatorium de Carrefour-Feuilles à Port-au-Prince. Le journal *La Coalition Haïtienne* était dirigé et animé par le dynamique Raymond Alcide Joseph, trente-trois ans, fils d'un pasteur baptiste des Cayes, venant d'un séminaire baptiste de Chicago. Outre l'hebdomadaire, Raymond Joseph dirigeait le programme sur Radio WURL, propriété de l'église du Christ des Saints du Dernier Jour (Mormons). Destiné aux auditeurs d'Haïti, ce programme était familièrement dénommé «Vonvon», un bourdon vrombissant aux oreilles de Duvalier chaque matin de 6 heures à 6 heures 30. Certaines nouvelles concernant le cercle intime des habitants du Palais national étaient tellement précises que Duvalier, supposant qu'il s'agissait d'une opération de la CIA, fit vérifier les rideaux de la salle du conseil des Ministres, cherchant à détecter toute installation de prise de son. Il ne cessa de protester auprès de Washington contre l'existence de ce programme sur le territoire américain. Après le désastre de l'invasion, il eut finalement gain de cause. Le département d'Etat mit fin au programme radio « Vonvon » en juillet 1968.

Mais, dès 1967, un autre scénario se déroulait sans bruit dans les îles Bahamas. Un camp d'entraînement fut ouvert en 1967, dirigé par l'ex-officier Roland Magloire qui avait déjà participé aux premières tentatives de 1963 à partir de la République Dominicaine. Avec lui, il y avait Bernard Sansaricq, qui vivait à ce moment en Floride et qui était l'intendant général du groupe, pourvoyeur de pain aussi bien que d'avions et bateaux, armes et munitions incluses. Les fonds venaient, en majeure partie du financier et entrepreneur haïtien d'origine jamaïcaine, Oswald J. Brandt. Des ex-officiers haïtiens, comme François Benoît, venaient, le temps d'un congé à leur travail, donner un coup de main. Outre le Cessna qui servait à ravitailler le camp, Sansaricq avait loué le grand avion avec une capacité de vingt-cinq passagers, ainsi que le Beachcraft qui pouvait en prendre sept.

Les îles Bahamas, une chaîne de près de sept cents îles, s'étendant sur un arc de près de huit cents kilomètres allant de Grand Bahamas au nord, jusqu'à Inagua au sud, à quatre-vingts kilomètres des côtes d'Haïti, étaient un site idéal pour servir de base d'entraînement. Plus de quinze mille réfugiés haïtiens s'y trouvaient. Ils fournissaient des recrues, comme par exemple Gérard Beauville, qui rêvait de retourner dans un pays libéré à la pointe du fusil. Beaucoup de ces îles avaient une population clairsemée et certaines étaient fréquentées uniquement par des sportifs amateurs de pêche en haute mer. Elles se trouvaient à courte distance de la Floride et il était relativement facile de se procurer des armes et des munitions en toute discrétion. Jusqu'à un certain point. Car, lorsqu'un Cessna venant de Melbourne (Floride) se mit à larguer des blocs de glace dans les Burroughs Cays au large de l'île de Grand Bahamas, cette opération attira l'attention et l'information, rapportée à la police, navigua jusqu'à Nassau.

Quand donc le 26 mars 1968, la force d'invasion constituée de soixante-dix-huit personnes s'apprêtait à embarquer, ses membres apprirent trop tard que le bateau battait pavillon britannique (Union Jack). Tout le groupe fut arrêté par la police bahamienne et transporté par bateau à la capitale, Nassau, où on les incarcéra à la prison de Fox Hill. Ils furent condamnés à un an de prison avec déportation en Haïti à la fin de leur temps en prison. L'un des dirigeants du camp d'entraînement, Pierre Legros, eut une attaque cardiaque au moment de l'arrestation et mourut sur le champ. Des recrues qui s'entraînaient ailleurs, aux Etats-Unis ou au Canada retournèrent chez elles. Celles qui étaient résidentes aux Bahamas, au nombre de trente-cinq, restèrent dans le camp.

Le bateau qui était supposé transporter la force d'invasion s'ajouta à la liste des désastres. Pour former l'équipage, Raymond Montreuil avait fait appel à des volontaires. Onze personnes répondirent à l'appel, la plupart des anciens officiers de l'armée d'Haïti vivant aux Etats-Unis. L'un d'entre eux, Fritz Paret, me déclara en 2004: « En ce temps-là, nous étions jeunes et impressionnables et nous ne pensions qu'à une seule chose, retourner en Haïti. On avait sauté sur cette occasion de combattre la tyrannie de Duvalier. On ne connaissait pas les détails de l'affaire. Dans ces années-là, on pouvait obtenir des armes en Floride et quitter la côte sans problème. » Un autre officier, François Benoît, qui avait demandé un congé, quitta New York et rejoignit ses camarades sur le *Yorel II*, un « cruiser » avec cabine de vingt mètres que Sansaricq avait acheté. Le capitaine, un Américain du nom de « Bill », n'avait pas l'air de connaître grand-chose à la navigation. Ils avaient à peine atteint Melbourne en Floride que le capitaine dirigea le bateau sur un récif de corail, non pas une fois mais deux. En apparence, le bateau n'avait pas subi de dommage. La première nuit, naviguant sans lumière, le bateau et ses passagers furent arrêtés par un bateau de gardes-côtes américains. Là, au moins, le capitaine réussit à convaincre les gardes-côtes qu'ils allaient à la pêche.

Ils étaient à peine sortis de l'émotion provoquée par cette rencontre alors qu'ils transportaient une cargaison d'armes que l'un des moteurs hors-bords du cruiser s'arrêta, bientôt suivi de l'autre. Pendant quarante-huit heures, ils dérivèrent vers le nord, portés par le Gulf Stream. Benoît profita de ce temps mort pour faire une inspection des armes que Sansaricq avait achetées. Benoît fut choqué de voir dans quel état se trouvait ce matériel. Il s'agissait de carabines M2 datant de la Seconde Guerre mondiale. Il y avait aussi deux BARS (Browning) fusils automatiques. Les armes étaient en mauvais état, l'acier était piqué, et ils étaient encore bourrés de graisse dure. Après nettoyage et remplacement des pièces défectueuses, seulement la moitié des armes était opérationnelle. Finalement, l'un des moteurs fut réparé, mais Bill dut demander à un autre bateau la direction des Bahamas car il l'ignorait lui-même. On suivit les indications données. Dans la nuit du 4 mai, on put apercevoir au loin les lumières de l'île de Grand Bahamas. Pendant que le *Yorel II* restait au large, Benoît et un autre camarade, Lenz Dubuisson, utilisèrent le canot pour débarquer. Après avoir ramé les trois milles marins qui séparait le *Yorel II* de la côte, ils dissimulèrent le canot dans les palétuviers, et prirent à pied la route à la recherche de Montreuil, Sansaricq et Alexandre afin de mettre au point les derniers détails de l'opération. Ce qui fut fait.

« Le dimanche 5 mai 1968, raconte Benoît, Sansaricq et moi, nous avions rendez-vous avec le *Yorel II*. Il était 4 heures du matin et nous étions au bord de la route dans un petit café restaurant en train de siroter un café quand les sirènes de la police se firent entendre. Si j'avais été sur la route, j'aurais immédiatement pensé que c'est à nous qu'ils en voulaient. En fait, ils allaient réceptionner les radeaux de sauvetage sur lesquels nos hommes se trouvaient quand le *Yorel II*, à l'entrée du port, avait heurté un haut-fond et coulé avec toute sa marchandise. Un avion de la *Pan Am* qui survolait la scène à ce moment avait donné l'alerte. Les autorités recueillirent onze personnes qui furent emprisonnées à Fox Hill sous l'accusation d'entrée illégale dans le pays. »

A New York le *Combattant haïtien* fit immédiatement valoir que les hommes n'étaient pas entrés illégalement dans le pays. C'étaient des victimes d'un accident de la mer qui avaient été recueillies par les autorités bahamiennes et amenées sur la terre ferme contre leur volonté. Deux semaines plus tard, les hommes furent relâchés et ceux qui avaient la résidence aux Etats-Unis furent transportés à Miami le 19 mai.

Après le naufrage du *Yorel II*, Montreuil, Sansaricq, Benoît et Alexandre se rencontrèrent dans le camp, encore secret, pour évaluer la situation. Selon le récit fait par Benoît, la force d'invasion, quatre-vingt-dix hommes, étant incarcérée à Fox Hill, le bateau ayant coulé avec les armes et les munitions, plus question de parler d'invasion. « Il fut donc décidé, raconte Benoît, que je devrais aller à New York pour mettre au courant les responsables de la *Coalition Haïtienne*, le Dr. Louis Roy, le pré-sident Magloire, Luc Fouché, Raymond Joseph et con-sorts.» Pendant que nous étions en réunion à New York, arriva la nouvelle qu'une invasion avait eu lieu dans le nord d'Haïti. Inu-tile de dire combien je fus surpris d'apprendre une telle nou-velle. J'ignorais tout de ce projet d'invasion et quand nous avons quitté Melbourne à bord du *Yorel II*, je pensais qu'on aurait mis au point toute l'organisation du projet, en particulier qu'on aurait établi une chaîne de commandement définissant clairement les responsabilités de chacun. Ce ne fut pas le cas. Gérard J. Pierre, de son côté, se rappelle que Pierre Lecorps avait ordonné aux hommes, trente-cinq en tout, de plier les tentes de camouflage et de se rassembler pour le départ qui fut précédé de deux exhorta-tions prononcées par Montreuil et par Cassagnol. »

Pierre décrit dans son livre un autre projet qui avait été monté pour le 18 mai 1968, fête du drapeau qui, traditionnellement, comporte une cérémonie à l'Arcahaie, lieu où les chefs de l'armée indigène avaient créé le drapeau national. L'idée avait été d'utiliser le bombardier B-25 pour une attaque aérienne au moment où se déroulerait la cérémonie en présence de Duvalier et du gouvernement. C'est le genre de projet qui a toujours hanté l'imaginaire des exilés. Déjà en 1964, le général Cantave avait, paraît-il, payé en espèces et à l'avance les services d'un pilote et de son avion doté d'une bombe. Il ne revit plus jamais le pilote, et encore moins son avion et sa bombe. Mais la veille du 18 mai,

Duvalier renonça à se rendre à l'Arcahaie. On revint donc au projet « Cap-Haïtien ».

Après l'invasion du Cap-Haïtien de mai 1968, le colonel Romain et ses troupes exercèrent comme d'habitude des représailles sur les familles de ceux qui avaient participé ou étaient suspectés d'être les ennemis du gouvernement. A Port-au-Prince, l'homme le plus riche du pays, Oswald J, Brandt, âgé de soixante-dix-huit ans, fut arrêté le 18 juin et accusé d'avoir fourni des fonds à l'invasion. La rumeur courait que le millionnaire d'origine anglo-jamaïquaine avait fourni plus de 350.000 dollars pour financer cette invasion. Finalement, après deux mois et demi d'emprisonnement, il fut mis « en liberté provisoire ». Son fils Clifford, de quarante-quatre ans, fut aussi arrêté de même que l'industriel Charles Plaisimond, un ancien officier de l'armée, très proche de l'ex-président Magloire. Georges et Jean-Claude Léger, beaux-frères du Dr Louis Roy, furent aussi arrêtés. Le bombardier laissé intact sur la piste du Cap fut amené à Port-au-Prince au nouvel aéroport de Maïs-Gâté. Le Président à vie, en uniforme militaire, alla contempler cette prise de guerre, avec la mine sombre et sévère qui devait convenir à un commandant en chef.

Des années plus tard, alors que François Benoît était le ministre des Affaires étrangères du gouvernement du Premier ministre Marc Bazin, un visiteur se présenta. Il n'avait qu'un seul bras. Il s'identifia comme l'un des survivants de la désastreuse invasion de mai 1968. Le bras manquant avait été le résultat d'une intervention du Dr Lafontant sur le prisonnier.

Duvalier surprit les Etats-Unis et les Nations unies en introduisant une plainte formelle auprès du Conseil de Sécurité. Le raid aérien de mai 1968 et le débarquement de trois avions au Cap-Haïtien étaient selon lui une menace contre la paix internationale. Il adressa un télégramme dans le même sens au Secrétaire général des Nations unies, U Thant. Juan de Onis rapporta, dans sa dépêche publiée dans le *New York Times* le 23 mai 1968, des commentaires de sources américaines selon lesquelles l'invasion en question n'avait même pas constitué une vraie menace militaire pour le régime de Duvalier. De Onis indiqua en outre que la plainte concernait aussi le programme de radio de la *Coalition Haïtienne*. Joint par De Onis, Raymond Joseph, secrétaire général de la *Coalition Haïtienne* répondit immédiatement que son organisation était au courant du projet d'invasion mais qu'elle n'était pas responsable de l'action qui avait été entreprise. Toujours selon De Onis, M. Joseph tourna en ridicule les accusations portées par Duvalier contre le Père Jean-Baptiste Georges et Raymond Cassagnol comme faisant partie de l'invasion alors qu'ils se trouvaient respectivement à New York et à Washington. Papa Doc ordonna aux miliciens et à l'armée de ne pas tuer les envahisseurs et de les envoyer à Port-au-Prince. Dix prisonniers furent donc amenés à Port-au-Prince et interrogés personnellement par Duvalier. Une cour militaire fut mise sur pied et, durant deux mois, les prisonniers étaient amenés du Fort Dimanche pour un procès conduit entièrement en français. Le show se termina le 5 août 1968. Le juge, président de la cour, le colonel Frank Romain, lut le verdict : tous les accusés étaient condamnés à mort pour trahison et pour tentative d'attenter à la vie du président et de sa famille.

Un seul prisonnier échappa au sort qui les attendait tous: Gérard J. Pierre. Pierre et Lebrun Leblanc, son compagnon de cellule, passèrent un mois à creuser, chaque nuit, un trou dans le mur de leur cellule en se servant d'une poignée de fer arrachée du seau qui servait à faire leurs besoins. Ils réussirent à desceller un des blocs de trente pouces (soixante-dix centimètres) du mur, cachant chaque matin leur travail avec un mélange d'urine et de sable. A l'aube du 6 août 1968, le lendemain du jour où la sentence avait été rendue, ils s'échappèrent par le trou, vêtus seulement d'un pantalon. Leblanc fut appréhendé ultérieurement. Gérard Pierre se rendit à l'ambassade des Etats-Unis, près des quais, et se cacha dans les buissons de l'entrée. Découvert par une des sentinelles, il allait être jeté dehors quand intervint l'ambassadeur en personne, Charles G. Ross, qui lui prêta une chemise kaki, et l'emmena, caché sous une couverture, à l'ambassade du Chili. Quand un employé ouvrit la porte, Pierre se lança à l'intérieur. Il reçut l'asile politique. Le 18 octobre 1968, un sauf-conduit lui fut accordé pour se rendre au Chili. Pierre avait fait l'impossible : il s'était enfui du Fort Dimanche. Et c'est le seul prisonnier que l'on connaisse qui réalisa cet exploit.

Chapitre 29

René Léon et la brigade Gérald Baker

1969

« Le Mouvement Démocratique des Patriotes Haïtiens (MDPH), en vue de mettre un terme aux onze années de la sanglante dictature de Papa Doc, a engagé ses forces sur le sol haïtien. Après des années et des années de patients et durs efforts – trop souvent dirigés contre des citoyens eux aussi opposés au régime de Duvalier – , une force dénommée la « Brigade Gérald Baker » (nom de l'un de nos vaillants camarades tué dans un des exercices de préparation de cette opération) a été organisée en vue de combattre l'injustice, le crime, l'oppression et la pauvreté et d'installer sur cette terre malheureuse et oubliée qui est la nôtre, la Liberté, la Paix, la Justice et la Démocratie. Que Dieu nous aide ! »

René J. Léon, 4 Juin 1969.

L a désastreuse tentative d'invasion du Cap-Haïtien venait à peine de se terminer quand, en décembre 1968, un groupe d'Haïtiens établirent un nouveau camp d'entraînement clandestin dans les Everglades de Floride à quelque soixante-quinze kilomètres de Miami.

Le responsable de cette nouvelle opération était René J. Léon, ancien lieutenant-colonel de l'armée d'Haïti qui avait rompu avec Duvalier en 1962. Il avait participé aux malheureuses invasions de Léon Cantave, en 1963, à partir de la République Dominicaine et ensuite à la fameuse invasion CBS. Léon, un svelte et élégant officier, était né à Pétion-Ville, en 1924, et faisait partie de la promotion 1945 de l'Académie militaire. Il parlait couramment l'anglais, ayant effectué des stages au Fort Benning en

Géorgie et à l'Ecole des Amériques au Fort Gulick, dans la zone du Canal de Panama.

René Léon avait trouvé, malgré les problèmes légaux auxquels il était confronté – il avait interjeté appel d'une condamnation pour sa participation à la dernière opération montée en Floride contre Papa Doc en 1967 – une source de financement, à New York, en la personne d'un mystérieux « Robert ». D'où l'organisation de cette nouvelle tentative avec l'aide d'un groupe d'ex-militaires américains, des soldats de fortune. Le plan original de Léon était d'entraîner les recrues à la guerre de guérilla, de les infiltrer en Haïti pour qu'elles installent dans le pays des cachettes pour armes, munitions, médicaments, nourriture. Ces cachettes seraient alimentées par voie aérienne. Pendant ce temps, le camp installé dans les Everglades de Floride continuerait d'entraîner et d'infiltrer des recrues et quand leur nombre serait suffisant, ils pourraient entrer en action sur le terrain. Il restait entendu qu'on n'accepterait aucune recrue cubaine.

A la mi-janvier 1969, il y avait dix-huit recrues en entraînement sous le commandement d'un volontaire canadien, qui bien qu'ayant perdu l'usage d'un bras était capable de battre tout le monde à la course d'obstacles. Il avait pour second un vétéran de la marine américaine. Parmi les autres instructeurs, il y avait un Américain du Kentucky qui avait servi pendant des années dans la Garde nationale, un Haïtien, déserteur de la marine américaine et vétéran de la guerre du Vietnam, un Finlandais, spécialiste en explosifs, ancien « ranger » des Forces spéciales de l'armée américaine. Martin Casey, un ancien *marine* américain, un ami proche de Léon, m'expliqua les raisons pour lesquelles ces soldats de fortune bénévoles avaient choisi de vivre dans ces endroits marécageux, de manger à la diable et, de passer des nuits à claquer des dents de froid, à se faire dévorer par les moustiques. Cela venait, selon Casey, « d'un mélange d'idéalisme et d'esprit d'aventure mêlé à un sentiment de culpabilité pour certaines actions pas très jolies commises antérieurement. » Quant aux Haïtiens, ils avaient de multiples raisons personnelles de combattre Papa Doc, il y avait « ceux qui avaient perdu de la famille, ceux qui avaient été maltraités et battus, tel ce type-là qui avait plein de cicatrices aux fesses; il avait été tellement battu que la chair avait pourri ».

L'une des recrues était un Haïtien qui croyait ferme au vodou. Ayant rêvé d'un serpent, il avait ce jour-là marché sur un serpent à sonnettes, une transe l'avait saisi et il s'était évanoui. Une fois revenu à lui-même, il avait saisi son sac, quitté le camp et pris le chemin de Miami à pied. Avant l'ouverture du camp, l'un des « soldats de fortune» avait pris contact avec un journaliste qui se targuait d'avoir l'oreille de la CIA. Léon lui demanda de tester les réactions de la CIA concernant les plans du groupe. Il s'agissait de déterminer si Washington serait opposé à un renversement de Duvalier. Il n'y eut aucune réponse. Léon et ses amis pensèrent alors que le gouvernement américain tournerait la tête de l'autre côté car, au fond, il souhaitait la mise au rancart de Duvalier tout en étant prêt à nier toute participation à une action qui irait dans ce sens.

Léon et son groupe réussirent à louer un bateau de vingt et un mètres à Key West pour deux mille cinq cents dollars pour une période de quinze jours en vue d'infiltrer des hommes et des armes en Haïti. A ce moment, un contact avec un homme d'affaires d'Israël conduisit à une série de rencontres avec l'attaché militaire d'Israël à Washington. Une des propositions en discussion était d'avoir un camp d'entraînement en Israël. Mais deux semaines après, l'attaché militaire informait le colonel Léon, par téléphone, que le projet n'avait pas été accepté.

En mars 1969, on pouvait noter chez les recrues les progrès dus à l'entraînement qu'ils recevaient. Il y avait dans le camp un vent d'optimisme. Plus de deux douzaines de fusils calibre .22 étaient disponibles pour les exercices de tir. Le ravitaillement par colis jetés par avion fonctionnait. Alors survint la tragédie. Gérald Baker, vingt-deux ans, le soldat le plus populaire du camp, fut tué au cours d'une séance d'entraînement par une balle de calibre .22. Les assistants du shérif de Monroe County mirent tout le monde en état d'arrestation et en détention à Plantation Key. L'enquête conclut que la mort de Baker était due à un accident causé par personne inconnue. L'affaire parut évidemment dans les journaux. Le *Miami Herald* du 12 mars 1969 titrait : « Un camp d'Haïtiens s'entraînant dans les Everglades visité par la police ». C'était la fin du camp.

Tout le monde retourna chez soi, dans le chagrin causé par la disparition de Gérald Baker. L'instructeur canadien infirme d'un bras fut déporté au Canada. Le mystérieux « Robert » de New York fit savoir à Léon qu'il ne le financerait plus. Léon fit une collecte d'argent à New York, ce qui permit d'acheter un vieux quadrimoteur Lockheed, un avion à passagers Constellation. Il engagea un pilote et un copilote. L'avion devait se rendre à l'île de Grand Turk et de là transporter une cargaison de « vêtements » de Puerto Rico à Miami.

Le 1ᵉʳ juin 1969, le *Connie*, tel était le nom donné à l'avion, atterrit sur l'île de Grand Turk pour charger des barils et des armes qui avait été entreposés près du terrain. Une heure après, le *Connie* atterrissait à Georgetown, Exuma Island. Les barils de trente gallons furent remplis d´explosifs plastiques (JP-4), d´une grande boite de fusées qui se déclenchaient à la main, de mécanismes incendiaires fabriqués avec du phosphore blanc, de grenades, de roquettes anti-chars, de fusils AR-15 et d´armes de poing. Le groupe passa la nuit sur l'île de Grand Bahamas, directement au nord d'Haïti.

« Le lendemain, raconta Casey, on ouvrit les connexions des réservoirs de fuel et l'avion se dirigea au bout de la piste. Là, juchés sur une échelle, on procéda au camouflage des numéros d'identification de l'avion. C'est alors que nous vîmes un camion portant des agents de douane qui se dirigeait vers nous. En vitesse on acheva le travail et on remonta dans l'avion qui, prenant de l'accélération, décolla. Le camion des douaniers, avec beaucoup de sagesse, s'était mis à côté de la piste. Et maintenant, en route pour Port-au-Prince. Pendant le reste du trajet, on s'occupa à monter le dispositif de mise à feu de chaque baril. On approchait de Port-au-Prince. J'en avais les genoux qui tremblaient. Il était 10 heures du matin. On survola Bowen Field, la piste qui servait aux avions militaires, pour nous assurer qu'il n'y avait pas d'intercepteurs. Puis survolant la baie, à une altitude de cinq cents mètres et une vitesse de cent nœuds, on s'aligna sur le palais national qui était assis comme un grand gâteau blanc de mariage au milieu de la ville. Le pilote faisait ses calculs mentalement. A trois cents mètres du palais, il commença à crier dans l'intercom : « Prêt, prêt, prêt ! », et ensuite « go, go, go ! » ».

« Deux d'entre nous s'étaient attachés à des lignes de sécurité avant que s'ouvre la porte. On mit en position de contact les fusibles et on jeta les barils par la porte. Léon derrière nous nous fournissait les barils pendant que les deux autres les roulaient vers la porte. Regardant au sol, je vis un type qui conduisait une charrette tirée par un cheval. C'était comme si le temps avait ralenti au quart de sa vitesse normale. Je vis le type jeter son fouet en l'air et se jeter hors de la charrette. Je vis un baril rebondir et frapper le sommet d'une cahute. D'abord, il y eut des explosifs plastiques (JP-4) qui volaient dans tous les sens, la cahute se désintégra, et il y eut une grande boule de feu. Le copilote criait : « No ! No ! ». Moi, je pensais qu'il hurlait : « Go ! Go ! Go ! » Je jetai encore deux barils qui tombèrent sur des maisons d'un quartier cossu ».

« Déjà on survolait de nouveau la baie et le copilote demanda si nous voulions faire encore une passe. Tous ensemble, on cria : "oui !" On en était au septième baril quand on rencontra un vrai barrage de coups de feu. Stupidement, je regardai par la porte et je vis tout un monde qui tirait sur nous à partir d'une mitrailleuse .50, jusqu'à un soldat qui déchargeait en notre direction son revolver. L'avion était entouré d'explosions et des balles traversaient le fuselage. L'ingénieur de vol perdit conscience pendant quelques minutes. Il avait été frappé par un éclat qui heureusement avait été amorti car ayant dû traverser quelques manuels de vol et un sac de cuir épais ».

« On se dirigea vers le nord larguant au passage le reste des barils. D'après le plan initial, on devait atterrir à Port-de-Paix et Léon avec quatre des soldats de fortune devait s'établir dans les collines avoisinantes. Heureusement, le pilote annonça que la piste était trop courte. On prit la direction du Cap-Haïtien mais la piste était encombrée de toutes sortes de véhicules. A 16 heures, on survolait les Bahamas. Partout les terrains étaient pleins d'eau. Alors, le pilote ordonna de détruire tous les indices concernant l'expédition. Il expliqua qu'on allait se poser sur l'eau pour que l'avion disparaisse au fond de la mer. On prépara les radeaux de caoutchouc. Le pilote lança un SOS et on se prépara à se lancer à la mer sur le côté est de Grand Bahamas. C'est alors qu'une voix à la radio se fit entendre : "Je vous vois venir dans ma direction et je vais vous guider." C'est ainsi qu'on put atterrir sur une station américaine de guidage de missiles. Les autorités de Bahamas nous envoyèrent tous à Miami, sauf le Canadien que, une fois encore, on remit aux autorités de son pays. Il ne fut pas traduit en justice ».

Les Américains arrêtèrent Léon et les ex-soldats. Ils avaient violé les lois américaines du respect de la neutralité et exporté des armes sans permission. Léon et Casey furent condamnés à deux ans de prison et les autres à une période d'emprisonnement de neuf à dix-huit mois. Papa Doc qui se relevait d'une récente attaque cardiaque parla de piraterie. Certaines gens prétendent que l'émotion produite par ce bombardement inattendu aurait raccourci sa vie.

Après 1986, Léon retourna en Haïti, milita pour la campagne présidentielle de Louis Déjoie Jr. (Ti-Loulou). Il retourna en Floride où il mourut d'un cancer en 1990. Le Canadien commença une carrière de peintre en paysage. L'ex-*marine* haïtien disparut. Martin Casey devint reporter pour des magazines américains, notamment *Soldats de Fortune*.

Chapitre 30

Le massacre d´une jeunesse

1967-1969

En rédigeant le chapitre «La maturité du mouvement communiste» dans le livre « Papa Doc et les Tontons Macoutes » écrit avec Al Burt, j´avais pris, en 1968, des précautions spéciales pour ne pas révéler l'identité des cadres marxistes qui combattaient le régime de Papa Doc. Aucun auteur ne voudrait, en effet, être responsable d'avoir exposé quelqu'un, quelle que soit son idéologie, à la torture ou à la mort. Dans le présent chapitre, j'ai décidé, plus de quarante ans après, de donner un visage et une identité à ces jeunes hommes et ces jeunes femmes qui ont combattu sous l'étiquette marxiste-léniniste et qui ont payé de leur vie, comme tant d'autres anti-duvaliéristes, leur participation à la guerre contre la tyrannie.

Papa Doc était aidé dans sa contre-offensive au soulèvement organisé par les communistes par des espions infiltrés parmi les étudiants haïtiens à l'étranger qui avaient bénéficié d'une bourse du gouvernement ou qui étaient des fils de makout. Les communistes étaient par ailleurs surveillés de près par la CIA américaine et ses collaborateurs dans des pays comme la République Dominicaine et le Mexique. Dans ces conditions, il est remarquable que les révolutionnaires haïtiens de cette ultime vague qui se réclamaient du marxisme aient pu arriver si loin.

Ils étaient bien différents des bolcheviques brandissant le poing, agitant des drapeaux marqués de la faucille et du marteau, élevant des barricades et jurant de détruire la bourgeoisie, selon l'image stéréotypée des communistes staliniens. Ils n'étaient pas des marxistes-léninistes typiques en dépit des dogmes politiques prolétariens qui remplissaient leurs publica-

tions. Parmi les étudiants haïtiens des années 60 et 70, l'idée d'un inévitable soulèvement et d'une révolution des opprimés était centrée sur leur propre patrie, Haïti. Jacques Roumain, Jacques Stephen Alexis, René Depestre, tous Haïtiens, étaient leurs auteurs favoris. Même si Marx, Lénine, Engels, Mao Tse Toung étaient lus aussi, l'exemple de Fidel Castro et du Che Guevara faisait partie de leur vie pendant que ceux-ci faisaient l'histoire dans l'île voisine. Des militants des deux partis communistes haïtiens en exil allaient d'une ville européenne à l'autre, nourris des histoires des révolutions chinoise, vietnamienne et cubaine. Le triomphe de Fidel Castro et du « Che » dans l'île voisine enflammait les esprits et nourrissait les rêves de cette jeunesse haïtienne.

Très vite, comme c'est souvent le cas dans une petite bourgeoisie désenchantée, les choix idéologiques passaient de la gauche à l'extrême gauche. « Après avoir admiré la révolution bolchevique, nous en venions à mépriser les révisionnistes et à nous tourner vers les Castro, le Che et Mao » rappelle un survivant. Le temps était venu pour passer à l'action, et même le Parti d'Entente Populaire (PEP) était incapable de contrôler les jeunes radicalisés d'Haïti et de les persuader d'attendre encore le développement de « conditions objectives » propices au déclenchement de la révolution. Les jeunes marxistes voyaient leur pays s'enfoncer chaque jour plus profondément dans la folie de la tyrannie. Ils décidèrent de prendre le destin entre leurs mains et de se joindre à la guerre de libération du peuple haïtien et de remplacer le système féodal de ce pays par le socialisme. Le PEP prit la décision de passer de la lutte non-violente à la lutte armée, comme en atteste le document « Voies tactiques vers la nouvelle Indépendance d´Haïti» paru en mai 1967.

Ce chapitre traite de la guerre menée par cette jeunesse marxiste qui s'est rebellée contre la tyrannie de François Duvalier. Leur lutte clandestine reste encore mal connue jusqu'à maintenant, en particulier celle des cadres et militants du Parti Populaire de Libération Nationale (PPLN), parti qui fusionnera avec le PEP pour constituer formellement le Parti Unifié des Com-

munistes Haïtiens (PUCH) en 1969. Les principaux combattants n'ont laissé derrière eux aucun journal de leur vie quotidienne et l'immense majorité d'entre eux ont été tués.

L'information qu'il a été possible de recueillir est tirée des publications retrouvées de leur parti. Mais celles-ci ne racontent qu'une partie de leur histoire. Il en est de même pour les bulletins du Service d'Information des programmes américains destinés à l'étranger. Le « Foreign Broadcast Information Service » (FBIS) fournissait les traductions en anglais de programmes de radio écoutés à travers le monde. Cela faisait partie, dans le contexte de la guerre froide, des efforts américains pour contrecarrer la pénétration communiste. Cependant, ni les exhortations clandestines marxistes, ni les transcriptions de radio du FBIS ne donnent la moindre idée ni le moindre indice du drame et de la tragédie de cette dernière guerre contre Papa Doc, qui mourut de causes naturelles dans son lit dans son palais, le 21 avril 1971, transmettant un pouvoir dynastique à vie à un fils de dix-neuf ans, Jean-Claude Duvalier.

La tyrannie de Duvalier n'a pas épargné ma vie personnelle alors que j'avais entrepris une carrière de journaliste en Haïti et que j'y dirigeais un journal en langue anglaise. J'en donnerai, entre autres, deux exemples. Pierre Sansaricq avait acheté le magasin qu'il tenait à Jérémie de Jean Desquiron, mon beau-frère. Il a été, sur ordre de François Duvalier, brutalement assassiné à Jérémie en 1964 avec sa famille, femmes et enfants compris, tous littéralement coupés en morceaux par de sadiques bouchers, comme des animaux. La maison de Frères qui fut louée au comité central du PEP et qui a servi, pendant un certain temps, de refuge au groupe, m'appartenait. Et Joël Liautaud, l'un des jeunes révolutionnaires qui a vécu un certain temps dans cette même maison, était un cousin de ma femme. Aucun de nous deux, vivant alors au Mexique, n'était au courant de ces transactions ni de ces activités.

Bernard Diederich

A l'automne 1967, un homme penché en avant, pâle, avec un air maladif, grimpa en voiture le chemin qui conduisait à la maison de l'éleveur de poulets Jean Desquiron et de sa femme, à Frères, sur la route qui descend de Pétion-Ville vers la plaine du Cul-de-Sac. L'homme, qui paraissait avoir une trentaine d'années, se présenta. Il s'appelait Mario Théodore. « Ma femme, dit-il, en se retournant vers la voiture où se trouvait une femme qui avait l'air de dormir, ne va pas très bien. Nous venons juste de revenir de l'étranger et elle a besoin de paix et de tranquillité. J'ai entendu dire qu'il y avait une maison sur la colline qui serait à louer ». L'affaire fut vite conclue. Ayant reçu mille cinq cents gourdes (trois cents dollars) en avance pour trois mois de location, Desquiron se tourna vers sa femme et, secouant la tête, lui dit : «Je n'arrive pas à situer ce Théodore». Dans ce milieu, tout le monde se connaissait et connaissait les arbres généalogiques remontant à 1804.

La maison sur la colline se trouvait effectivement à l'écart de la route en terre de Frères, à trois kilomètres de Pétion-Ville dans la vallée qui descendait vers la plaine. Et, depuis que Duvalier avait fermé l'Académie militaire située à deux kilomètres plus loin, il y avait très peu de circulation sur la route. Le ministre de l'Intérieur, Lucien Chauvet, quand il n'était pas occupé à débusquer les gens suspectés d'être des ennemis de Duvalier, venait occasionnellement dans la petite voiture de sa femme Anne-Marie Bertin, une Française, pour jeter un coup d'œil sur la laiterie qu'il possédait dans le coin. De leur côté, les missionnaires de l'Eglise du Nazaréen, sur l'autre colline en face, avaient pris l'habitude de s'occuper de leurs propres affaires.

En fait, le couple qui avait loué la maison auprès des Desquiron n'était ni malade, ni à la recherche de paix et de tranquillité. Mario Théodore n'était autre que Gérald Brisson qui, contrairement à l'aspect qu'il s'était donné ce jour-là, était un solide athlète tout récemment revenu clandestinement de Moscou, Cuba et de la République Dominicaine. Cependant, quelque temps après, Brisson tomba malade, atteint d'une péritonite. Il fut emmené à l'hôpital du Canapé-Vert, hospitalisé sous un faux nom et opéré par le Dr Adrien Westerband. A Cuba, avec d'autres camarades haïtiens et d'Amérique centrale, il avait suivi un entraînement pour la guérilla. La femme qui se trouvait dans la voiture était aussi un membre du parti communiste.

Quelque temps après avoir loué la maison, Mme Desquiron, dépassa une Volkswagen bleue sur la route de Frères généralement déserte. Plus tard, elle confia à son mari : « Si je ne savais pas que Joël Liautaud était en train d'étudier en Allemagne, j'aurais juré que c'était lui que j'ai dépassé sur la route aujourd'hui ». Plus tard, Jean Desquiron, alors qu'il était venu chercher l'argent du loyer, reconnut le chauffeur de Jacques Stéphen Alexis qui nettoyait le parquet de la maison.

Les cadres revenant d'Europe et du Mexique étaient en train de redonner vie au Parti d'Entente Populaire (PEP), d´obédience marxiste, fondé par le Dr Jacques Stephen Alexis en 1959. Tâche énorme de lancer le parti dans cette phase nouvelle et dangereuse de la lutte armée et en même temps de travailler à l'unité des deux partis existants, à savoir le PEP et le Parti Populaire de Libération Nationale (PPLN), avatar du Parti Démocrate Populaire (PDP) fondé en 1954. Ces deux partis avaient subi de sérieuses épreuves pendant la période allant de 1959 à 1966. Lancée pour obtenir la libération des membres du comité central du PEP, alors dirigé par Joseph Roney, qui avaient été arrêtés et emprisonnés, la grève des étudiants de 1960-1961 réussit. Mais Duvalier était parvenu à assurer son pouvoir sur l'université ; ce qui laissa le parti dans un état de désarroi. Puis, en 1961, la capture sur la route de Bombardopolis du fondateur du PEP, Jacques Stephen Alexis, et son exécution, porta au parti un coup encore plus grand.

En 1965, lors d'une séance d'entraînement clandestine dans une maison de Pétion-Ville, un coup de feu fut tiré accidentellement, blessant un des membres du PPLN. Cet accident survenu le 26 juillet ou autour de cette date eut pour conséquence l'arrestation du professeur Jean-Jacques Dessalines Ambroise, co-fondateur du PPLN, et de sa femme, Lucette Lafontant alors enceinte, le 4 août 1965 (selon les témoignages de Roger Gaillard et d´Alix Ambroise, cousin de Jean-Jacques Dessalines Ambroise). Des années plus tard, en 1987, les détails horribles des séances de torture et de la mort du couple furent rendus publics lors du procès de Luc Désyr, l'un des membres de l'équipe des tortionnaires.

Albert Mangonès fut immédiatement alerté car il était responsable de la maison qui appartenait à l´une de ses sœurs absente du pays. Il se rendit au Quartier général de la Police, donnant une heure au groupe pour se mettre à couvert. La position de Mangonès était d'autant plus vulnérable qu'une autre de ses sœurs, Monique Mangonès Denizé, avait été incarcérée durant plusieurs semaines au Fort Dimanche, avec son mari, le Dr Auguste Denizé, qui avait fait partie du premier cabinet formé par le président Duvalier. Incarcéré au Fort Dimanche, le couple Denizé avait été relâché sur l'intervention personnelle d'Edmond Mangonès auprès de Duvalier. Les Denizé partirent pour New York pour un exil qui ne s'est jamais terminé. Duvalier avait un grand respect pour Edmond Mangonès. Alors qu´il était étudiant, il avait pris l'habitude de consulter la bibliothèque de celui-ci, un collectionneur bien connu de documents historiques. Cette balle tirée lors d'une séance d'entraînement fut le déclencheur de la décapitation du PPLN par la mort d'Ambroise et de Mario Rameau et par l´exil de dirigeants du PPLN, ainsi que de la mort d´Anthony Guichard, ex-membres du comité central du PPLN, et de l´exil d´un certain nombre de militants.

L'année suivante, en octobre 1966, presque par accident, une rafle de jumellistes de Saint-Marc qui complotaient un soulèvement conduisit à l'arrestation de cadres du PPLN dans la vallée de l'Artibonite. Certains furent torturés à mort. D'autres allaient passer des années au Fort Dimanche. Claude A. Rosier, un survivant de Fort Dimanche, raconte l'histoire de cette rafle du groupe du PPLN dans l'Artibonite dans son livre *Le triangle de la mort. Journal d'un prisonnier politique haïtien, 1966-1977.* Le responsable des interrogatoires de Rosier et d'autres membres du PPLN était le colonel Breton Claude, un simple soldat que

Duvalier avait promu au rang d'officier et dont la loyauté, comme celle de Gracia Jacques, un autre soldat devenu officier, allait directement à Duvalier. Dans les années suivantes, Breton Claude devint le chasseur de têtes spécialisé dans la détection et l'élimination des communistes.

Après quatre années de division et en vue d'aboutir à l'unité, le PEP et le PPLN entamèrent le 4 juillet 1963, à Port-au-Prince, des discussions auxquelles assistèrent des délégués venus de tout le pays. Il en résulta un accord pour former un front uni, le FDULN (Front démocratique unifié pour la libération d'Haïti). L'unification fut réalisée l'année suivante dans une rencontre secrète à Prague.

Le PEP était bien connu à l'étranger dans les cercles de gauche, grâce au rayonnement des œuvres et de la personnalité de Jacques Stéphen Alexis dans les milieux intellectuels, spécialement en France. Alexis avait aussi fait une forte impression sur Mao Tse Toung et sur les dirigeants soviétiques et autres qu'il avait rencontrés dans les congrès communistes du bloc soviétique. De son côté, le PPLN, fondé en 1964, avait un profil international moins marqué, ses dirigeants ayant préféré dédier tous leurs efforts à bâtir un réseau clandestin en Haïti. Jean-Jacques Dessalines Ambroise, le co-fondateur, était un marxiste studieux et modeste, fuyant les projecteurs. Beaucoup de cadres du PPLN ne se connaissaient pas et utilisaient un nom de guerre dans leurs rapports. Le parti changea de nom par la suite et devint le Parti Union des Démocrates Haïtiens (PUDA) qui s'auto-désignera comme le PPLN-PUDA. Le processus d'unification du PPLN-PUDA avec le PEP débouchera sur l'accord du 18 janvier 1969 établissant un nouveau parti : le Parti Unifié des Communistes Haïtiens (PUCH), évoqué plus haut et dont l'appellation avait été utilisée bien avant l'annonce officielle dudit accord.

Le jeune Raymond Jean-François (dont le pseudonyme était « Levantin ») qui avait remplacé Jacques Stephen Alexis comme secrétaire du Comité central du PEP revint clandestinement en Haïti en 1964. Raymond Jean-François était un jeune remarquable, venant d'une humble famille de Port-au-Prince. Sa mère était une marchande ambulante. En 1961, il avait été arrêté à cause de sa participation à la grève de l'Union Nationale des Etudiants haïtiens (UNEH) qui avait finalement forcé Duvalier à libérer Joseph Roney et dix-neuf autres camarades. Jean-François fut lui-même relâché après trois mois de prison par suite d'une menace de grève de ses camarades de l'Ecole Normale Supérieure. Torturé pendant son arrestation, il avait eu un bras cassé. Laissé sans soins médicaux, il avait obstinément refusé de parler. Il est, avec Brisson – qui avait adopté le pseudonyme « Legrand » - le co-auteur du document *Fondements de l'Entente populaire en Haïti* paru en 1965.

Gérald Brisson, fils d'un notaire bien connu et respecté, était un jeune homme plein de talent qui avait joué du saxophone à son école, le collège Saint-Louis de Gonzague. Il était aussi l'animateur d'un groupe de musiciens connu sous le nom de *Chou boum*. Le groupe se produisait dans les night-clubs de la capitale et dans les clubs privés. En 1958, Brisson avait gagné pour Haïti une médaille de bronze aux jeux Panaméricains de Chicago dans l'épreuve de saut en hauteur.

A la fin de ses études à l'école de Droit de Port-au-Prince, Brisson avait plaidé comme avocat stagiaire un cas aux assises criminelles puis avait travaillé avec son père, le notaire. Il avait établi une solide amitié avec Ernest (Nino) Caprio et il s'intéressait au personnalisme d'Emmanuel Mounier et au marxisme. Vers 1959, il rencontra Jacques Stephen Alexis. La même année, il devint l'un des membres fondateurs du PEP. Le *Manifeste Programme de la Seconde Indépendance*, document fondateur du nouveau parti, fut rédigé en une nuit par Alexis alors qu'il voyageait à l'étranger et à la suite d'une série d'échanges téléphoniques avec Gérald Brisson.

Celui-ci fut arrêté et jeté en prison en décembre 1959. Dès 1958, il avait pris une part active à des initiatives clandestines visant à renverser le régime en place. François Benoît et lui se réunissaient parfois en la résidence du colonel Paul Laraque pour des discussions « culturelles ». Sur demande de son ami, François introduisit certains de ses camarades au maniement des armes, en l'occurrence le pistolet calibre .45, le fusil Garand M-1 de calibre .30, le revolver Colt calibre .38, le fusil Crossman de calibre .22, la grenade à fragmentation de manufacture française. Des notions portant sur le déplacement, l'observation et la filature leur étaient exposées. Mis à part l'utilisation de la grenade, l'entraînement théorique qu'il inculquait à ces jeunes se couronnait par des « parties de chasse » au cours desquelles les notions apprises en chambre étaient mises en pratique.

Des grenades subtilisées par Benoît alors qu'il était instructeur au Camp d'application avaient été remises à Gérald, sous condition de ne les utiliser que contre des cibles gouvernementales. Gérald, par contre, en avait fait usage dans les actions au ciné Paramount, au Casino International et à la Place Sainte-Anne. En se désintégrant, tout engin explosif laisse une « empreinte » qui révèle son origine et sa composition. L'analyse des « bouchons allumeurs » récupérés par la police révéla que ces engins provenaient du stock des FADH. Inquiet, Duvalier ordonna qu'un inventaire des grenades soit conduit dans tous les postes militaires de la République. Benoît réussit à convaincre le capitaine Roger de Chavigny pour qu'il soumette un rapport établissant la véracité de l'inventaire requis. Duvalier ne put jamais établir la provenance exacte de ces grenades.

On ne sait donc pour quelle raison précise Gérald est arrêté et jeté en prison en décembre 1959. L'histoire qui circula par la suite au sujet de son emprisonnement est que Clément Barbot, alors chef de la police secrète de Duvalier, l'avait arrêté. Il avait été forcé de creuser sa propre tombe dans les parages de Maïs-Gâté, là où plus tard sera érigé l'aéroport. Finalement Barbot aurait reçu une importante somme d'argent pour libérer Gérald Brisson. La vérité est tout autre. J.J. Craan qui travaillait avec sa mère au magasin de Mme Maglio à la Grand-Rue, près du poste de police de la Cafeteria, avait aperçu Brisson que des détectives entraînaient à l'intérieur du bâtiment. Il alerta immédiatement la famille Brisson. Le notaire Emmanuel Brisson commença à faire des démarches. Il approcha le colonel Paul Laraque mais celui-ci répondit qu'il ne pouvait rien faire parce qu'il était lui aussi impliqué. Le chef de la police, Pierre Merceron, le beau-frère de Laraque, répondit « Dites à Maître Brisson que je ne suis pas là.» Finalement, Me Brisson se résigna à faire appel à Barbot. « C'est un coup de John Beauvoir », commenta Barbot qui promit d'en parler au président.

Le lieutenant François Benoît, qui revenait de Panama où il avait participé à un entraînement de six mois à l'Ecole des Amériques (Fort Gulick), apprit par Me Brisson, le jour même de son retour, que Gérald, son ami très proche, avait été arrêté. Me Brisson lui fit part des démarches entreprises auprès de Clément Barbot en vue de l'élargissement de son fils et lui demanda de voir ce qu'il pouvait faire dans son domaine. François approcha alors le colonel Daniel Beauvoir, chef de la police de Port-au-Prince. Beauvoir, ancien élève de Saint-Louis de Gonzague, avait, dans le passé, côtoyé Gérald et François à l'occasion des compétitions annuelles d'athlétisme interscolaire au cours desquelles il signalait le départ des courses avec son revolver de service.

Gérald Brisson avait été transféré au Fort Dimanche d'où il fut relâché au bout de dix jours suite aux démarches de Barbot combinées à celles de Beauvoir. François Benoît fut convoqué au Département Militaire de la Police, et le colonel Beauvoir lui remit Gérald, en lui disant que Duvalier le tenait directement responsable du comportement futur de ce dernier.

La condition imposée par Duvalier à la libération de Brisson était que celui-ci devait immédiatement quitter le pays pour un endroit où il n'y avait pas d'Haïtiens. Pendant les deux derniers jours avant son départ, Gérald s'enferma quelque part dans la seule compagnie de sa mère et de sa fiancée. François Benoît conduisit Gérald à l'aéroport. En route, ils aperçurent John Beauvoir qui venait dans la direction opposée. Brisson resta dans la voiture pendant que Benoît s'entretenait avec Beauvoir. Brisson partit pour la Colombie. En fait, il y avait au moins un Haïtien vivant dans ce pays : Emmanuel Brisson, son demi-frère. Il résidait dans une petite ville proche de la frontière vénézuélienne, San Juan del César.

La fiancée de Brisson, Jacqueline Volel, le rejoignit en Colombie en 1960, et de là ils s'acheminèrent vers Moscou. Originaire de Jacmel, Jacqueline avait grandi dans une nombreuse famille de cinq garçons et deux filles, dans une atmosphère de rébellion contre toute injustice. L'un de ses frères avait participé à la première aventure des frères Baptiste et avait passé des mois en prison après l'échec de l'attaque contre le poste de police de l'aéroport de Jacmel. Son plus jeune frère fut plus tard emprisonné parce qu'il avait critiqué dans un devoir d'école les théories politiques de Duvalier tandis que le frère aîné avait dû partir en exil. Ce dernier trouva du travail dans l'équipe qui produisait les programmes en créole à Radio Havana et, plus tard, à Radio Moscou.

De Barranquilla, Gérald et Jacqueline gagnèrent la Jamaïque où ils décidèrent de se marier. De là, ils partirent pour Paris où ils reçurent chacun une bourse pour des études en Union soviétique. Tous les deux suivirent, avec d'autres Haïtiens, Latino-américains, Africains, des cours de sciences sociales à l'université de l'Amitié des peuples Patrice Lumumba. Chaque étudiant recevait une subvention de quatre-vingt-dix roubles par mois et un supplément pour vêtements, nourriture et logement. En Russie, Jacqueline et Gérald eurent deux enfants.

Note : Certains des détails donnés ici ont été fournis par Jacqueline Volel-Brisson après sa capture, d'après ce que rapporte le mémorandum de 1969 présenté par René Chalmers, ministre des Affaires étrangères de Duvalier, au Conseil de l'OEA appelé à étudier la demande de convocation d'urgence de l'organe provisoire de consultation. Ce mémorandum est un curieux document de trente-neuf pages détaillant la menace communiste sur Haïti alors que le gouvernement avait auparavant déclaré que cette menace n'existait plus après la mort de tous les membres du comité central du PUCH.

Durant ses séjours à Moscou et à Cuba, Gérald Brisson travailla sur l'étude *Les Relations agraires dans l'Haïti contemporaine* (parue en 1968) centrée sur les problèmes posés par la concentration de la propriété terrienne en Haïti. A la fin de leurs études en

Union soviétique, le couple Brisson se rendit à Cuba où Jacqueline Volel Brisson travailla comme ingénieur hydraulique.

La maison de Frères était idéale en tant que maison de refuge. Elle était seule sur la colline, isolée à l'avant par un grand mur et à l'arrière par la ravine, conditions qui assuraient la discrétion et la possibilité de quitter les lieux rapidement. Les chefs des quelques familles paysannes voisines, Mercius César, Boss Féfé et Boss Marc, respectivement fermier, houngan et fabricant de chaises, n'étaient ni des *makout*, ni des informateurs et avaient une relation très amicale avec le propriétaire. On pouvait apercevoir au loin le lac Azueï et la frontière haïtiano-dominicaine d'où certains des membres du parti étaient venus à pied jusqu'à la maison. Ti-Frère, le gardien qui assurait aussi le service de la maison, et qui vivait avec sa famille sur la propriété, avait été avisé que ses services n'étaient pas nécessaires. Il resta là, s'occupant de ses propres affaires. Si l'on ne tenait pas compte du programme clandestin qui s'imposait aux Brisson et autres membres du parti, on pouvait dire que la maison de Frères était une vraie oasis, après les cinq années dans les hivers d'Europe, et la vie spartiate à l'Université Lumumba de Moscou, en France et en Allemagne.

Quand le soir tombait, ceux qui habitaient la maison écoutaient Radio Havana ou Radio Moscou. Cette dernière diffusait depuis 1968 un programme en créole à destination d'Haïti. Les occupants de la maison parfois communiquaient entre eux en russe ou en espagnol, en plus, évidemment, en français et en créole. Le miméographe ne chômait pas pour la production de l'organe du parti PEP, *la Voix du Peuple*. Plus tard, parut *Avant-garde*, la publication inter cadres qui traitait de questions d'idéologie et de théories politiques et présentait aussi des analyses, des autocritiques des comportements et des actions. La communication avec l'étranger se faisait en utilisant un code simple ou de l'encre invisible comme le jus de citron, et était envoyée par la poste ou par courrier.

Arrivant par vagues en Haïti de l'Europe où ils avaient achevé ou abandonné leurs études pour se joindre à la lutte, les jeunes marxistes utilisaient les papiers et les itinéraires préparés par le parti. Certains arrivèrent de la République Dominicaine. D'autres passèrent par la Jamaïque, le Canada, la Martinique, en utilisant de faux documents et passeports face aux services d´immigration. Brisson, que ses amis appelaient « *Tilandeng* » (le petit emmerdeur), passa à travers les contrôles de l'aéroport haïtien avec des lunettes de grandes dimensions et dans la bouche, de chaque côté, des boules qui changeaient la forme de son visage, lui donnant presque un air de gros bébé. Un groupe venant de Santo Domingo s'infiltra en Haïti par la frontière. Certains avaient reçu un entraînement pour la guerre de guérilla à Cuba ou en Chine. C'étaient manifestement des étudiants brillants venant de la classe moyenne ou de familles aisées, ayant étudié dans les meilleures écoles du pays.

Pendant l'été 1967, les militants avaient organisé leur vie clandestine, sans être reconnus par leurs parents ou leurs amis. On disait que Gérald Brisson observait parfois ses parents prenant le frais en début de soirée sur le perron de leur maison au haut de Lalue, posté sur le trottoir d´en face. En général, les parents pensaient que leurs rejetons continuaient leurs études à l'étranger. Gérard Wadestrandt, arrivé du Mexique et de la République Dominicaine, s'adressa à son père pour que celui-ci l'aide dans des démarches en vue de louer une maison de refuge. Selon ce que la famille de Wadestrandt me raconta des années plus tard, le père supplia Gérard de se retirer de cette bataille, la famille ayant déjà perdu, en 1964, l'un des fils, Jacques, membre des treize du groupe de *Jeune Haïti* dans la Grande-Anse. Rien n'y fit. Il aida donc Gérard à louer une maison à deux étages à Boutilliers, au sommet du Morne l'Hôpital qui domine Port-au-Prince, maison qui appartenait à un voisin du Chemin des Dalles, Emmanuel (Mano) Pierre-Louis, propriétaire du parloir funèbre bien connu, Paret-Pierre-Louis. L'ingénieur Léon Wadestrandt savait bien le prix que pourrait lui coûter ce geste. Déjà, sa femme, Odette Bouillon, avait dû prendre le chemin de l'exil en 1964 et travaillait à New York dans un atelier de couture. Il ne put jamais partir, faute d´obtenir le visa de sortie, et il vécut seul dans une semi-clandestinité. Il mourut le cœur brisé ayant perdu deux fils dans la lutte contre Duvalier.

De Cuba, où elle avait abandonné son travail comme ingénieur hydraulique, Jacqueline Volel Brisson avait effectué un trajet terriblement long et fatigant, depuis la Havane jusqu'à Moscou et de là, passant par la France, jusqu'à Port-au-Prince. Après avoir passé par les services d'immigration et de la douane avec ses faux documents, elle allait entrer dans un taxi quand elle vit trois hommes dans une Volkswagen bleue. L'un d'entre eux lui faisait de grands signes. Elle reconnut Raymond Jean-François *alias* Levantin. L'autre était Rony Lescouflair. Le conducteur de la voiture était Joël Liautaud - dont le pseudonyme était « Fritz Lévy » - qui était entré en Haïti en 1967 déguisé en prêtre. Liautaud conduisit Jacqueline à la maison refuge de Frères où elle se réunit avec son mari et se mit immédiatement au travail dans la préparation et l'impression au miméographe de la *Voix du Peuple* du PEP.

Joël Liautaud ne différait pas tellement des jeunes qui avaient décidé de combattre et si nécessaire de mourir pour leur pays. Il était né le 26 décembre 1943 à Port-au-Prince, et était l'aîné des garçons dans une famille étroitement unie que lui-même qualifiait de « petite-bourgeoise ». Son père était le directeur commercial de l'entreprise *Behrmann Motors*. Sa mère travaillait à la fleuristerie *Tabou Fleurs*. Dans un pays aussi pauvre, c'était vraiment une chance de grandir dans un cercle familial privilégié et de fréquenter les meilleures écoles. Joël s'adonnait beaucoup au sport, spécialement le jujitsu, le judo et la boxe, en particulier à l'établissement de boxe de Rico Villedrouin à Port-au-Prince. Il faisait donc partie de l'équipe des athlètes de son école, comme Gérald Brisson, et allait devenir un membre du commando de guérilla urbaine.

Joël était un garçon brillant qui s'intéressait à l'électronique alors qu'il était au collège. Mais il était aussi attiré par les langues étrangères. Il apprit l'anglais, l'espagnol et l'allemand. Il était un membre actif de l'Institut Allemand. Et finalement, il était un garçon attirant qui ne manqua pas d'accumuler son lot de conquêtes féminines.

En 1960, Papa Doc avait mis en place l'un des plus féroces systèmes de tyrannie du Tiers-Monde. L'une des cibles de la répression était le milieu universitaire, les professeurs et étudiants de l'Université d'Haïti, des lycées et collèges secondaires. C'est alors que Joël Liautaud prit part à une bataille ouverte contre le dictateur, conduisant une grève au collège catholique où il se trouvait, en solidarité avec les étudiants arrêtés, et malgré l'anxiété et la peur de ses parents. Cette action qui obtint un résultat partiel déboucha cependant sur la mainmise totale de Duvalier sur l'Université d'Haïti devenue Université d'Etat d'Haïti et désormais soumise au pouvoir des étudiants *makout*.

Avec d'autres camarades, Joël décida de quitter le collège catholique où il avait jusqu'alors étudié et entra au Centre d'Etudes Secondaires pour sa dernière année d'études. Le Centre était animé par une équipe de jeunes professeurs récemment revenus de leurs études universitaires en France. L'atmosphère du Centre était marquée par l'ouverture à des idées nouvelles, à une vision nationaliste et à la critique de la répression. Dans cette équipe de professeurs se trouvait Max Chancy, un des leaders du PPLN, Leslie Manigat, un démocrate-chrétien qui deviendra président d'Haïti en 1988, le professeur de philosophie Jean Claude, le professeur de mathématiques Pierre Riché et d'autres. Mais c'est à ce moment aussi que commença un mouvement d'émigration qui verra plusieurs dizaines voire des centaines de professeurs quitter le pays pour prêter leurs services aux nouveaux pays indépendants d'Afrique.

Joël Liautaud se rendit à Aachen, en Allemagne, pour les études d'ingénieur en électronique. C'était un soulagement pour ses parents vu les dangers qui menaçaient les jeunes trop critiques vis-à-vis du régime. Au cours de sa seconde année à l'Université d'Aachen, Joël apprit que l'un de ses oncles, Alfred Forbin, ancien capitaine de l'armée d'Haïti, avait été exécuté en même temps que trente-quatre autres ex-officiers. Joël apprit aussi que le fils de son oncle, Charlie Forbin, qui était très proche de lui, avait quitté l'armée américaine pour prendre part à l'expédition du commando des treize de *Jeune Haïti* qui avait débarqué à Dame-Marie en 1964 et combattu jusqu'à la mort dans une remarquable épopée de trois mois. Tous furent tués succombant aux attaques de la milice et de l'armée de Duvalier. Cet exemple amplement discuté ne pouvait que radicaliser les jeunes étudiants que Joël rencontrait au sein de la Fédération des Etudiants Haïtiens en Europe (FEHE) dont il était un membre très actif.

En 1965, le PEP, conjointement avec le PPLN-PUDA, passait à la lutte armée. Des étudiants haïtiens s'enrôlèrent ainsi dans des programmes d'entraînement militaire qu'organisaient certains pays communistes comme la Chine et surtout Cuba.

Jean-Robert (Ti-Bob) Désir étudiait l'économie à Strasbourg, ainsi qu'Eddy Petit, un autre camarade. Il y avait aussi Gérard Wadestrandt qui avait achevé ses études en architecture à Mexico. Il était parti pour Cuba, et avant d'être infiltré en Haïti, il avait ouvert une école de karaté à Santo Domingo. Eden Germain et Bernard Pierre-Louis quittèrent l'université de Berlin pour Haïti. Michel Corvington se joignit au groupe en Haïti, ainsi que son amie Yanick Rigaud.

Tous n'étaient pas forcément de la ligne du PEP. Le foquisme et le maoïsme avaient leurs adeptes plutôt que l'alignement conventionnel sur Moscou. Mais ils pensaient qu'il fallait utiliser, dans un premier temps, l'infrastructure du PEP-PPLN-PUDA.

A propos de cette approche, Eddy Petit, à la veille de son voyage clandestin pour Haïti, dit à un ami : « Je ne suis pas d'accord avec les leaders du parti mais nous ne pouvons laisser passer cette opportunité d'aller au combat pour le peuple haïtien, même si on meurt, au moins on saura que nous avons essayé d'en finir avec ce régime fasciste macoute. Ils comprendront notre idéal. Ils rejoindront le camp de la révolution ».

Joël Liautaud, pour sa part, avait pris contact avec deux de ses frères à Port-au-Prince. Il confia à son frère Bernard : « Seule la violence peut nous débarrasser de la violence de la dictature de

Duvalier. Il m'était impossible d'imaginer vivre tranquillement avec une charmante femme en Europe alors que le peuple haïtien est martyrisé quotidiennement. Seuls les communistes ont un réseau bien organisé dans le pays. Il faut donc utiliser ce canal qui existe déjà, quitte à travailler du dedans à infléchir la ligne de l'organisation. »

Il y avait, surtout parmi les étudiants haïtiens à l'étranger, une espèce de fièvre. La sœur de Gérald Brisson, Monique, était membre d'un mouvement clandestin de jeunes catholiques issus de l'action catholique, du scoutisme, de la jeunesse étudiante, ainsi que de la Bibliothèque des Jeunes, un groupement particulièrement dynamique dans les années soixante au Collège Saint-Martial, animé par de jeunes prêtres haïtiens. Créé en 1962 à Port-au-Prince, ce mouvement clandestin, résolument de gauche, antidictatorial, voulait être un mouvement d'action. Dénommé *Haïti-Progrès*, il rassemblait, dans son premier noyau, Monique Brisson, le Père Paul Jean-Claude, et Lionel Loubeau, militant au Parti Populaire de Libération Nationale (PPLN). Loubeau fut arrêté en octobre 1966, à l´âge de vingt-deux ans, et disparaîtra très tôt, emporté par la répression. La publication du groupe Haïti-Progrès portait le titre *Le Progrès*. Monique Brisson partit en 1964 pour New York puis en 1965 pour la France où le groupement s'étendit, enrôlant des militants comme le Père Max Dominique, Monique Calixte, Karl Lévêque, Guy Alexandre, et d'autres encore. L'influence du marxisme était intense qui cherchait à s'accommoder avec la formation chrétienne militante de ces premiers noyaux. L'année suivante, en 1966, Monique Brisson revit Alix Lamaute à Paris.

Alix était né le 25 juillet 1941, à Port-au-Prince. Il avait fait ses études au Petit Séminaire Collège Saint-Martial, et avait tout de suite trouvé un emploi à la Compagnie électrique d'Haïti à la fin de ses études secondaires. Membre du syndicat de cette entreprise, il devint un membre actif de l'Union Intersyndicale d'Haïti (UIH) qu´il représenta au Congrès de la Fédération Syndicale Mondiale (FSM) tenu au Chili en 1962. Il participait à la rédaction de la publication de l´UIH, *Le Travailleur*. Inscrit à la Faculté de Droit de Port-au-Prince, il devint membre de l'Union Nationale des Etudiants Haïtiens (UNEH). Plus tard, sous le pseudonyme de Lionel Camaz, il écrivit des articles sur les théories marxistes pour *Avant-Garde*, la publication pour les cadres du Parti d´Entente Populaire (PEP). Un jour, en novembre 1962, Monique Brisson, qui étudiait les sciences sociales à l'Ecole Normale Supérieure et travaillait sur sa thèse qui traitait de l'histoire du syndicalisme en Haïti, obtint de lui une interview. Cette rencontre fut pour les deux le début d'une vie nouvelle. En seconde année à l'Ecole de Droit, Alix Lamaute reçut une bourse de la République Fédérale d'Allemagne de l'Ouest et entra à l'Université de Fribourg pour des études en sciences économiques. Il fut l'un des fondateurs de la Fédération des Etudiants Haïtiens en Europe (FEHE) et écrivait dans le bulletin de cette organisation, *Tribune des Etudiants*. En compagnie de Monique Brisson, il déposa aux Editions Maspero le manuscrit de son essai intitulé *La Bourgeoisie nationale, une entité controversée* achevé en 1966. Mais, sur le conseil de Gérard Pierre-Charles, ce travail ne fut pas publié. Ce n'est qu'en 1999, pour le trentième anniversaire de la répression de 1969, que l'œuvre put paraître avec une préface de Nathalie Brisson Lamaute. En 1967, Lamaute rentra clandestinement en Haïti.

Adrien Sansaricq, comme son frère Daniel, portait le poids et le chagrin de l'assassinat de toute leur famille en 1964, à Jérémie. Treize membres de la famille, y compris un garçon de six ans, un autre de quatre ans, et une fillette de deux ans furent massacrés, à côté du terrain d'atterrissage de Jérémie, au lieu-dit Kilomètre 12, au moyen de baïonnettes, machettes et gourdins avec une sauvagerie sans nom. Vingt-sept personnes, appartenant aux trois familles Sansaricq, Drouin et Villedrouin, dont certaines étaient encore vivantes, furent ensevelies dans la fosse commune par des assassins mandatés, ivres de sadisme.

Mais pour Adrien comme pour Daniel, si le tableau et les détails de ces exécutions ne devaient plus jamais les quitter, ils se considéraient avant tout comme des révolutionnaires, c'est-à-dire des agents de changement d'une société marquée par l'injustice et non pas comme des instruments d'une vengeance. Adrien, né à Jérémie en 1937, se rendit à Mexico pour étudier la médecine, bientôt suivi de son jeune frère, Daniel. En 1961, tous les deux avaient adhéré au PEP. L'année suivante, Adrien représentait la jeunesse haïtienne au Festival Mondial de la Jeunesse à Helsinki.

Adrien décida de terminer ses études de médecine à Cuba. Il fut félicité par les autorités cubaines pour son remarquable travail de secours médical après un cyclone qui avait frappé la province d'Oriente. Quand un groupe de Cubains noirs fut recruté en 1965 pour se joindre à l'expédition de Che Guevara qui apportait du renfort à la rébellion de Kabila au Congo, Adrien Sansaricq fut choisi pour participer à l'expédition. Il était l'unique étranger du groupe. Dans son livre *Conflicting Missions : Havana, Washington and Africa*, Piero Gleijeses écrit ceci : « Au Zaïre, Sansaricq travailla beaucoup plus comme un docteur que comme un guérillero. En fait, c'est le contraire qu'il aurait préféré, mais le Che ne le permit pas ». De retour à Cuba, Sansaricq se maria avec une musicienne argentine. Ils donnèrent à leur fils le prénom d'Ernesto, en référence au Che. C'est la seule personne de sexe masculin qui reste de la branche Sansaricq de Jérémie.

Le numéro de mai 1965 du bulletin *Ralliement*, publié en Suisse, comporte une longue lettre de Daniel Sansaricq adressée à « la presse combattive d'Haïti ». Dans ce texte, l'ex-étudiant en architecture de l'Université de Mexico annonçait son entrée sur la scène politique de son pays « à un moment douloureux de ma vie, mais c'est aussi le cas pour quatre millions de mes compatriotes courbés sous le joug de la dictature ». Dans sa lettre, Daniel Sansaricq fait une liste des crimes de la dictature de Duvalier et, en addition, condamne l'intervention du président Lyndon B. Johnson en République Dominicaine. Il affirme la solidarité de la gauche haïtienne avec le peuple dominicain combattant contre les forces d'intervention.

Ralliement, qui reflétait les vues du PEP et celles du PPLN, avait déclaré dans le numéro de septembre 1964 que cette génération de camarades verrait la fin de la dictature de Duvalier. Ils étaient plus forts que jamais, unis, et pensaient qu'aucune force n'était capable d'arrêter « la révolution populaire » en Haïti. *Ralliement* traitait les guérilleros non marxistes de « cow-boys et aventuriers, jouets de l'impérialisme ». La publication rejetait le coup d'Etat comme solution, affirmant que c'était un outil du Département d'Etat pour prévenir une « révolution populaire ». Les Etats-Unis étaient accusés d'essayer d'utiliser les politiciens traditionnels et les renégats duvaliéristes pour remplacer Duvalier, en vue de maintenir en Haïti le système économique et politique féodal du XIXe siècle. Les publications communistes reconnaissaient que Duvalier avait toujours utilisé la menace communiste comme un moyen de chantage pour obtenir l'appui des Etats-Unis. Cependant, l'histoire montre aussi, arguaient-ils que les communistes, en retour, avaient su tirer avantage de la situation provoquée par cette tyrannie sanguinaire pour le recrutement de leurs militants. Dans sa lettre à *Ralliement*, Daniel Sansaricq décrit le groupe des étudiants haïtiens de Mexico comme un microcosme de l'Haïti de Papa Doc. Il y avait, selon lui, les fils de *makout* ou de fonctionnaires duvaliéristes bénéficiaires de bourses d'un côté, et de l'autre côté les antiduvaliéristes. Sansaricq souligne que les *makout-étudiants* prenaient au sérieux la tâche d'espionner leurs camarades.

Il rappelle qu'en avril 1964, une bataille avait éclaté au cours de laquelle un *makout-étudiant* fut blessé à la mâchoire. Ses camarades, à titre de revanche, avaient provoqué une bataille dans un restaurant. Daniel y avait reçu un coup à la tête. Suite à ces incidents, son père à Jérémie avait été appelé à la caserne. A la suite de cela, son père lui avait conseillé de quitter Mexico. Daniel rapporte que, malheureusement, son départ de Mexico – que les espions de Duvalier n'avaient pas manqué de signaler à Port-au-Prince – coïncida avec le débarquement des treize de *Jeune Haïti*. Il rappelle aussi que Duvalier avait inventé le concept de « mort civile » dans le décret de confiscation des biens des personnes exécutées.

Gérard Pierre-Charles, qui allait devenir le militant marxiste le plus en vue à Mexico, y était arrivé en 1960. Il y avait rejoint sa fiancée, Suzy Castor, inscrite au programme de doctorat en sciences sociales. Il faisait partie d'une famille nombreuse de Jacmel. Son père était mort quand il était enfant, et sa mère mourut quand il avait dix ans, laissant dix enfants. Gérard apprit plus tard que son père avait écrit des articles dénonçant l'occupation américaine d'Haïti qui avaient été publiés à Port-au-Prince dans le journal *Le Temps*. Pierre-Charles et Gérald Brisson avaient été voisins dans le quartier résidentiel de Bois-Verna. Un jour, Brisson invita Pierre-Charles à rencontrer le Dr Jacques Stephen Alexis. Lorsqu'ils arrivèrent à la maison d'Alexis, au Canapé-Vert, celui-ci était en train de travailler dans son jardin. Alexis avait en effet plusieurs cordes à son arc : il était jardinier, menuisier aussi bien que docteur en médecine et écrivain. Pierre-Charles, Brisson et d'autres aidaient les paysans vivant dans les parages du Ciment d'Haïti à s'organiser en coopératives d'aide mutuelle, pour faire face à des débours importants non prévus, comme par exemple les frais de funérailles.

Brisson quitta Haïti le 15 décembre 1959. Pierre-Charles le suivit de près. En février 1960, Pierre-Charles avait été l'un des organisateurs d'une grève à l'usine du Ciment d'Haïti située à Fond Mombin, à vingt-quatre kilomètres au nord de la capitale. Il y était employé comme comptable. A Mexico, Pierre-Charles, qui avait obtenu un diplôme en sciences sociales et administratives à Port-au-Prince, commença des études pour le doctorat à l'Université Autonome de Mexico (UNAM). Il se maria avec Suzy Castor. Elle était originaire de la ville d'Aquin, au sud d'Haïti. Elle avait été pensionnaire à l'école Sainte-Rose de Lima à Port-au-Prince. A l'Ecole Normale Supérieure de Port-au-Prince, elle reçut son diplôme en histoire et sciences sociales, puis se rendit à Mexico en 1959 pour les études doctorales.

Après la naissance de leur second fils, Gary, en 1962, Pierre-Charles fut frappé par la poliomyélite. On dut le placer dans un poumon d'acier. Les docteurs disaient qu'il ne pourrait plus jamais marcher. Mais Pierre-Charles tint bon et se rendit au Canada pour suivre un traitement. Quand Gérald Brisson apprit ce qui était arrivé, il obtint que Pierre-Charles vienne en Russie pour être traité. Pierre-Charles, qui n'avait pas pu marcher durant deux ans, parvint finalement à se tenir debout, aidé de ceintures et de béquilles. Il reprit ses études doctorales à l'UNAM, obtint un diplôme en économie, étudiant aussi les œuvres de Marx et de Lénine. Suzy et Gérard devinrent tous deux membres du corps professoral à l'UNAM.

En dépit des limitations que lui imposait sa maladie, Gérard Pierre-Charles assumait ses tâches et responsabilités comme membre du comité central du PEP en charge des relations internationales. Les circonstances et la stratégie définie par le parti firent de lui un expert dans la pratique de la diplomatie. Il voyageait pour des rencontres au Chili, à Cuba, en Europe. Au cours de la deuxième moitié de la décennie 1960, la maison de Gérard et Suzy à Mexico devint le lieu d'une espèce de cercle d'études et de discussion sur le marxisme pour les étudiants haïtiens expatriés et une porte d'entrée pour les nouveaux adhérents au parti. Evidemment, les activités du couple de professeurs ne manquaient pas de susciter l'intérêt de la CIA et du puissant chef du Directorat Fédéral de Sécurité, Fernando Gutierrez Barrios qui travaillait en liaison constante avec la station CIA de Mexico. Ils partageaient les informations et se rendaient mutuellement service.

Un soir d'été, nous pûmes observer, ma femme et moi, en visite chez les Pierre-Charles à Mexico, dans le quartier de Colonia Napoli, ce qui était, de façon évidente, une opération d'écoute des agents mexicains. Deux hommes assis dans une voiture sans plaques garée devant l'appartement, toutes vitres baissées, laissaient voir clairement leur radiorécepteur et les appareils d'enregistrement. Ce qui indiquait qu'il y avait sûrement un microphone caché quelque part. Evidemment, la conversation dut s'adapter à de telles circonstances. Suzy plaisanta sur le fait qu'un autre agent que l'on rencontrait souvent dans le voisinage était tellement connu qu'elle le saluait quand il apparaissait, sans qu'il lui retourne le salut. La surveillance s'accentuait chaque fois qu'il y avait des événements en Haïti. En plus de cela, des étudiants connus pour leurs liens avec des familles *makout* ou duvaliéristes étaient payés pour les informations qu'ils fournissaient. Ils se vantaient d'ailleurs qu'ils ne se gênaient pas pour inventer quand ils manquaient de matière pour mériter les subventions qu'ils recevaient.

Depuis la mort de Trujillo et surtout depuis l'élection de Juan Bosch, Santo Domingo était devenu un lieu de rassemblement pour toutes sortes d'opposants au régime de Duvalier. En 1965, le commando haïtien dirigé par Fred Baptiste et Gérard Lafontant avait participé à la bataille aux côtés des Constitutionalistes de Caamaño. Le français André Rivière et son collègue Martin étaient actifs sur la scène jusqu'à ce qu'un tireur d'élite, posté sur les toits de la minoterie de l'autre côté du fleuve, atteigne André. Le jeune poète haïtiano-dominicain Jacques Viau mourut le 15 juin 1965 suite à l'amputation de sa jambe atteinte par un obus. Tout cela avait créé des liens non négligeables avec les secteurs progressistes de la société dominicaine.

En 1966, le premier groupe de communistes haïtiens arriva à Santo Domingo. Déjà en 1961, Juan Ducoudray, représentant le « Partido Socialista Popular Dominicano » (PSP), avait rencontré Jacques Stéphen Alexis à Moscou et ils avaient signé un document d'appui mutuel entre le PEP et le PSP. Depuis cette année-là, les leaders communistes haïtiens et dominicains continuèrent à se voir dans le cadre de différentes rencontres et congrès en Russie, au Chili ou à Cuba.

Selon le témoignage de José Israel Cuello, Narciso Isa Conde et lui-même, représentant le Parti Communiste Dominicain (PCD) ci-devant PSP, rencontrèrent, à La Havane en décembre 1965, le professeur Pierre-Charles du PEP et signèrent un accord d'appui mutuel, dans le respect total de l'indépendance de chacun des partis qui demeurait ainsi libre de définir ses propres méthodes de lutte. Cuello souligna que cet accord fut conclu sans aucune intervention cubaine.

A l'occasion de l'entrevue qu'il m'accorda en avril 2004, José Israel Cuello, un homme de petite taille, bien bâti, me raconta avec une admiration non dissimulée pour ses camarades haïtiens comment ceux-ci préparèrent, en République Dominicaine, leur bataille contre Papa Doc. Le premier contingent arriva après la Révolution d'Avril 1965 et incluait Gérald Brisson, Gérard Wadestrandt et Daniel Sansaricq. Dans le groupe suivant, il y avait Guy Pierre qui ne sera pas infiltré en Haïti. Guy Pierre, un intellectuel distingué, vivait à Paris. Il aura pour compagne, des années plus tard, Sabine Manigat, sociologue de métier et fille de Marie-Lucie Chancy et de Leslie Manigat. Un autre Haïtien était aussi présent, connu simplement par son prénom, André. Le dernier groupe d'Haïtiens infiltra la population migrante haïtienne de coupeurs de canne, qui devinrent une source principale de recrutement pour les marxistes haïtiens et qui furent extrêmement utiles pour assurer les lignes de communication avec Haïti.

Au bout d'un certain temps, me raconta Cuello, les communistes haïtiens développèrent un réseau de communication avec leur organisation en Haïti avec l'aide du parti dominicain. Les Haïtiens établirent des contacts à Barahona et San Juan de la Maguana pour baliser leur route vers Haïti. Les activités clandestines des membres du PEP en République Dominicaine étaient d'autant plus remarquables que le pays, après la guerre civile dominicaine et l'intervention américaine (avril 1965 – septembre 1966), n'offrait pas une grande sécurité aux militants de gauche. C'était même un endroit extrêmement dangereux malgré le fait que le président Joaquín Balaguer, un homme de droite évidemment, revenu au pouvoir en 1966, faisait de grands discours sur la démocratie, sur son engagement à la cause de la paix et sa bonne volonté à l'égard des anciens combattants de gauche. En effet, la « Banda », un groupe de tueurs, démontrait tous les jours, avec ses listes d'anciens combattants de 1965 ou de militants de gauche, son efficacité dans l'art de tuer.

La carrière de José Israel Cuello avait plusieurs facettes. C'était un homme infatigable, de multiples talents, imprimeur, éditeur, animateur d'un show télévisé qui durait une heure chaque matin à Santo Domingo. Il me confia que Gérald Brisson avait vécu dans une pension à la Calle Salcedo, dans le district San Carlos. L'architecte Gérard Wadestrandt vivait aussi dans une pension au coin de l'avenue Bolivar et de la rue Jules Verne. Wades-trandt avait introduit le karaté parmi les autres pensionnaires ainsi que pour d'autres personnes de Santo Domingo. Daniel Sansaricq, disait Cuello « ne s'était pas marié à Santo Domingo, mais il y laissa une petite fille et une quasi-veuve qui garda vibrante sa mémoire des années durant et probablement jusqu'à ce jour ».

Toujours selon le témoignage de Cuello, les responsables communistes haïtiens opéraient en République Dominicaine en pleine autonomie politique et administrative, développant même leurs propres lignes de crédit financier. Ils étaient très stricts avec leur budget, les dépenses quotidiennes et de transport. Au début, le PCD prêta aux Haïtiens des véhicules, mais ceux-ci très vite les retournèrent, ayant acquis leurs propres voitures. Ils s'arrangèrent pour trouver un certain nombre d'armes qui furent envoyées en Haïti dans une Chevrolet noire conduite par des Dominicains. Mais c'était évidemment une quantité insuffisante : les Haïtiens admirent qu'ils avaient encore besoin d'armes et de munitions.

Quand Gérald Brisson fut finalement prêt à prendre l'avion pour Port-au-Prince, se rappelle Cuello, « le dernier endroit qu'il visita fut mon appartement, à l'angle de la rue 19 de Marzo et de la rue Arzobispo Nouel. En nous disant au revoir, nous discutâmes des probabilités de succès et de survie. Gérald admit franchement que les chances de succès étaient en effet minces, mais il était déterminé à cette confrontation avec la dictature de Duvalier ». Cuello ajouta avec une pointe sincère de nostalgie et de chagrin qu'il avait eu les notes de Gérald Brisson sur les problèmes de l'appropriation des terres en Haïti. « Nous pensions publier son travail ici, mais nous ne l'avons jamais fait... »

En septembre 1966, Daniel Sansaricq fut arrêté à l'aéroport de Santo Domingo et mis en prison. « L'affaire Sansaricq » qui en résulta illustre bien les liens de sympathie qui s'étaient établis entre le secteur progressiste dominicain et les Haïtiens. Accusés de se trouver illégalement en République Dominicaine, Daniel Sansaricq ainsi que Camille Montero rejoignirent un certain nombre de cadres haïtiens incarcérés depuis plusieurs mois à la prison de la Victoria.

A la mi-février 1967, eut lieu un événement peu commun. Trente Haïtiens, dont Roger Bardot, Louis Jean François, Le Gouaze Coquillon, Robert Moise, et Sauveur Guerrier, avaient été livrés par le gouvernement Balaguer à Duvalier au poste frontière d'Elias Piñas. Cette affaire déclencha un tel concert de protestations dans l'opinion publique dominicaine, les médias et parmi les législateurs affiliés au parti de Juan Bosch que Balaguer fut forcé de demander le retour de ces exilés en République Dominicaine. Cinq militants du PEP faisaient partie du groupe de trente personnes retournées en République Dominicaine. D'où le commentaire suivant dans *Voix du Peuple,* publication du PEP : il était «incroyable qu'ils aient pu être sauvés de la gueule du loup ».

Cependant, il était bruit qu'un pacte sinistre entre Balaguer et Duvalier permettait l'emprisonnement d'Haïtiens en République Dominicaine sans possibilité de recourir à la loi, aux procédures judiciaires et même sans être mis au courant des charges spécifiques qui pouvaient peser sur eux. Les prisonniers haïtiens enfermés à la Victoria lancèrent, de désespoir, une grève de la faim en février 1967. Après cinq semaines, survivant seulement avec de l'eau, sept d'entre eux furent transportés aux cliniques Padre Billini et Luis E. Aybar où ils furent mis sous sérum. Trois des prisonniers, Daniel Sansaricq, Camille Montero et Robert Moise, refusèrent pour des raisons de sécurité de laisser la clinique de la prison à la fin du mois de mars. L'un d'entre eux, Fernando Graham, avait encore assez de force pour déclarer : « Nous préférons mourir maintenant ici, plutôt que de retourner en prison. La grève de la faim se terminera par notre mort ou notre libération ».

L'héroïque comportement des prisonniers haïtiens impressionna l'opinion publique dominicaine en leur faveur. Les législateurs du groupe de Juan Bosch intervinrent de nouveau auprès de Balaguer. Plusieurs médias ainsi que des associations d'étudiants déclarèrent leur appui à la cause des Haïtiens. Des sympathisants dominicains organisèrent une manifestation devant le palais national et durent être dispersés par la police à coup de gaz lacrymogène. Finalement, Balaguer ne pouvait plus ignorer les protestations. Les prisonniers furent relâchés. Le 30 mars 1967, Daniel Sansaricq fut libéré et placé dans un avion à destination du Chili. Les autorités dominicaines furent d'ailleurs étonnées de la considération manifestée par les Chiliens envers Sansaricq. Sa libération fut saluée comme une victoire de la cause haïtienne. Le bulletin *Lambi déclara* « La police dominicaine et la CIA avaient déployé tous les moyens de pression, n'avaient négligé aucun effort pour ne pas le libérer ». Mais, le jour de son départ, les médias dominicains rendaient hommage à l'homme qui avait perdu sa famille lors du massacre de Jérémie. Par la suite, Daniel Sansaricq laissa le Chili et put, déguisé, s'infiltrer en Haïti en passant par l'aéroport, muni de faux documents afin de rejoindre ses camarades.

Serait-ce à cause de « l'affaire Sansaricq » ? Il faut noter à ce moment-là un réveil de la CIA concernant les activités des communistes haïtiens. C'est ainsi qu'un câble d'information, daté du 21 août 1967 et mis en circulation le 13 novembre 1967 sous le titre « Préparations d'Haïtiens à Cuba pour les infiltrer en Haïti » laisse entendre que la CIA semble bien informée sur les activités du PEP. Voici ce que révèle le document : «Les communistes haïtiens aussi bien que les Cubains avec qui ils sont en contact sont arrivés à la conclusion que les forces communistes doivent s'infiltrer en Haïti immédiatement en vue de tirer parti de certaines conditions de la situation actuelle. Un premier groupe de 12 membres du parti d'entente populaire (PEP) sont déjà arrivés en Haïti et un second groupe se prépare à laisser Cuba pour Haïti dans les prochains six mois. L'entraînement a lieu dans trois camps situés à Cuba correspondant à trois étapes, la plus significative étant la seconde, l'entraînement pour la guérilla. Un premier contingent est déjà arrivé en Haïti et un second groupe est en entraînement pour les rejoindre éventuellement. Une fois là-bas, ils pourront recruter et entraîner d'autres groupes sur place. Seuls des Haïtiens sont actuellement en entraînement à Cuba.

Les candidats viennent tous, exclusivement, d'universités d'Europe et du Canada. »

« On estime que 90 pour cent des Communistes en Haïti vont appuyer le plan d'insurrection mais seulement une faible quantité pourra se joindre à la lutte armée. Cela dépendra du succès du premier contingent à recruter des supporters qui accepent d'aller dans les montagnes. Le second contingent en son entier est supposé être infiltré en Haïti avec des papiers fournis par l'Union soviétique. Mais aucun débarquement n'est envisagé».

A Paris, lorsque Monique Brisson, en route pour rentrer en Haïti en 1968, sollicita un visa américain pour rendre visite à sa sœur à New York, le consul américain lui posa des questions sur les activités de son frère Gérald. A Porto Rico, le professeur Jean-Claude Bajeux reçut la visite d'un agent du FBI préposé aux affaires haïtiennes qui lui demanda si *Jeune Haïti* avait reconstitué son groupe en Haïti. A peu près à la même époque, un ancien chef de station de la CIA à Port-au-Prince apparut à Mexico posant des questions sur « le communisme haïtien ».

« *Radyo Ava-n Kiba : k ap pote yon pwogram nan lang kreyòl pou pèp ayisyen.* » Cette annonce en créole adressée aux Haïtiens à partir de l'île voisine de Cuba lancée en 1963 devint populaire parmi le nombre limité d'auditeurs en Haïti. En 1967, des petits clubs d'écoute clandestins s'étaient formés pour écouter Radio Havane deux fois par jour, sur la bande des 49 mètres et 6.400 kilocycles. Le programme durait une heure. Les émissions de Radio Havane mettaient clairement en échec le black-out de Papa Doc sur les nouvelles. La voix douce et rassurante du poète haïtien René Depestre animait le programme. Cette voix anonyme devint donc familière en Haïti, même si très peu de personnes savaient de qui il s'agissait.

Dans un éditorial de l'année 1968, René Depestre avait expliqué les objectifs du FDULN (Front Démocratique Unifié de Libération Nationale) qui avait été formé par les partis de gauche en Haïti et en exil pour lancer une « révolution démocratique et populaire » contre Duvalier. En même temps qu'elle consolidait le moral de la gauche haïtienne, Radio Havane décrivait les progrès obtenus à Cuba et les succès des communistes au Vietnam.

Les « impérialistes » américains étaient tenus responsables pour avoir « armé et fortifié » ce monstre qu'était Duvalier. Depestre qui évitait de s'identifier à l'un ou l'autre des partis communistes haïtiens, utilisait volontiers les textes et les informations de la presse clandestine haïtienne. Les pages de *La Voix du Peuple* sont peut-être maintenant fanées, de même que les feuilles volantes miméographiées devenues illisibles tant l'encre a pâli. Les émissions de Radio Havane furent un outil important du prosélytisme des communistes en Haïti. Hors de portée du pouvoir de Duvalier, ces programmes rehaussaient le prestige de leur propagande et complétaient l'influence des publications clandestines.

A ce moment-là, les théories élaborées autour du concept stratégique de *foco* (foyer ou point d'insertion), inspirées de l'exemple historique de Fidel Castro, dominaient la façon de considérer et d'organiser la guerre de guérilla. Depestre, au fil des jours, commentait des textes comme le livre de Régis Debray *Révolution dans la révolution*, publié en 1967, ou des articles et entrevues occasionnellement publiés par le quotidien cubain *Granma*. Au printemps de 1968, Radio Moscou rejoignit Radio Havane dans cette offensive par la voie des ondes. Radio Moscou lança un programme quotidien de trente minutes en créole. Ce n'est donc pas une simple coïncidence si, à cette époque, certains commentaires venant de cercles liés au gouvernement américain parlaient d'un regain d'intérêt de la part du monde communiste pour Haïti.

En janvier 1969, nous reçûmes, ma femme et moi, une invitation pour couvrir le dixième anniversaire de la Révolution cubaine pour le magazine *Life* en espagnol. C'était, paraît-il, un hommage de Fidel en personne pour la manière dont cette revue avait couvert les protestations exprimées avant les Jeux Olympiques de Mexico. Mais il y avait peut-être une autre raison, car, lors de l'énorme manifestation qui eut lieu à la place José Marti de la Havane, Fidel monta sur le podium avec un numéro de *Life* en espagnol en main pour y lire un article qui citait Cuba comme l'un des rares pays qui avait atteint les objectifs définis par l'Alliance pour le Progrès de Kennedy.

Evidemment, au cours de cette visite à La Havane, nous avons rencontré René Depestre que j'avais connu en Haïti avant son départ sous le régime Duvalier. Depestre était un des communistes haïtiens les plus connus depuis Jacques Roumain et il avait été un ami proche de Jacques Stéphen Alexis. Tous trois étaient des figures éminentes des lettres et de la pensée haïtiennes. Il manifesta une certaine réticence à répondre à notre invitation à l'hôtel *Nacional*. Je compris par la suite que c'était en raison de son engagement dans les programmes de radio à destination d'Haïti et parce que c'était une période cruciale pour le PUCH dans sa guerre contre Papa Doc.

Effectivement, un événement allait commencer à donner la mesure de la présence du groupe dans le cours des événements de la vie quotidienne à Port-au-Prince. C'était dans la matinée du 8 novembre 1967. Brisson s'était remis de l'opération chirurgicale qu'il avait subie en raison de son appendicite. Et, dans la matinée du 6 novembre 1967, la branche militaire du PEP déclenchait sa première opération armée destinée à se procurer des ressources nouvelles pour le fonctionnement du réseau et le financement des futures activités. Un transfert de dollars américains de la Banque Royale du Canada à la Banque Nationale de la République d'Haïti de l'autre côté de la rue devait s'effectuer ce matin-là. Les dollars se trouvaient dans un coffre-fort posé sur un chariot poussé par un employé de la banque accompagné d'un autre armé d'un revolver.

7 heures 45. Ti Boute au volant d'une Dauphine bleue de fabrication française, devait être déjà arrivé et garé devant la Banque Royale du Canada. Quelques minutes plus tard, une *station wagon* (break) Ford Falcon accroche malencontreusement une autre voiture au moment où elle se rabattait vers le trottoir. Avant qu'une foule ait pu se rassembler, le conducteur de la *station wagon* admettant son tort, s'excuse auprès de la victime en colère et lui paie sur le champ de quoi réparer les dommages. Deux

camarades, dont Adrien Sansaricq, sortent de la *station wagon* et attendent devant la banque. De l'autre côté de la rue, Eden Germain est en position devant la Banque Nationale. Gérald Brisson conduisait la Chevrolet noire qui avait été utilisée pour faire traverser les armes depuis la République Dominicaine. Joël Liautaud dans une Volkswagen bleue tourna autour du bloc puis s'arrêta en position d'attente.

L'employé de la Banque Royale du Canada, escorté par un garde, apparut, poussant le chariot et le coffre-fort. Dès qu'il eut parcouru la moitié de la rue, les camarades entrèrent en action. Ils bloquèrent l'intersection adjacente avec la *station wagon* et la Chevrolet noire. « Des hommes agitant des armes surgirent de partout. », diront plus tard les témoins. Pas un coup de feu ne fut tiré. Trop lent à donner son revolver, le garde reçut un coup sur la tête avec le canon d'une mitraillette. Pas un bruit. De son bureau qui dominait la rue, le manager de la banque, Bernard Lanthier, n'en croyait pas ses yeux. Il avouera plus tard qu'il était tellement ébahi et surpris qu'il ne put faire un geste. « Trois hommes, dit-il dans la conférence de presse, s'emparèrent du coffre-fort mais ils eurent des problèmes pour le hisser dans la *station wagon.* Ils étaient tellement à l'aise qu'ils ne portaient aucun masque ou déguisement ». Les voleurs disparurent en actionnant leurs avertisseurs, donnant ainsi une touche semi-officielle au hold-up. Ne parvenant pas à ouvrir la serrure du coffre-fort, ils coupèrent le fond comme une boite de sardines et répartirent l'argent dans des sacs. Ils abandonnèrent la *station wagon* qu'ils avaient volée la nuit précédente devant le jardin d'enfants de Jacqueline Turian (à l´impasse Lavaud) et le coffre-fort à la ruelle Nazon qui venait d'être rebaptisée boulevard Martin-Luther-King.

Les passants qui avaient été témoins de cette séquence de cinéma étaient, tout comme le directeur de la banque, confondus de surprise. Il y eut à ce moment-là certains commentaires, ponctués de hochements de têtes et de regards entendus, suggérant que le palais devait avoir un sérieux besoin de devises pour en arriver là. Dans son édition du 8 novembre 1967, le journal *Le*

Matin titra : « Le grand hold-up », précisant que « Quatre gangsters armés étaient partis avec 77.800 dollars ». Le journal conclut qu'il s'agissait « d'une grosse opération, menée tambour battant avec audace et vitesse ». Aucune hypothèse sur l'identité de la bande ne fut énoncée. Quant aux auteurs eux-mêmes, ils restèrent silencieux.

Le parti communiste dominicain, se trouva, pour sa part, dans un état de perplexité quand il sut ce qui s'était passé. En effet, dans la foulée de l'opération, le PEP avait envoyé de l'argent pour honorer diverses dettes que les militants avaient laissées derrière eux. José Israel Cuello fut catégorique dans les commentaires qu'il me fit à ce propos. Il pensait que le hold-up avait été une sérieuse erreur tactique de la part des camarades haïtiens. « Une fois que les dirigeants se sont installés à Port-au-Prince, ils ont décidé d'effectuer cette action qui fut une action audacieuse mais qui, selon nous, n'était pas nécessaire et avait pour conséquence de mettre en danger des années de travail». Cuello ajouta : « Nous avons pensé que cette action avait démontré une capacité d'action, et la présence dans le pays de ressources militaires qui étaient bien au-dessus des vraies ressources de l'organisation à ce moment-là. Ils n'avaient pas besoin de compromettre des années de travail. L'opération fut précise et fut un grand succès, mais il n'y avait pas de plan, après cela, pour cacher et pour utiliser l'argent. Ils ont envoyé une bonne partie en République Dominicaine pour payer des dettes qu'ils avaient faites. Mais cette dame de la Calle Salcedo qui avait pris Gérald Brisson en pension chez elle où il dormait, mangeait, travaillait, rencontrait des gens avec qui il parlait dans des langues étranges qu'elle ne comprenait pas, ne s'attendait nullement à ce qu'il envoie le prix de deux mois de pension qu'il lui devait, alors que, depuis que Brisson avait disparu sans avertir, elle allumait une chandelle et priait pour lui tous les jours». Quoi qu'il en soit, le PEP aurait dû garder l'argent tellement nécessaire pour le fonctionnement du parti, frais de voyages, location de maisons de refuge, achat d'armes et tant d'autres nécessités. La preuve en est que pour ramasser de l'argent à Mexico, le PEP avait dû sortir une réédition d'un classique de la littérature haïtienne, *La Famille des Pitite-Caille* de Justin Lhérisson (1873-1907).

L'arrivée des militants et cadres à l'aéroport de Port-au-Prince était soigneusement planifiée par le parti. En particulier, il fallait une coordination à toute épreuve pour éviter que l'arrivant soit obligé de prendre un taxi, ce qui représentait un assez grand risque. En dépit de toutes les précautions et prévisions, ceci se produisit. Quand Alix Lamaute débarqua en août 1967, venant d'Europe, personne n'était là pour le recevoir. Il fut donc forcé de prendre un taxi et il eut la chance de ne pas tomber sur un chauffeur *makout*. Lamaute se rendit à la maison de la mère de son ami Yves Médard (dit *Rassoul Labuchin*) à l'avenue Christophe. C'était plutôt vexant que cela arrive à un membre du PEP et cela obligeait surtout à se poser des questions sur l'organisation du parti.

Eloïs Maître, chef du Service de Dépistage (SD), nouvelle dénomination de la police secrète du dictateur, était un des grands dangers, car il contrôlait personnellement les arrivées. Il arrêtait immédiatement toute personne suspectée de faire partie des subversifs qui essayaient de s'infiltrer dans le pays. Ainsi, le 7 décembre 1967, quand Eloïs Maître laissa l'aéroport, une équipe du groupe marxiste dirigée par Gérard Wadestrandt l'attendait et ouvrit le feu sur sa voiture au moment où elle partait. Les coups de feu déclenchèrent la panique à l'aéroport et laissèrent Eloïs Maître sérieusement blessé. Il dut subir plus de trois opérations pour sauver sa vie. Six mois plus tard, le 12 juin 1968, ne pouvant plus exercer les responsabilités qui lui incombaient, il fut révoqué de son poste de chef du SD. Sa voiture trouée de balles fut transportée au Fort Dimanche où elle rejoignit d'autres carcasses de voitures en train d'y pourrir.

Comme pour le cambriolage de la Banque Royale du Canada, et contrairement à l'usage d'autres groupes anti-duvaliéristes, le groupe communiste maintint un strict silence sur cette tentative d'assassinat d'Eloïs Maître. *Le Combattant Haïtien*, un bulletin de droite paraissant à New York, suggéra que tout cela n'était qu'un montage venant du Palais. On murmurait que cette embuscade aurait été organisée par Duvalier lui-même, pensant que l'attaque contre la banque avait été réalisée par les *makout* eux-mêmes. On signalait, par exemple, que les participants portaient des lunettes noires. On notait que dans le même mois, le commandant de Fort-Dimanche, Delva, était mort dans de mystérieuses circonstances.

C'est à cette époque que sont arrêtés trois membres de la famille Lescouflair. Leur maison au Poste Marchand est pillée. Rony Lescouflair, âgé de 25 ans, revenu en mars 1967 d'une tournée en Europe, est arrêté dans la rue le 13 décembre 1967. Membre du PEP, poète, écrivain, professeur, il serait mort au Fort Dimanche en 1981 ou 1982. Suite à la prise en otage de l'ambassadeur américain Clinton Knox en 1973, le gouvernement haïtien refusa de libérer Rony Lescouflair qui se trouvait sur la liste des prisonniers dont la libération était demandée. Son frère, Frantz, qui travaillait à la Banque Royale du Canada, fut arrêté le même jour et disparut sans laisser de traces. Leur père, Denis Lescouflair, arrêté le 17 décembre 1967, fut libéré en novembre 1969. Les six enfants qui restaient sur les huit frères et sœurs trouvèrent refuge pendant des mois dans diverses familles avant de pouvoir être évacués à l'étranger.

Le PEP poursuivait ses efforts pour renforcer le réseau de cellules du parti dans les villes et bourgs de province et pour établir ce qui pourrait devenir le « foyer » de la guérilla. Il cherchait aussi à établir des réserves d'armes et de munitions. Joël Liautaud avait la responsabilité des armes, un étrange assortiment de fusils .12, de fusils dominicains «San Cristobal» et de Springfield. Les Cubains qui avaient organisé l'entraînement n'avaient fourni aucun armement et le groupe en avait un besoin urgent. La tentative d'acheter d'un milicien un UZI de fabrication israélienne fut à l'origine de l'arrestation de Jean-Robert (Ti Bob) Désir en janvier 1968. Celui-ci était un neveu de Jacques Innocent, un médecin haïtien très connu qui avait épousé la veuve de Jacques Stephen Alexis. Le milicien lui avait donné rendez-vous à la place Boyer, à Pétion-Ville, où devait se faire l'échange.

Quand Ti Bob arriva avec l'argent, les miliciens lui tombèrent dessus.

Selon certains témoignages, dont celui paru dans *Visages de la résistance nationale* du PUCH, Jean-Robert (dit Ti Bob) Désir était l'organisateur d'un réseau de paysans dans la Grande-Anse.

L'ouvrage *Visages de la résistance nationale* précise que « quatorze patriotes d'un réseau rural du PEP dans la Grande-Anse sont arrêtés le 7 mars » (sans indiquer l'année). Parmi eux : Calisthènes Desrosiers, Abner Jean-Charles, Gérard Fleuriot, Dieuseul Dorcy, Lejeune Fleuriot, Martin Loulou, Alphonse Basile, Fritz Lubin, Dominique Luc».

Dans son ouvrage intitulé *De mémoire de Jérémien* et dont une version revue et augmentée a été publiée en 2010 par Les Editions Pleine Page, Eddy Cavé cite également d'autres personnes broyées par la répression dans la Grande-Anse: Maurice Février, Ignace Bazar, Jean-Claude Alexandre, Georges Antoine, Aronse Elysée, Pierrot Vital, Serge Samedy, mieux connu sous le nom de Serge Dodo, Albert Lorquet. «Il convient, poursuit-il, d'ajouter à cette liste les noms de dizaines de paysans directement ou indirectement rattachés aux coopératives mises sur pied par Alphonse Bazile et injustement accusés de mener des activités subversives. » Ces coopératives ont été lancées à partir de la fin des années 40.

Toujours selon Eddy Cavé, «Certains Jérémiens prétendument rattachés au réseau des militants de la Grand-Anse, mais résidant dans d'autres villes, furent également emprisonnés, torturés et exécutés. Ce fut notamment le cas de Parisien Desrosiers, alors étudiant à la faculté d'Agronomie de Port-au-Prince ; de son frère Hercule Desrosiers, qui travaillait à la capitale. Deux autres amis soupçonnés d'avoir trempé dans ce mouvement, Marcel Laforest et Scirth (Toto) Dougé, seront emprisonnés à Port-au-Prince en mai 1970 dans le cadre du complot Blain-Cayard-Clémard Joseph Charles et on ne les reverra plus. »

Eddy Petit avait étudié l'économie à Strasbourg et il avait été un des membres de la Fédération des Etudiants Haïtiens en Europe (FEHE). On le considérait comme un idéologue marxiste qui avait étudié des tonnes de livres. Il était revenu au pays normalement mais il avait quitté le domicile de ses parents pour rejoindre le groupe clandestin. Il vivait dans les montagnes de la chaîne des Matheux. Il avait été suspecté et attaqué par un milicien qu'il avait tué pour pouvoir lui échapper. L'alarme ayant été donnée, il fut poursuivi et capturé. Il fut battu, on lui coupa une oreille à l´aide d´une machette. Eddy Petit fut forcé de marcher des kilomètres jusqu'à la Petite Rivière de l'Artibonite où il fut mis en prison. Il sera envoyé à Saint-Marc et ensuite à Port-au-Prince. Pendant les neuf mois qu'il passa au Pénitencier national, il jouait aux échecs avec Joël Liautaud et d´autres camarades avec des figurines qu'il avait fabriquées avec des pelures d'oranges. Puis, un jour, ils furent tous exécutés.

Par principe, les rebelles, pour des raisons évidentes de sécurité, ne prenaient aucun contact avec leurs familles. Joël Liautaud fit exception à la règle. Il se présenta un jour à son jeune frère Gilbert qui eut la surprise de sa vie en reconnaissant le jeune homme moustachu qui l'aborda. La disparition de Joël de Aachen avait causé beaucoup de soucis à ses parents et amis. Le père de Joël, Ernest Liautaud, était même parti pour l´Europe à la recherche de son fils. Père et fils étaient liés par une profonde affection. Ernest Liautaud ne put trouver aucune piste et retourna en Haïti en craignant le pire. Les deux parents de Joël vivaient dans une anxiété constante comme c'était le cas pour tous les autres parents qui avaient subitement perdu contact avec leurs fils ou leurs filles. Les frères Liautaud maintinrent le contact. Au cours de l'automne 1968, Bernard Liautaud, qui s'était spécialisé en dermatologie en France, put rencontrer non seulement Joël, mais aussi Gérald Brisson, Bernard Pierre-Louis et Eddy Petit. Frank Eyssallenne coordonnait généralement les rencontres entre Bernard et le groupe clandestin. Tous paraissaient optimistes et pleins de confiance dans le succès de leur lutte.

Des années après, le Dr Bernard Liautaud ne pouvait évoquer ce sujet, tellement il avait du chagrin. Ce n'est qu'en 2004 qu'il trouva la force de revenir sur ce tragique passé. Dans une entrevue qu'il m'accorda, Bernard Liautaud dit combien il avait été émerveillé, à cette époque-là, de voir comment ces jeunes gens étaient parvenus à se mouvoir dans une ville remplie de *makout*, sachant que toutes les forces dans le gouvernement étaient à leur recherche. « Leur sang-froid, raconta-t-il, était quelque chose d'incroyable. Un jour, j'ai même été avec Gérald Brisson acheter une glace. Il stationna sa voiture en plein centre de la ville en face du « Bec Fin ». Or, il savait qu'il était le premier sur la liste de Papa Doc des personnes les plus recherchées. Et pourtant, il n'avait pas peur. Je devais apprendre plus tard que l'un des gar- çons qui travaillait à ce restaurant était un sympathisant du parti que Gérald connaissait très bien. [...] Joël, poursuivit Bernard Liautaud, m'a dit que l'un de mes jeunes frères, un cousin et un oncle savaient qu'il vivait en Haïti et essayaient de l'aider en lui procurant des fonds et de vieux pistolets. Ce devait être tellement dur pour lui de passer devant le magasin de sa mère et le bureau de son père sans pouvoir y entrer et les prendre dans ses bras. Même le fait qu'il était clair de peau n'avait pas l'air, de façon étonnante, de mettre sa vie en danger. Une fois, il eut à quitter à toute vitesse un bar quand il reconnut son parrain qui prenait une chaise juste derrière lui ». Revenu en Haïti en juillet 1967, Joël avait pris un pseudonyme : Fritz Lévy. Ceci n'est pas surprenant étant donné que son grand-père, Emmanuel Dreyfus, était juif. Joël avait décidé de s'adonner à la pêche. Son bateau était sta- tionné à Mariani, à l'entrée de la route du sud. C'était un choix dangereux en soi étant donné que les *makout* gardaient un œil passablement méfiant sur les bateaux le long de cette côte.

Des bombes éclataient. Un poster anti-duvaliériste piégé et ap- posé près du poste du Fort Dimanche infligea des blessures mul- tiples aux soldats qui avaient reçu l'ordre de l'enlever. En juillet 1968, un commando exécuta une attaque surprise sur un poste militaire dans le bourg de La Chapelle, dans la vallée de l'Artibonite, entre Deschapelles et Mirebalais. Le nombre des morts s'éleva à huit. Le 3 août 1968, un autre commando PUCH attaqua la propriété de Duvalier à Carrefour Saint-Médard, pas très loin de l'Arcahaie. Deux gardes furent tués et des armes emportées. Juste une semaine après, dans la nuit du lundi 12 août 1968, le même commando qui avait frappé à la Chapelle occupa le poste de Terre Rouge, au sommet du Morne-à-Cabrits sur la route de Port-au-Prince à Mirebalais et le plateau Central. Des armes et des munitions furent capturées. Un sergent et deux soldats furent tués dans le combat. Au Cap-Haïtien, le 4 mars 1969, un étudiant tua un *makout* dans des circonstances qui n'ont pas été révélées. L'arme du *makout* avait disparu. Le jour d'après, tous les élèves du lycée Philippe-Guerrier déclarèrent l'école en état de rébellion protestant contre l'expulsion arbitraire de camarades, le fait de battre les élèves, et l'obligation de payer dix dollars. Ils arrivèrent à tenir jusqu'au 7 mars 1969, repoussant les *makout* et soldats avec des pierres.

Un jour de la mi-octobre 1968 quand Joël Liautaud rentrait de la pêche, deux *makout* l'attendaient et voulurent se saisir de lui. Il se battit avec eux et comme il était sur le point de s'échapper, un contingent de soldats et de *makout* arriva. Ils le rouèrent de coups jusqu'à ce qu'il s'évanouisse et quand il arriva aux Recherches criminelles, à la police, pour un interrogatoire, il fut de nouveau sévèrement battu. En dépit du secret absolu dans lequel étaient maintenus les prisonniers du PEP, un contact put être établi à travers un soldat du pénitencier national qui remit à sa mère, au local de « Tabou Fleurs », une note brève, sur un bout de papier, qui se terminait par « Je t'aime ». Sa famille pendant un temps put envoyer des vitamines, sans être sûre que Joël les reçoive, à cause du système strict de surveillance de la prison. Ils apprirent plus tard que Joël offrait des cours d'allemand aux autres détenus, selon ce qu´a rapporté Ti-Hall (Jean-Claude Hall, qui vit maintenant en Floride) qui a partagé la même cellule que Joël. Les détenus savaient qu'ils étaient condamnés à mort, que ce n'était qu'une question de temps pour qu'ils soient exécutés ou envoyés au Fort Dimanche pour connaître une lente agonie. En tant que prisonniers, ils étaient légalement inexistants.

Ernest Liautaud rencontrait parfois le terrible Luc Désyr qui venait à son bureau pour des achats de voitures ou de pièces de voiture. Un jour, il prit son courage à deux mains et demanda au chef de la police secrète s'il pouvait confirmer que son fils avait été arrêté. Désyr cyniquement fit semblant de n'avoir pas entendu la question. Le père de Joël comprit que ce serait stupide de la répéter.

Les arrestations se suivaient. Jean-Robert (Ti Bob) Désir fut l'un des premiers à être arrêté et torturé. Pour ces militants, la peine et l'humiliation de ces sessions de torture n'étaient rien à côté des profonds regrets qui les tourmentaient pour les erreurs qui avaient mené à leur capture.

Dans la matinée du 4 novembre 1968, l'officier de police criminelle, le lieutenant Edouard Guilliod repéra une Renault verte dernier modèle suspecte qui remontait la rue des Miracles, au bas de la ville. Quand il tenta de l'intercepter, la voiture accéléra et s'esquiva. Guilliod appela à l'aide un motocycliste bien connu, Antoine Khouri, *makout*, armé et disposé à aider. Khouri adorait servir d'escorte à Duvalier, à titre volontaire. Guilliod et Khouri finirent par repérer la Renault. Elle s'engageait dans la rue Pétion mais fut obligée de s'arrêter à cause d'une marchande de charbon qui se trouvait avec son âne en plein milieu de la rue. L'arme au poing, Khouri s'approcha de la portière arrière droite du véhicule, visant le conducteur de la voiture, qui était Gérald Brisson. Mais Théodore put attraper son poignet de l'intérieur. La balle fut déviée atteignant la main de Brisson qui se trouvait sur le volant. Théodore qui avait une seule balle dans son pistolet Beretta tira et la balle atteignit l'abdomen de Khouri. Un officier de la marine en uniforme, du trottoir étant, visa Brisson qui ouvrit le feu sur lui, tandis que Guilliod se réfugiait dans une bouche d'égout. C'est à ce moment que Brisson et Théodore purent s'échapper. Une jeune femme qui disait qu'elle faisait de l'autostop fut trouvée assise innocemment dans la Renault. Identifiée comme touriste, elle fut mise le même jour dans un avion. Certains prétendent que c'était la femme de Cary Hector.

Vers la mi-novembre 1968, René Théodore, alias « Lesly », partit pour l'étranger, sur suggestion de Brisson. Il devait représenter le PEP-PUDA au congrès annuel de la jeunesse à Budapest, en Hongrie (18 au 21 novembre). Les soixante-sept partis participants proclamèrent leur solidarité avec les communistes haïtiens. De Budapest, Théodore partit pour Moscou pour le congrès mondial des partis communistes. Sa mission était aussi d'organiser de nouveaux envois d'étudiants pour renforcer le PEP-PUDA en Haïti. Théodore participa aussi à un programme de Radio Paix et Progrès destiné à Haïti.

René Théodore était né le 23 juin 1940 à Ouanaminthe, la ville frontière située tout au nord, sur les bords de la rivière Massacre, face à la ville frontière dominicaine de Dajabon. Son père, Hébert, était le fils de Davilmar Théodore, président d'Haïti entre 1914 et 1915. René était diplômé de l'Ecole normale en mathématiques et en physique. En 1957, à l'âge de 17 ans, il s'était engagé dans la Ligue des Jeunesses Socialistes et fut le représentant de la Ligue lors de la fondation du PEP en 1959 par Jacques Stéphen Alexis. En 1966, il avait été l'un des premiers du groupe de Moscou à rentrer en Haïti clandestinement pour préparer la lutte armée comme membre de l'aile militaire du PEP. Dans cette première étape de la lutte, la consigne et la tactique étaient de pratiquer le "marronnage", l'art de se cacher et de s'esquiver, en attendant qu'on puisse passer à la lutte ouverte.

S'il y a une localité dont le nom se trouve associé dans la mémoire des gens aux deux ans et demi de la lutte armée des communistes en Haïti contre la tyrannie de Duvalier, c'est Cazale. Ce petit village de montagne, au bord de la jolie rivière de Torcelles, au pied de la chaîne des Matheux, à douze kilomètres de Cabaret et de la route nationale, a été depuis 1804 un lieu spécial. C'est là que s'établirent quelques quatre cents légionnaires polonais auxquels Dessalines avait octroyé la citoyenneté haïtienne pour s´être ralliés à la lutte des esclaves pour la liberté.

Les camarades de Cazale avaient établi ce que Théodore dénomma « le triangle El Che » qui comprenait Cazale, Arcahaie et Cabaret, trois points de contact délimitant la zone d'implantation. En plus de cela, les communistes faisaient passer des armes par la chaîne des Cahos, appelée aussi Montagnes Noires, sur le haut versant de la vallée de l'Artibonite, séparant le nord du sud. La zone gardait les traces de l'histoire de la guerre de l'Indépendance, puisque c'est dans cette jonction que se trouvait le fort de la Crête-à-Pierrot. René Théodore dit qu'il y avait, en 1968-1969, de grandes discussions concernant le choix entre guérilla rurale et guérilla urbaine et sur la nécessité de préparer ou d'organiser un dégagement et un regroupement, surtout après les premières arrestations. Entre autres, Alix Lamaute en était venu, à partir de l'expérience de Cazale et de l'issue de certaines actions armées du PEP, à poser la question des limites de la lutte armée. La structure militaire « El Che Cazale » était donc devenue un sujet de confrontation.

Quand Alix Lamaute revint d'Europe en 1967, il fut assigné, par le parti, à Cazale, avec Roger Méhu et d'autres militants originaires de Cazale en vue d'y établir un point d'insertion politico-militaire. Les paysans étaient victimes de toutes sortes d'abus sans possibilité d'un recours à la loi. Les *makout* de Cazale, le chef de section et son équipe de *choukèt-lawouze* (briseurs de rosée) étaient particulièrement arrogants et agressifs dans la collecte des taxes et dans les mauvais traitements qu'ils infligeaient aux paysans. L'un des problèmes majeurs était que les paysans de Cazale ne pouvaient utiliser l'eau de la rivière de Torcelles qui ne coulait à travers le village que deux jours par semaine. Les autres jours, l'eau était réservée à Duvalier-Ville (Cabaret) et à ses *gran don* (grands propriétaires fonciers) Toute personne surprise en train de prendre l'eau pendant la période interdite était arrêtée, battue et devait payer une amende de cinquante gourdes, ce qui était évidemment au-dessus des moyens d'une population pauvre.

Alix Lamaute, alias Jean Emmanuel, et Roger Méhu, alias Maxo, faisaient partie d'un groupe de cadres et militants qui incluait, entre autres : Nefort Victomé, maître d'école, Nivar Drouillard, Kelson Inomé, Brinvil Dulaurier, Lamarre Saint-Germain, Jérémie Eliazer, un ancien soldat et membre du bataillon tactique des casernes Dessalines en révolte contre les tueries et les abus, Lamarre Saint-Germain ainsi que Max Belneau et Willy Joseph appréhendés à l'aéroport avant la répression menée à Cazale en mars-avril 1969. Lamaute et Méhu travaillaient avec les paysans dans les jardins et participaient à toutes les activités de la vie quotidienne. C'était probablement l'effort le plus impressionnant de partager la vie des paysans, souffrant avec eux les abus que ne cessaient d'imposer les *makout*. Il y avait quelque chose d'inhumain à supporter les vexations inventées par ceux qui les tourmentaient et qui prenaient un malin plaisir à les harceler.

Très vite, Alix Lamaute commença à transmettre ses doutes sur le choix de la lutte armée et les modalités de celle-ci, au sein du parti et aussi dans les rares rencontres avec Monique Brisson revenue en mai 1968. La théorie régnante, à ce moment-là, était celle du «foquisme» telle que décrite par Régis Debray dans son livre *Révolution dans la révolution* publié à Paris en 1967. Ce schéma envisageait la prise du pouvoir à partir d'un point d'insertion, un «foyer» supposé capable, à un moment donné, de s'étendre ou d´essaimer pour emporter finalement la dictature. Le modèle était évidemment l'implantation de Castro dans la Sierra Maestra où, avec la douzaine de combattants rescapés du débarquement de 1956, Castro avait mobilisé en deux ans et demi une force devenue capable de chasser Fulgencio Batista. Mais Haïti n'était pas Cuba et Duvalier n'était pas Batista. Les Cubains de tous les secteurs de la société, qui en avaient assez de Batista, avaient apporté leur appui aux jeunes rebelles commandés par Fidel. Divers mouvements se mirent ensemble et l'armée corrompue de Batista ne pouvait plus tenir face à cette mobilisation. En Haïti, lorsque le mot d´ordre de la lutte armée est lancé, la répression de Duvalier avait déjà démantelé les organisations syndicales et étudiantes et les paysans haïtiens étaient trop pauvres et trop opprimés pour se rallier à un groupe de guérilla. Ceux qui le firent payèrent un prix très élevé. La puissance de *Leta* (l´Etat) avait été renforcée par un réseau de VSN qui s'était implanté partout. Dans ce monde très surveillé, où de nouvelles figures ne manquaient pas d'être repérées, il était difficile que des allées et venues ne soient pas rapportées au chef de section. Il suffisait de n'importe quel incident pour déclencher une riposte. La vie quotidienne était donc un risque permanent.

Le retour de Monique Brisson en 1968 allait permettre la réalisation d'un événement longtemps espéré par le couple: la naissance d'un enfant. Monique, qui habitait la maison familiale de Rassoul Labuchin, entra le 7 mars 1969, à l'hôpital Saint François de Sales sous le nom de madame Serge Victor et le lendemain, elle accouchait d'une fille qui reçut le nom de Nathalie. «Ce fut un des jours les plus heureux de ma vie», commenta Monique lors de l'entrevue qu'elle m'accorda en 2004 dans la petite librairie (Librairie Phénix) qu'elle dirigeait au haut de Lalue. Le père était extatique.

Trois semaines après, le 31 mars, il était mort. Sa tête coupée fut transportée dans une *bokit* (seau) au palais national, de même que celle de Lamarre Saint-Germain, comme un nouveau trophée pour Duvalier.

Ce qu'Alix avait craint et prévu était arrivé. Le barrage avait éclaté. Trois personnes furent arrêtées le 27 mars 1969 : Joseph Victomé, frère de Nefort Victomé, Antoine Valmont et Saint-Hubert Valmont. Le même jour, un groupe de neuf combattants, dont Jérémie Eliazer, Lamarre Saint-Germain, Nivar Benoît, Kelson Inomé, Brinvil Dulaurier, Alix Lamaute et Roger Méhu occupa, en signe de protestation, le poste de la milice de Cazale. Ils descendirent le drapeau noir et rouge de Duvalier et hissèrent le drapeau bleu et rouge que l'un d'entre eux avait cousu au préalable.

Si l'on se réfère aux publications officielles du parti concernant Cazale, la réalité cède le pas à l'amplification de la propagande. *Radio Havane*, relisant les textes publiés par le parti, parle « d'une action classique de déclenchement de la lutte révolutionnaire... un acte de haute signification historique ». C'est, en effet, la première fois, commente la publication, que « de vrais révolutionnaires ont cherché et obtenu le support de la masse paysanne des montagnes, leur expliquant le sens du combat du PUCH dans le contexte de l'intérêt du peuple tout entier, et que le temps pour tous de rejoindre le combat était arrivé ». La publication soulignait que «le temps [était] venu pour tous les Haïtiens de se lever et d'aider les révolutionnaires pour continuer l'opération commencée à Cazale, qui peut être le point de départ de la glorieuse bataille de libération nationale ».

Si l'insertion des militants du PUCH était bien réelle à Cazale, il n'en demeure pas moins que les choses se présentèrent tout autrement. En mars 1969, le PUCH n'avait aucune possibilité d'envoyer des renforts aux camarades de Cazale. La seule action entreprise consista à lancer, le samedi 29 mars, deux grenades, au bas de la ville de Port-au-Prince, contre le *Petit bar de l'ami Eugène*, point de rendez-vous des *makout* qui appartenaient à la bande dirigée par Ti-Cabiche, le frère d'Eloïs Maître. Une seule grenade explosa, blessant une dizaine de clients du bar. Duvalier dépêcha tout de suite le bataillon tactique des casernes Dessalines sous le commandement de Pierre Toussaint. Auparavant, il avait ordonné à toutes les forces de *makout* et de militaires de Gonaïves, Mirebalais, Saut-d'Eau, Arcahaie et Duvalier-Ville (Cabaret) de se mobiliser pour « chercher et détruire » le petit groupe des révoltés. La répression dura à Cazale du 27 mars au 11-12 avril 1969.

Des représailles sanglantes furent organisées contre toute personne suspectée d'avoir collaboré avec les communistes ou de partager leurs opinions. Antioche Benoît, sans engagement politique dans le PUCH, a été la première personne à être exécutée.

Des prisonniers furent placés devant un quénépier se trouvant au lieu-dit Lakou Da, à l'entrée de Cazale, et exécutés immédiatement, par balles ou à la machette. Le dimanche 30 mars 1969, quatre personnes furent tuées. Madame Olive Eliazer, sœur de Jérémie Eliazer et épouse de Benoît Philantus, fut enterrée vivante sous le quénépier. Son époux fut exécuté de même que Diméus Inomé, père de Kelson Inomé, qui eut les yeux crevés. D'autres personnes ont été exécutées comme Gadener Benoît, coiffeur du village et accusé d'avoir coupé les cheveux aux militants.

Alix Lamaute et Lamarre Saint-Germain livrèrent leur dernière bataille sur une éminence dénommée morne Tiso, dans la rocaille du massif montagneux des Matheux, où ils moururent les armes à la main.

De nombreuses personnes furent arrêtées et conduites en prison d'abord à Saint-Marc puis à Port-au-Prince, ou directement à Port-au-Prince. Plusieurs seront incarcérées au Fort Dimanche, dont Kelson Inomé, Nivar Drouillard, Nefort Victomé, Tardieu Saintil et Saintil Clermont. Conduit aux casernes Dessalines, Roger Méhu n'est jamais revenu. Activement recherché pour avoir maintes fois défié le pouvoir auparavant et acculé dans les bois, Jérémie Eliazer fut capturé le 5 avril 1969 sur dénonciation.

A Cazale, Duvalier affirma rigoureusement son autorité et son pouvoir. Au lieu que se déclenche une révolution, c'est une machine de répression massive qui se mit en marche. Au final, le tribut de Cazale à la lutte contre la dictature est lourd. Des jeunes femmes ou filles furent violées. Bélizer Cajuste, fut tué dans la localité *Ka Desab* (Dessables) où s'était réfugié Jérémie Eliazer bien avant mars 1969. Pierrisca Pierre fut fusillé au motif qu'il connaissait celui-ci. Madame Nefort Victomé est morte en prison. Mervius Pierre-Louis, qui avait eu maille à partir avec le préposé des contributions au comportement inique, et son fils Michel Pierre-Louis ont également été exécutés. Devant tant d'horreur, Ismeo Louisjuste et Elismé Elie se pendirent. Plus tard, en 1971, le commandant de la milice (VSN) en poste à Cazale arrêtera Théophile Victomé et Napoléon Victomé qui seront emprisonnés au Fort Dimanche. Théophile Victomé y trouvera la mort le 2 janvier 1975, selon ce que rapporte Patrick Lemoine dans son livre *Fort-Dimanche, Fort-La-Mort*. Philippe Dulaurier, pris en 1969 puis en 1970, y mourra le 18 décembre 1975, toujours selon le témoignage de Lemoine.

A la fin du mois de mars, Rassoul Labuchin avait été arrêté. Monique Brisson et sa fille de trois semaines furent placées en résidence surveillée. Pendant trois jours, Monique Brisson fut soumise à un interrogatoire mené aux casernes Dessalines par le colonel Breton Claude et par Luckner Cambronne. « Ils voulaient avoir des renseignements sur Gérald, sur les contacts que j'aurais eus avec lui, mais je leur ai répondu par la simple vérité que je n'avais pas vu Gérald depuis 1966 à Paris ».

La maison de Mano Pierre-Louis à Boutilliers était supposée être une maison de refuge. En fait, la sécurité était nulle. Depuis longtemps, le groupe avait abandonné la maison de Frères. Cette maison qui n'abritait que des garçons commençait à attirer l'attention. Winchell Mitchell qui commençait à développer un projet intensif de logements sur l'autre côté de la vallée en face de la maison de Frères, avait dit à Jean Desquiron: « Je vois qu'il y a une bande de *masisi* (homosexuels) qui utilisent la maison de Bernard. On ne voit que des jeunes gens aller et venir et aucune femme ».

Le 14 avril 1969, à l'aube, Jacqueline Volel Brisson et Adrien Sansaricq se rendirent compte que la maison était entourée d'hommes lourdement armés et de véhicules blindés. Sortis la veille au soir, Raymond Jean-François et Gérald Brisson n'étaient pas revenus, probablement parce qu'ils étaient tombés sur le dispositif que les soldats et les *makout* mettaient en place. Adrien et Jacqueline décidèrent donc d'ouvrir le feu avec leurs vieilles mitraillettes Cristobal et parvinrent à sortir de la maison. Un officier, le lieutenant Roland Magloire, fut tué pendant cette échauffourée. Sansaricq déboucha sur la « grand route » de Kenscoff à Pétion-Ville. Il arrêta une voiture dans laquelle se trouvait le ministre des Finances, Clovis Désinor qui habitait Kenscoff et se rendait à son bureau. La mitraillette de Sansaricq était enrayée. Alors, soit le chauffeur, soit Désinor lui-même dégaina et tira sur Adrien Sansaricq. N'ayant plus de munitions, Jacqueline Volel Brisson se cacha dans un recoin d'une carrière de sable où elle fut découverte par un groupe de miliciens qui l'arrêtèrent. Elle avait les bras et les jambes lacérés par les épines des buissons. Elle reçut des coups à la tête pendant qu'on lui demandait s'il y avait d'autres personnes dans la maison. A quoi elle répondit qu'ils n'avaient qu'à entrer et vérifier par eux-mêmes.

Un voisin qui regardait depuis sa maison ce qui se passait dit qu'il avait vu les *makout* sortir en vague de leurs cachettes quand la fusillade cessa. Transporté à la station de police de Pétion-Ville, le Dr Sansaricq fut laissé par terre et mourut. Aucun effort ne fut fait pour qu'il soit soigné. On a dit qu'il fut achevé d'une balle par Raymond Moïse. Plus tard, ce même jour, les troupes de l'armée retournèrent à la maison abandonnée de Boutilliers, installèrent un canon de 57 mm et criblèrent la maison de treize obus à bout portant.

Le même jour, une autre maison de refuge fut encerclée à Pétion-Ville. Jean-Paul Neptune, communément appelé Papa, un ancien chauffeur de taxi, fut arrêté, ainsi que Bernard Pierre-Louis et sa femme Gertrude (Gertha) Lévesque. Gertrude se retrouvera en prison aux casernes Dessalines avec Jacqueline Volel Brisson.

Les makout avaient un prisonnier, en l'occurrence, Jacqueline Volel-Brisson, la femme de celui qu'ils considéraient comme l'ennemi numéro 1. Prise vivante, Jacqueline Volel Brisson aurait souhaité être morte. Mais l'enfer l'attendait.

La mort du Dr Adrien Sansaricq était un coup sévère pour le PUCH. René Depestre écrivit un hommage à son ami paru dans le journal de Paris *Le Monde* le 29 juillet 1969 sous le titre « Une victime du président Duvalier » et dans l'édition du mois d'octobre de *Lambi*. « Plus que jamais, écrivit Depestre dans *Le Monde,* Haïti est cette *"esponja empapada en sangre"* dont parlait Nicolas Guillen dans sa fameuse élégie à Jacques Roumain ». Une éponge imbibée de sang. Rappelant cette « insatiable éponge de sang », Depestre fit remarquer qu'Adrien Sansaricq s'était « battu comme un lion » et cita une déclaration que celui-ci avait faite à Cuba, après avoir appris le massacre de sa famille à Jérémie (1964) : « Une vengeance personnelle n'aurait aucun sens. Le peuple haïtien les vengera, eux et tous les autres. Non une vendetta, une révolution. »

Dans le but d'obtenir l'appui des Etats-Unis, Duvalier, avec sa santé chancelante, continua de nettoyer le pays de tout ce qui pouvait représenter « une menace communiste » et de le faire savoir. C'est ainsi que, le 3 mai 1969, un communiqué, paru dans les journaux *Le Nouveau Monde* et *le Nouvelliste* sous le titre « Opérations militaires à Savane Salée » et signé « Claude » (Breton Claude) annonçait que trente-cinq terroristes communistes avaient été tués. «À Savane Salée, dans les arrières de l'hôtel Caraïbe à Martissant, trente-cinq terroristes communistes ont été tués et ensevelis là où ils sont tombés », disait, en effet, le communiqué.

En fait, l'épisode de Savane Salée impliquait seulement quatre militants qui s'étaient battus jusqu'à n'avoir plus de munitions. Parmi les blessés, il y avait Arnold Devilmé, un militant de longue date du PPLN qui était devenu en janvier 1969 secrétaire général adjoint du PUCH. Fait prisonnier, il disparut rapidement. Yanick Rigaud, d'abord membre de l'organisation de la jeunesse catholique progressiste, Haïti Progrès, puis du PPLN-PUDA, avait abandonné ses études de médecine pour se consacrer à plein temps à la cause du PUCH. Elle fut exécutée dans la salle de bains de la maison refuge d'une manière horriblement choquante. Joseph Roney, qui avait été secrétaire général du PEP, fut de nouveau arrêté.

Jean-Baptiste Hilaire, alors commandant de la prison, a raconté des années plus tard aux membres des familles endeuillées, que, ce même 3 mai 1969, « des gens étaient venus au Pénitencier national et avaient enlevé les jeunes marxistes prisonniers ». Parmi ceux qui furent pris du Pénitencier de la rue du Centre de la capitale, il y avait Joël Liautaud, Eddy Petit, Jean-Robert (Ti Bob) Désir, et d'autres communistes détenus. Des témoignages non confirmés disent qu'ils auraient été exécutés au Fort Dimanche ou à Titanyen. D'autres témoignages disent qu'ils auraient été emmenés, dans la nuit du 14 avril 1969, à la maison de Mano Pierre-Louis à Boutilliers car les *makout* voulaient avoir une revanche sur les pertes qu'ils avaient subies dans la confrontation avec Jacqueline Volel Brisson et Adrien Sansaricq. Deux survivants, Patrick Lemoine et Claude Rosier, ont mentionné le 14 avril 1969 comme le jour où les prisonniers ont été sortis de leurs cellules pour ne plus jamais y revenir. Ils furent donc exécutés sans laisser de traces.

Les survivants du PUCH se sentaient traqués. Il leur était diffi-cile de trouver des refuges et sentaient le poids d'une surveil-lance incessante. Ils bougeaient constamment, essayant de limiter le nombre de personnes dans une maison refuge. Ils commen-çaient à se rendre compte qu'il devait y avoir un traître dans leurs rangs qui renseignait Breton Claude et ses sicaires. A l'époque, les membres du PUCH disaient qu'ils avaient été dé-noncés par un certain Joseph Jean-Pierre, sans autres détails.

La fin du groupe marxiste comme force organisée fut rendue officielle, quand dans la matinée du 3 juin 1969, le quotidien *Le Nouvelliste* parut avec le titre : « Le comité central du Parti communiste haïtien liquidé». Cette édition du journal reproduit un message de cinq paragraphes numérotés adréssé par Breton Claude, commandant des casernes Dessalines, au président Du-valier.

Voici un extrait de ce communiqué :

« 2.- Ce matin vers les six heures une maison sise à l'avenue Martin-Luther-King et dans laquelle s'étaient réfugiés un certain nombre d'activistes communistes, a été attaquée par un contin-gent des casernes Dessalines. Les occupants de ladite maison au nombre de vingt-deux (22), après une résistance armée au cours de laquelle ils utilisèrent des grenades à mains, des bombes, des fusils automatiques, des pistolets, etc. furent tous tués par les forces de l'ordre, à l'exception de deux femmes, Roselia Roséus et Bernadette Louis (Gertrude) dont l'une avec un bébé de huit mois et qui tentaient de prendre la fuite ; elles ont été faites pri-sonnières.

3.- L'attention du Chef Suprême et Effectif des Forces Armées d'Haïti est sollicitée sur le fait que parmi les cadavres, il a été identifié ceux de Gérald Brisson, Daniel Sansaricq, Gérard Wadestrand, Jacques Jeannot, un ancien Abbé de l'Ecole Apos-tolique, Niclert Casséus, tous du Comité Central du Parti et qui depuis bien longtemps déjà faisaient l'objet d'actives re-cherches. Les autres cadavres ont été identifiés comme ceux des individus suivants : Jean-Pierre Salomon, Surpris Laventure,

François Darius, Gaston Savain, Desirma Laurent, Racine Codio, André Dumont, Rodrigue Barreau, Gaveau Desrosiers, Kesnel Jean, Prosper Estiverne, Paul Max Belneau, Willy Joseph, Augustin Elien, André Raymond.

4.-Un fort stock d'armes et de munition, d'engins explosifs et de grenades à mains a été saisi ; entre autres des fusils automatiques G-3 HK, des fusils M-1, des pistolets et des revolvers. Un lot de matériel de propagande subversive a été également saisi. »

(S) Claude

Duvalier était sans doute content du nombre 22, son nombre magique. Mais cette liste contient des noms de personnes appréhendées ou tuées bien avant le 2 juin 1969. C'est le cas pour Paul Max Belneau et Willy Joseph, originaires de Cazale, déjà mentionnés. C'est également le cas de Gaveau Desrosiers, tailleur et militant de l'Arcahaie, membre du PPLN et négociateur de l'unification du PEP et du PPLN-PUDA, puis membre du Comité central du PUCH, selon ce que rapporte *Haïti sous Duvalier : Terrorisme d'Etat et Visages de la résistance nationale*, une publication de l'Organisation Extérieure du Parti Unifié des Communistes Haïtiens (PUCH). Desrosiers a été arrêté fin mars 1969 et emprisonné au Fort Dimanche.

C'est aussi le cas pour Rodrigue Barreau, militant du PUCH selon la publication évoquée plus haut et proche d'Arnold Devilmé tué dans l'attaque, par les forces militaro-makout, d'une petite maison à Savane Salée (Fontamara) le 2 mai 1969. Selon les témoignages disponibles, l'un rendu public sur internet en 2007 par Letitiah Sept et ceux traités par *Haïti lutte contre l'impunité* en 2015, Rodrigue Barreau (vingt-quatre ans) a été appréhendé fin mai 1968 à l'aéroport alors qu'il s'apprêtait à partir pour les Etats-Unis où son père avait émigré quelque temps plus tôt. Rodner (vingt-six ans) et Jean-Robert (vingt et un ou vingt-deux ans) Barreau, les deux frères de Rodrigue, seront arrêtés le 13 juin 1968 à Carrefour-Feuilles au domicile de leur mère, Mme Marie Devilmé, épouse de Valembrun Barreau, puis exécutés par un *tonton makout* habitué de la famille et dénommé Briel.

Un autre nom figure dans la liste des vingt-deux personnes publiée par Breton Claude le 3 juin 1969, sans rapport avec les données factuelles : celui de Prosper Estiverne. Originaire de Grand-Bois/Cornillon, Prosper a été arrêté en février 1969 à l'aéroport de Port-au-Prince, après une fouille qui aurait permis de découvrir des documents considérés comme d'obédience communiste.

Selon le témoignage du sergent André Sanon, lui aussi originaire de Grand-Bois, recueilli en juin 2001 par Louis Estiverne et Anne Fuller, Prosper Estiverne a d'abord été conduit à la police de Port-au-Prince où il a été soumis à un premier interrogatoire mené trois jours durant par le chef de la police. Puis il a été amené à Duvalier qui, après l'avoir interrogé pendant deux heures, a ordonné qu'il soit envoyé aux casernes Dessalines pour y être interrogé à nouveau par Albert Pierre (dit *Ti Boule*). Prosper Estiverne y rendit son dernier soupir après avoir été sauvagement battu durant deux heures par deux bourreaux du Service de détection (SD).

Mais la machine répressive ne s'arrêta pas là. La recherche de Louis Estiverne et Anne Fuller révèle que, peu de temps après, le 19 février 1969, la terreur *makout* s'abattit sur la famille de Prosper dans la localité de Saint-Pierre, à Grand-Bois. Plusieurs jeeps de soldats conduits par le capitaine Aderbal Lhérisson et quatre membres des SD ont arrêté, avec l'aide des autorités locales, le père de Prosper, Pierre Estiverne, sacristain et enseignant, ses frères aînés, Franck et Gérard, cultivateurs, sa sœur Marie-Agnès et son jeune frère, Jean Bosco âgé de seize ans environ qui furent tous deux torturés à la caserne de la Croix-des-Bouquets, et enfin Ambroise, âgé de vingt-trois ans. Pierre et ses fils Franck et Gérard ont disparu. Marie-Agnès, Jean Bosco et Ambroise ont été relâchés après plusieurs jours de détention. La cousine de Prosper, Gladys (17 ans), revenue à Grand-Bois après avoir appris que son oncle Maxi (frère de Pierre) avait été interrogé et sa maison fouillée, été arrêtée. Elle n'est jamais revenue du Fort Dimanche. Simon, le cousin de Prosper et de Gladys, a été arrêté et a disparu. Roland et Eugène Estiverne ont été arrêtés puis relâchés. Joseph Atisné, qui travaillait avec Gérard sur l'exploitation agricole, a disparu.

Une seconde vague d'arrestations se produisit à Grand-Bois le 24 avril 1969, menée par les militaires et les *tonton makout* en poste dans la zone. Ils encerclèrent un groupe constitué du curé de la paroisse, Père Clérot André, des enseignants Pierre Maccenat et Gabriel Bien-Aimé, et des personnes suivantes: Petius Simbert, Denius Simbert, Almond Simbert, Monnara Bertho, Léon Bertho, et Atilus Volcy. Les soldats ligotèrent environ dix hommes, dont Théodore Médor, d'un seul tenant, et les firent descendre la montagne en direction du bourg de Cornillon puis de Thomazeau et enfin de la caserne de la Croix-des-Bouquets.

Tous membres de la famille de Mme Pierre Estiverne, née Charisna Volcy, les Simbert ont pu payer, à Grand-Bois, pour être relâchés. Il en a été de même pour Monnara et Léon Bertho, et Atilus Volcy.

Par ailleurs, Gérard Bien-Aimé et son frère Pierre Bien-Aimé, Ylexante Ulysse, Mathieu Saintvilis, Kénol Aurélus, Ignace Médor, Nicholas Louisjuste dont l'épouse était de la famille Estiverne, et Duplessy Ducasse sont emprisonnés au Fort Dimanche. Sévèrement battu par les soldats de la Croix-des-Bouquets, Ignace Médor y décède le 1er mai 1969, selon un compagnon de cellule. Ulysse, Saintvilis et Aurélus sortent de prison le 22 septembre 1969 suite à l'amnistie déclarée par Duvalier. D'autres autres seront libérés quelques années après.

Le jour même de la parution du communiqué de Breton Claude annonçant que le comité central du parti communiste (PC) haïtien avait été liquidé, un groupe de membres du parti furent fusillés au morne Puilboreau, sur la route du Cap. Mais le secrétaire du Comité central du PEP n'était pas parmi les morts. Raymond Jean-François était un homme traqué au Cap-Haïtien. Finalement, un mois plus tard, le 2 juillet 1969, alors que Duvalier recevait Rockefeller, envoyé spécial du président Nixon, à

Port-au-Prince, les chasseurs de têtes de Duvalier repérèrent Jean-François dans une rue du Cap. Il était accompagné d'une jeune fille, Adrienne Gilbert, nièce du professeur Marcel Gilbert. Refusant de se laisser prendre vivant, il dégaina son revolver qui s'enraya, courut à travers le marché du Cap où il fut tué par les sbires de Duvalier. Son frère Aimard et sa sœur Gladys qui combattaient également dans les rangs du PUCH ont été emportés par la répression. Aimard est pris peu après Raymond. Gladys avait été arrêtée en avril 1969 selon ce que rapporte la publication *Visages de la résistance nationale* du PUCH. Adrienne Gilbert fut arrêtée, envoyée à Port-au-Prince, où elle fut emprisonnée aux casernes Dessalines puis au Pénitencier national. Elle a porté plainte à deux reprises contre l'ex-président à vie Jean-Claude Duvalier pour crimes contre l'humanité, d'abord devant les tribunaux français en 1999, puis devant les tribunaux haïtiens après le retour de Duvalier fils en 2011 en Haïti.

Tous ces événements étaient pratiquement ignorés par la presse américaine. Sans doute, le caractère secret qui entourait l'entreprise explique en partie ce silence. Seul Robert Berrellez, correspondant de l'agence *Associated Press* pour toute la Caraïbe, faisait exception. C'était un journaliste ordinairement bien informé. Il écrivit sur les événements un article publié le 1er juin 1969 dans le *Miami Herald*, la veille du jour où les forces de Breton Claude avaient pris d'assaut le refuge des membres du PUCH à l'avenue Martin-Luther-King, dans la capitale. Sous le titre « Papa Doc à la recherche du fantôme », Berrellez suggérait que Gérald Brisson, connu sous le nom de « Fantomas », était devenu, à lui tout seul, une force de guérilla. Le correspondant ajoutait que « les rumeurs d'attaques surprises, encore non confirmées, ont apporté un élément plein de vie et de couleur à une campagne anti-communiste que le gouvernement menait depuis plus de six mois. » Le lendemain du jour où l'article fut publié, Brisson était mort.

A Washington, il ne semblait pas non plus que les actions des jeunes marxistes aient beaucoup affecté les agences spécialisées. Un rapport de onze pages de la CIA daté du 1er novembre 1968 (déclassifié en 1992) et intitulé « Haïti, Etat totalitaire primitif de Duvalier » s'intéressait plutôt à l'état de santé du dictateur et au choix de son remplaçant. Sous le sous-titre « Subversion », avec plusieurs passages rendus illisibles, ce rapport de la CIA établi à la fin de la présidence de Johnson, disait que seuls les communistes semblaient avoir un potentiel pour créer la subversion « Jusqu'à maintenant, dit le rapport, les deux grands partis, PUDA et PEP, ont tous les deux approximativement six cents membres. Ils sont faibles et désorganisés et maintiennent généralement un profil passif pour éviter la répression du gouvernement ». Bien que notant que le communisme était hors-la-loi en Haïti, l'analyse de la CIA affirme que « les communistes ne sont pas ciblés, en matière de contrôle ou de répression, tant qu'ils ne s'engagent pas dans des activités d'opposition ».

Cependant, ce document précise que « à la suite de rapports concernant des incidents terroristes de faible intensité fomentés par le PEP, Duvalier avait donné l'ordre aux commandants militaires d'arrêter les communistes se trouvant dans les zones où les incidents avaient eu lieu. C'était la première fois, depuis plusieurs années, qu'une activité militante communiste avait été rapportée. » Pour autant, le rapport conclut que « Bien que de tels incidents puissent avoir lieu, aucun des deux partis communistes ne semble avoir la capacité de représenter une menace sérieuse pour Duvalier ».

En commentant le fait que Radio Havane continuait à diffuser des programmes en créole quatorze heures par semaine, la CIA affirmait «qu'il n'y a[vait]) aucune évidence que ces programmes qui condamnent Duvalier et le support qu'il reçoit apparemment des Etats-Unis aient un effet significatif sur le peuple haïtien ». Il semble bien que la CIA et Duvalier étaient bien renseignés sur les communistes. L'identification des vingt-deux personnes de la liste figurant dans le communiqué du colonel Breton Claude du 3 juin 1969 et des deux femmes capturées immédiatement après l'assaut du 2 juin 1969 contre la maison de l'avenue Martin-Luther-King démontre clairement qu'un membre du parti communiste qui connaissait chaque militant par son vrai nom et par son nom de guerre avait changé de camp. Pour les cadres survivants, il n'y avait aucun doute. Effectivement, pendant tout le reste de la dictature de Duvalier, Frank Eyssallenne, connu sous le pseudonyme de Charly, membre du comité central du PEP, et numéro 2 de la Commission militaire du PUCH, aura pour fonction, aux casernes Dessalines, d'aider le colonel Breton Claude à identifier les communistes parmi ses prisonniers. Un jour, en 1968, Eyssallenne fut arrêté conduisant la Chevrolet noire appartenant au parti. Il fut relâché le même jour. Un autre signe évident était qu'Eyssallenne dont on avait dit qu'il avait été arrêté en mai 1969, juste au moment où le colonel Breton Claude avait lancé sa dernière offensive contre les communistes, avait été repéré dans une rue de Port-au-Prince par un militant, libre comme un rat d'égout.

Qui était cet homme ? Paradoxalement, certains membres du PEP le considéraient comme leur meilleur stratège militaire. En septembre 1969, Eyssallenne se maria, à Pétion-Ville, avec une cousine de Luckner Cambronne. Comme à son habitude, Duvalier finança la fastueuse cérémonie. Dans les années qui suivirent, la vie d'une quantité de personnes arrêtées dépendait d'un signe fait par Eyssallenne. En plus de ce travail aux casernes Dessalines, il avait aussi la tâche d'identifier les Dominicains à l'aéroport. En même temps, Duvalier l'assigna auprès du maire de Pétion-Ville (1977-1983), Max Pénette, au titre d'ingénieur assistant. Max Pénette se souvient effectivement d'Eyssallenne comme d'un ingénieur compétent. Celui-ci, interrogé sur ses études en la matière, avait répondu qu'il avait suivi des cours par correspondance. Après le 7 février 1986, Eyssallenne se réfugia apparemment, avec toute sa famille, en République Dominicaine, où sa mère était née. Son père, un commerçant de la place bien connu, ne se montrait plus guère. On le disait très affecté par le sale boulot auquel s'adonnait son fils.

Une parente de Frank, Jacqueline Eyssallenne, avait épousé l'agronome Jean Dominique, propriétaire et animateur de *Radio Haïti Inter*. Certains pensent que Frank avait commencé comme un membre de la cellule de Roger Mercier du Parti Communiste haïtien (PCH), un petit groupe qui semble avoir toujours gardé des liens avec le gouvernement de Duvalier car Mercier, selon ce qui se disait, avait été très proche de Duvalier depuis 1946. Le PCH, la plus vieille branche communiste en Haïti, prônait la collaboration avec Duvalier. Y appartenaient des *poto-mitan* (piliers) du régime de Duvalier comme les deux frères Blanchet, Jules et Paul, ou comme l'agronome Edouard (dit Dadou) Berrouet. L'influence de Roger Mercier s'exerçait de façon mystérieuse, car on prétend que certains (pas tous) de ses disciples devenaient, à un certain moment, la cible de la police de Duvalier.

Les dirigeants du PUCH n'ont jamais évoqué, après leur retour en Haïti, le cas, si troublant, de Frank Eyssallenne. Ils n'ont pas essayé d'appeler à la barre d'un tribunal ceux qui pendant des années avaient participé à la chasse aux communistes, les avaient interrogés, torturés, exécutés ou laissé pourrir dans une cellule de Fort Dimanche : les Emmanuel Orcel, Jean Valmé, Albert Pierre (dit *Ti Boule*), Breton Claude, et les geôliers de Fort-Dimanche, dont le fameux Plop-Plop et le Dr Alix Trévan et, finalement, le trouble intermédiaire, dénonciateur de ses camarades, Frank Eyssallenne. En principe réfugié en République Dominicaine, celui-ci ne figurait pas dans les archives du Service d'Immigration dominicain. Il est possible qu'il se soit rendu aux USA ou qu'il se soit réfugié à Miami où se trouvait son cousin par alliance, Luckner Cambronne. René Théodore, qui fut membre, en 1968, de l'aile militaire du PUCH, confessa que certains échecs subis par le PEP puis le PUCH démontraient l'existence d'un traître en leur sein. Il donna pour exemple le kidnapping projeté sur la personne du Secrétaire général de l'OEA qui devait loger à l'hôtel Montana. Soigneusement préparé, ce kidnapping avait pour but d'obtenir la libération des camarades en prison mais, à la dernière minute, le Secrétaire général alla se loger ailleurs. Pour le moment, Eyssallenne est le seul détenteur de ses secrets, à propos des personnes qu'il a livrées et quand, et ce qu'il avait reçu en échange, hormis sa propre survie.

Papa Doc décida que les femmes du PUCH ne seraient pas tuées. Il ne dit rien au sujet de la torture. Le 8 mai 1969, alors qu´il se remettait de sa dernière attaque cardiaque, il invita la presse étrangère à voir les quatre femmes communistes qui étaient en prison. L'entrevue eut lieu au Pénitencier national. Les journalistes déclarèrent avoir trouvé les prisonnières en bonne santé et avec un bon moral. Un homme se trouvait avec les quatre femmes. Il dit avoir été maltraité en prison pour s'être battu avec l'officier qui était venu l'arrêter. Cet homme, dont l´identité n´est pas précisée dans la dépêche de *l'Associated Press* du 25 mai 1969, déclara qu'il avait été éduqué en Floride et qu'il était revenu en Haïti en 1967.

Le 4 octobre 1969, *Le Nouveau Monde*, journal du gouvernement, annonçait en première page que les femmes prisonnières que le Président à vie venait de libérer avaient écrit des lettres de remerciement à Duvalier. Celui-ci savait bien que ces femmes garderaient l'estampe de l'étiquette communiste et en même temps seraient encore prisonnières, victimes d'une suspicion latente pour avoir survécu. Les personnes libérées étaient : Jacqueline Volel Brisson, Gertrude (dite Gertha) Lévêque, épouse de Bernard Pierre-Louis, Suze Domingue et Claudette A. Mirville. Ces lettres, célébrant l'acte de clémence de Duvalier, étaient toutes datées du 22 septembre (date anniversaire de l'élection de Duvalier). Dans la lettre attribuée à Jacqueline Volel Brisson, lettre qu´elle n´a pas signée, il est indiqué qu'elle ne décevrait jamais la confiance placée en elle par Duvalier. La lettre attribuée à Gertha Pierre-Louis disait qu'elle avait lu les *Œuvres essentielles* et les *Mémoires d´un leader du Tiers-Monde* de Duvalier et espérait que « l'étoile du Duvaliérisme continue à briller de son éclat particulier dans la constellation des doctrines de notre univers ». Celle attribuée à Suze Domingue disait qu´elle avait renoncé à la « doctrine communiste » et jurait de son « inlassable dévouement » et de sa fidélité indéfectible à la cause du duvaliérisme. La lettre attribuée à Claudette A. Mirville disait qu'elle ne cessait de lire et de relire le *Bréviaire d'une révolution* de Duvalier, et qu'elle avait découvert que Duvalier s'était donné entièrement à la cause des faibles et des opprimés et à la cause sacrée de la liberté. Ces lettres étaient si manifestement imposées, avec le style typique de basse flatterie. C'était, pour ces quatre femmes, le prix à payer pour retrouver la liberté.

Jacqueline Volel Brisson, qui s'était battue à Boutilliers et avait aidé le Dr Adrien Sansaricq à s'échapper, était comme un zombi après sa libération. Tous ses cheveux étaient tombés, résultat des douleurs infligées. Elle ne quittait pas son lit, couchée en position fœtale, jour après jour, accablée par la perte de son mari et de leurs camarades. Petit à petit cependant, elle recommença, dans un coin d'une pièce, à reprendre des études de génie, tout en travaillant comme enseignante. Elle se présenta aux examens pour le diplôme d'ingénieur de la Faculté des Sciences de l'Université d'Etat d'Haïti. Il lui fallait trouver du travail pour élever ses deux enfants et assurer leur avenir. La vie devait suivre son cours.

Le *Washington Post* comme le *New York Times* avaient, durant la première semaine de juin 1969, des correspondants à Port-au-Prince. Leur intérêt était centré sur une question posée par l'article du *Post* « Qui gouverne Haïti ? » Jim Hoagland spéculait, dans son long rapport, sur la santé de Duvalier - une crise cardiaque l'avait frappé le mois précédent - et sur le détenteur du pouvoir pendant la vacance de fait occasionnée par la maladie. Pas un mot sur le démantèlement du comité central du PUCH. De son côté, H. J. Maidenberg dans le *New York Times*, après avoir signalé le communiqué qui parlait des vingt-deux cadavres, ne cacha pas son scepticisme. Duvalier avait tellement affabulé sur ce thème.

Ainsi donc, l'histoire de cette audacieuse entreprise, l'établissement d'un pôle anti-dictature au sein de la dictature, s'achevait tragiquement par l'emprisonnement ou la mort de beaucoup de militants du PUCH et de centaines d'autres personnes. Une deuxième façon de tuer, abondamment utilisée par la tyrannie de Duvalier, est venue se greffer à la première: le silence. Un grand silence couvre jusqu'à date l'ensemble des événements et des personnes. Du côté des survivants, peu

d´informations affleurent sur cette immolation, provoquée, prévue, acceptée. En voici donc un premier récit. La récente publication, cinquante ans après, du récit de Jean-Claude Brouard-
Cambronne sur la lutte des communistes et la répression qui s´est
abattue sur eux indique que le voile commence, timidement, à se
lever.

Le groupe marxiste a été, sans aucun doute, la meilleure force
clandestine organisée et sans doute la mieux préparée, la plus
disciplinée dédiée à la bataille contre Papa Doc. Pendant plus
deux ans, il avait infligé des pertes au régime. Mais le régime
n'était pas affecté pas ces pertes. Le PUCH estime que plus de
quatre cents de ses militants furent tués. A la lumière du témoignage de José Israel Cuello, et compte tenu des indices concernant la présence d'un informateur à l'intérieur du comité central,
et du signal déclenché par les premières arrestations, on peut se
demander, *a posteriori*, pourquoi un scénario de dégagement n'a
pu être envisagé, entre autres, un retour en République Dominicaine. Evidemment, les protagonistes ne pouvaient savoir que
Duvalier allait mourir deux ans après.

Douze ans après la mort de *Papa Doc*, le 9 mars 1983, le pape
Jean-Paul II, visitait Haïti. Le programme établi prévoyait que
« le Chef de Protocole présente au Saint-Père quelques descen-
dants des Polonais qui ont participé, aux côtés des Haïtiens, à la
guerre de l'Indépendance nationale ». Le gouvernement de Jean-
Claude Duvalier avait choisi, pour la cérémonie d'accueil prévue
à cette occasion, un groupe de personnes de Cazale qui devaient
saluer le pape, à la fin des présentations à l'aéroport. La musique
du Palais joua la Polonaise n° 2 de Frédérick Chopin, pendant
que se déroulait cette rencontre historique.

En 1982, Monique Brisson, sa fille Nathalie, alors âgée de
treize ans, et Mireille Lamaute, la sœur d´Alix Lamaute, avaient
essayé de visiter Cazale mais il n'avait pas été possible de traverser la rivière en crue. Ce n'est qu'après le départ de Jean-Claude
Duvalier, en 1986, que la mère et la fille purent enfin se rendre là
où Alix Lamaute avait réalisé son engagement et rencontré la
mort. Déjà, la population du village, avec l'aide d'habitants de

Cazale établis aux Etats-Unis, avait érigé un monument dédié aux victimes tuées en 1969, près du quénépier de *Lakou Da* où un certain nombre d'exécutions eurent lieu. Il manquait à la liste certains noms, qui ont été ajoutés en 1987. Ce fut durant cette visite, pleine d'émotion, que Nathalie fut mise au courant des détails de la mort de son père, en particulier du fait que sa tête et celle de Lamarre Saint-Germain avaient été envoyées au palais national.

L'année suivante, en 1987, une célébration en mémoire des résistants et des victimes fut organisée à Cazale. René Théodore, le dernier secrétaire général du PUCH, parla du prix payé par les militants, leur propre vie. Jean-Claude Bajeux prit aussi la parole évoquant la résistance constante du peuple haïtien à la tyrannie des Duvalier. Liliane Pierre-Paul fit, sur les ondes de Radio Haïti-Inter, un reportage vibrant de cette commémoration célébrée à l'église Saint-Michel de Cazale par le Père Jean-Bertrand Aristide de la congrégation des pères salésiens. L'intérêt pour Cazale continua à se manifester par des initiatives diverses. Le village avait payé durement pour la présence en son sein des militants. Jusqu'en 1986, la région et ses habitants étaient traités comme des délinquants qui devaient être punis et humiliés. Cazale perdit une bonne partie de ses arbres fruitiers utilisés pour la fabrication du charbon de bois. La destruction des cochons créoles comme moyen d'enrayer la fièvre porcine élimina une autre source de revenus. Malgré ses ressources potentielles, en particulier la rivière de Torcelles, la région subit, comme tout l'espace agricole haïtien, l'implacable logique du sous-développement et de la tyrannie.

La répression de l'action du PUCH a aussi frappé la congrégation du Saint-Esprit et, particulièrement, le Petit Séminaire Collège Saint-Martial. Les pères spiritains avaient déjà eu maille à partir avec Duvalier. Deux supérieurs de Saint-Martial avaient été expulsés au début de la dictature. Le Père Etienne Grienenberger, en 1959, pour avoir accepté de recevoir le Deuxième Congrès de l'Union Nationale des Maîtres de l'Enseignement Secondaire (UNMES) dans les locaux du Petit Séminaire Collègue Saint-Martial. Le Père Jean-Baptiste Bettembourg le suivra dans la foulée de la fermeture de *La Phalange* et de l'expulsion de Mgr Rémy Augustin. Enfin, les jeunes spiritains haïtiens faisaient grincer des dents le pouvoir à travers leurs prédications, la Bibliothèque des Jeunes et leur revue *Rond-point*. Duvalier avait profité de l'expulsion des pères jésuites canadiens, en février 1964, pour obtenir le départ du Père Jean-Claude Bajeux et la mise en résidence surveillée du Père William Smarth, du clergé diocésain. Cette fois-ci, la coupe était pleine. S'appuyant sur les interrogatoires des responsables du PUCH, Duvalier prit pour cible le Père Max Dominique supposé être « un prêtre communiste compromis dans les actions terroristes organisées par les communistes haïtiens ».

Dans une entrevue qu'il m'accorda le 19 février 1991, le père Max Dominique répéta, secouant la tête avec tristesse et amertume, que « les jeunes du PUCH avaient fait le sacrifice de leur vie pour rien ». Dominique avait fait ses études de théologie à Rome, puis il avait obtenu une licence en lettres classiques à Paris. Il rencontrait là des amis, militants d'*Haïti Progrès* qui avaient évolué d'un engagement dans les mouvements d'inspiration chrétienne ou personnaliste vers le marxisme. Ils collaborèrent à un numéro spécial sur Haïti dans la revue *Frères du Monde*, paru en 1966, sous le titre « Haïti enchaînée ». Dominique utilisa pour son article un pseudonyme, Alain Ramire. A Port-au-Prince, Frank Eyssallenne, de la commission militaire du PUCH, lui rendait visite à Saint-Martial ainsi que Joseph Roney, alors secrétaire général du PEP.

Après l'élimination du comité central du PUCH à la ruelle Nazon, Duvalier décida d'agir encore une fois contre les spiritains. Le ministre René Chalmers convoqua à la chancellerie le jeune archevêque Haïtien Mgr Wolf Ligondé ainsi que les Pères Antoine Adrien, supérieur de Saint-Martial et Max Dominique. Chalmers les reçut en compagnie du colonel Claude Raymond, un des militaires les plus proches de Duvalier.

C'était une étrange scène, raconta Dominique. Chalmers s'assit comme s'il était un juge. Il réalisa très vite que c'était lui qu'on voulait passer en jugement. Trois témoins se succédèrent, tous membres du PEP, Frank Eyssallenne, et deux prisonniers : Joseph Roney et Jacqueline Volel Brisson. Eyssallenne et Roney affirmèrent que le Père Dominique les recevait dans sa chambre, dont ils firent la description, pour appuyer leurs dires. Ils affirmèrent aussi que Dominique était le contact entre le mouvement anti-duvaliériste Haïti Progrès, dont la publication était Le Progrès, et le PEP. Dominique nia qu'il était un membre de Haïti Progrès, à quoi la partie adverse répliqua en produisant des copies miméographiées de Le Progrès montrant que, catholique à l'origine, le mouvement utilisait le marxisme comme méthode d'analyse de la société haïtienne, était antidictatorial et ouvert à l'idée d'un front contre le régime de Duvalier.

A noter que Jacqueline Volel Brisson a formellement affirmé qu'elle n'a jamais rencontré Joseph Roney pendant qu'elle était en prison. Elle l'avait rencontré clandestinement une seule fois, après l'attaque d'Antoine Khouri contre son mari, Gérald Brisson, et René Théodore. Elle n'a jamais rencontré Eyssallenne non plus pendant son séjour en prison. Et, elle ignorait tout d'Haïti Progrès et de son journal. A Boutilliers, le jour de l'attaque des militaires et des *makout*, elle travaillait au miméographe à l'impression des publications du parti, *Avant-Garde* et *Voix du Peuple*. Par ailleurs, elle aurait été une femme extraordinairement occupée si elle avait dû imprimer toutes les publications citées par le gouvernement en sus des journaux du PUCH, savoir le Journal de l'ANEH (Association Nationale des Ecoliers Haïtiens), *Demokrasi*, organe du PUDA et *Le Progrès*, organe d'Haïti Progrès.

Le colonel Raymond prit la parole disant qu'il était de son devoir de procéder à l'arrestation du Père Dominique. Cette soudaine déclaration fut suivie d'une longue période de silence. Chalmers finalement s'étira, saisit le téléphone et appela le Palais. La tension était palpable dans le bureau. Dominique était perplexe et visiblement dérouté. Chalmers déposa le téléphone et s'adressant au Père Adrien, supérieur des spiritains, lui dit : « Nous allons placer le Père Dominique sous votre garde. Vous serez donc responsable de lui. C'est un rebelle qui pourrait être capable de prendre le maquis ». Le Père Dominique fut enjoint de cesser immédiatement d'enseigner la doctrine sociale de l'Eglise au lycée Toussaint-Louverture. Il serait chargé de s'occuper des sports de Saint-Martial, décision qui, en d'autres circonstances, aurait pu paraître risible étant donné le peu d'intérêt du jeune et brillant professeur de littérature pour ce genre d'activités.

Par la suite, un communiqué du département des Cultes signé par René Chalmers et daté du 16 août 1969 fut publié dans les journaux. Il informe de la décision d'expulser du pays neuf prêtres, dont deux qui n'étaient pas spiritains, William Smarth et Paul Déjean, et un laïc, Pierre Cauvin, dit du Parti Union Démocratique Nationale alors qu'il était animateur du Parti National Progressiste (PNP), de tendance sociale-chrétienne. Ce communiqué caractérisait *Haïti Progrès* comme « un parti de droite à tendance gauchisante » et comportait un pot-pourri d'accusations. Le Père Adrien qui se trouvait en tête de la liste de personnes à expulser s'était déjà rendu en France pour conférer avec les supérieurs de la congrégation du Saint-Esprit. Dominique refusa de quitter le pays. Le Père Verdieu lui expliqua que, s'il restait, il serait sans aucun doute fusillé. C'est ainsi que le Père Dominique prit, sans bagage aucun, le chemin de l'aéroport pour un exil qui allait durer 17 ans.

Le supérieur général des Pères du Saint-Esprit arriva de Rome le 25 août. Aucune explication n'était possible. Le gouvernement répétait des accusations sans se préoccuper d'en fournir des preuves. Les évêques se taisaient et marronnaient tandis que l'archevêque se voyait déjà propriétaire du collège et de ses installations. Ce qui fut confirmé par un décret signé le 3 septembre 1969 qui transférait d'un trait de plume l'administration et la propriété du collège à l'archevêché. Les journaux gouvernementaux parlaient d'« intrigues clairement de caractère anticlérical et antinational ». En fait, au moment du départ des derniers spiritains de Saint-Martial, le Père Gabriel Berthaud, revenu sur ses pas parce qu'il pensait avoir laissé son passeport dans sa chambre, aperçut l'archevêque, Mgr Wolf Ligondé, sablant le champagne dans le réfectoire de la communauté, avec René Chalmers, le ministre des Affaires étrangères. Tous les deux se félicitaient mutuellement d'avoir gagné la partie. Le Conseil Général de la Congrégation du Saint-Esprit décida alors de demander aux vingt spiritains restants de partir, « étant donné que les mesures prises par le gouvernement les empêchaient d'exercer leur ministère de façon normale ». Les derniers Spiritains quittèrent le pays le 23 septembre 1969. C'était la fin d'une époque, qui avait duré plus de cent ans, la fondation remontant à 1862. C'était surtout l'affirmation du pouvoir de Duvalier sur cette Eglise dont il avait fait nommer les évêques et qui lui devait, à lui, le pouvoir et les biens de ce monde.

La chasse aux sorcières en 1969

L'infâme loi anticommuniste votée le 28 avril 1969 et promulguée le jour suivant donnait à une cour martiale militaire le pouvoir de condamner à mort, pour crime contre la sûreté de l'Etat, toute personne ayant des affiliations, des contacts, des amis, ou simplement des lectures « communistes ». Cette loi opère un double changement radical par rapport aux lois anticommunistes du 19 novembre 1936 (sous Sténio Vincent) et du 27 février 1948 (sous Dumarsais Estimé). Les cibles et les peines sont modifiées. On passe en effet d'une répression des activités communistes par emprisonnement (1936, 1948) à la répression des activités des communistes ainsi que des personnes non communistes mais ayant un contact quelconque avec des communistes ou des activités communistes par la peine de mort :

« Article 1.- Sont déclarés crimes contre la sûreté de l'Etat, les activités communistes sous quelque forme que ce soit ; toute profession de foi communiste verbale ou écrite, publique ou privée ; toute propagation des doctrines communistes ou anarchistes, par conférences, discours, causeries, lectures, réunions publiques ou privées ; par tracts, placards, périodiques, revues, journaux, brochures, livres, images; toutes correspondances

écrites ou verbales avec des associations, soit locales, soit étrangères ou avec des personnes qui s'adonnent à la diffusion des idées communistes ou anarchistes ; de même que le fait de recevoir, de recueillir ou de fournir des fonds destinés directement ou indirectement à la propagation desdites idées.

Article 2.- Seront déclarés coupables des mêmes crimes tous ceux qui, à un titre quelconque : (libraire, propriétaire ou gérant d'imprimerie, propriétaire, gérant ou locataire de salles de spectacle publiques ou privées ; propriétaire, locateur ou locataire de maison d'habitation ; ministre du culte, missionnaire, prédicateur, professeur, instituteur, etc.) auront suggéré ou facilité leur exécution, hébergé ou prêté assistance à leurs auteurs.

Article 3.- Les individus poursuivis conformément aux Art. 1 et 2 de la présente Loi, seront jugés par une Cour martiale militaire permanente.

Article 4.- Seront punis de la peine de mort les auteurs et complices des crimes ci-dessus prévus, leurs biens meubles et immeubles seront confisqués et vendus au profit de l'Etat »

La loi liberticide du 28 avril 1969 a été l'un des points d'appui de la chasse aux sorcières qui frappa plusieurs associations ou partis en 1969. Deux communiqués signés du Docteur Aurèle Joseph, secrétaire d'Etat de l'Intérieur et de la Défense nationale, parurent dans deux éditions du journal *Le Nouvelliste* respectivement datées du 14 au 15 mai 1969 et du 18 juillet 1969. En référence à cette loi, ces communiqués déclaraient la dissolution de plusieurs organisations : la Ligue des Jeunesses Populaires, l'Association Nationale des Etudiants Haïtiens, l'Association des Etudiants et Elèves Haïtiens (mai 1969), de même que la Coalition des Forces Démocratiques et Révolutionnaires Haïtiennes, l'Union Démocratique Nationale, le Parti social Chrétien et Haïti Progrès, « parti d'anciens militants d'appartenance catholique » (juillet 1969).

Cette chasse aux sorcières s'étendit à tous les milieux, dans la paysannerie comme parmi les lettrés. Même les personnes qui s'intéressaient au folklore, ou simplement à la langue créole, étaient soupçonnées d'intentions subversives. Au printemps de 1965, Pradel Pompilus, l'un des professeurs les plus respectés du pays, spécialiste de la littérature haïtienne, avait donné une conférence à l'Institut Haïtiano-américain de Port-au-Prince. Il s'en prit aux méthodes employées pour enseigner le français à des élèves dont la langue courante était le créole. Sa thèse était simple : à savoir que le créole devait être enseigné comme langue première, correspondant à l'expérience quotidienne des enfants, et le français, comme langue seconde, appartenant justement à une zone d'expérience seconde et médiatisée. La thèse de Pompilus s'appuyait sur de solides références à l'expérience de pédagogues dans le monde entier mais elle souleva des protestations énergiques. *Le Nouveau Monde,* journal du gouvernement, engagea une polémique sévère contre ce professeur qui avait osé s'attaquer à un tabou de la société haïtienne, alors que l'idée était précisément d'explorer les passerelles qui pourraient permettre aux enfants de passer d'une langue à l'autre.

L'un des membres les plus engagés de la *Sosyete Koukouy* était Jean-Marie Willer Denis, connu aussi sous le pseudonyme de Jan Mapou. Originaire des Cayes, Mapou, qui avait alors vingt-quatre ans, avait étudié la comptabilité à l'école Maurice Laroche d'où il était sorti lauréat de sa promotion. Il travailla à la Banque nationale de la République d'Haïti (BNRH) et s'inscrivit à la Faculté d'Ethnologie. Il avait un programme en Kreyòl, *Emisyon Solèy,* tous les dimanches, à Radio Caraïbes, l'une des stations de radio les plus anciennes de Port-au-Prince. Les membres de *Sosyete Koukouy* organisèrent, début avril 1969, un voyage d'études au Cap-Haitien pour relever et comprendre les variations dialectales du kreyòl dans le Nord du pays par rapport au kreyòl parlé dans l'Ouest. A leur retour, Mapou consacra l'émission du dimanche 6 avril 1969 à ce thème. A la fin de l'émission, à 8 heures du matin, le studio fut soudain entouré de jeeps remplies de makout.

« Nous fûmes six à être arrêtés, me conta Mapou, y compris un pasteur qui se trouvait dans les parages au moment de l'arrivée des makout et un jeune étudiant qui vivait dans le voisinage et qui avait obtenu une bourse pour aller étudier l'architecture en Allemagne. Le chef makout était un certain René Brénéville connu sous le surnom de "Gwo Réné".»

Celui-ci conduisit directement le groupe au Fort Dimanche. Il n'y eut ni interrogatoire, ni matraquage.

« On nous poussa simplement dans une cellule, sans nos vêtements et on nous abandonna là. Nous étions tous en état de choc, nous demandant quel crime nous avions commis. Trois mois plus tard, dans la nuit du 21 au 22 juillet 1969 un groupe de prisonniers venant du Nord fut déversé dans notre cellule qui était déjà bondée. Nous y étions vingt-trois, sans possibilité de nous étendre. Il y avait seulement un *kin* (pot), encore appelé *dyab*, où chacun devait faire ses besoins. La nuit suivante, les *makout* vinrent et firent sortir les prisonniers qui venaient du Nord. Ils les attachèrent et couvrirent leur tête avec leur sous-vêtement et les poussèrent, comme des boules, dans un camion qui attendait en face de l'allée. Ils disparurent et on ne les revit plus jamais. Encore aujourd'hui, j'entends leurs cris et leurs sanglots à être traités comme des animaux. Ils avaient été arrêtés comme suspects d'appartenir à des cellules communistes ».

« Je restai quatre mois à Fort Dimanche, poursuivit Mapou, ignorant de quoi j'étais accusé. Dans la cellule, nous étions classés selon différentes étiquettes : vagabonds, inconnus, communistes et "*Gwoup Radyo Karayib*". Les conditions de vie étaient horribles, comme si l'enfer était descendu sur terre ».

« Dans la nuit du 12 au 13 août 1969, je restai en prières. Le lendemain, à midi, le capitaine François Delva, commandant de la prison, me fit appeler. Pour la première fois en quatre mois, je voyais la lumière du jour. Puis on me banda les yeux. J'étais si faible qu'un soldat fut obligé de m'aider. On me donna mes vêtements. On me montra une collection de montres en me disant de prendre la mienne. Je n'arrivais pas à la trouver. « Prends n'importe laquelle » me dit le capitaine Delva. Ensuite, il me donna cet avertissement : «Si jamais vous dites un seul mot sur ce que vous avez vu et entendu ici, vous reviendrez *ipso facto*. »

« Il demanda à un lieutenant de me conduire chez moi et on me fit monter dans une belle voiture officielle avec la plaque no 3. Mais quand nous arrivâmes à la maison, elle était fermée. A ce moment, je me suis souvenu que la famille devait être partie en pèlerinage à Marchand-Dessalines, dans l'Artibonite, pour la Sainte-Claire. Je demandai au lieutenant de me déposer chez ma tante mais il me répondit qu'il n'avait pas d'essence. Le capitaine Delva m'avait donné vingt gourdes que je retrouvai et donnai au lieutenant. Il me conduisit à un arrêt de *taptap* (camionnettes de transport) au boulevard Jean-Jacques-Dessalines (Grand-rue) et me laissa là. »

A date, Jan Mapou et ses camarades survivants n'ont aucune idée de la raison de leur arrestation et de leur incarcération. Ils peuvent seulement supposer qu'ils avaient été dénoncés comme éléments dangereux à cause de leur implication dans le mouvement créole. Aujourd'hui, Jean Mapou est une institution dans la communauté haïtienne de Miami avec sa librairie établie à Little Haïti, la meilleure librairie de la diaspora haïtienne. Il participe aux événements culturels et il est respecté de ses concitoyens comme des Américains. Pendant son exil, Jean-Marie Willer Denis *alias* Jan Mapou est parvenu à la direction du parking de l'aéroport international de Miami où il était responsable de plus de cent employés – il est aujourd'hui à la retraite – et *Sosyete Koukouy* a des branches dans toutes les villes aux USA et au Canada où se trouvent des Haïtiens. La société est aussi établie en Haïti depuis 1996. Elle est dirigée par Jean Dorcelly Ede qui est revenu de Miami.

Chapitre 31

Itinéraire de Fred Baptiste, ex-guérillero

1964-1974

Le soir du 5 août 1964, Pierre Rigaud arriva à la caserne de Neyba où depuis le 21 juillet se trouvait enfermé le groupe des rebelles dirigé par Fred Baptiste. A son arrivée, le commandant prit connaissance du pli que lui avait adressé le président Reid Cabral. Un camion devait amener les vingt-huit *kamoken* près du poste d'Aguacate où devait avoir lieu leur réinsertion en Haïti. De quelles armes disposaient-ils ? Quand pourraient-ils en recevoir ? Le groupe était-il disposé à reprendre la bataille ? Rigaud était convaincu que tous seraient d'accord pour repasser la frontière. Il ignorait la cassure provoquée dans le groupe par l'affrontement Baptiste-Lafontant, mais il avait un argument qui allait balayer toute réticence éventuelle : le groupe de *Jeune Haïti* avait débarqué le jour même à Dame-Marie. Effectivement, la nouvelle accéléra la sortie des hommes des FARH, tout excités de ce double rebondissement de la situation. Montant dans le camion qui les attendait, ils disparurent dans la nuit.

Ils révélèrent leur présence sur le territoire national par plusieurs missions, mais ils revenaient toujours au camp de base, situé pratiquement sur un plateau au-dessus de la frontière. Une tactique qui contredisait celle que Fred avait appliquée après le débarquement de Saltrou. La raison était simple : les fusils Enfield datant de la Première Guerre mondiale pouvaient difficilement leur permettre d'affronter un ennemi qui avait eu tout le temps de se mobiliser. Mais surtout Fred comptait sur une promesse formelle que le Père Georges et Rigaud lui avaient faite, celle de renforcer leur armement. Peut-être comptait-il aussi sur les quatre Fal enfermés dans un entrepôt de Santo Domingo aux mains de Lionel Vieux et de Jacques Viau.

Baptiste lança des colonnes dans des incursions sur le territoire haïtien contre des cibles militaires et *makout*. Le 11 août 1964, une colonne conduite par Lafontant sabota l'installation de coupe de bois du morne des Commissaires, à la forêt des Pins, que l'on croyait être la propriété du major Jean Tassy, le brutal officier du Bureau des Recherches criminelles dont l'ascension l'avait mené à occuper le bureau de Clément Barbot au Palais national. Lafontant parlera, bien plus tard, de la satisfaction spéciale qu'ils avaient ressentie en démolissant cette installation d'un des assassins les plus féroces du régime Duvalier.

Mais, l'installation appartenait à Jacques Tassy. Duvalier avait octroyé à sa belle-sœur, Clélie Ovide, épouse de Jacques Tassy, et à Tassy lui-même le droit d'exploiter la forêt des Pins aux fins d'exportation de bois. Tassy gérait la scierie et Gérald Kawhly avait, pour sa part, la concession pour l'acheminement du bois vers les villes et la vente. L'entreprise détruisait les précieux pins haïtiens, sans aucune considération pour la préservation de l'environnement. Il ne s'agissait que de s'enrichir. Par la suite, après son divorce d'avec Clélie Ovide, Jacques Tassy ouvrira une autre scierie dans la région de Seguin.

Quatre jours après le sabotage, une colonne dirigée par Renard et Rommel attaqua de nuit le poste militaire de Savane Zombi. Soldats et *makout* prirent la fuite. Le groupe mit le feu au poste. Dans l'après-midi du même jour, un autre groupe tendit une embuscade à un camion de soldats et de *makout* dont quatre furent tués ou blessés. Le député duvaliériste, Hugo Paul, de Saltrou, échappa à une attaque des *kamoken*, mais son fils fut blessé. On dit que, n'ayant pas récupéré du choc, le député mourut peu de temps après. Les *kamoken* laissèrent passer un convoi de quelques véhicules apparemment bien armés. Plus tard, à Savane Zombi, ils se rendirent compte qu'il s'agissait du général Constant, le chef d'état-Major, en tournée d'inspection.

Le groupe de Fred Baptiste était posté sur un plateau placé quasiment à cheval sur la frontière. Il était donc difficile pour Sonny Borges d'utiliser des mortiers sans risquer de les voir atterrir de l'autre côté. D'autre part, le plus gros des forces de l'armée, en particulier le bataillon tactique des Casernes, était occupé à tendre une nasse, avec l'aide des gardes-côtes, isolant la Grande-Anse et le groupe des treize de *Jeune Haïti*. Pour autant, il était clair que le groupe se trouvait en situation vulnérable. Dans un message à Santo Domingo, Fred demandait de façon insistante du ravitaillement, des vêtements chauds, des médicaments et surtout des armes et munitions comme il lui avait été promis. Le 24 août, une expédition fut organisée à cet effet, sauf qu´il n´était pas question d´armes. Ce jour-là, une voiture avec quatre passagers quitta Santo Domingo à midi pour se rendre au poste d'Aguacate, en face de la forêt des Pins. La voiture était talonnée par les premières manifestations du cyclone Cléo, sous un ciel entièrement teinté de jaune safran, avec le vent, les premières pluies et la boue.

Fred était au rendez-vous avec quelques-uns de ses hommes et des rouleaux de négatifs de photos. Tout en remerciant pour la cargaison apportée, Fred n'avait qu'une question : « Où sont les armes ? ». Il rappela que toutes les armes parachutées à Dajabon l'année précédente se trouvaient entre les mains des militaires dominicains. D'une voix pressante, il demanda que Rigaud fasse pression pour obtenir et livrer des armes. Quelqu'un lui avait envoyé un pistolet calibre .45 qu'il glissa, en soupirant, dans sa ceinture. Son remerciement ne pouvait dissimuler la profonde frustration qui le rongeait. La voiture rentra à toute vitesse mais rendit l'âme à Baní, vaincue par l'eau du cyclone.

L´on ne savait pas que la trajectoire de Cléo allait suivre l'axe Les Cayes/Dame-Marie, exactement là où se trouvaient les derniers survivants de *Jeune Haïti*. L´on ne savait pas non plus que les renforts et les armes promis par le Père Jean-Baptiste Georges et Pierre Rigaud ne pourraient se matérialiser. A un carrefour de la route 95 à Miami, le camion qui transportait les armes depuis New York fut arrêté par un policier. L'explication officielle : le camion n'avait pas la plaque obligatoire pour les déplacements entre les Etats fédérés. La cargaison fut immédiatement confisquée. Le Père Georges passa un mauvais quart d'heure au tribunal. Aucun renfort ne put être organisé. Fred ne reçut aucune arme. Les photos envoyées bénéficièrent d'une grande publicité, en particulier grâce à « Haïti libre », le journal que publiait, à Caracas, Paul Verna, porte-parole de l'Union Démocratique Nationale (UDN), en particulier une ou deux photos de *makout* qui avaient été exécutés.

Le 5 octobre 1964, un courrier de Fred Baptiste arriva à Santo-Domingo qui ne manqua pas de créer un choc. Fred y annonçait que le groupe était de nouveau rentré en République Dominicaine et incarcéré encore une fois à la caserne de Neyba. Fred, lui, était hospitalisé à la caserne d'Azua. Voici la teneur de la lettre :

3 Octobre 1964

« *Bien Cher Ami,*

Je suis sûr de vous et de votre apport à notre cause. Je ne sais que vous dire. J'ai la jambe enflée et une rupture du péroné. Imaginez-vous combien cette histoire me ronge, moi avec une rupture dans l'impossibilité d'agir !

Hélas! L'inaction me tue et je ne puis rester davantage dans la Fortaleza de Azua. Faites de votre mieux pour moi. On ne peut pas laisser tomber la lutte ; que nous importent les avions du "Doc". Nous sommes jeunes, nous mourrons ou nous vaincrons.

Quand je vous verrai, l'on causera…Bien des choses à Sulzan ! J'ai besoin d'aller à la clinique où j'étais, je ne peux pas manger la nourriture de la prison. On me soignait mieux à la clinique. Je ne marche que difficilement à l'aide d'un bâton sur un seul pied pour aller au bain.

Je crois qu'il est nécessaire que les gars de Neyba reçoivent l'attention de tous car ils ont beaucoup souffert.

Pentolite au moins, pourquoi ne vient-il pas nous voir? Nous l'espérons.

Il nous faut sortir de la Fortaleza de Azua cette semaine et que les gars soient déplacés.

J'aimerais vous voir aussi, mais je sais que c'est difficile, mais si vous voulez, vous viendrez avec autorisation pour faire le nécessaire pour nous...

Jérôme, [nom de guerre de Fred]

P.S. Salut en la liberté d'Haïti. »

Fred Baptiste se trouvait donc hors de combat, avec une double fracture du péroné. Que s'était-il donc passé ?

Le 30 août 1964, aux alentours de midi, des voix se firent entendre près du camp du groupe de Fred Baptiste. Elles semblaient venir du côté dominicain et avoir des inflexions propres à l'espagnol. Quelque temps après, le camp se trouva sous le feu d'un certain nombre d'assaillants armés, semble-t-il, d'une mitrailleuse de calibre .30. Fred ordonna l'évacuation immédiate. Ce fut un sauve-qui-peut général. Les *kamoken*, en petits groupes, se jetèrent dans les bois et les ravines et traversèrent la frontière. Fred tomba dans un précipice. Sa jambe gauche fut fracturée en deux endroits. Dans les jours qui suivirent, les Dominicains capturèrent les différents groupes l'un après l'autre. Fred était aidé par son frère Rénel. Tout le monde se retrouva finalement dans la forteresse de Neyba, la ville poussiéreuse située au bord du lac Enriquillo. Fred fut envoyé à l'infirmerie de la caserne d'Azua.

Mais qui donc avait effectué le raid sur le camp ? Les hommes de Sonny Borges ? L'armée dominicaine ? Qui, dans l'armée dominicaine ? Wessin y Wessin (en utilisant par exemple l'aéroport de Barahona) ? Ce n'est que petit à petit qu'une hypothèse cohérente a pu être établie. Elle éclaire un aspect très réel des relations haïtiano-dominicaines, qu'il s'agisse des relations entre les deux gouvernements ou entre certains services des deux gouvernements, des relations entre les services de police et d'information, des relations entre les militaires, ou des relations trilatérales avec les services américains.

Duvalier maintenait à son service un groupe d'exilés dominicains, la plupart des anciens agents du Service d'Intelligence Militaire (SIM) de Trujillo ou des « caliés », c'est-à-dire des civils rattachés à la police secrète, des « à-tout-faire » aptes à toute basse besogne qui s'étaient réfugiés en Haïti après l'assassinat de Trujillo ou après la chute de Balaguer. Certains personnages de plus haut rang servaient Duvalier comme conseillers dans les affaires dominicaines, comme c'était le cas d'un ancien chef de police rurale, le colonel Tuto Anselmo Colon, ou encore celui d'un sous-officier de la marine âgé de trente-sept ans, Themistocles Vicioso Abreu. L'idée avait germé, dans la deuxième semaine du mois d'août 1964, de monter une action à double effet. Le groupe des Dominicains devait attaquer le poste d'Aguacate, et liquider par la même occasion les rebelles haïtiens et leur campement. Il devait ensuite annoncer qu'un gouvernement provisoire était établi, ce qui était censé attirer les anciens trujillistes de l'armée et déstabiliser le triumvirat de Reid Cabral ou l'inciter tout au moins à mieux contrôler les groupes d'exilés haïtiens sur son territoire.

C'est ce qui fut, en partie, révélé par Themistocles Vicioso Abreu en personne lors dune conférence de presse organisée par le commandement militaire dominicain à Santo Domingo, le 21 août. Le « témoin » déclara avoir été forcé de participer à l'opération mais qu'il y avait finalement renoncé. Il raconta comment un groupe de dix de ses compatriotes réfugiés à Port-au-Prince et lui-même avaient été amenés par le colonel Tuto Anselmo Colon auprès de Duvalier. Celui-ci avait fait donner à chacun d'eux l'équivalent de cent-soixante dollars américains en gourdes. Leur mission était d'attaquer la 25ᵉ Compagnie de police des frontières et d'incendier le poste d'Aguacate. Ils reçurent des uniformes vert olive, deux mitraillettes Thompson, deux pistolets calibre .45, huit grenades dont des grenades à fragmentation et des grenades incendiaires, de l'essence et du coton pour fabriquer des cocktails Molotov.

Le 15 août, les onze conjurés furent amenés à la frontière, mais au lieu d'exécuter leur mission, ils se contentèrent d'errer un certain temps dans les collines et de raconter ensuite au capitaine du poste de Malpasse qu'ils s'étaient égarés. Ramenés à Port-au-Prince, on les enferma au Fort Dimanche. Le 17 août, toujours selon le récit de Vicioso Abreu, Duvalier les reçut de nouveau. L'échec de la mission l'avait mis hors de lui, disait-il, les larmes aux yeux. Mais il avait décidé de leur donner une deuxième chance. On leur remit de nouvelles armes : cinq revolvers, deux pistolets calibre .45, cinq mitraillettes Thompson, et un fusil calibre 7 mm. Deux membres du groupe restèrent à Port-au-Prince, l'un parce qu'il avait la fièvre, l'autre parce qu'il avait une autre mission.

« A trois kilomètres de Aguacate, notre groupe de neuf personnes se cacha dans une cahute de paysan dans la soirée du 17 août. Vers minuit, nous nous sommes approchés du poste d'Aguacate. », expliqua Vicioso Abreu. Ils lancèrent plusieurs grenades, ouvrirent le feu avec les mitraillettes, pendant que les sentinelles ripostaient. Vicioso Abreu dit qu'il s'était rendu aux gardes-frontières tandis que les autres, qui avaient laissé derrière eux des dossiers criminels, étaient rentrés à Port-au-Prince. Duvalier essaya quand même de faire croire qu'un gouvernement provisoire s'était établi à Barahona, invention qui n'eut aucun lendemain.

C'est sans doute dans ce contexte qu'il faudrait placer l'attaque du camp des *kamoken* le 30 août 1964, d'autant que le 2 septembre, le ministre des Forces armées dominicaines, Victor Elby Viñas Roman, avait annoncé que la veille, des soldats haïtiens de Malpasse avaient tiré sur le poste de Jimani, blessant une sentinelle. Quoi qu'il en soit, Reid Cabral ordonna un renforcement des forces de la frontière, et s'opposa simultanément à tout mouvement de blindés en provenance de la capitale.

Ainsi se termina, avec le retour forcé de vingt-quatre membres des FARH, cette tentative d'instaurer une guerre de guérilla. Quatre de leurs compagnons manquaient dont le sort n'a jamais été éclairci. « Haïti Libre », le journal de Paul Verna à Caracas continuait, au mois de septembre, à parler « des grandes pertes infligées aux forces de Duvalier ». Le mythe de la guérilla qui enflammait l'imaginaire perdurera longtemps encore. Toutefois, les trois derniers combattants de *Jeune Haïti* seront sacrifiés le 30 octobre 1964, à l'Asile, après une course de plus de deux cents kilomètres depuis Dame-Marie.

Pourtant, la carrière de combattant de Fred Baptiste et de plusieurs de ses compagnons ne devait pas s'achever là. Dans l'immédiat, il fallait survivre. Officiellement, les prisonniers haïtiens de Neyba n'existaient pas. Aucune ration alimentaire n'était prévue pour eux. Le capitaine Pedro Rivera, qui avait passé plus de trente ans dans l'armée, fournissait aux vingt-quatre prisonniers confinés dans une seule cellule douze livres de riz qu'ils faisaient cuire le soir, parfois avec quelques bananes plantain. Uniformes, bottes et autres équipements disparurent vite, vendus aux soldats dominicains. Pendant sept semaines, les prisonniers ne connurent d'autre horizon que cette salle sombre, aux latrines puantes dans un coin. Les matelas, sordides, étaient infectés de puces et autres vermines. Pas de brosse à dent, ni de savon. Pas d'électricité. Les escadrilles de moustiques avaient beau jeu. Cinq d'entre eux nécessitaient des soins médicaux : un bras cassé, malaria et dépression. Leur grande terreur était d'être livrés à Duvalier.

J'obtins finalement de Reid Cabral l'autorisation de visiter les prisonniers. Le chef d'état-Major, le général Salvador Montes Guerrero, délivra une lettre à cet effet. Ce fut une visite poignante : les prisonniers, maigres et en loques, faisaient peine à voir. Mais au moins, je pus les rassurer sur deux choses : personne ne pensait à les renvoyer en Haïti et Fred recevrait les soins dont il avait besoin. C'est ainsi que le 11 octobre, le Père Jean-Claude Bajeux qui avait ouvert depuis juillet la maison « Amistad entre los pueblos » dont l'une des fonctions était de répondre à de telles situations m'accompagna à Azua pour récupérer Fred Baptiste et l'emmener à Santo Domingo pour être interné et opéré à la clinique privée Dr Abel Gonzalez. Fred y fut admis sous un pseudonyme. Heureusement l'orthopédiste, le Dr Hoffiz, était l'un des meilleurs du pays. Il se fit payer cent-quatre-vingts dollars pour l'opération. Quelques jours plus tard, Fred, la jambe plâtrée, prit ses quartiers chez moi, dans le bureau où se trouvait le télex.

Restait le problème des autres prisonniers. Reid Cabral offrit de leur prêter les locaux de l'ancien hôpital psychiatrique de Nigua, à vingt et un kilomètres de Santo Domingo. L'endroit avait mauvaise réputation, non pas parce que c'était un hôpital psychiatrique, mais parce que la rumeur courait qu'il avait servi de centre de torture sous Trujillo. Pour le moment les lieux étaient abandonnés, sauf qu'apparaissaient de temps en temps quelques zèbres que Trujillo avait importés d'Afrique. A part cela l'endroit était habitable. Il fallait le nettoyer. Arrivés le 19 octobre à Nigua, les vingt-quatre ex-*kamoken* se mirent à la tâche, débarrassant les locaux d'une montagne d'excréments laissés par les chèvres. Ils organisèrent un jardin de légumes irrigué à l'aide de bambous. Fred reprit sa place parmi eux, avec sa jambe dans le plâtre et sa canne.

Pendant ce temps, la mission de l'OEA s'occupait du contentieux haitiano-dominicain. Le gouvernement haïtien exigea le départ de Santo Domingo d'une liste de plus de cinquante-six personnes (dont un certain nombre ne se trouvaient pas sur le territoire dominicain). Le 18 octobre 1964, le général Léon Cantave que l'on maintenait « incomunicado » au quartier général de l'armée, fut emmené à l'aéroport où il prit l'avion pour New York. Pierre Rigaud et Louis Déjoie durent aussi quitter la République Dominicaine. Pierre Rigaud, le suave diplomate et ex-officier remercia le peuple dominicain de son hospitalité. Déjoie était amer. Il laissa le pays après avoir écrit une lettre à Reid Cabral. Reid Cabral, qui tenait de ses ancêtres écossais une certaine élégance flegmatique et un humour discret, fut choqué et attristé de la teneur de la lettre. Elle était datée du 17 novembre 1964. En voici le texte :

« Je n'ai jamais été mêlé à des activités de type subversif et je n'ai jamais mis dans l'embarras le gouvernement. Cependant il semble que je suis le seul à devoir quitter le pays alors qu'on permet de rester à ceux-là mêmes qui ont causé des problèmes au gouvernement dominicain. Je m'en irai quand Jean-Claude Bajeux, qui représente ici le Père Georges et le Père Bissainthe, et tous les autres aussi, s'en iront : Pierre Rigaud, qui a organisé les attaques de Saltrou et de Malpasse, Athis, un fignoliste, Paul Arcelin, un communiste, Louis Charles, l'ex-consul haïtien, duvaliériste et espion de Duvalier, le lieutenant Raymond Montreuil, qui est chargé du camp de Bajeux, Maurice Lacroix, un espion de Duvalier, Arnold Salnave, assistant du Père Bajeux, Frantz Armand, un expert en guérilla qui entraîne les hommes de Bajeux, les deux guérilleros, Gérard Lafontant et Fred Baptiste qui sont dans une clinique de l'avenue Independencia, amenés là depuis Aguacate et Malpasse, Madame Jacques Wadestrandt, la femme d'un guérillero de la zone de Jérémie qui a passé quinze jours ici. Nous savons, et le peuple dominicain le sait, que ce sont ces gens qui ont causé à votre gouvernement tant d'ennuis Ce n'est pas moi. Je les dénonce donc. Je suis actuellement malade et je ne peux pas me déplacer pour venir vous voir. Salutations. Nous avons foi dans le futur. Louis Déjoie. »

Trois semaines plus tard, le 10 décembre 1964, Déjoie et six autres haïtiens, Pierre Rigaud inclus, quittèrent la République Dominicaine. Le Père Jean-Claude Bajeux, après plusieurs mois dans la paroisse de Quisqueya, dans la région de San Pedro de Macoris, quitta l'île pour le Mexique en mars 1965, sur une invitation d'Ivan Illich qui avait fondé à Cuernavaca le Centre Interculturel de Documentation (CIDOC).

Les *kamoken* restaient confinés dans les locaux de Nigua. Mais c'était un régime flexible et les soldats dominicains les laissaient aller et venir. Le jardin fournissait fruits et légumes. Les familles des soldats leur apprenaient même à lire et écrire en espagnol. Ils allaient à la pêche, fabriquaient des meubles simples. Ils reçurent la visite de Graham Greene, revenant d'une tournée de deux jours sur la frontière. Greene finança l'achat de poussins pour un élevage de poulets. Reid Cabral fit envoyer des lits métalliques à deux étages fabriqués à San Cristobal. Lafontant s'était mis à décoder des messages captés sur le réseau de l'armée d'Haïti par la DIN (Direction Nationale de l'Information), un service nouveau dirigé par l'amiral Tomas Cortina. Fred Baptiste, qui traînait encore la jambe, se rendit un jour à un mystérieux rendez-vous sur le pont Duarte. Il expliqua qu'il s'agissait d'un bonhomme de la CIA résidant à Santiago qui l'aidait épisodiquement et à qui il fournissait quelques informations. Parmi les groupes de Cubains opérant contre Castro à partir de la République Dominicaine et qui utilisaient des vedettes rapides à partir de bases cachées dans les mangroves du Nord, certains firent des offres d'alliances dans l'idée d'utiliser le territoire haïtien dans le même but. Il y avait le groupe de Manolo Ray et aussi celui du Dr Manuel Artime, un vétéran de la baie des Cochons. Artime proposait une attaque frontale sur Port-au-Prince et les réservoirs de la Shell à Bizoton. Tout cela n'alla pas plus loin que le rêve et le lyrisme.

En janvier 1965, Graham Greene, se trouvait dans l'île. Il terminait son roman « Les Comédiens » et était venu prendre un dernier bain de couleur locale. Il m'invita à faire une exploration de la frontière du nord au sud, de Dajabon aux Pédernales. Pendant deux jours, avec le Père Jean-Claude Bajeux, nous longeâmes, dans une Volkswagen, la ligne capricieuse de démarcation entre les deux pays. Ce voyage et une visite à Nigua inspireront les scènes finales du livre et du film, deux productions qui furent poursuivies pendant des années par la vindicte de Duvalier qui considérait Greene comme l'ennemi n° 1 de son gouvernement, celui qui l'avait dépeint, de façon indélébile, comme le Diable dans les Caraïbes.

C'est dans cette atmosphère quasi-bucolique, où l'on ne prévoyait rien de semblable, qu'éclata, en avril 1965, la guerre civile qui allait changer le cours de l'histoire dominicaine et amener sur le territoire plus de vingt-deux mille soldats américains envoyés par Lyndon B. Johnson. Le samedi 25 avril 1965, Lafontant jouait tranquillement aux dominos devant une pharmacie de la calle Conde, en plein cœur du vieux Santo Domingo, quand apparut une troupe de manifestants poursuivis par les « casques blancs ». Dans cette échauffourée, Lafontant reçut un coup de matraque qui nécessita douze points de suture. Lafontant répara, avec les piles d'une poupée d'une pharmacie, un bazooka qui allait quelques heures plus tard arrêter la marche des tanks venant de San Isidoro et qui voulaient passer le pont. Et c'est aussi une équipe d'anciens *kamoken* dirigés par Fred Baptiste qui fit sauter, à coups de bazooka, la porte monumentale du Camp Ozama, au bout de la calle El Conde. Un lot important d'armes, de plusieurs milliers de fusils trouvés dans le fort déserté par les gendarmes fut distribué, sous les caméras de la presse, au tout venant, sur la place Independencia, épisode qui n'est pas sans liaison avec la décision de Johnson d'envahir.

Durant les mois qui suivirent, Fred et le groupe des *kamoken* eurent leur base au coin du parc Independencia. Leur tâche consistait à réparer les armes des Constitutionalistes. Lafontant, lui, s'était mis au service du corps des hommes-grenouilles du colonel Montes Arache qui s'était installé dans le local de l'école de musique située sur le Malecon. Cependant de fâcheuses rumeurs commencèrent à courir. Préoccupé, Caamaño lui-même m'en fit part ainsi qu'à Lafontant. Le commando haïtien était en deuil. Jean-Claude Romain, connu sous le nom de guerre « Puma », était mort. Puma était l'une des personnes les plus sympathiques et attachantes au monde. Instruit et sans peur, il avait souvent traversé la frontière pour se rendre en Haïti en mission pour Pierre Rigaud. Fred Baptiste dit, plein de colère, que Puma avait joué à la roulette russe et qu'il s'était brûlé la cervelle à ce jeu. Il est vrai que beaucoup des *Kamoken* étaient abattus et qu'ils voulaient prendre leurs armes – mobilisées dans le combat constitutionnaliste dominicain – et retourner en Haïti. Fred refusa, par ailleurs, de discuter au sujet du décès antérieur d'un Haïtien qui, soupçonné d'être un espion à la solde de Duvalier, s'était aventuré dans le mouvement constitutionnaliste, puis avait été capturé par les *Kamoken* et avait été exécuté pendant qu´il « tentait de s´échapper ».

Jacques Viau, professeur, poète et révolutionnaire haïtiano-dominicain, dont la famille s'était réfugiée en République Dominicaine sous Estimé, après l'affaire Viau-Jean Rémy, fut atteint par un obus calibre 106 mm, alors que son commando (B-3), établi dans une école située à quatre blocs du secteur américain, s'opposait à une tentative d'encerclement par les troupes américaines. Viau eut les deux jambes atteintes. C'était le 15 juin 1965. Il ne survécut pas à l'amputation de ses deux jambes. Jacques Viau s'était intégré à la gauche marxiste dominicaine avec quelques camarades haïtiens. Il était en effet membre du Mouvement du 14 juin. Sa mort héroïque et sa poésie font maintenant partie de l'histoire dominicaine.

En septembre 1965, la paix fut signée. Hector Garcia Godoy présidait un gouvernement provisoire. Il fallait rendre les armes. Mais tous ceux qui avaient combattu dans le camp constitutionaliste étaient abattus par de mystérieuses escouades de la mort qui avaient leurs ordres et leurs cibles. Fred et un groupe de ses camarades échappèrent près de l'usine sucrière de San Luis à une jeep de la base militaire de San Isidoro qui les avait repérés. Lafontant, après avoir échappé de justesse à une grenade qui explosa dans son salon, se précipita à l'aéroport pour prendre un vol pour Paris où vivaient deux de ses frères. A Puerto Rico c'était un défilé d'ex-militaires constitutionalistes. Rénel et Fred avec l'aide du chef de cabinet de Godoy, Alfredo Ricard, purent partir aussi pour la France. Les frères Baptiste rencontrèrent à Paris un ex-lieutenant, Serge Péan, qui avait été le major de la promotion de 1956, et qui les aida dans une campagne pour trouver des fonds « pour la révolution ».

Graham Greene les reçut à Antibes. Peter Glenville tournait le film tiré des *Comédiens*. Il donna un rôle à Rénel et s'excusa de ne pas donner d´appui financier car il avait déjà amplement aidé le Père Georges. Fred et Rénel travaillèrent à Paris là où il y avait du travail, dans les équipes de nettoyage de rues par exemple. Paul Arcelin raconte dans son livre « Un cercueil sous les bras » leur visite en Chine où ils furent envoyés dans des brigades de travail et d'entraînement. Fred se rendait bien compte qu'aucun groupe haïtien, de gauche comme de droite, ne voudrait ou ne pouvait travailler avec lui. Il accepta sans sourciller l'aide chinoise. Avec ou sans conditions.

De la Chine, les deux frères retournèrent, clandestinement, en République Dominicaine en février 1969. Finalement repérés par les services secrets de Balaguer, ils furent arrêtés puis relâchés. On dit que les deux frères, avec sept compagnons, furent forcés de traverser la frontière, en février 1970, à Gros Cheval. Ils furent arrêtés très peu de temps après et envoyés au Fort Dimanche. Fred devait y durer quatre ans. Saisi par la tuberculose et la folie, il mourut le 16 juin 1974, à l'âge de quarante et un ans. Rénel, âgé de trente-cinq ans le suivra deux ans plus tard, le 19 juillet 1976. Leurs corps auraient été jetés dans la vase du rivage, à la merci des chiens. Après avoir appris le décès de Fred, Graham Greene écrivit dans le *Daily Telegraph Magazine* du 12 mars 1976 : « Je suis fier d'avoir eu des amis haïtiens qui avaient courageusement lutté dans la montagne, les armes à la main, contre le docteur Duvalier. »

On doit au Dr Claude Simon, le fils du député André Simon, le « boucher du Sud », un témoignage précieux. De retour de New Orléans où il avait exercé la médecine, il se trouvait au domicile du capitaine Noël, commandant le district de Thiotte, le 9 février 1970, quand un soldat arriva en annonçant : « On a amené des rebelles à la Caserne. » Le capitaine qui, à ce moment-là, jouait de la guitare, se mit à rire, puis s'adressa d'un ton colérique au soldat : « Vous n'avez pas fini de nous ennuyer avec des histoires de fantômes ? » Mais le sergent du poste arriva et confirma les dires du soldat : « Commandant, on vient d'amener neuf rebelles !» − « Qu'est-ce que c'est encore, cette histoire ? ».

« On se rendit à la caserne, raconte le Dr Simon, et je reconnus tout de suite Rénel car, quand nous étions gosses, à Jacmel, nous jouions ensemble, mais je fis comme si de rien n'était. Rénel demanda un peu d'eau. Mais les soldats n'osaient pas lui en donner, car selon leurs croyances, l'eau pourrait avoir pour effet de le faire disparaître. » Un caporal du poste de Gros Cheval sur la frontière, dans les montagnes, avait escorté les neuf prisonniers. Des paysans avaient signalé la présence de rebelles dans la zone. Les deux soldats, armés d'un fusil Springfield, et très peu de munitions, avaient soi-disant surpris le groupe et les avaient capturés après un échange de coups de feu. Histoire peu vraisemblable.

Le Dr Simon pensait que les « rebelles » avaient été remis aux soldats par les agents des services secrets de Balaguer. De là, les deux soldats les avaient escortés jusqu'à Thiotte. Une brève dépêche de *l'Agence France-Presse* (AFP) émise le 13 janvier 1970 faisait savoir que des patrouilles de l'armée dominicaine avaient été envoyées dans les parages de Barahona parce que des guérilleros avaient été aperçus dans la zone de la frontière. Des années plus tard, le leader du Mouvement Populaire Dominicain (MPD), Máximo Gomez, de passage à Mexico, me confia qu'il avait fourni à Fred et Rénel quelques armes qui dataient de Mathusalem. Mais les frères Baptiste étaient trop désespérés pour faire des exigences. De Thiotte, le groupe, dont on avait soigneusement refait les liens qui les ligotaient, fut envoyé en camion à Port-au-Prince. Rénel, qui avait reconnu Claude Simon, demanda encore un peu d'eau. Les soldats refusèrent, encore une fois. Les deux frères Baptiste furent envoyés au Fort-Dimanche pour être humiliés et lentement exterminés. On ne sait rien du sort de leurs sept compagnons.

Chapitre 32

La dernière salve

Les gardes-côtes du colonel Cayard
24 avril 1970

C e fut la dernière salve contre le dictateur. Dans un pays où l'on peut s'attendre à tout, cette salve fut étourdissante. Elle venait de la mer. A 11 heures 45 du matin, ce vendredi 24 avril 1970, les trois vedettes des Gardes-côtes d'Haïti, positionnées à trois kilomètres du rivage dans la baie de Port-au-Prince, se mirent à bombarder le Palais national. Composée de trois unités, dont le *Jean-Jacques-Dessalines*, vénérable patrouilleur de trente et un mètres (*GC 10*), prêté par le gouvernement américain, la flottille ouvrit le feu avec un canon de 5 pouces, calibre .25.

Le capitaine T.K. Treadwell, qui avait été stationné aux gardes-côtes comme conseiller, raconte dans un livre non publié cité par le Colonel Charles T. Williamson (*La Mission navale américaine en Haïti, 1959-1963*), l'épisode suivant : « Lors de la transmission de commandement au gouvernement haïtien, tous les dignitaires haïtiens y compris le président, étaient présents et j'étais très fier de servir, de guider et de montrer les capacités de combat de cette unité. En particulier, tout le monde s'arrêta, sur le foc, à regarder le canon de cinq pouces, calibre .25, qui se trouvait sur le pont. Duvalier lui-même, apercevant à travers ses épaisses lunettes les obus soigneusement empilés, se dirigea dans cette direction et frappant de la paume le métal brillant du canon, il s'adressa à moi en créole :

« Ça a l'air pas mal du tout. Qu'est-ce qu'on peut faire avec une arme pareille ?

– Avec une équipe bien entraînée, on peut tirer un obus chaque trente secondes.

– Et quelle portée ça a ?

– Un maximum de sept kilomètres, mais alors sans grande précision. Si la cible est plus près, disons trois kilomètres, je pourrais placer un obus…disons… euh !…dans votre chapeau… »

« Alors Duvalier regarda, songeur, par-dessus la surface scintillante de la baie, le palais présidentiel, qui, tout blanc, émergeait des autres constructions, à un kilomètre environ d'où nous étions, me remercia d'un signe et s'en alla. »

« Le lendemain matin, quand j'arrivai à la base, je rencontrai le capitaine Albert Poitevien qui n'avait pas l'air content du tout. Pendant la nuit, un détachement de la Garde présidentielle était monté à bord, et avait empilé toutes les munitions dans un pick-up et les avait emmenées au Palais. » Poitevien sera tué le 26 avril 1963, dans la rue, par un groupe de femmes *makout*. »

Duvalier n'avait aucune envie qu'un énergumène place un obus dans son chapeau. C'est pourtant ce qu'un des « fils » favoris de Duvalier, le colonel Octave Cayard, quarante-huit ans, qui avait été nommé commandant des Gardes-Côtes d'Haïti, essayait de faire, ce vendredi 24 avril 1970.

Cayard, semble-t-il, avait envoyé par radio à Duvalier un message pour lui demander de se rendre. Simple formalité, évidemment. C'est après cela que commença le bombardement. Les rues se vidèrent instantanément. On n'y voyait que soldats et *makout*. Il existait bien un P-51 mais cet unique exemplaire avait, sur l'ordre de Duvalier, été désarmé. On ne parvint pas à retrouver au Palais ni les armes ni les munitions. L'avion de combat survola les bateaux à plusieurs reprises puis retourna à sa base. Au camp d'application du Lamentin, il existait bien un howitzer de 105 mm mais les quelques obus qui traversèrent la baie tombèrent bien loin de la cible. En 1960, les gardes-côtes avaient quatre vedettes de combat, mais en 1970, une seule était en état de marche. La République de Duvalier n'avait pas d'argent pour maintenir en état les quatre unités surtout que le patrouilleur *Jean-Jacques-Dessalines* était utilisé pour transporter du ciment en province. Le *Vertières*, le *22-septembre* et le *Capois-la-Mort* se couvraient de rouille et de bernacles à la base de Bizoton. Il y avait bien le *Mollie-C*, le bateau de pêche à chalut utilisé en 1958 par le groupe d'Alix Pasquet mais il n'était pas armé.

Duvalier prit immédiatement des dispositions pour répondre à cette attaque. Il ordonna la fermeture de l'aéroport. Le service du téléphone fut suspendu. Un couvre-feu allant de 7 heures du soir à 5 heures du matin fut imposé. Les troupes patrouillèrent la côte. Une vague d'arrestations déclencha une course aux ambassades de demandeurs d'asile. La famille de Cayard réussit à gagner une ambassade latino-américaine. Arthur Bonhomme, ambassadeur d'Haïti à Washington, révéla à la presse qu'une demande d'aide avait été adressée au gouvernement américain. Plus précisément, Duvalier requit la mobilisation des avions américains stationnés à Guantanamo. Bonhomme ne manqua pas d'affirmer qu'il s'agissait d'un complot communiste contre l'ensemble des Caraïbes. Malgré cela, Nixon répondit par la négative et suggéra au gouvernement haïtien de s'adresser à l'Organisation des Etats Américains (OEA).

Cayard, de son côté, demandait l'aide du « monde libre ». Il avait besoin de carburant. Cayard, né à Port-de-Paix le 8 septembre 1922, avait toujours, de 1947 à 1960, travaillé au Quartier général de la police depuis sa sortie de l'Académie militaire. Il avait la réputation d'être un officier tranquille et discipliné. Il devint très proche de Duvalier qui le considérait comme son « fils ». En 1963, il était commandant des casernes Dessalines lors de l'arrestation de son ami et camarade de promotion Charles Turnier. Témoin de la séance de torture qu'on avait infligée au colonel Turnier, Cayard, dans la soirée, lui rendit visite dans sa cellule et lui passa un revolver ; ce qui permit à Turnier, à l'aube, de sortir de sa cellule. Une fusillade s'ensuivit. Turnier fut tué dans la cour. Cayard obtint un transfert et reçut le commandement de l'unité des gardes-côtes à Bizoton. Mais il se consacrait surtout à l'élevage de poulets et de vaches à Bon Repos, au nord de Port-au-Prince où il avait acquis de grandes étendues de terre.

Duvalier était en constante liaison avec l'ambassadeur américain, Clinton Knox, qui avait occupé auparavant le même poste au Dahomey (Bénin actuel). Knox, un Africain-Américain, sera, un an plus tard, un des artisans de la transmission du pouvoir-à-vie au fils de Duvalier, Jean-Claude, âgé de dix-neuf ans. En 1996, Jean-Claude Duvalier me dit, au cours d'un entretien, se souvenir clairement du 24 avril 1970. « Tout le monde se réfugia dans le petit bureau de Lorsier près de la salle des bustes. Je poussai moi-même un meuble contre la porte qui donnait sur la mer. Mon père était en contact constant avec Knox, discutant de l'affaire des bateaux ». Gérard de Catalogne, le directeur du journal *Le Nouveau Monde*, après avoir renvoyé tout le personnel à la maison, s'était rendu au Palais et se trouvait dans le petit bureau avec Duvalier et le général Gracia Jacques. A chaque explosion, l'armoire qui bloquait la porte donnant sur la mer tremblait et vacillait. Duvalier disait alors « Ce n'est rien, ce n'est rien ».

Finalement, à court de carburant et de munitions, Cayard, dans la nuit de samedi à dimanche, mit le cap sur la base de Guantanamo. De là, la flottille se rendit à Porto Rico, escortée par un navire de la flotte américaine. Jean-Claude Bajeux, professeur à l'Université de Puerto Rico, se rendit à la base de Roosevelt Road, près de Humacao, où il assista à l'arrivée pathétique des bateaux, jusqu'à ce que le consul de Duvalier aille protester auprès des autorités contre la présence « d'un opposant notoire ». Les trois bateaux dont l'un, qui était hors d'état de naviguer, était attaché à une vedette américaine, avaient un aspect pitoyable avec des plaques de rouille qui les zébraient. Les marins débarquèrent silencieusement et s'engouffrèrent dans le couloir où les attendaient les agents d'immigration. Tous demandèrent l'asile politique, sauf le lieutenant-ingénieur Fritz Tippenhauer qui avait été amené, selon son témoignage, contre son gré. Il fut le seul à rentrer à Port-au-Prince où Duvalier le reçut comme un héros.

A la radio, un Duvalier en colère dénonça la révolte de Cayard comme une tentative d'établir un « régime populaire démocratique marxiste-léniniste ». Le bombardement avait, selon lui, infligé des dommages à tout un ensemble d'édifices, entre la prison et les Casernes et provoqué de nombreuses pertes en vies humaines. Il qualifia l'action de Cayard « d'acte de piraterie en pleine mer, contre des navires marchands des puissances alliées, s'emparant de force de leurs réserves en nourriture et en carburant ».

Cayard, pour sa part, raconta comment l'affaire avait débuté. Il avait reçu un appel téléphonique de Duvalier lui demandant d'amener deux de ses officiers aux casernes Dessalines. Ce n'était sûrement pas pour les décorer. Cayard alors rassembla les cent-dix-neuf membres des gardes-côtes pour les mettre au courant. Ils décidèrent alors de se révolter, dans un acte spontané qui n'avait rien à voir avec un complot. Cayard expliqua que le bombardement avait comme but de favoriser un soulèvement d'autres unités de l'armée, mais, comme dans le cas de l'attaque des Casernes par le groupe d'Alix Pasquet en 1958, ceci ne survint point. La pénurie de carburant ne leur laissa pas un temps suffisant pour attendre. Cayard rappela que quelques semaines avant, plusieurs officiers avaient été arrêtés sous l'accusation de faire partie d'un complot. L'un d'entre eux était le colonel Kesner Blain, de la promotion de 1945. Jeté au Fort Dimanche, il y mourra le 17 février 1976. Cayard affirma que Blain, un ami, ne lui avait jamais rien dit d'un tel projet.

Le frère de Cayard, Volvick Cayard, vice-président de l'Assemblée législative, fut arrêté et emprisonné. L'état de siège fut voté le 25 avril. Le colonel Octave Cayard, les officiers, les marins et leurs complices qui avaient participé à la mutinerie du 24 avril 1970 furent déclarés déchus de leur nationalité haïtienne et tous leurs biens furent confisqués.

Octave Cayard, qui enseignait au South Shore High School à Jamaica, New York, après qu'il ait été accepté, ainsi que ses compagnons, comme réfugié politique, retourna en Haïti en 1986, avec toute sa famille, et toutes ses propriétés lui furent restituées.

Duvalier savait bien qu'il ne lui restait pas beaucoup de temps. Il se consacra à assurer sa succession. L'idée de voir un garçon de dix-neuf ans succéder à Papa Doc ne plaisait pas à tout le monde dans l'entourage du dictateur. Comme un signal à ceux de son entourage qui n'étaient pas contents, Duvalier envoya Rameau Estimé, son ministre de l'Intérieur, au Fort Dimanche où il mourut le 13 mai 1976.

Chapitre 33

Post-Scriptum : 21 avril 1971

« Sic transit gloria mundi »

Enfin, le cadavre du dictateur gisait, solennellement exposé au Palais national ouvert au public pour la première fois depuis treize ans et demi. Finalement, le 21 avril 1971, les problèmes de santé au cœur et à la prostate et le diabète eurent raison de celui qu'aucun complot n'avait pu atteindre. Les médecins français accourus de Paris pour le soigner avaient trouvé un vieil homme émacié, ratatiné, grabataire, qu'un entourage terrorisé n'osait même pas toucher. L'un des médecins dut, pour une séance de rayons X, le mettre sur ses propres genoux et le tenir comme un bébé, tellement il était faible.

Maintenant, son corps gisait sous une plaque de verre et une lumière fluorescente, vêtu de son habituel complet noir avec nœud papillon blanc, entre une croix dorée posée sur un coussin et un volume relié de cuir rouge des *Mémoires d'un leader du tiers-monde*, gardé par vingt-deux soldats au garde-à-vous en grand uniforme. Il avait créé autour de lui une légende d'invincibilité. Son décès prouva qu'il était mortel.

Pendant treize années, il avait imposé son pouvoir par une terreur implacable, dans un espace où nulle loi n'existait. Paranoïaque, sa défiance n'avait pas de limites et nul, y compris les membres de sa famille, n'échappait à ses soupçons ni à sa cruauté. Pour survivre, il n'hésita jamais à appliquer la torture et à tuer. Et le cercle de ceux en qui il pouvait avoir confiance ne faisait que se rétrécir. Sa fameuse «révolution» avait un appétit qui dévorait ses propres enfants. Il mit en fuite la classe moyenne dont il se targuait d'être le champion et, sitôt sa mort annoncée, des milliers de paysans se sauvèrent sur des embarcations de fortune d'un pays de moins en moins administré correctement. Et que resterait-il du pouvoir qu'il avait accordé à ces milliers de *makout* ?

On citera parmi les acquis de son travail de chef d'Etat l'aéroport de Maïs-Gâté et l'usine hydroélectrique du barrage de Péligre qu'il inaugura avec un sentiment de triomphe. Maigres résultats chèrement payés par une émigration de grande ampleur, touchant toutes les couches sociales, la destruction des institutions, la délinquance et le terrorisme d'Etat. La peur et la corruption se sont installées à demeure. Son indifférence totale au respect de la vie humaine et des droits de la personne d'une part, et les réseaux de surveillance dont il tenait les ficelles, d'autre part, lui permirent de déjouer toute tentative de le renverser ou de le liquider. Les effets destructeurs de sa politique continuent à se manifester jusqu'au début du XXIe siècle, sans qu'on eût pu changer le cours de cette déchéance et de ce malheur.

Alors que les photographes faisaient cliquer leur appareil dans tous les sens autour du cercueil de bronze brillant de tous ses feux, la cérémonie liturgique des funérailles se déroulait, conduite par l'archevêque François Wolff Ligondé. Simone Ovide Duvalier et les trois filles, Marie-Denise, Nicole et Simone étaient là, escortées par le général Gracia Jacques armé de sa mitraillette. Jean-Claude Duvalier resta au palais quand le cortège sortit pour se rendre au cimetière.

Au Champ de Mars, un coup de vent souleva une colonne de poussière. Ce phénomène provoqua toutes sortes de commentaires mystico-magiques. A la rue de l'Enterrement, sans aucune raison déterminée, probablement la chute d'un balcon sous le poids des curieux, il y eut quelques moments de panique, pendant que les canons tiraient à de longs intervalles. Les membres d'un corps de musique lâchèrent leurs instruments pour participer à la course générale. Le cortège se reforma, mais une demi-heure plus tard, le même vent de panique souffla, laissant dans la rue des souliers abandonnés.

Même le jour de ses funérailles, Duvalier fit couler le sang, encore qu'il s'agisse, ce jour-là, de blessures légères. La vie, le sang et les larmes n'avaient cessé de couler durant ces treize années et demie de pouvoir vide et stérile. Le sang fut le symbole de son gouvernement. Le pouvoir du sang fut le pouvoir de Duvalier. Le prix du sang payé par la nation tout entière et la douleur subie par tant de familles, durant ces treize années et demie de barbarie et de cauchemar, ne peuvent être évalués ni mesurés. Ils sont indicibles.

Postface

En finir avec l'impunité ! Justice pour tous !

J'ai couvert beaucoup des événements narrés dans cet ouvrage durant et après le règne du Dr François Duvalier. Si quelques sources ont accepté que leurs noms soient cités dans ce livre – et je leur en suis profondément reconnaissant – d'autres ont refusé qui redoutaient les représailles. Des décennies après cette tyrannie, il y a des Haïtiens qui soulignent, avec raison, la présence des criminels de la dictature dans leur communauté ou dans leur quartier. Ceux-ci bénéficient de l'impunité et sont donc encore libres. Ils peuvent redevenir puissants un jour.

La dernière institution qui a bravé le Dr François (Papa Doc) Duvalier est le pouvoir judiciaire. Papa Doc l'a réduite en pièces, la pliant à sa volonté. La justice est devenue une coquille vide, faible et corrompue, contribuant ainsi à l'impunité de la période post-Papa Doc.

Bien que tous les épisodes tragiques de la dictature ne sont pas présentés ici, je me suis efforcé d'en citer les plus notoires. Cependant, loin de moi l'intention d'ignorer les tragédies qu'ont subies les pauvres, les Haïtiens anonymes qui furent victimes du régime en bien plus grand nombre. En cette époque où les droits de la personne sont un objet de préoccupation à l'échelle mondiale et où plusieurs procès se sont tenus pour juger les auteurs de crimes de masse partout dans le monde, les meurtres des Haïtiens ordinaires sous Papa Doc comme d'ailleurs sous Bébé Doc demandent à être instruits et leurs auteurs doivent être traduits devant les tribunaux.

Les informations contenues dans cet ouvrage ont, durant de nombreuses années, fait l'objet de recherches systématiques et elles ont été vérifiées autant que de besoin. J'estime qu'elles éclairent un chapitre important de l'histoire moderne d'Haïti. Le grand écueil à contourner, lorsque l'on écrit sur Haïti à partir de sources orales, est d'accepter, comme certains auteurs l'ont fait, des récits que certains Haïtiens tiennent pour vrais ou dont ils jurent qu´ils sont vrais. Souvent, ces auteurs ne parviennent pas à réaliser que certains de leurs interlocuteurs haïtiens ont une imagination extraordinaire servie par un système de croyances où les mythes occupent une place de choix. Pour ma part, j´ai refusé d´accepter ces « histoires ». J´ai donc mené des recherches approfondies, au mieux de mes compétences de journaliste, sur les événements que je n´ai pas couverts personnellement durant le demi-siècle passé à couvrir Haïti.

Et, pour être depuis longtemps un ardent partisan de la langue vernaculaire d´Haïti, j´ai utilisé le terme *kreyòl* à la place du mot français créole et j´écris *makout* plutôt que macoute, de même que *kamoken* en lieu et place de camoquins.

Je remercie tout particulièrement ceux qui m´ont apporté leur aide dans mes recherches sur le drame d´Hector Riobé, les familles Edeline et Benoit qui ont revisité les horreurs de leur calvaire familial ainsi que Claude Larreur qui m´a aidé à élucider le mystère de la mort de Jacques Stephen Alexis. L´ex-colonel Kern Delince, une personne extraordinaire, m´a indiqué plus d´une fois les bonnes directions à prendre. La liste est longue et j´espère que cet ouvrage parle pour ceux qui étaient prêts à revisiter cette longue nuit noire et à faire jaillir la vérité.

Les Haïtiens qui ont afflué aux urnes de l´après-Duvalier demandaient la justice par-dessus tout. J´ai le ferme espoir qu´un jour un gouvernement haïtien émergera qui mettra fin à l´impunité et permettra que la vraie justice se fasse dans ce pays maudit de la Caraïbe. La peur des représailles y est toujours réelle. L´impunité y est encore la règle. Et les roues du pouvoir ont coutume d´effectuer des tours complets. Aucune amnistie ni loi de réconciliation ne devrait protéger les meurtriers et les escadrons (*gangs*) de la mort de poursuites judiciaires. Les atrocités impunies ouvrent la voie à de nouvelles violences.

Bernard Diederich.

15 mai 2015

Bibliographie sélective

Arcelin, Paul, *Cercueil sur le bras*, New York, Atlas Premium Management, 1999, 440 p.

Atelier des Droits Humains du Centre de Recherche et de Formation Economique et Sociale pour le Développement (CRESFED), *Jamais, Jamais plus ! Les violations des droits de l'homme à l'époque des Duvalier*, Port-au-Prince, CRESFED, 2000, 216 p.

Auguste, Maurepas, *Genèse d'une république héréditaire: Haïti, 25 mai 1957*, 2e éd. Port-au-Prince, Haïti : Editions Fardin, 1986, 325 p.

Avril, Prosper, *Vérités et Révélations*, tome III : *L'armée d'Haïti, Bourreau ou Victime ?* Port-au-Prince, Le Natal, 1997, 483 p. (textes des dépositions de Louis Drouin et Marcel Numa, pp. 417-430)

Avril, Prosper, *L'aventure militaire des 13 Guérilleros de Jeune Haïti (1964-2014)*, Port-au-Prince, 2015, 231 p.

Boyer, Gérard A., *Memini*, Port-au-Prince, Imprimerie Le Natal, 1999, 268 p.

Cassagnol, Raymond, *Mémoires d'un révolutionnaire*, Floride, Educa-Vision, 2003, 402 p.

Chassagne, Albert D., *Bain de sang en Haïti : Les macoutes opèrent à Jérémie* (S.l. : s.n., 1965?), New York, N.Y, Cohen Offset Print, 32 p.

Jacquot, Emile, « Les Spiritains en Haïti sous le régime du docteur François Duvalier. Tribulations et expulsion (1957-1969) ». *Mémoire Spiritaine* No. 19, Paris, premier semestre 2004 (tiré à part).

Lemoine, Patrick, *Fort-Dimanche, Fort-la-mort,* Port-au-Prince, Éditions Regain, 1996, 284 p.

Lemoine, Patrick, *Fort-Dimanche, Fort-la-Mort,* Nouvelle édition, Fordi9, 2011, 287 p.

Fort-Dimanche, Dungeon of Death, Freeport, New York, 1999, 284 p.

Pierre, Gérard J., *The Last Captured,* Vantage Press, New York, 2000, 125 p.

Pierre, Pressoir, Colonel, *Témoignages, 1846-1976, L'espérance déçue,* Port-au-Prince, 1987, 292 p.

Romulus, Marc, *Les cachots des Duvalier : Marc Romulus, ex-prisonnier politique témoigne,* Port-au-Prince, 1991, 64 p.

Romulus, Marc, *Les cachots des Duvalier : Marc Romulus, ex-prisonnier politique témoigne,* CRESFED, 3ᵉ éd., Port-au-Prince, 1995, 68 p.

Rosier, Claude, *Le Triangle de la mort. Journal d'un prisonnier politique haïtien* (1966-1977), Port-au-Prince, 2003, 320 p.

Index

D

G

T

Table des matières

Du même auteur

Déjà parus

Papa Doc and the Tontons Macoutes. The Truth About Haiti Today, McGraw-Hill, New York, avec Al Burt, 1968. Editions en espa-gnol, italien et farsi.

Papa Doc et les Tontons Macoutes. La vérité sur Haïti, avec Al Burt, Traduit de l'anglais par Henri Drevet, Editions Deschamps, Port-au-Prince, 1986.

Trujillo: Death of the Goat, Little-Brown & Company, Boston, 1978.

Trujillo: la mort du dictateur, Traduit de l'anglais par Jean Desquiron, Editions Henri Deschamps et Editions du CIDIHCA, 1987.

Somoza. The Legacy of U.S. Involvement in Central America, E.P. Dutton, New York, 1981.

The Ghosts of Makara, Xlibris, 2002.

Una camara testigo de la historia, El recorrido dominicano de un cronista extranjero, 1951-1966, Fundación Global Democracia Desarrollo, Fundación Cultural Dominicana, Santo Domingo, 2003.

Le Prix du sang. La résistance du peuple haïtien à la tyrannie. Tome 1 : François Duvalier (1957-1971), Traduit de l'anglais par Jean-Claude Bajeux, Editions Antilia et Centre Œcuménique des droits Humains, Port-au-Prince, 2005.

Navidad con Libertad: La Lucha por la Libertad del pueblo dominicano, 1961. Sociedad dominicana de Bibliófilos, Colección Bibliófilos 2000, Santo Domingo, 2010.

The Price of Blood. History of Repression and Rebellion in Haiti under Dr. Francois Duvalier, 1957-1961, Markus Wiener Publishers, Princeton, 2011.

The Murderers among Us. History of Repression and Rebellion in Haiti under Dr. Francois Duvalier, 1962-1971, Markus Wiener Publishers, Princeton, 2011.

Le Prix du sang. Tome 2 : L'Héritier, Jean-Claude Duvalier, 1971-1986, Éditions Henri Deschamps, Port-au-Prince, 2011.

Seeds of Fiction: Graham Greene's adventures in Haiti and Central America, 1954-1983, with a Foreword by Pico Iyer and an Introduction by Richard Greene, Peter Owen publishers, London, 2012.

Fight for Freedom. The Dominican Peoples Struggle, 1961. From a reporter's notebook, Port-au-Prince, 2015.

Pamir. Sailing the Pacific during WW11. The last great windjammer during WW11, Amazon Books (CreateSpace Independent Publishing Platform), 2015.

L'héritage d'Ismaël. L'école d'art de l'Artibonite, Port-au-Prince, 2015

Zombificateur d'une nation, Traduit de l'anglais par Kettly Mars, Port-au-Prince, 2015.

Fort Dimanche. La Machine d'extermination, Port-au-Prince, 2015.

Asson and the Cross. The Evangelizations of Haiti, Éditions Henri Deschamps, Port-au-Prince, 2015.

La série *HAITI SUN* (1950-1963)

Bon Papa, Haiti's Golden Years, Tome 1, Xlibris, 2007.
Bon Papa (1950-1956), Traduit de l'anglais par Stéphane Lahens, Editions Henri Deschamps, Port-au-Prince, 2009.
Bon Papa, Tome 1, Traduit de l'anglais par Stéphane Lahens, Les Editions du Cime, Montréal, 2008.
The Prize (1957), Tome 2, Editions Henri Deschamps, Port-au-Prince, 2007.
Le Trophée (1957), Tome 2, Traduction de The Prize par Stéphane Lahens, Editions Henri Deschamps, Port-au-Prince, 2010.
1959. The Year that Changed our world, Tome 3, Editions Marcus Wiener Publishers, Princeton, 2008.
1959. The Year that Changed our world, Tome 3, Editions Henri Deschamps, Port-au-Prince, 2009.
Island of Fear, Tome 4, Editions Henri Deschamps, Port-au-Prince, 2009.
L'île de la peur, 1960, Tome 4, Editions Henri Deschamps, Port-au-Prince, 2015.
Fools of April, Tome 5, Editions Henri Deschamps, Port-au-Prince, 2009.
Blood in the Sun (1962-1963), Tome 6, Editions Henri Deschamps, Port-au-Prince, 2011.

A paraître

Un petit goût de goyave. Muselés par la dictature : Écrivains, poètes et anecdotes, Traduit de l´anglais par Kettly Mars, Port-au-Prince, 2016.

Papa Dòk ak Tonton Makout li yo, Traduit de l´anglais par Bernier Pierre.

En cours

From Columbus to Cyberspace: The struggle of Hispaniola's Media.

« Blan ».

CPSIA information can be obtained
at www.ICGtesting.com
Printed in the USA
BVHW040208290920
589848BV00016B/675